2022 中财传媒版

年度全国会计专业技术资格考试辅导系列丛书·注定会赢®

高级会计师
考评一本通

宋法明　张　莹　黄孝虎　郑庆华　主编
崇山教育教研团队　编
财政部中国财经出版传媒集团　组织编写

中国财经出版传媒集团
经济科学出版社

图书在版编目（CIP）数据

高级会计师考评一本通/宋法明等主编；崇山教育教研团队编；财政部中国财经出版传媒集团组织编写．--北京：经济科学出版社，2022.4

（中财传媒版 2022 年度全国会计专业技术资格考试辅导系列丛书．注定会赢）

ISBN 978-7-5218-3577-9

Ⅰ.①高…　Ⅱ.①宋…②崇…③财…　Ⅲ.①会计师-资格考试-自学参考资料　Ⅳ.①F232

中国版本图书馆 CIP 数据核字（2022）第 055264 号

责任校对：齐　杰
责任印制：李　鹏　邱　天

高级会计师考评一本通
宋法明　张　莹　黄孝虎　郑庆华　主编
崇山教育教研团队　编
财政部中国财经出版传媒集团　组织编写
经济科学出版社出版、发行　新华书店经销
社址：北京市海淀区阜成路甲 28 号　邮编：100142
总编部电话：010-88191217　发行部电话：010-88191522
天猫网店：经济科学出版社旗舰店
网址：http://jjkxcbs.tmall.com
固安华明印业有限公司印装
787×1092　16 开　19.5 印张　490000 字
2022 年 4 月第 1 版　2022 年 4 月第 1 次印刷
ISBN 978-7-5218-3577-9　定价：67.00 元
（图书出现印装问题，本社负责调换。电话：010-88191510）
（打击盗版举报热线：010-88191661，QQ：2242791300）

前　言

高级会计师是我国会计专业技术职称中的高级会计专业技术资格；而作为一名高级会计师，最基本的职责是：负责草拟和解释、解答在一个地区、一个部门、一个系统或在全国施行的财务会计法规、制度、办法；组织和指导一个地区、一个部门、一个系统的经济核算和财务会计工作，培养中级以上会计人才。因此，对于高级会计师要求之严格自然不言而喻，无论是学历、工作资历、会计专业知识等方面，都设有一定的高标准。

若要想被评定为高级会计师，则必须先参加全国统一的《高级会计师实务》考试，考试合格并符合相关要求后，由本人申请，单位推荐，经所在单位、省直主管部门、地市财政部门或基层职称评委会进行考核评议，并提出考核推荐材料，报省、自治区、直辖市财政部门会计专业高级职务评审委员会评审通过，省级人社部门备案批准。

千里之行，始于足下。想要敲开高级会计师的大门，首要任务是迈出关键一步：通过高级会计职称考试。而通过财政部全国会计专业技术资格考试领导小组办公室发布的考试大纲以及考试题型来看，高级会计职称对于考生的会计业务能力和实际问题的预感、发现、分析、解决等综合能力具有较高的要求。即便是开卷考试，即便是基础夯实的从业者，也万不可掉以轻心，仍需保持“空杯”心态，戒骄戒躁，走好每一步。

为此，崇山教育（http：//www. csigk. com/）的资深辅导专家根据历年考试大纲和真题的脉络规律，潜心编写了《高级会计师考评一本通》，分为第一、第二编。

《高级会计师考评一本通》第一编为笔试部分，具体内容包括教材变化、考纲要求、真题回顾、思维导图等模块，力求简洁精湛，让考生对重难点一目了然的同时，尽可能地提升复习的效果与效率。第二编为评审部分，具体内容包括评审的流程及要求、业绩的挖掘与润色、论文的写作要求及案列解析、面试的准备思路与注意事项等四大部分，力求将评审各环节的核心精炼出来，让考生对评审的全流程具有一定的了解与把握，从而减轻评审压力，提高评审通过率，助力考生早日晋升高级会计师！

由于2022年官方教材变动较大，时间急促，编写过程中难免有些许瑕疵或不足之处，还望考生理解之余不吝指正。

编者

目　录

第一编　高级会计实务部分

第一章　企业战略与财务战略

第二章　企业全面预算管理

第三章　企业风险管理与内部控制

第四章　企业投资、融资决策与集团资金管理

第五章 企业成本管理

第六章 企业并购

第七章 企业绩效评价

第八章 企业财务共享服务

第九章 政府会计与预算管理

第十章　金融工具会计

第二编　高级会计师评审部分

第十一章　评审概述及政策解读

第十二章　业绩简介及润色

第十三章　论文筹备常见问题及案例解析

第十四章　面试概述及注意事项

第一编

高级会计实务部分

第一章　企业战略与财务战略

本章概述

教材变化：

1. 新增“企业战略目标体系的内容”“战略地图分析”“基于企业生命周期的财务战略选择”的有关表述。

2. 修改“价值链分析”的有关表述。

3. 删除收缩型战略中的“清算战略”，并新增“归核化战略”和“解散与破产战略”。

本章要求：

掌握：企业战略管理的内涵、原则、要素、体系与程序，企业总体战略、经营战略与职能战略的类型及选择，波士顿矩阵分析法和SWOT分析法，财务战略的类型及选择；

熟悉：外部环境分析的PESTEL分析法和“五力模型”分析法、内部环境分析的内容与方法以及价值链的应用；

了解：战略的概念及特征，企业愿景、使命与战略目标体系，战略制定程序、战略实施模式与支持系统，战略地图的概念。

真题回顾：

本章考试分值一般5分左右，历年真题考核要点如下表所示。

知识点	真题考核
战略管理概述	宏观环境分析（2021年）
企业总体战略	成长型战略与稳定型战略（2013年） 密集型战略类型（2015年）、收缩型战略（2017年） 总体战略类型与适用条件（2018年）、成长型战略类型（2020年）
经营战略与职能战略	波士顿矩阵和SWOT模型（2017年、2021年） 经营战略类型及实施的内部条件（2019年）、SWOT模型（2020年）
财务战略	内部融资战略（2014年）、股权融资战略和销售资产融资战略（2016年） 从资金筹措和使用特征角度判断财务战略类型（2019年、2021年）

本章主要内容

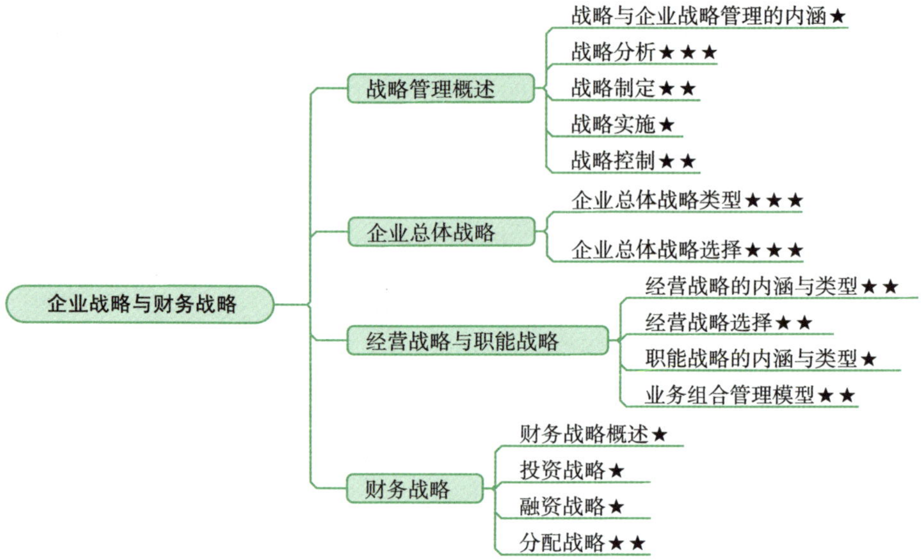

第一节　战略管理概述

【知识点一】战略与企业战略管理的内涵★

（一）战略的内涵★

战略是一种从全局考虑和谋划，以实现全局目标的计划和策略；具有全局性、长远性、指导性、应变性、竞争性、风险性特征。

（二）企业战略管理内涵★

企业战略管理是一个动态管理过程，是在分析企业内外部环境的基础上，选择和制定达到企业目标的有效战略，并将战略付诸实施、控制和评价。

企业进行战略管理时，一般应遵循以下原则：

1. 目标可行原则。战略目标的设定，要具有前瞻性并且切实可行；同时还应有一定的挑战性，能将长短期目标有效衔接起来。

2. 资源匹配原则。企业应根据各业务部门战略目标的匹配程度，进行相应资源配置。

3. 责任落实原则。企业应将战略目标落实到具体的责任中心和责任人，构成不同层级彼此相连的战略目标责任体系。

4. 协同管理原则。加强各部门之间的协同管理，提高资源使用的效率，达到预期效果。

（三）企业战略管理要素、体系与程序★

1. 企业战略管理要素。

（1）产品与市场：确定企业的产品与市场领域。

（2）成长方向：企业经营活动应遵循什么方向发展，是开发新市场、新产品，还是主攻现有产品、现有市场。

（3）竞争优势：明确企业自身在产品与市场领域的各项优势与条件。

（4）协同效应：协同效应可表现在各个方面，如管理协同效应、生产技术协同效应等，简言之就是取得“1+1>2”的效果。

2. 企业战略管理体系。

企业战略管理体系可以细分为企业总体战略、经营战略和职能战略三个层次。

表1－1　　企业战略管理体系

层次	内涵	构成
总体战略（公司层战略）	一般由公司董事会制定；是企业最高决策层指导和控制企业的行动纲领	成长型战略、稳定型战略、收缩型战略
经营战略/竞争战略/业务单位战略	在公司战略指导下，各战略业务单位所制定的部门战略，包括对特定产品、市场、客户或地理区域作出战略决策	成本领先战略、差异化战略、集中化战略
职能战略	为实施和支持公司战略及经营战略，企业根据特定管理职能制定的战略	研究与开发战略、生产战略、人力资源战略、市场营销战略等

3. 战略管理程序。

战略管理程序是指导企业应用战略管理工具、方法的具体程序。包括战略分析、战略制定、战略实施、战略控制、战略评价和战略调整等。

表1－2　　战略管理程序

<table>
<tr><th>程序</th><th colspan="3">具体内容</th></tr>
<tr><td rowspan="2">战略分析</td><td rowspan="2">整个战略管理过程的起点</td><td>外部环境分析</td><td>宏观环境分析、行业环境分析和经营环境分析</td></tr>
<tr><td>内部环境分析</td><td>企业资源分析、企业能力分析、核心竞争力分析和价值链分析等</td></tr>
<tr><td>战略制定</td><td colspan="3">根据确定的愿景、使命和环境分析情况，选择和设定战略目标的过程</td></tr>
<tr><td>战略实施</td><td colspan="3">将企业战略目标变成现实的管理过程</td></tr>
<tr><td>战略控制</td><td colspan="3">应用管理会计的工具、方法等，将战略实施的关键业务流程化，融入企业现有的战略管理体系中，包括对战略制定、战略实施等方面的全方位控制</td></tr>
<tr><td rowspan="2">战略评价</td><td colspan="3">通过检测战略实施的进展，评价战略执行效果；本质上是战略控制的一种手段</td></tr>
<tr><td colspan="3">战略是否适应环境变化，是否有效配置资源，战略实施进度是否恰当，战略涉及的风险是否可以接受等</td></tr>
<tr><td>战略调整</td><td colspan="3">根据企业情况的发展变化和战略评价结果，对所制定的战略进行及时调整，以保证战略对企业管理活动的有效指导，保持和增强战略竞争力。一般包括对企业的愿景、发展方向、战略目标及其战略举措等的调整</td></tr>
</table>

（四）企业愿景、使命与战略目标

表1-3　企业愿景、使命与战略目标

企业文化	含义	举例
愿景	一个组织或个人希望达到或创造的理想图景。描述未来发展的理想化定位和生动性蓝图。解决一个问题：我们要成为什么	迪士尼：成为全球的超级娱乐公司。 索尼：成为最知名的企业，改变日本产品在世界上的劣质形象
使命	是一个组织之所以存在的理由或价值；企业使命不是对企业经营活动具体结果的表述，而是企业开展活动的方向、原则和哲学的高度概括和抽象。回答一个问题：我们的企业为什么要存在以及我们的业务是什么	沃尔玛：让普通人享受像富人一样的购物感觉。 万科：建筑无限生活。 京东：科技引领生活
战略目标	是企业愿景与使命的具体化，反映企业在一定时期内经营活动的方向和所要达到的水平。企业战略目标是多元化的，既包括经济目标，又包括非经济目标；既包括定量目标，又包括定性目标。主要有六大类：盈利目标、产品目标、市场竞争目标、发展目标、职工发展目标、社会责任目标	

【知识点二】战略分析★★★

（一）外部环境分析★★

外部环境分析包括宏观环境分析、行业环境分析和经营环境分析。

1. 宏观环境分析（PESTEL分析法）。

宏观环境分析的目的是要确定宏观环境中影响行业和企业的关键因素，预测这些关键因素未来的变化，以及这些变化对企业影响的程度和性质、机遇与威胁。

（1）政治环境因素（Political）：社会制度、政府政策、政治团体和政治形势国际上的贸易壁垒、双边关系等。

（2）经济环境因素（Economic）：经济结构、经济增长率、财政与货币政策、能源和运输成本、消费倾向与可支配收入、失业率、通货膨胀与紧缩、利率、汇率等。

（3）社会环境因素（Social）：教育水平、生活方式、社会价值观与习俗、消费习惯、文化传统等；人口、交通、基础设施等。近年来，我国发生了如下重要变化：大量农民进城务工、人口老龄化、自我价值实现愿望强烈、城市集群和新型城镇化、放开三孩生育政策等。

（4）技术环境因素（Technological）：创新机制、科技投入、技术总体水平、技术转移和技术换代速度、企业竞争对手的研发投入、社会技术人才的素质水平和待遇等。

（5）生态环境因素（Environmental）：各种自然资源和绿色环保问题，如水资源、土地资源、污染等。

（6）法律环境因素（Legal）：法律限制或立法变化，如国家或地方法律规范、国家司法、行政执法状况等。

2. 行业环境分析。

行业环境分析的目的在于分析行业的盈利能力。影响行业盈利能力的因素主要分为两类：一是行业竞争程度；二是市场议价能力。

表 1-4　影响行业盈利能力的因素

<table>
<tr><td rowspan="3">行业竞争程度</td><td>现有企业间的竞争程度</td><td>①行业增长速度。增速越快，竞争越小；增长较慢或停滞不前，竞争越大。
②行业集中程度。集中程度高，则竞争度较低。
③差异程度与替代成本。差异程度越大，竞争程度越低；替代成本越低，竞争越大。
④规模经济。平均成本越低，价格竞争优势越强。
⑤退出成本。退出成本高，竞争越激烈；退出成本低，竞争将减弱</td></tr>
<tr><td>新加入企业的竞争威胁</td><td>①规模经济。规模经济程度越高，新企业进入难度越大，威胁程度越低。
②先进入优势。先进入企业在制定行业标准或规则方面总是偏向于现有企业；现有企业通常具有成本优势，增加了新进入的难度。
③销售网与关系网因素。不同行业的销售网与关系网的规模与复杂程度，决定了新进入企业打入该行业销售网与关系网的难易程度，以及进入该行业的难易程度。
④法律法规因素。法律法规限制程度直接影响新企业进入的难易程度</td></tr>
<tr><td>替代产品或服务的威胁</td><td>替代产品或服务越多，竞争程度越大；反之，竞争程度越小</td></tr>
<tr><td rowspan="2">市场议价能力</td><td>企业与供应商的议价能力分析</td><td>①供应商的数量。供应商越少，企业议价能力越弱；反之，则越强。
②企业供应商的重要程度。如果供应商的产品是企业产品的核心部件，而替代产品较少，则供应商的议价能力较强；反之，企业的议价能力更强。
③单个供应商的供应量。单个供应商对企业的供应量越大，往往对企业的影响与制约程度越大，其议价能力也越强</td></tr>
<tr><td>企业与客户的议价能力分析</td><td>①价格敏感程度。价格敏感度越强，客户的议价能力越强。
②相对议价能力。影响其议价能力的因素有：企业（供应商）与客户的供需平衡状况、单个客户的购买量、可供选择的替代产品数量、客户选择替代产品的成本水平、客户的逆向合并威胁等</td></tr>
<tr><td colspan="3">迈克尔·波特（Michael E. Porter）将上述分析框架概括为“五力模型”，分别为：①行业新进入者的威胁；②供应商的议价能力；③购买商的议价能力；④替代产品的威胁；⑤同业竞争者的竞争强度。这五大竞争力量决定了产业的盈利能力。“五力模型”可用来帮助企业寻找最有吸引力的行业以及行业中最有利的竞争位置</td></tr>
</table>

3. 经营环境分析。

经营环境分析包括**竞争对手分析、竞争性定位分析、消费者分析、融资者分析、劳动力市场状况分析等**。

（1）竞争对手分析：主要作用在于帮助企业建立自己的竞争优势，包括价格、产品范围、制造质量、服务水平等。

（2）竞争性定位分析：明确战略群组的划分，只有处于同一个战略群组的企业才是真正的竞争对手。

（3）消费者分析：消费者分析是对消费者的主要特征及消费者如何作出购买决定进行描述。可从消费细分、消费动机以及消费者未满足的需求三个战略问题来进行分析。

（4）融资者分析：融资者能否提供足够支持是决定企业战略实施过程中能否顺利获取所需资源的关键因素。对于融资者状况的考察主要包括抵押条件、支付记录、贷款条件及贷款额度等。

（5）劳动力市场状况分析：能否方便快捷地雇用到优秀人才是决定企业经营能否成功的关键因素。企业能否在劳动力市场上雇用到合适的人员主要取决于三个因素：企业信誉、就业形势和专业人员的可获得性。

（二）内部环境分析★

内部环境分析包括企业资源分析、企业能力分析、企业核心竞争力分析、价值链分析和战略地图分析。

1. 企业资源分析。

企业的资源主要分为三种：有形资源、无形资源和人力资源。

（1）有形资源：可见的、能用货币直接计量的资源，主要包括物质资源（如厂房、设备、原材料等）和财务资源（如资本、现金、有价证券等）。

（2）无形资源：企业长期积累的、没有实物形态的甚至无法用货币精确计量的资源，主要包括技术资源（如专有技术、专利权等）、声誉资源（如品牌、企业形象等）和文化资源（如企业文化、企业凝聚力、企业经验等）。尽管无形资源难以精确量化，但由于无形资源一般难以被竞争对手了解、购买、模仿或替代，因此，无形资源是一种十分重要的企业核心竞争力的来源。

（3）人力资源：组织成员向组织提供的技能、知识经验和决策能力；是组织最重要的资源。

企业的内部资源条件决定了其能否和如何有效利用外部环境提供的机会并消除可能的威胁，从而获取持久的竞争优势。

单个资源或许无法创造竞争优势，而当资源组合成能力后，才更有可能成为创造竞争优势的资源。在战略分析中，企业应当全面分析和评估内部资源的构成、数量、特点、利用情况和应变能力，识别企业在资源禀赋方面的优势和劣势。

2. 企业能力分析。

企业能力是指企业配置资源并发挥其生产和竞争作用的能力。主要由研发能力、生产管理能力、营销能力、财务能力和组织管理能力等组成。

（1）研发能力：已成为保持企业竞争活力的关键因素；主要从研发计划、研发组织、研发过程和研发效果几个方面进行衡量。

（2）生产管理能力：主要涉及生产过程、生产能力、库存管理、人力管理和质量管理。

（3）营销能力：可分解为产品竞争能力、销售活动能力和市场决策能力三种能力。

（4）财务能力主要涉及两方面：一是筹集资金的能力；二是使用和管理所筹资金的获利能力。可以运用杜邦指标体系和雷达图等工具进行财务能力分析。

（5）组织管理能力主要可以从职能管理体系的任务分工、岗位责任、集权和分权的情况、组织结构（直线职能、事业部等）、管理层次和管理范围的匹配等方面进行衡量。

3. 企业核心竞争力分析（比竞争对手做得更好）。

核心竞争力是指能为企业带来相对于竞争对手的竞争优势的资源和能力，是企业所特有的、能够经得起时间考验的、具有延展性的，并且是竞争对手难以模仿的技术或能力。

核心竞争力的三要素：对顾客有价值、与企业的竞争对手相比有优势、很难被模仿或复制。

4. 价值链分析。

价值链是企业产品设计、生产、销售、交货以及对产品起辅助作用的各种活动的集合。

价值链理论把企业的价值创造活动分为基本活动和辅助活动。

基本活动：内部后勤、生产运营、外部后勤、市场营销、服务。

辅助活动：采购、技术开发、人力资源管理、企业基础设施。

企业竞争优势有三个主要来源：

一是价值活动本身。它是构筑竞争优势的基石，一般会受到企业管理者的高度重视。

二是价值链内部联系。各种价值活动并不是彼此独立运行的，而是相互依存的价值链动态系统，企业管理者应当认真分析**企业内部价值链上各项价值活动之间的联系**，以发现竞争优势。

三是价值链纵向联系。即存在于企业内部价值链与供应商、渠道平台和买方价值链之间的**上下游联系**。价值链系统各项活动都会为增强企业的竞争优势提供机会，定期进行价值链优化分析，能够不断增强企业的竞争优势。

企业的优势既可来自价值活动所涉及的市场范围的调整，也可来自企业间协调或合用共享价值链所带来的最优化效益。企业必须理解价值创造体系内分工合作的重要性，进行价值链优化决策，依据对行业和企业特点分析构建自己的价值链。

5. 战略地图分析。

平衡计分卡有四个层面目标：财务层面、客户层面、内部层面、学习与成长层面。

平衡计分卡的创始人卡普兰和诺顿两位教授在对实行平衡计分卡的企业进行长期指导和研究的过程中发现，由于企业无法全面地描述战略，管理者之间以及管理者与员工之间无法沟通，对战略无法达成共识，平衡计分卡只建立了一个战略框架，而**缺乏对战略进行具体而系统、全面的描述**，于是提出了新的战略分析工具，即战略地图。

战略地图在平衡计分卡的基础上，**增加了两个层次：一是颗粒层，**每个层面下都可以分解为很多要素；**二是增加了动态的层面，**即战略地图是动态的。绘制流程如下：

（1）确定股东价值差距（财务层面），如股东期望五年之后销售收入达到5亿元，但公司只能达到1亿元，比期望值差4亿元，这个预期差就是企业的总体目标。

（2）调整客户价值主张（客户层面），要弥补股东价值差距，实现4亿元销售增长，就需要对现有客户进行分析，调整客户价值主张。

客户价值主张主要有四种：一是总成本最低；二是价值主张产品创新和领导；三是价值主张强调提供全面客户解决方案；四是系统锁定。

（3）确定价值提升时间表，针对五年实现4亿元股东价值差距的目标，要确定每年的提升时间表。

（4）确定战略主题（内部流程层面），要找关键的流程，确定企业短期、中期、长期做什么事，有四个关键流程：运营管理流程、客户管理流程、创新流程、社会流程。

（5）提升战略准备度（学习与成长层面），分析企业现有无形资产的战略准备度，是否具有支撑关键流程的能力，如果不具备，找出办法来予以提升。

（6）形成行动方案。根据前面确定的战略地图以及相对应的不同目标、指标和目标值，再来制定一系列的行动方案，配备资源，形成预算。

✻【知识点三】战略制定★★

（一）战略制定程序★

战略制定的过程，本质上而言也是战略选择的过程。

战略制定的一般程序包括：战略的适宜性分析、战略筛选、战略的可行性分析、战略的可接受性分析、战略选择与制定行动计划。

1. 战略的适宜性分析。

适宜性是指备选战略是否与组织的期望和能力相一致，以及战略是否对周围相关的事件及趋势作出适当反应。

2. 战略筛选。

战略筛选方法有三种：情景分析法、评级和评分法、决策树法。

3. 战略的可行性分析。

战略的可行性分析主要是评估战略能否得以成功实施，应该考虑以下因素：

（1）该战略是否能得到足够的资金支持。

（2）企业的绩效是否能达到必需的水平。

（3）企业是否能达到必需的市场地位，并且是否具有必要的营销技巧。

（4）企业是否能应对来自竞争对手的挑战。

（5）企业将如何确保管理层和经营层具有必要的能力。

（6）企业是否具有足以在市场中进行有效竞争的技术。

（7）企业是否能获得必要的原料和服务。

（8）企业是否能够交付该战略中指定的商品和服务。

（9）企业是否有足够的时间来实施该战略。

4. 战略的可接受性分析。

（1）评估可接受性的考虑因素：主要是对所有股东的看法进行评估，特别是那些拥有重大权力且愿意行使权力的股东。

（2）测试战略的可接受性。

（3）特定战略所产生的投资回报。对特定战略可能产生的投资回报进行评估，对影响投资决策的战略性问题进行量化，如净现值法、投入资本的会计收益率法、现金净流量法、投资回收期法和未来现金流量折现分析法。

5. 战略选择与制定行动计划。

（1）选定的行动计划应当与已明确理解的目标相联系，特别是那些与利润表现有关的目标。

（2）除了要与目标相关联外，还应当将竞争对手的反击降到最低。首先，应避免在竞争对手最擅长的领域内与其进行直接对抗；其次，攻击竞争对手的弱点是一个风险较低的做法，但它产生的投资回报率可能不足以证明这种做法是正确的。

（二）战略制定的类型★★

按战略层级可分为：企业总体战略制定、经营战略制定、职能战略制定。

按战略发展的思路可分为：内部发展战略制定、并购战略制定、联合发展与战略联盟制定和国际化战略制定等。

【知识点四】战略实施★

（一）战略实施模式★★

战略实施是指如何确保将战略转化为实践。战略实施需要实现从高层战略管理者到各事业部及职能部门管理者的责任转移。

根据战略制定与战略实施主体的责任与权力转移程度不同，战略实施可分为指挥型模式、变革型模式、合作型模式、文化型模式、增长型模式。

表 1－5　战略实施模式

实施模式	具体内容
指挥型模式	特点：企业高管层制定一个最佳战略。 运用条件：要求总经理要有较高的权威，靠其权威通过发布各种指令来推动战略实施；要求战略制定者与战略执行者的目标比较一致；要求企业能够准确有效地收集信息并能及时汇总到总经理的手中。 缺点：战略制定者与执行者分离，高层管理者制定战略，强制下层管理者执行战略，下层管理者缺少了执行战略的动力和创造精神，甚至会拒绝执行战略
变革型模式	特点：企业高管层考虑如何实施企业战略。为促进战略的实施，进一步增强战略成功的机会，需对企业进行相应的变革，如建立新的组织机构和激励机制、新的信息系统等。 缺点：没有解决指挥型模式存在的如何获得准确信息的问题。长远来看，环境不确定性强的企业，应该避免采用这种模式
合作型模式	特点：企业高管层考虑如何让其他层级管理人员从战略实施一开始就承担有关的战略责任。 要求：为发挥集体的智慧，企业总经理要和其他该层管理人员一起对企业战略问题进行充分讨论，达成较为一致的意见，制定出战略，进一步落实和贯彻战略，使每个层级管理者都能在战略制定及实施的过程中作出各自的贡献。 优点：克服了指挥型模式和变革型模式存在的两大局限性，从而提高了战略实施成功的可能性。 缺点：有可能会使战略的经济合理性有所降低；仍存在着谋略者与执行者的区别；仍未能充分调动全体管理人员的智慧和积极性。 适用范围：复杂而又缺少稳定性环境的企业
文化型模式	特点：企业高管层考虑如何动员全体员工都参与战略实施活动。 要求：总经理运用企业文化的手段，不断向企业全体成员灌输战略思想，建立共同的价值观和行为准则，使所有成员在共同的文化基础上参与战略的实施活动。 优点：打破了战略制定者与执行者的界限，使企业各部分人员都在共同的战略目标下工作，使企业战略实施迅速，风险小，企业发展迅速。 局限性：对企业职工各方面的素质都相当高
增长型模式	特点：企业高管层考虑如何激励下层管理人员制定实施战略的积极性及主动性，为企业效益的增长而奋斗。这种模式鼓励员工的首创精神，企业战略不是自上而下地推行，而是自下而上地产生。 局限性：要求企业有很好的战略实施支持系统，否则很难取得预期成效

上述五种战略实施模式在制定和实施战略上的侧重点不同，指挥型和合作型更侧重于战略的制定，而把战略实施作为事后行为；文化型及增长型则更多地考虑战略实施问题。

在企业实务中上述五种模式往往是交叉或交错使用的。

（二）战略实施支持系统★

战略实施过程中受许多因素影响，如组织结构、企业文化、领导者风格、信息沟通等，这些因素构成了战略实施支持系统。

战略实施支持系统进一步归类主要形成三个方面的支持系统：组织支持系统、资源支持系统和管理支持系统。

表 1-6 战略实施支持系统

支持系统	具体内容
组织支持系统	包括组织结构调整、业务流程调整、权责关系调整等；是战略实施支持系统的基础与关键
资源支持系统	包括人力资源、财务资源、技术和信息资源等
管理支持系统	企业战略实施时，需要改变企业管理理念、管理制度及企业文化；进行管理制度、内部控制制度等的创新；要使企业的文化、管理理念及风格等与企业战略选择相一致

❇【知识点五】战略控制★★

（一）战略控制与管理控制★

战略控制是指将预定的战略目标与实际效果进行比较，检测偏差程度，评价其是否符合预期目标要求；发现问题并及时采取措施，借以实现企业战略目标的动态调节过程。

广义的战略控制包括三个层次：战略制定控制、管理控制和作业控制。

战略制定控制是决定战略的过程控制；管理控制是决定如何执行战略的过程控制；作业控制是战略控制和管理控制过程中的具体任务被有效执行的控制。

狭义的战略控制实际上是管理控制，即管理者影响企业中的其他成员以保证企业战略目标实现的过程。

（二）管理控制程序★★

管理控制程序通常包括战略目标分解、控制标准制定、内部控制报告、经营业绩评价、管理者报酬五个步骤。

1. 战略目标分解。

战略目标分解是管理控制的第一步骤，具体涉及从企业战略目标到战略规划，再从战略规划到战略计划的分解过程。

在管理控制过程中，战略计划是关键，它一方面使企业战略目标和规划具体化、制度化、系统化；另一方面它是明确控制变量、制定控制标准的基础。

2. 控制标准制定。

（1）具体环节。

第一：明确企业目标影响因素或目标驱动因素。

第二：找出影响战略目标执行的重要变量。

第三：确定关键的风险变量作为控制重点。

第四：制定先进、可行的管理控制标准。

（2）分类。

从内容上看：财务标准和非财务标准；

从形式上看：定量标准和定性标准、效率/比率/相对数标准和效果/总量/绝对数标准。

从水平上看：行业标准、历史水平和战略计划标准。

3. 内部控制报告。

在确定控制标准的基础上，对实际经济运行状况的真实计量与反映是管理控制的重要步骤，完成这一步骤的关键是编制内部控制报告。

内部控制报告实际上也是整个企业及各部门的业绩报告，其关键步骤在于实际业绩计量与差异分析。

实际业绩计量包括会计核算、统计核算与业务核算等。

差异分析的关键在于对差异原因进行分析，特别是分清可控差异与不可控差异，从而明确控制重点。另外，根据差异程度确定控制程度是管理控制过程中的重要环节。

4. 经营业绩评价。

经营业绩评价实际上也是对控制者业绩的评价。评价的原则主要有：

（1）企业业绩评价与经营者业绩评价相结合。

（2）经营成果指标评价与驱动因素指标评价相结合。

（3）企业内部评价与企业外部评价相结合。

（4）财务指标评价与非财务指标评价相结合。

5. 管理者报酬。

管理控制的主体是管理者，管理者的控制动机必然与其自身利益相关。因此，管理控制的效果只有与管理者的报酬衔接才能保证管理控制的长期有效运行。从这点看，管理者报酬既是管理控制的终点，也是管理控制的起点。

管理者报酬的构成主要有工资、福利和激励三部分。工资、福利是管理者**基本价值**的体现；激励是管理者**贡献价值**的体现。从控制角度看，**管理者激励是管理者报酬的关键**。

实践中的长期激励方式主要有股票期权、股票增值权、虚拟股票、业绩股份等，其中股票期权是最主要的长期激励方式。

（三）管理控制模式★★

管理控制的模式包括：制度控制模式、预算控制模式、评价控制模式和激励控制模式。

表1－7　管理控制模式

控制模式	含义	优缺点	适用范围
制度控制模式	通过规章、准则等形式规范与限制企业中各级管理者与员工的行为，以保证管理活动不违背或有利于企业战略目标的实现	优点：企业行为规则明确；操作简单，便于全员执行；制度控制建立的环境与条件限制较少。 缺点：限制管理者及职工的主观能动性；定量控制不够，缺乏与企业目标的直接衔接	适用于所有的企业。对于管理基础较差的企业，更应加大制度控制模式的建设
预算控制模式	通过预算的形式规范企业的目标和经济行为过程，调整与修正管理行为与目标偏差，保证各级目标、策略、政策和规划的实现	优点：企业行为量化标准明确；企业总体目标与个体目标紧密衔接；突出过程控制，可及时发现问题、纠正偏差。 缺点：预算制定比较复杂；在某种程度上限制了管理者及职工的主观能动性；预算标准刚性使控制不能随着环境变化而变化	适用于所有的企业。对于管理环境和基础较差的企业，建立与执行预算控制难度较大；对于管理环境和基础很好的企业，预算控制相对容易
评价控制模式	通过评价的方式规范企业中各级管理者及员工的经济目标和经济行为	优点：既有明确的控制目标，又有相应的灵活性，有利于管理者及员工在实现目标过程中主观能动性的发挥。 缺点：缺少程序或过程控制，不利于随时发现与纠正偏差。评价控制相对于预算控制和制度控制是一种较高层次的控制	适用条件与范围比较窄。需要管理者及职工有较高的素质、企业文化与理念

续表

控制模式	含义	优缺点	适用范围
激励控制模式	通过激励的方式控制管理者的行为，使管理者的行为与企业战略目标相协调	优点：将管理者的利益与所有者的利益相联系，通过利益约束机制规范管理者的行为；管理者可根据变化的环境及时调整目标和战略，保证企业价值最大化目标的实现。 缺点：具体目标不明确，对企业文化、管理者素质要求较高	要求企业有较高的管理水平和良好的经济运行环境

（四）管理控制四大模式比较与选择★★

1. 管理控制四大模式在控制特征、控制目标、控制优势、控制障碍和控制环境方面都有所区别，各具特色。

表1－8 管理控制四大模式比较与选择

控制模式	控制特征	控制目标	控制优势	控制障碍	控制环境
制度控制	规则	正确做事	规则明确，易于操作	缺乏量化与能动性	管理基础与环境较差
预算控制	过程	完成任务	量化目标，及时调控	缺乏变化与能动性	管理基础与环境较好
评价控制	目标	挖掘潜能	突出结果，鼓励进取	缺少过程调控与环境	管理基础与环境良好
激励控制	利益	创造财富	利益相关，随机应变	缺少相应环境与条件	管理基础与环境优秀

2. 这四种控制模式既是独立的又是统一的。独立是指它们各自可作为独立控制模式进行运作，如有的企业可采用制度控制模式，有的企业可采用预算控制模式等。统一是指同一企业可同时采用两种或两种以上的控制模式。

3. 这四种控制模式具有完整性、灵活性。各企业、部门或项目可根据自身环境与要求，灵活运用不同的控制模式。

4. 这四种控制模式具有层次性和适用性。层次性是指四种管理控制模式从控制环境要求、控制权授予方面看，不是处于同一档次；激励控制授权最大，控制环境要求最高；其次是评价控制；再次是预算控制；制度控制授权最小，控制环境要求最低。

第二节 企业总体战略

【知识点一】企业总体战略类型★★★

企业总体战略的目标是确定企业未来一段时间的发展方向，主要强调两个方面的问题：一是“公司应该做什么业务”；二是“怎样管理这些业务”。

企业总体战略可以划分为三种类型：成长型战略、稳定型战略和收缩型战略。

（一）成长型战略

成长型战略是以发展壮大企业为基本导向，致力于使企业在产销规模、资产、利润或新产品开发等某一方面或几方面获得成长的战略。

成长型战略主要包括三种基本类型：密集型战略、一体化战略和多元化战略。

1. 密集型战略。

企业在原有业务领域里，通过加强对原有产品和市场的开发渗透来寻求企业未来发展机会的一种发展战略。具体包括三种类型：市场渗透战略、市场开发战略和新产品开发战略。

表 1－9　　密集型战略

类型	概念	实现途径或措施	适用条件
市场渗透战略 现有产品＋现有市场	通过更大的市场营销，努力提高现有产品或服务在现有市场份额的战略	实现途径：提高现有顾客的产品使用频率、吸引竞争对手的顾客和潜在用户购买现有产品。 主要措施：增加销售人员、增加广告开支、采取多样化的促销手段或加强公关宣传	①企业产品或服务在现有市场中还未达到饱和。 ②现有用户对产品的使用率还可以显著提高。 ③整个产业的销售在增长，但主要竞争者的市场份额在下降。 ④历史上销售额与营销费用高度相关。 ⑤规模扩大能够带来明显的竞争优势
市场开发战略 现有产品＋新市场	将现有产品或服务打入新市场的战略	开辟其他区域市场和其他细分市场	①存在未开发或未饱和的市场。 ②可得到新的、可靠的、经济的和高质量的销售渠道。 ③企业在现有经营领域十分成功。 ④企业拥有扩大经营所需的资金和人力资源。 ⑤企业存在过剩的生产能力。 ⑥企业的主业属于正在迅速全球化的产业
新产品开发 新产品＋现有市场	在现有市场上通过改进或改变产品或服务以增加产品销售量的战略	开发新的产品性能、型号、规格和改进质量；通常需要大量的研究和开发费用	①企业产品具有较高的市场信誉度和顾客满意度。 ②企业所在产业属于适宜创新的高速发展的高新技术产业。 ③企业所在产业正处于高速增长阶段。 ④企业具有较强的研究和开发能力。 ⑤主要竞争对手以类似价格提供更高质量的产品

2. 一体化战略。

一体化战略是指企业对具有优势和增长潜力的产品或业务，沿其经营链条的纵向或横向扩大业务的深度和广度，以扩大经营规模，实现企业增长。按照业务拓展的方向可以分为横向一体化和纵向一体化。

表 1－10　　一体化战略

类型	概念	实现途径或措施	适用条件
横向一体化	企业收购、兼并或联合竞争企业的战略。企业采用横向一体化战略的主要目的是减少竞争压力、实现规模经济和增强自身实力以获取竞争优势	①购买：一家实力占据优势的企业购买与之竞争的另一家企业； ②合并：两家相互竞争而实力和规模较为接近的企业合并为一个新的企业； ③联合：两个或两个以上相互竞争的企业在某一业务领域进行联合投资、开发和经营	①企业所在产业竞争较为激烈； ②企业所在产业的规模经济较为显著； ③企业的横向一体化符合反垄断法律法规，能够在局部地区获得一定的垄断地位； ④企业所在产业的增长潜力较大； ⑤企业具备横向一体化所需的资金、人力资源等

续表

类型	概念	实现途径或措施	适用条件
纵向一体化	企业向原生产活动的上游和下游生产阶段扩展的战略。该类扩张使企业通过内部的组织和交易方式将不同生产阶段联结起来，以实现交易内部化	后向一体化：企业介入原供应商的生产活动； 前向一体化：企业控制其原属客户公司的生产经营活动	公司增长到一定阶段； 当市场达到多头垄断地位后； 企业在生产领域处于支配地位后

3. 多元化战略。

多元化战略是指在现有业务领域基础上增加新的业务领域的经营战略；有利于实现规模经济，分散企业的经营风险，增强企业竞争力，但也存在分散企业资源、增加管理难度和运作费用等问题。

根据现有业务领域与新的业务领域之间的关联程度，可分为相关多元化和非相关多元化。

表1-11 多元化战略

类型	概念	优点	适用条件
相关多元化	企业以现有业务为基础进入相关产业的战略	有利于企业利用原有产业的产品知识、制造能力和营销技能优势获得融合优势	当企业在产业内具有较强的竞争优势，而该产业的成长性或吸引力逐渐下降时
非相关多元化	企业进入与当前产业不相关的产业的战略	获取新的利润增长点	企业当前产业缺乏吸引力，又不具备较强的能力和技能转向相关产品或服务，较为现实的选择就是采用非相关多元化战略

（二）稳定型战略★

该战略又称防御型战略，企业在战略方向上没有重大改变，在业务领域、市场地位和产销规模等方面基本保持现有状况，以安全经营为宗旨的战略。

稳定型战略主要有：无增战略、维持利润战略、暂停战略和谨慎实施战略。

1. 无增战略。

采用这种战略的企业可能基于以下两个原因：一是企业过去的经营相当成功，并且企业内外环境没有发生重大变化；二是企业并不存在重大的经营问题或隐患，因而战略管理者没有必要进行战略调整，或者害怕战略调整会给企业带来资源分配的困难。

2. 维持利润战略。

这是一种牺牲企业未来发展来维持目前利润的战略。维持利润战略注重短期效果而忽略长期利益，其根本意图是渡过暂时性的难关，因而往往在经济形势不景气时被采用，以维持过去的经济状况和效益，实现稳定发展。但如果使用不当的话，维持利润战略可能会使企业的元气受到伤害，影响企业长期发展。

3. 暂停战略。

在一定时期内降低企业的目标和发展速度。在一段较长时间的快速发展后，企业可能会遇到一些问题使得效率下降，这时就可以采用暂停战略；可以充分达到让企业积聚能量，为今后的发展做准备的目标。

4. 谨慎实施战略。

如果企业外部环境中某一重要因素难以预测或变化趋势不明显，企业就要有意识地降低某一战略决策的实施进度，步步为营。

（三）收缩型战略★

企业从目前的战略经营领域和基础水平收缩和撤退，在一定时期内缩小生产规模或取消某些产品生产的一种战略。

按照实现收缩目标的途径，主要有转向战略、放弃战略、归核化战略、解散与破产战略。

1. 转向战略。

（1）含义：又称调整性收缩战略，指当企业现有经营领域的市场吸引力微弱、失去发展活力而趋向衰退，企业市场占有率受到侵蚀，经营活动发生困难，或发现了更好的发展领域和机会时，为了从原有领域脱身，转移阵地，另辟道路所实行的收缩。

（2）目的：逐步收回资金和抽出资源用以发展新的经营领域，在新的事业中找到出路，推动企业更快地发展。

2. 放弃战略。

（1）含义：又称适应性收缩战略，是指企业卖掉其下属的某个战略经营单位（如子公司或某一部门），或将企业的一个主要部门转让、出卖或停止经营。这是在企业采取选择转向战略无效时而采取的收缩战略。

（2）目的：去掉经营赘瘤，收回资金，集中资源，加强其他部门的经营实力，或者利用获得的资源发展新的事业领域，或者用来改善企业的经营素质，从而抓住更大的发展机会。

3. 归核化战略。

（1）含义：又称战略外包，是指企业将自身不擅长的非核心业务，交给其他专业企业协助完成的商业运作模式。

（2）目的：把企业的业务归拢到最具竞争优势的行业上，把经营重点放在核心行业价值链中自身优势最大的环节上，促进核心能力的培育、维护和发展。

4. 解散与破产战略。

解散：已成立的企业，由于发生法律、章程或协议规定的事由而中止的法律行为；

破产：债务人因不能偿债或资不抵债时，由债权人或债务人诉诸法院宣告破产并依破产程序偿还债务的法律行为。

解散与破产战略，是指通过依法解散或破产清算，维护股东利益，了结企业债务和业务的收缩战略。

✲【知识点二】企业总体战略选择★★★

（一）企业总体战略选择的影响因素★

1. 企业过去的战略。
2. 战略选择决策者对风险的态度。
3. 企业环境应变性。
4. 企业文化与管理者风格。
5. 竞争者的行为与反应。
6. 战略目标实现的时限。

（二）成长型战略选择★★★

1. 成长型战略的特征。

（1）实施成长型战略的企业发展不一定比整个经济增长速度快，但它们往往比其产品所在的市场增长得快。

（2）实施成长型战略的企业往往能取得大大超过社会平均利润率水平的利润。

（3）实施成长型战略的企业倾向于采用非价格的手段同竞争对手抗衡。

（4）实施成长型战略的企业倾向于通过创造本身并不存在的产品或服务的需求来改变外部环境并使之适合自身。

2. 成长型战略的适用条件。

（1）成长型战略必须与宏观经济景气度和产业经济状况相适应。

（2）成长型战略必须符合政府管制机构的政策法规和条例等约束。

（3）成长型战略与公司可获得的资源相适应。

（4）成长型战略与企业文化的适合性。

（三）稳定型战略选择★

1. 稳定型战略的特征。

稳定型战略的风险相对较小，从本质上追求的是在过去经营状况基础上的稳定，对于那些曾经成功地在一个处于上升趋势的行业和一个变化不大的环境中活动的企业会很有效。它具有如下特征：

（1）企业对过去的经营业绩表示满意，决定追求既定的或与过去相似的经营目标。

（2）企业战略规划期内所追求的绩效按大体的比例递增。与成长型战略不同，这里的增长是一种常规意义上的增长，而非大规模的和非常迅猛的发展。

2. 稳定型战略的适用条件。

（1）处在市场需求及行业结构稳定或者较小动荡的外部环境中，企业面临的竞争挑战和发展机会相对较少。

（2）由于资源状况不足，抓不住新的发展机会，企业在市场需求以较大的幅度增长或外部环境提供了较多的发展机遇的情况下也会采取稳定战略。

（3）企业实施成长型战略后，市场占有率等过高可能会引起竞争对手的攻击和政府的干预。因此，企业会在一定时期选择稳定型战略。

（4）企业管理者不愿承担风险，或为避免增长过快带来的管理难度，也可选择稳定战略。

（四）收缩型战略选择★★

1. 收缩型战略的特征。

（1）对企业现有产品的市场份额实行收缩、调整和撤退的措施，削减某些产品的市场规模，放弃某些产品系列，甚至完全退出目前的经营领域。

（2）逐步缩小企业的产销规模，降低市场占有率，同时相应地降低某些经济效益指标。

（3）目标重点是改善企业的现金流量，争取较大收益和资金价值。如采取严格控制、尽量削减费用支出，只投入最低限度经营资源。

（4）具有过渡的性质。短期内奉行这一战略，渡过危机，保存实力，然后转向其他战略。

2. 收缩型战略的适用条件。

（1）采取收缩型战略的企业往往是由于外部环境变化，经济陷入衰退之中。

（2）采用收缩型战略也可能是企业经营失误情况下的选择。

（3）选择收缩型战略还可能是由于企业发现了更有利的发展机会。

第三节 经营战略与职能战略

【知识点一】经营战略的内涵与类型★★

经营战略是指在给定的一个业务或行业内，企业用于区分自己与竞争对手业务的方式，或者说是企业在特定市场环境中如何营造、获得竞争优势的途径或方法的战略。

表 1-12 经营战略

经营战略	具体内容	具体类型
成本领先战略	定义：也称低成本战略，是指企业通过有效途径降低成本，使企业的成本低于竞争对手的成本，甚至是在同行业中最低，从而获取竞争优势的一种战略。 实现途径：加强内部成本控制，在研发、生产、销售、服务、广告等领域把成本降到最低，成为行业中的成本领先者	简化产品型、改进设计型、材料节约型、人工费用降低型、生产创新及自动化型
差异化战略	定义：通过提供与众不同的产品或服务满足顾客的特殊要求，从而形成竞争优势。核心是取得某种对顾客有价值的独特性，为企业带来额外溢价。当这种溢价超过其独特性所增加的成本时，便会形成企业竞争优势。 实现途径：差异化可以来自设计、品牌形象、技术、产品性能、组织人事、营销渠道、客户服务、盈利模式等各个方面	产品差异化、服务差异化、人才差异化、形象差异化
集中化战略	定义：针对某一特定购买群、产品细分市场或区域市场，采用成本领先或差异化以获取竞争优势的战略（不是围绕整个行业，而是面向某一特定目标市场）。 实现途径：将资源和能力集中于目标细分市场，实现成本领先或差异化	（1）根据集中化的内容分为产品集中化、顾客集中化、地区集中化、低占有率集中化。 （2）根据实施方法分为单纯集中化、成本集中化、差别集中化和业务集中化

【知识点二】经营战略选择★★

（一）经营战略选择的影响因素★

1. 市场竞争范围（首要因素）。

市场细分决策为经营战略选择明确了方向，无论是市场开发、产品开发、市场渗透，还是多元化经营，都必须建立在新的或改进的市场细分基础上（企业可用资源的有限性）。

2. 企业竞争优势来源。

企业的竞争优势主要来源于两个方面：一是低成本优势，二是独特性优势。

（二）成本领先战略选择★★

1. 成本领先战略的特征。

（1）通过低成本优势取得行业领先地位。

（2）成本领先并不等同于价格最低。

（3）成本领先企业能赚取高于平均水平的收益。

（4）小成本领先特别依赖于先发制人策略，重大的技术变革可使企业彻底改变其成本地位。

（5）成本领先战略的成功取决于企业日复一日地实施该战略的技能。

2. 成本领先战略的适用条件。

（1）大批量生产的企业，产量要达到经济规模，才会有较低的成本。

（2）企业有较高的市场占有率，严格控制产品定价和初始亏损，从而形成较高的市场份额。

（3）企业必须采用先进的生产设备，使生产效率提高，进一步降低成本。

（4）严格控制一切费用开支，全力以赴降低成本。

（三）差异化战略选择★★

1. 差异化战略的特征。

（1）差异化战略并不意味着公司可以忽略成本，但此时低成本不是公司的首要战略目标。

（2）如果差异化战略成功地实施了，它就成为在一个产业中赢得高水平收益的积极战略。

（3）推行差异化战略往往要求公司对于这一战略的排他性有思想准备。

（4）差异化总是伴随着很高的成本代价，并不是所有顾客都愿意或有能力支付高价。

2. 差异化战略的适用条件。

（1）具有很强的研究开发能力，研究人员要有创造性的眼光。

（2）企业具有以其产品质量或技术领先的声望。

（3）企业在这一行业有悠久的历史或吸取其他企业的技能并自成一体。

（4）有很强的市场营销能力。

（5）研究与开发、产品开发以及市场营销等职能部门之间要具有很强的协调性。

（四）集中化战略选择★★

1. 集中化战略的特征。

（1）集中化战略是围绕一个特定的目标进行密集型的生产经营活动，要求能够比竞争对手提供更为有效的服务。

（2）集中化战略以更高的效率、更好的效果为某一特殊对象服务，实现差别化或低成本。

（3）实施集中化战略的企业由于其市场面狭小，可以更好地了解市场和顾客，提供更好的产品与服务。

（4）一般有两种形式：一种是低成本集中化，另一种是差异化集中化。

2. 集中化战略的适用条件。

（1）企业具有完全不同的市场顾客群。

（2）没有其他竞争对手试图在目标细分市场实施集中化战略。

（3）由于地理位置、收入水平、消费习惯、社会习俗等因素的不同，将形成专门化市场，这些市场之间的隔离性越强，越有利于集中化战略的实施。

（4）行业中各细分部分在规模、成长率、获利能力方面存在很大的差异。

✲【知识点三】职能战略的内涵与类型★

（一）职能战略的内涵

职能战略是在企业特定的职能管理领域制定的战略，重点是提高企业各种资源的利用效率，使资源利用效率最大化，使企业战略与经营战略的内容得到具体落实，并使各项职能之间协调一致。具有从属性、单一性或专业性、针对性等特点。

（二）职能战略的类型★

根据业务职能部门及作用分为研发战略、生产战略、营销战略、财务战略、人力资源战略。

表1－13　职能战略

类型	具体内容
研发战略	定义：围绕企业战略所确定的产品和市场战略，通过科学的调查和分析而制定的产品开发和工艺开发战略
	分类：进攻型战略、防御型战略、技术引进型战略和部分市场战略
生产战略	定义：在企业战略和竞争战略的基本框架下，决定如何通过生产运作活动来达到企业的整体战略目标；其目标不是提供具体的产品和服务，而是在生产领域内取得某种竞争优势的能力
	分类：基于成本的战略、基于质量的战略、基于时间的战略
营销战略	定义：根据企业战略定位，在市场调研以及顾客分析和竞争分析的基础上，对企业市场营销目标、产品和市场定位、营销策略及其组合的总体谋划
	主要包括：分析和确定顾客需求、向顾客传递产品或服务信息，并接受反馈、投放产品或服务、为产品和服务确定价格
财务战略	定义：谋求企业资本的合理配置与有效使用，提高资本运营效率，增强企业竞争优势。 主要任务：根据企业的总体战略、竞争战略和其他职能战略的要求，分析和确定企业的资金需求量，保证企业的经营活动对资金的需要，确定融资渠道及方式，调整和优化企业内部资本结构，通过有效资产管理手段提高资金的使用效率，通过对资金的最优化利用，保证企业战略目标的顺利实现
	分类：融资战略、投资战略、分配战略
人力资源战略	定义：企业为实现战略目标，在人员管理、人员的选拔任用和调整、绩效考核、工资福利、员工的培训与发展等诸多方面所制定并依次实施的全局性、长期性的思路和谋划
	分类：人力资源规划；员工招聘与选拔；人力资源培训和开发；人力资源管理

✲【知识点四】业务组合管理模型★★

（一）波士顿矩阵★★

波士顿矩阵是根据业务增长率和市场占有率两项指标，将企业所有的战略单位分为“明星、问题、金牛、瘦狗”四大类，并以此分析企业产品或服务的竞争力，为科学选择企业战略提供依据的一种投资组合分析方法。

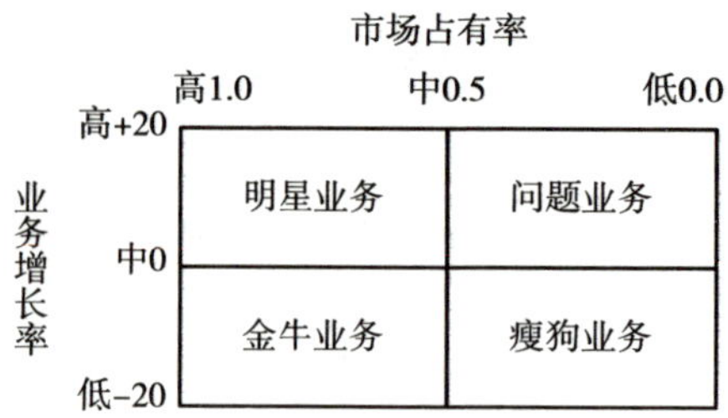

图1－1 波士顿矩阵

横轴： 企业业务的市场份额，一般用市场占有率表示，反映了企业在市场上的竞争地位。市场占有率既可用绝对占有率，也可用相对占有率。

纵轴： 业务增长率，一般用销售增长率表示，反映了企业经营业务在市场上的相对吸引力。

计算公式：

某产品绝对市场占有率＝该产品本企业销售量÷该产品的市场销售总量

某产品相对市场占有率＝本企业市场占有率÷特定竞争对手市场占有率

上述指标，数值越大，表示市场竞争地位越强，反之越弱。

根据有关业务或产品销售增长率和市场增长率，可以把企业的全部业务定位于四个区域。

表1－14　　波士顿矩阵

业务类型	指标特征	现金流量	对策
明星业务	高增长、强竞争地位，处于迅速增长的市场，享有较大的市场份额，其增长和获利有着长期机会	是企业资源的主要消耗者，需要大量投资	资源倾斜
问题业务	高增长、弱竞争地位	最差的现金流量状态	对于问题业务的进一步投资需要分析，判断使其向明星业务转化所需要的投资额，分析其未来的盈利能力，作出投资决策
金牛业务	低增长、强竞争地位，处于成熟的低速增长市场，市场地位有利，盈利率高	不仅本身不需要投资，而且能为企业带来大量现金，用以支持其他业务发展	保持或收割
瘦狗业务	低增长、弱竞争地位，处于饱和衰退的市场之中	竞争激烈、盈利率低，不能成为现金来源	能自我维持：收缩经营范围； 难以为继：果断清理

（二）SWOT模型★

SWOT模型是一种综合考虑，可分为：企业内部优势（Strengths）和劣势（Weaknesses）、外部环境的机会（Opportunities）和威胁（Threats），进行系统评价，从而选择最佳经营战略的方法。

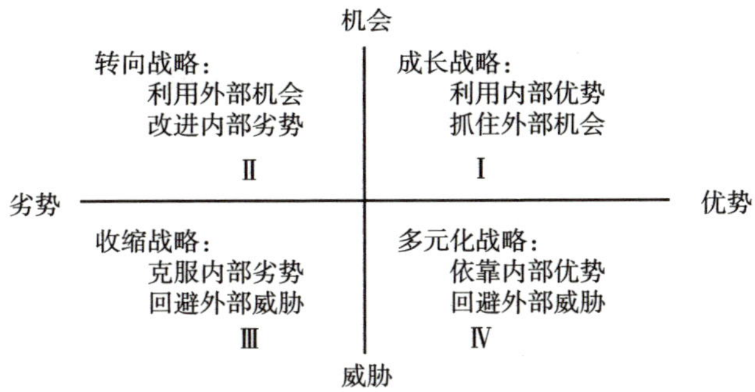

图1－2　SWOT模型

第Ⅰ象限：内部为优势＋外部有机会，应当采取成长战略，增加投资。

第Ⅱ象限：内部为劣势＋外部有机会，应当采取转向战略，充分利用外部机会，设法消除内部劣势。

第Ⅲ象限：内部为劣势＋外部有威胁，应当采取收缩战略，撤出资本。

第Ⅳ象限：内部为优势＋外部有机会，应在多元化经营方面寻求长期发展机会。

第四节　财务战略

✲【知识点一】财务战略概述★

（一）财务战略的内涵与特征

1. 财务战略的本质。

财务战略是企业获取超额利润或实现企业价值最大化的战略，关注的焦点是企业资本资源的合理配置与有效使用。

2. 财务战略的特征。

（1）从属性：财务战略应体现企业总体战略的要求。

（2）系统性：财务战略应当始终保持与企业其他战略之间的动态联系，努力使财务战略能够支持其他子战略。

（3）指导性：财务战略应对企业资金运筹进行总体谋划，规定企业资金运筹的总方向、总方针、总目标等重大财务问题。财务战略一经制定便应具有相对稳定性，成为企业所有财务活动的行动指南。

（4）复杂性：相较于其他子战略，制度与实施财务战略的复杂程度更高。

（二）财务战略的目标★

财务战略目标的根本是通过资本的配置与使用实现企业价值最大化。

企业价值：企业的内在价值，即企业将要创造的一系列未来现金流量净现值。

价值实现：通过与股东和外部投资者进行有效沟通，提高价值创造与股票价格之间的相关性，避免管理期望价值与市场预期价值存在巨大差异，使经营绩效有效地反映资本市场的股东投资效益。

作为财务战略目标的两个方面，企业价值创造过程通常是企业内部管理的范畴，价值实现过程则是通过对外沟通来完成的。

如何计量：企业价值与价值实现的计量可通过资本增值来体现。由于价值计量标准不同，产生的价值计量也不同，资本增值可表现为经济增加值和市场增加值。

（三）财务战略分类★★

按财务活动内容划分：融资战略、投资战略、分配战略等。

从资本筹措与使用特征的角度：扩张型、稳健型和防御型。

1. 扩张型财务战略（进攻型）。

（1）目的：配合公司的一体化战略和多元化战略，实现公司资产规模的扩张。

（2）措施：将绝大部分乃至全部利润留存的同时，大量地进行外部筹资，更多地利用负债。

（3）特点：投资规模不断扩大，现金流出量不断增多，资产报酬率下降，企业负债增加。

（4）优点：通过新的产品或市场发展空间，可能会给公司未来带来新的利润增长点和现金净流量。其成功案例如日本的松下公司和我国的海尔集团。

（5）缺点：投资失误，公司财务状况可能恶化，甚至导致公司破产。其典型案例如东亚金融危机后陷入困境的韩国大宇集团和我国的巨人集团。

2. 稳健型财务战略（稳健发展型/加强型/平衡型）。

（1）目的：配合公司实施对现有产品或服务的市场开发或市场渗透战略而展开的，实现公司财务业绩稳定增长和资产规模平稳扩张。

（2）措施：实施这种战略的公司，根据公司自身经营状况确定与之匹配的发展速度，不急于冒进，慎重从事企业并购或进入与公司核心能力并不相关的领域。一般将尽可能优化现有资源的配置和提高现有资源的使用效率，将利润积累作为实现资产规模扩张的基本资金来源，且对利用负债来实现资产增长往往持十分谨慎的态度。

（3）特点：充分利用现有资源，对外集中竞争优势，兼有战略防御和战略进攻的双重特点，通常是一种过渡性战略。

（4）缺点：当公司现有产品或服务已属夕阳产业，发展前景暗淡，如果仍然实行这种财务战略，则可能给公司带来财务危机，影响公司未来盈利能力和现金流量。

3. 防御型财务战略（收缩型）。

（1）目的：配合公司的收缩、剥离、清算等活动展开，预防出现财务危机和求得生存及新的发展。

（2）措施：将尽可能减少现金流出和尽可能增加现金流入作为首要任务，通过采取削减业务、剥离资产、回购股份和精简机构等措施，盘活存量资产，节约资本支出，集中一切可以集中的财力，用于公司核心业务，以增强公司核心业务的市场竞争力。

（3）特点：公司规模迅速降低，现金流入量增加，资产报酬率提高，债务负担减轻。

（4）优点：公司财务状况稳健，为将来选择其他财务战略积聚了大量现金资源。

（5）缺点：公司会因此而失去一部分产品领域和市场空间，若不能及时创造机会调整战略则会影响公司未来的盈利增长和现金流量。

（四）财务战略选择★★★

1. 基于经济周期的财务战略选择。

从财务的观点看，经济的周期性波动要求企业顺应经济周期的过程和阶段，通过制定和选择富有弹性的财务战略，来抵御大起大落的经济震荡，以减少它对财务活动的影响，抑制财务活动的负效应。财务战略的选择必须与经济周期相适应，在不同的经济周期应选择不同的财务战略。

表 1－15　　不同经济周期的财务战略

经济周期	财务战略类型	具体措施
经济复苏阶段	扩张型财务战略	增加厂房设备，采用融资租赁，建立存货，开发新产品，招募新员工
经济繁荣阶段	扩张型和稳健型财务战略相结合	繁荣初期继续扩充厂房设备，采用融资租赁，继续建立存货，提高产品价格，开展营销筹划，增加雇员。繁荣后期采取稳健型财务战略
经济衰退阶段	防御型和扩张型承接的财务战略	在初期，特别在经济处于低谷时期，继续采取防御型财务战略，建立投资标准，保持市场份额，压缩管理费用，放弃次要的财务利益，削减存货，减少临时性雇员。为转向扩张型财务战略做准备，迎接下一轮经济周期到来

2. 基于企业生命周期的财务战略选择。

不同发展阶段的公司财务战略特征如表 1－16 所示。

表 1－16　　不同发展阶段的公司财务战略特征

表现特征	初创期	成长期	成熟期	衰退期
竞争对手	少数	增多	开始达到稳定	数量持续减少
经营风险	非常高	高	中等	低
财务风险	非常低	低	中等	高
资本结构	股权融资	主要是股权融资	股权＋负债融资	股权＋负债融资
资金来源	风险资本	权益投资增加	保留盈余＋债务	债务
销售收入	较少	高增长	开始饱和	下降
收益情况	负数	较低	增长	较高
投资回报	无	较低	较高	较低
资金需求	较小	较大	较小	很小
现金流量	较少且不稳定	净现金流量为负	净现金流量为正	现金较为宽裕
股利（政策）	不分配	分配率低	分配率高	全部分配
市盈率	非常高	高	中	低
股价	迅速增长	增长并波动	稳定	下降并波动
财务战略选择	稳健型或扩展型，采取权益资本型筹资战略，实施一体化投资战略，实行零股利或低股利政策	扩张型，采取相对积极的筹资战略，实施适度分权投资战略，实行低股利、股票股利或剩余股利政策	稳健型，采取负债资本型筹资战略，实施尝试型投资战略，实行高股利、现金股利政策	防御型，采取负债型筹资战略，建立进退结合的投资战略，实行股票或高股利分配政策

企业初创期面临的经营风险最高，它产生于以下几个因素：（1）新产品研发能否成功；（2）新产品能否如期量产；（3）新产品量产后能否适销对路；（4）新产品能否实现预期利润。

实务中，初创期权益资本的主要来源是那些追求高风险、高回报的风险资本（如天使投资人等）。企业初创期又可分为新产品试制、达产、量产等不同阶段，需要分别进行A轮、B轮和C轮融资等，企业估值依次增长。企业下一轮融资既是新的风险资本的投资机会，又是上一轮风险投资的退出时机，上一轮投资退出因估值提高而获得高额回报。

✲【知识点二】投资战略★

（一）概述

1. 投资战略的内涵。

在企业投资战略设计中，需要明确其投资目标、投资原则、投资规模和投资方式等。

2. 投资战略的原则。

（1）集中性原则：企业把有限的资金集中投放到最需要的项目上。

（2）适度性原则：企业投资要适时适量，风险可控。

（3）权变性原则：企业投资要灵活，要随着环境的变化对投资战略作出及时调整，做到主动适应变化，而不是刻板投资。

（4）协同性原则：按照合理的比例将资金配置于不同的生产要素上，以获得整体上的收益。对投资规模和投资方式等作出恰当安排，确保投资规模与企业发展需要相适应，投资方式与企业风险管理能力相协调。

3. 投资战略的地位与作用。

（1）导向性。公司战略包含两个方面：一是决定应该从事哪些业务，二是决定企业如何发展业务。企业如何发展业务，这就涉及一个如何进行资源配置的问题，而企业内部资源的配置正是通过投资战略的实施来有效拉动的。

（2）保证性。投资战略与企业内部其他职能战略互相配合，保证公司战略的实现。

（3）超前性。公司战略一经确定，首先需要通过投资战略在各个职能部门之间合理调配企业资源。相比其他职能战略，企业投资战略具有一定超前性。

（4）风险性。由于内部环境的不确定性，企业实施投资战略充满风险，为了保证投资战略的有效实施，需要通过各种投资组合来分散风险。

（二）投资战略选择★★

投资战略选择应考虑企业对投资规模和投资方式等作出恰当安排，确保投资规模与企业发展需要相适应，投资方式与企业风险管理能力相协调。

投资战略选择根据投资方式、投资时机、投资目标等不同可产生不同的战略选择。

1. 直接投资战略选择。

（1）定义：企业为直接进行生产或者其他经营活动而在土地、固定资产等方面进行的投资，它通常与实物投资相联系。

（2）类型。按直接投资战略的目标可分为：提高规模效益的投资战略，提高技术进步效益的投资战略，提高资源配置效率的投资战略，盘活资产存量的投资战略。根据对项目控制程度可分为：一体化投资战略、适度分权投资战略、尝试型投资战略和进退结合投资战略。

2. 间接投资战略选择。

间接投资是指企业通过购买证券、融出资金或者发放贷款等方式将资本投入其他企业，其他企业进而再将资本投入生产经营中去的投资。间接投资通常为证券投资，其主要目的是获取股利或者利息，实现资本增值和股东价值最大化。

3. 投资时机战略选择。

主要有如下四种模式：

（1）投资侧重于初创期产品，兼顾成长期和成熟期。

（2）投资侧重于成长期和成熟期，几乎放弃初创期和衰退期。

（3）投资均衡分布于企业发展的四个阶段。

（4）投资侧重于初创期和成长期而放弃成熟期、衰退期。

4. 投资期限战略选择。

（1）长期投资战略的内容包括固定资产投资战略和长期对外投资战略。

（2）短期投资具有期限短、周转快、变现能力强等特征，包括现金持有战略、存货战略、交易性金融资产投资战略等。

（3）投资组合战略是指长期投资与短期投资结构优化战略。影响投资组合战略的因素包括：盈利能力、经营风险、经营规模和产业性质等。

✲【知识点三】融资战略★

（一）概述

1. 融资战略的内涵。

融资战略是根据企业内外环境的现状与发展趋势，适应企业整体发展战略（包括投资战略）的要求，对企业的融资目标、原则、结构、渠道与方式等重大问题进行长期的、系统的谋划。

2. 融资战略的作用。

（1）融资战略可有效地支持企业投资战略目标的实现。

（2）融资战略选择可直接影响企业的获利能力。

（3）融资战略还会影响企业的偿债能力和财务风险。

（二）融资战略选择★★★

融资战略选择主要解决筹集资金如何满足生产经营和投资项目的需要以及债务融资和权益融资方式的选择及其结构比率的确定等问题。

1. 融资战略选择的原则。

（1）融资低成本原则。企业融资成本是决定企业融资效率的决定性因素，对于企业选择哪种融资方式有着重要意义。按照融资来源划分各种主要融资方式的融资成本高低，根据企业融资的需要及条件选择低成本的融资方式。

（2）融资规模适度原则。确定企业的**融资规模**在企业融资过程中非常重要。筹资过多，可能造成资金闲置浪费，增加融资成本，或者可能导致企业负债过多，使其无法承受，偿还困难，增加经营风险。而企业筹资不足，又会影响企业投融资计划及投资业务的开展。企业在选择融资战略时，要根据企业对资金的需要、企业自身的实际条件以及融资的难易程度和成本情况，量力而行来确定企业合理的融资规模。

（3）融资结构优化原则。企业融资时，资本结构决策应体现理财的终极目标，即追求企业价值最大化。如果资本结构安排合理，不仅能直接提高筹资效益，而且对折现率的高低也会起到一定的调节作用。

（4）融资时机最佳原则。从企业内部来讲，**过早融资**会造成资金闲置，而**过晚融资**又会造成投资机会的丧失。从企业外部来讲，由于经济形势瞬息万变，这些变化又将直接影响中小企业融资的难度和成本。企业若能抓住内外部环境变化提供的有利时机适时融资，会使企业比较容易地获得成本较低的资金。

（5）融资风险可控原则。融资风险要受经营风险和财务风险的双重影响，具体涉及信用风险、市场风险、金融风险、政治风险等各种类型的风险。企业融资战略选择必须遵循风险的可控性原则，一方面加强融资目标、融资过程的控制；另一方面搞好融资危机管理，即搞好融资风险评估、预警和应对。

2. 融资战略的类型选择。

（1）基于融资方式的战略选择。

①内部融资战略。

定义：使用内部留存利润进行再投资。

优点：管理层不需要向外部披露公司的信息，可以有效保护企业的商业秘密。

缺点：如果股东根据企业的留存利润会预期下一期或将来的红利，这就要求企业有足够的盈利能力，而对于那些陷入财务危机的企业来说压力是很大的，因而这些企业就没有太大的内部融资空间。

②股权融资战略。

定义：企业为了新的项目而向现在的股东和新股东发行股票来筹集资金。

优点：当企业需要的资金量比较大时（如并购），股权融资就会占很大优势，因为它不像债权融资那样需要定期支付利息和本金，仅仅需要在企业盈利时向股东支付股利。

缺点：股份容易被恶意收购从而引起控制权的变更，并且股权融资方式的成本也比较高。

③债务融资战略。

债务融资主要可以分为贷款、债券和租赁融资。

表 1－17 债务融资战略

分类	具体内容
贷款融资	**优点：**债务融资方式与股权融资相比，融资成本较低、融资的速度较快，并且方式也较为隐蔽。 **缺点：**当企业陷入财务危机或者企业的战略不具备竞争优势时，还款的压力会增加企业的经营风险
债券融资	**优点：**债券融资优于向银行贷款，因为债券投资者众多，发行规模大，用途广，有利于提高发行企业的知名度；债券条款有利于信息标准化，增强市场有效性；利息支出起到了冲减税基的作用，有利于降低筹资成本，同时也有利于发挥财务杠杆作用，使股东获得更大收益，并且不会削弱原有股东的控制权，有利于保护股东权益
租赁融资	**优点：**企业可以不需要为购买运输工具进行融资，缓解资金压力，并可在一定程度上避免长期资产的无形损耗，租赁期满时，承租方可以用极低的、象征性的价格购买该项资产。此外，租赁很有可能使企业享有更多的税收优惠。 **缺点：**企业使用租赁资产的权利是有限的，因为资产的所有权不属于企业

④销售资产融资战略。

定义：企业选择销售其部分有价值的资产进行融资。

优点：简单易行，并且不用稀释股东权益。

缺点：这种融资方式比较激进，一旦操作了就无回旋余地，而且如果销售的时机选择不准，销售的价值就会低于资产本身的价值。

（2）基于资本结构优化的战略选择。

定义：资本结构优化从狭义上来讲是指债务融资与股权融资的结构优化；从广义上来讲，资本结构优化除包括债务融资与股权融资结构的优化外，还包括内部融资与外部融资结构的优化，短期融资与长期融资结构的优化等。

影响因素：决定企业资本结构优化战略的基本因素是资本成本水平及风险承受水平。具体应考虑的因素包括企业的举债能力、管理层对企业的控制能力、企业的资产结构、增长率、盈利能力以及有关的税收成本等。此外，还有一些比较难以量化的因素主要包括企业未来战略的经营风险；企业对风险的态度；企业所处行业的风险；竞争对手的资本成本与资本结构（竞争对手可能有更低的融资成本以及对风险不同的态度）；影响利率的潜在因素，如整个国家的经济状况等。

（3）基于生命周期和投资战略的融资战略选择。

初创期公司、增长性高科技公司和新兴行业主要采用股权融资；

成长型公司大多采用“股权 + 负债”融资方式或采用更多的负债融资；

成熟期公司主要采用负债融资；

收缩性公司通常处于行业衰退期，应该采用防御型融资战略，企业在该阶段仍可保持较高的负债水平。

根据投资战略中的快速增长型投资和低增长型投资的特点，相应的融资战略选择有：

①快速增长和保守融资战略。对于快速增长型企业，创造价值最好的方法是新增投资；在选择筹资工具时，可以采用以下方法：

第一，维持一个保守的财务杠杆比率，保证企业持续进入金融市场的充足借贷能力。

第二，采取一个恰当的、能够让企业从内部为企业绝大部分增长提供资金的股利支付比率。

第三，把现金、短期投资和未使用的借贷能力用作暂时的流动性缓冲品，以便于在那些投资需要超过内部资金来源的年份里能够提供资金。

第四，如果必须采用外部筹资，那么选择举债的方式，除非由此导致的财务杠杆比率威胁到财务的灵活性和稳健性。

第五，当上述方法都不可行时，采用增发股票筹资或者减缓增长的方式。

②低增长和积极融资战略。对于低增长型企业，通常没有足够好的投资机会。在这种情况下，利用负债筹资为股东创造价值的动机，企业可以尽可能多地借入资金，并进而利用这些资金回购自己的股票，从而实现股东权益的最大化。这些融资战略为股东创造价值的方法通常包括：

第一，通过负债筹资增加利息支出获取相应的所得税利益，从而增进股东财富。

第二，通过股票回购向市场传递积极信号，从而推高股价。

第三，在财务风险可控的情况下，高财务杠杆比率可以提高管理人员的激励动机，促进其创造足够的利润以支付高额利息。

❇【知识点四】分配战略★★

（一）分配战略的概述★

1. 分配战略的内涵。

从广义来讲，分配战略是以战略眼光确定企业收益留存与分配的比例，以保证企业、债权人、员工、国家和股东的长远利益。主要包括企业收益分配战略和股利分配战略等。

然而由于企业与债权人、员工及国家之间的收益分配大多有比较固定的政策或规定，只有对股东收益的分配富有弹性，所以股利分配战略成为收益分配战略的重点，或者说狭义的分配战略是指股利分配战略。

股利分配战略的内容包括股利支付率、股利稳定性和信息传递意图三个方面。

2. 股利分配战略的目标。

促进公司长远发展；保障股东权益；稳定股价、保证公司股价在较长时期内基本稳定。

公司应根据股利分配战略目标的要求，通过制定恰当的股利分配政策来确定其是否发放股利、发放多少股利以及何时发放股利等重大决策问题。

3. 股利分配战略的原则。

（1）股利分配战略应优先满足企业战略实施所需的资金，并与企业战略预期的现金流量状况保持协调一致。

（2）股利分配战略应能传达管理部门想要传达的信息，尽力创造并维持一个企业战略所需的良好环境。

（3）股利分配战略必须把股东们的短期利益（支付股利）与长期利益（增加内部积累）很好地结合起来。

（二）股利分配战略选择★★

1. 股利分配战略选择的影响因素。

（1）法律因素。

①资本限制。资本限制是指企业支付股利不能减少资本（资本金和资本公积金）。这一限制是为了保证企业持有足够的权益资本，以维护债权人的利益。

②偿债能力的限制。如果一个企业的经济能力已降到无力偿付债务或因支付股利将使企业丧失偿债能力，则企业不能支付股利。这一限制的目的也是为了保护债权人。

③内部积累的限制。有些法律规定禁止企业过度地保留盈余，如果一个企业的保留盈余超出目前和未来的投资很多，则被看作过度的内部积累，要受到法律上的限制。这是因为有些企业为了保护高收入股东的利益，故意压低股利的支付，**多留利少分配**，用增加保留盈余的办法来提高企业股票的市场价格，使股东逃税。所以有的国家税法规定对企业过度增加保留盈余征收附加税作为处罚。

（2）债务（合同）条款因素。

①营运资金（流动资产减流动负债）低于某一水平，企业不得支付股利。

②企业只有在新增利润的条件下才可进行股利分配。

③企业只有先满足累计优先股股利后才可进行普通股股利分配。

这些条件在一定程度上保护了债权人和优先股股东的利益。

（3）股东类型因素。企业的股利分配最终要由董事会来确定，董事会是股东们的代表，在制定股利战略时，必须尊重股东们的意见。股东类型不同，其意见也不尽相同，大致可分为以下几种：

①为保证控制权而限制股利支付。

②为避税的目的而限制股利支付。

③为取得收益而要求支付股利。

④为回避风险而要求支付股利。

⑤由于不同的心理偏好和金融传统而要求支付股利。

(4) 经济因素。

①现金流量因素。

②筹资能力因素。

③投资机会因素。

④公司加权资金成本。

⑤股利分配的惯性。

综合以上各种因素对股利分配的影响，企业就可以拟订出可行的股利分配备选方案。此后，企业还需按照企业战略的要求对这些方案进行分析、评价，才能从中选出与企业战略协调一致的股利分配方案，确定企业在未来战略期间内的股利战略，并予以实施。

2. 股利分配战略选择的类型。

(1) 剩余股利战略。发放股利时，优先考虑投资的需要，如果投资过后还有剩余则发放股利，如果没有剩余则不发放股利。这种战略的核心思想是以公司的投资为先、发展为重。

(2) 稳定或持续增长的股利战略。公司的股利分配在一段时间里维持不变，而持续增加的股利战略则是指公司的股利分配每年按一个固定成长率持续增加。

(3) 固定股利支付率战略。公司将每年盈利的某一固定百分比作为股利分配给股东。它与剩余股利战略正好相反，先考虑股利，后考虑保留盈余。

(4) 低正常股利加额外股利战略。公司事先设定一个较低的经常性股利额，一般情况下，公司都按此金额发放股利，只有当累积的盈余和资金相对较多时，才向股东支付正常股利以外的额外股利。

(5) 零股利战略。将企业所有剩余盈余都投资回本企业中；在企业成长阶段通常会使用这种股利政策，并将其反映在股价的增长中。但是，当成长阶段已经结束，并且项目不再有正的现金净流量时，就需要积累现金和制定新的股利分配战略。

第二章 企业全面预算管理

本章概述

教材变化：

无实质性变化，仅涉及少数知识点的顺序调整，无新增亦无删减内容。

1. 将“全面预算管理中的主要风险”集中调整到了第一节。

2. 调整了“预算控制原则”与“预算控制方式”先后顺序。

本章要求：

掌握：全面预算管理的内涵、原则与应用环境，全面预算管理中的主要风险，预算目标的确定原则、预算目标确定应考虑的主要因素，全面预算控制的原则与方式，全面预算调整的内涵、原则与程序；

熟悉：预算目标的确定方法，全面预算的编制方式、编制流程与编制方法，全面预算分析的方法，全面预算考核的内容；

了解：全面预算管理的内容、功能、流程与层级，全面预算分析的流程，全面预算考核的原则与程序。

真题回顾：

本章考核分值一般在 8 分左右，历年真题考核要点如下表所示。

知识点	真题考核
全面预算编制	预算目标的确定（2013 年、2018 年）、零基预算的特点（2013 年） 项目预算法特点（2016 年）、增量预算法优缺点（2017 年） 全面预算编制方式与编制流程（2017 年） 预算编制方法识别与理由（2018 年、2019 年、2021 年） 弹性预算法运用（2019 年） 预算编制方式类型与优点（2020 年）
全面预算执行	预算执行率计算（2014 年）、预算调整原则（2014 年）、对标分析（2015 年） 多维分析优点（2016 年）、预算控制方式（2018 年、2019 年） 预算控制原则（2016 年）预算调整情形（2018 年、2020 年） 对比分析法（2020 年）
全面预算考核	全面预算考核原则（2021 年）

本章主要内容

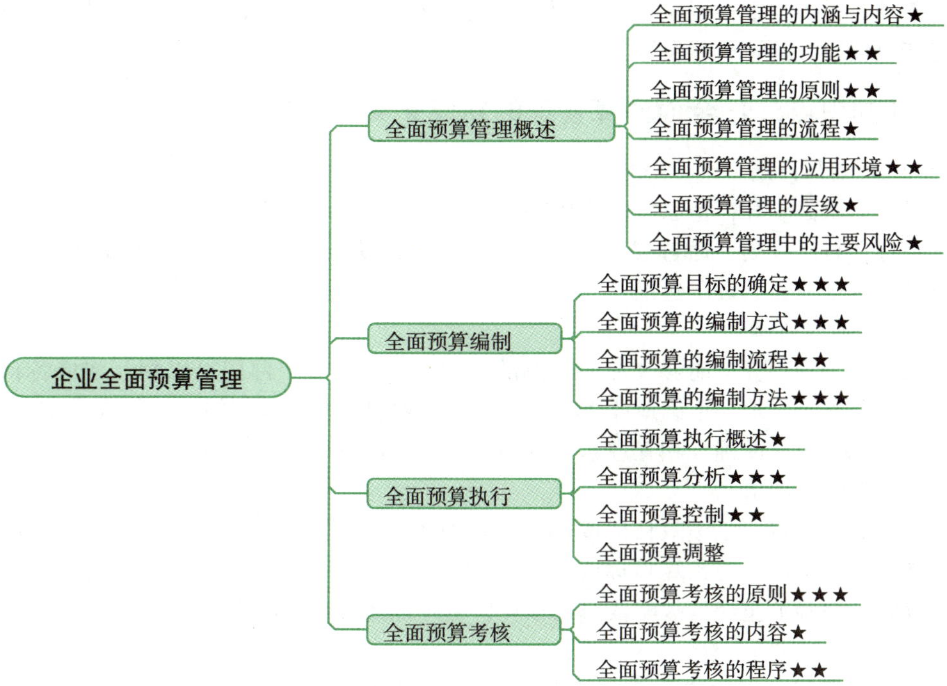

第一节　全面预算管理概述

✲【知识点一】全面预算管理的内涵与内容★

（一）全面预算管理的内涵

企业以战略目标为导向，通过对未来一定期间内的经营活动和相应的财务结果进行全面预测和筹划，科学、合理配置企业各项财务和非财务资源，并对执行过程进行监督和分析，对执行结果进行评价和反馈，指导经营活动的改善和调整，进而推动实现企业战略目标的管理活动。

在预算管理前冠以“全面”二字，主要有以下三层含义：

1. 预算理念全员参与。

2. 业务范围全面覆盖。

3. 管理流程全程跟踪。

（二）全面预算管理的内容

全面预算管理的内容主要包括经营预算、专门决策预算和财务预算。

1. 经营预算。

经营预算也称业务预算，是指与企业日常业务直接相关的一系列预算，包括销售预算、生产预算、采购预算、费用预算、人力资源预算等。

2. 专门决策预算。

专门决策预算是指企业重大的或不经常发生的、需要根据特定决策编制的预算，包括投融资决策预算等。

3. 财务预算。

财务预算是指与企业资金收支、财务状况或经营成果等有关的预算，包括资金预算、预计资产负债表、预计利润表等。

【知识点二】全面预算管理的功能★★

（一）规划与计划

通过编制全面预算，企业可以将战略规划和经营目标细化分解为各预算执行单位的具体工作目标和行动计划。通过规划，企业管理层可以从不同角度对企业的发展提出看法，为更好地实现企业目标提出建议。

（二）沟通与协调

通过编制全面预算，能够改善组织内部的沟通，企业各个部门可以相互沟通各自的计划和需求，并能及时地、正确地评估其他部门的计划和需求对本部门的计划和需求的影响，促进企业各部门目标明确，相互理解，行动一致。

（三）控制与监督

企业通过预算设立了绩效目标或标准，管理者可以定期或不定期地比较某一期间各预算执行单位的实际结果与预算目标或标准，发现新的增长机会或明确经营中存在的问题和风险，从而相应地调整经营战略或修正预算，更好地促进企业价值的增长。

（四）考核与评价

通过特定期间的实际结果与预算目标或标准的比较，可以评估管理者的绩效。

【知识点三】全面预算管理的原则★★

企业进行预算管理，一般应遵循的原则如表2-1所示。

表2-1 全面预算管理的原则

原则	具体内容
战略导向原则	预算管理应围绕企业的战略目标和业务计划有序开展，引导各预算责任主体聚焦战略、专注执行、达成绩效
过程控制原则	预算管理应通过及时监控、分析等把握预算目标的实现进度并实施有效评价，对企业经营决策提供有效支撑
融合性原则	预算管理应以业务为先导、以财务为协同，将预算管理嵌入企业经营管理活动的各个领域、层次、环节
平衡管理原则	预算管理应平衡长期目标与短期目标、整体利益与局部利益、收入与支出、结果与动因等关系，促进企业可持续发展
权变性原则	预算管理应坚持刚性与柔性管理相结合，既应强调预算对经营管理的刚性约束，又可根据内外部环境的重大变化调整预算，并针对例外事项进行特殊处理

✲【知识点四】全面预算管理的流程★

全面预算管理的终极目标是促进企业发展战略的实现，全面预算管理应以战略规划和经营目标为导向。具体流程可分为三个阶段：

预算编制：包括预算目标的确定，根据预算目标编制、汇总与审批预算；

预算执行：包括预算分解、预算分析、预算控制、预算调整等内容；

预算管理：通过定期或动态的预算考核，发现经营中存在的问题和风险，及时采取纠偏措施，为企业预算目标的实现提供合理的保证。

✲【知识点五】全面预算管理的应用环境★★

企业实施预算管理的基础环境包括战略目标、业务计划、组织架构、内部管理制度、信息系统等。

（一）战略目标

企业战略管理首先要确定企业的愿景，在此基础上明确企业的使命，然后形成企业的战略目标，战略目标是企业愿景和使命的具体化。

（二）业务计划

按照战略目标对业务活动的具体描述和详细计划，企业应将战略目标和业务计划具体化、数量化作为预算目标，促进战略目标“落地”。

经营目标是以战略规划为导向，反映企业在一定时期内生产经营所要达到的预期目标。企业年度经营目标的制定必须从企业的战略出发，而不是从企业所拥有的资源出发，以确保年度经营目标与企业的战略目标相一致。所以，企业的年度经营目标应该反映出企业战略管理的意图。在年度经营目标的设定上，错误的理念是：这是我们拥有的资源，我们该如何利用它们，我们能达到什么样的目标。正确的理念应该是：战略要求我们达到的目标是什么？我们该如何实现？为了实现这些目标我们需要哪些资源？

战略目标、战略规划、经营目标与全面预算之间既有区别，又有联系，如图2－1所示。

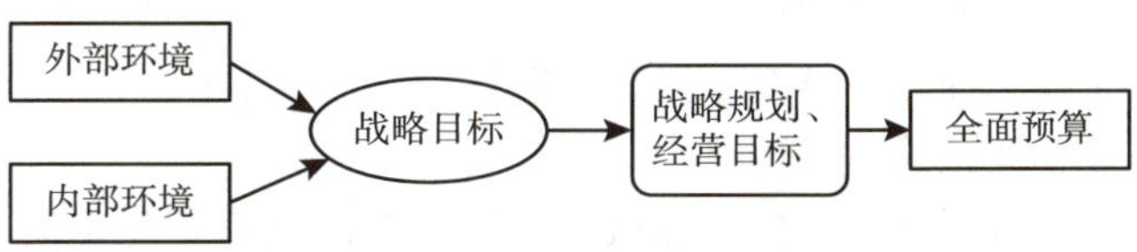

图2－1　战略目标、战略规划、经营目标与全面预算的关系

企业的战略目标需要战略规划和经营目标来细化与分解，战略规划和经营目标又需要全面预算来具体执行。全面预算是实现战略目标和战略规划、落实经营目标的具体行动方案，战略规划和经营目标是编制全面预算的基本依据，全面预算不能偏离战略规划和经营目标。

（三）组织架构

健全有效的全面预算管理组织体系是企业推行全面预算管理的重要内容，是防止预算管理松散、随意，预算编制、执行、考核等各环节流于形式，是预算管理的作用得不到有效发挥的关键。通常由全面预算管理的决策机构、工作机构和执行机构三个层面构成。

1. 全面预算管理决策机构。

全面预算管理决策机构是组织领导企业全面预算管理的**最高权力机构**，对全面预算管理的重大事项作出决定，在全面预算管理组织体系中居于核心地位，主要包括股东（大）会、董事会、预算管理委员会和企业经理层，具体职责如表2-2所示。

表2-2 全面预算管理决策机构

决策机构	职责
股东（大）会	全面预算管理的法定权力机构，负责审议批准公司年度财务预算方案、决算方案
董事会	全面预算管理的法定决策机构，负责制定公司年度财务预算方案、决算方案
预算管理委员会	全面预算管理的专门机构，主要对公司董事会负责，在全面预算管理中居于主导地位。主要职责包括： 制定颁布企业全面预算管理制度；根据企业战略规划和年度经营目标拟订预算目标，并确定预算目标分解方案、预算编制方法和程序；组织编制、综合平衡预算草案；下达经批准的正式年度预算；协调解决预算编制和执行中的重大问题；审议预算调整方案，依据授权进行审批；审议预算考核和奖惩方案；对企业全面预算总的执行情况进行考核
企业经理层	全面预算管理的日常运行决策机构，负责组织执行全面预算，决定和处理全面预算管理的日常运行事项

2. 全面预算管理工作机构。

全面预算管理工作机构是全面预算管理的**日常工作机构**，具体负责全面预算的编制、审核、控制、调整、分析、考评等工作。

预算管理委员会为**非常设机构**，一般可在预算管理委员会下设**预算管理委员会办公室**，具体负责全面预算管理的组织领导和日常工作。

全面预算管理工作机构的主要职责一般是：

（1）拟订企业各项全面预算管理制度，负责检查落实预算管理制度的执行。

（2）拟订年度预算总目标分解方案及有关预算编制程序、方法的草案，报预算管理委员会审定。

（3）组织和指导各级预算单位开展预算编制工作。

（4）预审各预算单位的预算初稿，进行综合平衡，并提出修改意见和建议。

（5）汇总编制企业全面预算草案，提交预算管理委员会审查。

（6）跟踪、监控企业预算执行情况。

（7）定期汇总、分析各预算单位预算执行情况，并向预算管理委员会提交预算执行分析报告，为委员会进一步采取行动拟订建议方案。

（8）接受各预算单位的预算调整申请，根据企业预算管理制度进行审查，集中制定年度预算调整方案，报预算管理委员会审议。

（9）协调解决企业预算编制和执行中的有关问题。

（10）提出预算考核和奖惩方案，报预算管理委员会审议。

（11）组织开展对企业二级预算执行单位预算执行情况的考核，提出考核结果和奖惩建议，报预算管理委员会审议。

（12）预算管理委员会授权的其他工作。

3. 全面预算管理执行机构。

全面预算管理执行机构是指根据其在企业预算总目标实现过程中的作用和职责划分的，

承担一定经济责任，并享有相应权力和利益的企业内部单位，包括企业内部各职能部门、所属分（子）企业等。主要职责一般包括：

（1）提供编制预算的各项基础资料。

（2）负责本单位全面预算的编制和上报工作。

（3）将本单位预算指标层层分解，落实到各部门、各环节和各岗位。

（4）严格执行经批准的预算，监督检查本单位预算执行情况。

（5）及时分析、报告本单位的预算执行情况，解决预算执行中的问题。

（6）根据内外部环境变化及企业预算管理制度，提出预算调整申请。

（7）组织实施本单位内部的预算考核和奖惩工作。

（8）配合预算管理部门做好企业总预算的综合平衡、执行监控、考核奖惩等工作。

（9）执行预算管理部门下达的其他预算管理任务。

（四）内部管理制度

企业应建立健全预算管理制度、会计核算制度、定额标准制度、内部控制制度、内部审计制度、绩效考核和激励制度等内部管理制度，夯实预算管理的制度基础。

全面预算管理制度体系一般应涵盖全面预算管理的组织体系、编制制度、执行与控制制度、调整制度、分析与报告制度、考评制度等方面。

（五）信息系统

企业应充分利用现代信息技术，规范预算管理流程，提高预算管理效率。

从功能的角度出发，全面预算信息系统通常分为以下四个模块：预算编制、预算执行控制、预算分析、预算预警监控。全面预算信息系统应与会计核算系统、财务报销系统、人力资源等业务系统或 ERP 系统对接，避免预算成为信息孤岛。

✼【知识点六】全面预算管理的层级★

一般情况下，企业的全面预算管理层级与企业内部层级相一致；企业内部层级不同，全面预算管理的内容与特点也不同。对于一个集团企业而言，集团层面的全面预算管理具有全局性、宏观性等特点，最末级组织单位的全面预算管理具有局部性、微观性等特点，而分公司、子公司全面预算管理的特点则居于上述两者之间。

在全面预算编制环节，如同企业需要编制个别财务报表和合并财务报表一样，企业预算也需要先编制各个预算执行单位的预算（个别预算），如母公司预算，各子（孙）公司、分公司、事业部的预算。在此基础上，再通过汇总、分析、审核平衡形成集团的总预算（合并预算）。在预算执行与控制、预算考核环节，集团层面与分（子）公司层面和最末级组织单位层面也各不相同。**（个别到合并/汇总）**

✼【知识点七】全面预算管理中的主要风险★

不编制预算或预算不健全，可能导致企业经营缺乏约束或盲目经营。

预算目标不合理、编制不科学可能导致企业资源浪费或发展战略难以实现。

预算缺乏刚性、执行不力、考核不严，可能导致预算管理流于形式。

（一）全面预算编制中的主要风险

（1）预算编制以财务部门为主，业务部门**参与度较低**，可能导致预算编制不合理，预算管理责、权、利不匹配；预算编制范围和项目不全面，各个预算之间缺乏整合，可能导致全面预算难以形成。

（2）预算编制所依据的相关信息不足，可能导致预算目标与战略规划、经营计划、市场环境、企业实际等相脱离；预算编制基础数据不足，可能导致预算编制准确率降低。

（3）预算编制程序不规范，横向、纵向信息沟通不畅，可能导致预算目标缺乏准确性、合理性和可行性。

（4）预算编制方法选择不当，或强调采用单一的方法，可能导致预算目标缺乏科学性和可行性。

（5）预算目标及指标体系设计不完整、不合理、不科学，可能导致预算管理在实现发展战略和经营目标、促进绩效考评等方面的功能难以有效发挥。

（6）预算编制时间太早或太晚，可能导致预算准确性不高，或影响预算的执行。

（7）全面预算未经适当审批或超越授权审批，可能导致预算权威性不够、执行不力，或可能因重大差错、舞弊而导致损失。

（二）全面预算执行中的主要风险

（1）全面预算下达不力，可能导致预算执行或考核无据可查。

（2）预算指标分解不够详细、具体，可能导致企业的某些岗位和环节缺乏预算执行和控制依据；预算指标分解与业绩考核体系不匹配，可能导致预算执行不力；预算责任体系缺失或不健全，可能导致预算责任无法落实，预算缺乏强制性与严肃性；预算责任与执行单位或个人的控制能力不匹配，可能导致预算目标难以实现。

（3）缺乏严格的预算执行授权审批制度，可能导致预算执行随意；预算审批权限及程序混乱，可能导致越权审批、重复审批，降低预算执行效率和严肃性；预算执行过程中缺乏有效监控，可能导致预算执行不力，预算目标难以实现；缺乏健全有效的预算反馈和报告体系，可能导致预算执行情况不能及时反馈和沟通，预算差异得不到及时分析，预算监控难以发挥作用。

（4）预算分析不正确、不科学、不及时，可能削弱预算执行控制的效果，或可能导致预算考核不客观、不公平；对预算差异原因的解决措施不得力，可能导致预算分析形同虚设。

（5）预算调整依据不充分、方案不合理、审批程序不严格，可能导致预算调整随意、频繁，预算失去严肃性和“硬约束”。

（三）全面预算考核中的主要风险

预算考核不严格、不合理、不到位，可能导致预算目标难以实现、预算管理流于形式。其中，预算考核是否合理，受到考核主体和对象的界定是否合理、考核指标是否科学、考核过程是否公开透明、考核结果是否客观公正、奖惩措施是否公平合理且能够落实等因素的影响。

第二节　全面预算编制

【知识点一】全面预算目标的确定★★★

（一）预算目标的确定原则★★

1. 先进性原则。

预算目标应当是通过努力才能实现的目标，预算目标不具有先进性或挑战性，不利于挖掘企业潜力，起不到引导和激励的作用，也就违背了全面预算管理的初衷。**不通过努力就能实现的预算目标，则不具有先进性。**

2. 可行性原则。

预算目标应当具有先进性，但也应当现实可行。如果预算目标定得太高，脱离企业内外部环境的实际情况，容易导致预算目标难以实现，从而挫伤预算执行机构的积极性。**通过努力也无法实现的预算目标，则不具有可行性。**

3. 适应性原则。

预算目标应当建立在科学的预判分析基础之上，符合企业**内外部环境**。首先要以市场预测为基础，充分考虑国内外经济变化、行业市场环境变化以及竞争对手状况等因素，**与企业的外部环境相适应**。其次要考虑企业的资源状况、生产能力等客观情况，**与企业的内部环境相适应**。

4. 导向性原则。

预算目标是战略规划和经营目标在预算期内的具体化、详细化；应当以战略规划和经营目标为导向，与战略规划和经营目标相一致。

5. 系统性原则。

（1）横向系统性。预算目标由系列具体指标构成，且各指标之间具有很强的内在联系和逻辑管理。预算目标之间应当相互协调、相互衔接，共同构成一个完整的横向目标体系。

（2）纵向系统性。预算目标需要**层层分解**至各预算执行机构，集团层面的预算总目标应当与分解后的具体预算分目标相互协调、相互配合，共同构成一个完整的纵向目标体系。

（二）预算目标确定应考虑的主要因素★

1. 出资人对预算目标的预期。

集团层面在确定预算目标时，应当充分考虑出资人对预算目标的预期，例如出资者对良好经济效益和规模稳定增长的预期、出资者对控制应收账款和存货的预期等。

2. 以前年度实际经营情况。

预算目标的确定，通常应当考虑以前年度的实际经营情况。例如，确定预算年度的营业收入、利润总额、应收账款、存货、资产总额、资产负债率、经营活动现金净流量等预算目标时，通常应当考虑上述指标的上一年度实际值以及前三年平均值。

3. 预算期内重大事项的影响。

如并购重组对企业合并范围的影响；会计政策和会计估计变更对企业财务状况和经营成果的影响；增值税政策变更对企业营业收入、税金、利润等指标的影响等。

4. 企业所处发展阶段的特点。

企业在不同的发展阶段，具体的预算目标和对资源的需求是有差异的。例如，处于初创阶段的企业，预算目标的重点应倾向于产品和市场的开发；处于成长阶段的企业，利润目标成为预算重点；处于成熟阶段的企业，成本费用目标成为预算重点。企业应当准确把握不同发展阶段的特点，灵活确定相应的预算目标。

（三）预算目标的确定方法★★★

1. 利润增长率法。

利润增长率法是根据上期实际利润总额和过去连续若干期间的**几何平均利润增长率**

（增长幅度），全面考虑影响利润的有关因素的预期变动来确定企业的目标利润，具体计算公式为：

$$利润总额增长率 = \sqrt[报告期]{\frac{上期利润总额}{基期利润总额}} - 1$$

$$目标利润 = 上期利润总额 \times （1 + 利润总额增长率）$$

然后考虑有关因素对利润影响的预期变动，最终确定目标利润。

2. 比例预算法。

比例预算法是通过利润指标与其他相关经济指标的比例关系来确定目标利润。

营业收入利润率、成本利润率、投资报酬率等财务指标均可用于测定企业的目标利润。

（1）营业收入利润率，利用营业利润与营业收入的关系确定目标利润。具体计算公式为：

$$目标利润 = 预计营业收入 \times 测算的营业收入利润率$$

测算的营业收入利润率可选取以前几个会计期间的**平均**营业收入利润率。

（2）成本利润率，利用利润总额与成本费用的比例关系确定目标利润，具体计算公式为：

$$目标利润 = 预计营业成本费用 \times 核定的成本费用利润率$$

核定的成本费用利润率可以选取同行业平均或先进水平来确定。

（3）投资报酬率，利用利润总额与投资资本平均总额的比例关系确定目标利润，计算公式为：

$$目标利润 = 预计投资资本平均总额 \times 核定的投资资本回报率$$

3. 上加法。

上加法是企业根据自身发展、不断积累和提高股东分红水平等需要，匡算企业净利润，再倒算利润总额（即目标利润）的方法。其计算公式如下：

$$企业留存收益 = 盈余公积 + 未分配利润$$

$$净利润 = 本年新增留存收益 \div (1 - 股利分配比率)$$

或

$$净利润 = 本年新增留存收益 + 股利分配额$$

$$目标利润 = 净利润 \div (1 - 所得税税率)$$

4. 标杆法。

以企业历史最高水平或同行业中**领先企业**的盈利水平为基准来确定利润预算目标。实务中，通常存在企业内部基准和外部基准两种标杆。

内部基准是以本企业**历史最高水平**为标准；

外部基准是以行业**同类先进企业**的水平为标准。

利用标杆法确认预算目标，很容易发现本企业的问题与不足，具有较为广泛的适用性。

5. 本量利分析法。

本量利分析法也叫盈亏平衡分析法，基于边际成本法，用来研究成本、产销量和利润三者的相互关系，通过以下公式和盈亏平衡图（见图2－2）来确定目标利润。

$$\begin{aligned}目标利润 &= 边际贡献 - 固定成本 = 预计营业收入 - 变动成本 - 固定成本 \\ &= 预计产品销售量 \times (单位产品售价 - 单位产品变动成本) - 固定成本\end{aligned}$$

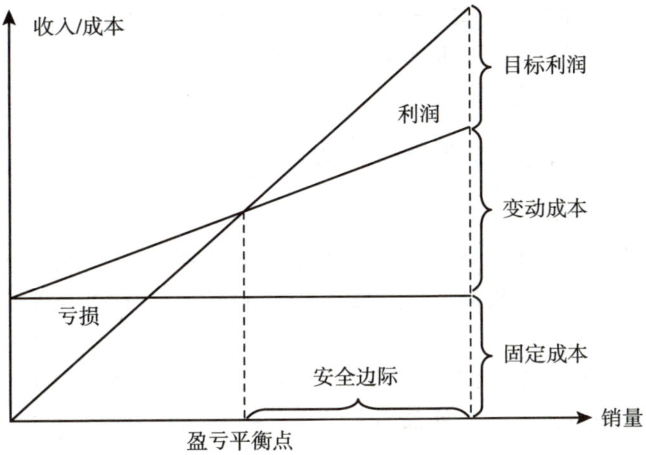

图 2－2　盈亏平衡图

✻【知识点二】全面预算的编制方式★★★

从形成上看，企业预算的编制方式可分为**权威式**预算（自上而下）和**参与式**预算（自下而上），实务中的预算编制方式一般都介于完全权威式预算和完全参与式预算这两个极端之间，即**混合式**（上下结合）的预算编制方式，只不过侧重不同而已。

（一）权威式预算

1. 概念。

在权威式预算中，预算是一个财务计划和过程控制的工具，从企业的战略目标直至单个部门的具体预算等，**均由企业的最高管理层决定**，**较低层级**只是按照预算原则**执行预算**。

2. 优缺点。

权威式预算虽然能从企业全局出发，实现资源的合理配置，但主观性太强，下级缺乏责任感和动力，预算目标的实现会大打折扣。此外，较低层级因担心本期费用的节省、投资的减少会对下期预算（可控资源）产生影响，就会产生“用完预算”的行为问题。

（二）参与式预算

1. 概念。

在参与式预算中，**各个层级共同制定预算**，最高管理层和董事会保留最后的批准权。

2. 优缺点。

在参与式预算中，虽然下级的士气和动力有所提高，但预算执行者为了逃避最终责任，可能造成预算松弛问题，编制低标准预算，制定容易实现的目标。例如，高报成本预算目标或低报销售预算目标。此外，当上下级之间存在信息非对称时，心理因素就会导致行为扭曲，如高层管理者过严或过松的审批会引发预算松弛或预算操纵问题。

（三）混合式预算

理想的预算编制方式综合了上述两种方式的优点，又称为“混合式预算”或“上下结合式预算”，基本步骤如下：

（1）确定预算参与者，包括各个层级的管理者以及在特定领域拥有专长的员工。

（2）最高管理层与预算参与者就战略方向、战略目标等问题进行相互沟通。

（3）预算参与者制定预算初稿。

（4）根据企业的分部管理模式，较低组织层级将预算提交到较高组织层级审查，较高组织层级通过与较低组织层级的双向沟通，提出修改意见。

（5）通过严格而公正的预算审批形成最终预算。

【知识点三】全面预算的编制流程★★

（一）下达预算编制指导意见

预算编制指导意见是集团层面对各层级预算机构编制年度预算的总体性要求，其内容一般包括预算总体目标、预算编制要点、预算表格填制说明、预算管理要求等。

（二）上报预算草案

下一级预算执行机构根据集团层面下达的预算总体目标、预算编制要点等要求，结合本单位业务战略、经营特点以及内外部因素的变化等实际情况编制年度预算草案，并在规定的时间内上报集团层面。

（三）审查平衡

预算管理委员会办公室对各预算执行单位上报的预算草案进行初步审查、汇总，并根据预算管理委员会的要求，组织对汇总后的预算草案进行审查和平衡。

（四）审议批准

经审查平衡，预算管理委员会办公室汇总编制出集团层面年度预算方案，然后报预算管理委员会审议，形成全面预算草案，并提交董事会；董事会审议通过后，全面预算草案应当报经股东大会最终审议批准。

（五）下达执行

集团层面的年度预算草案经过有关决策机构审议通过后，应以正式文件形式下达执行。

企业全面预算一经批准下达，各预算执行单位应当认真组织实施，将预算指标层层分解，将预算指标**横向分解**为若干相互关联的因素，寻找影响预算目标的关键因素并加以控制；**纵向分解**落实到最终的岗位和个人，明确责任部门和最终责任人；**时间上**将年度预算指标分解细化为季度、月度预算；通过实施分期预算控制，实现年度预算目标。

【知识点四】全面预算的编制方法★★★

（一）定期预算法★★★

1. 定义。

以不变的会计期间（日历年度或财年）作为预算期间进行预算编制。

2. 适用范围。

企业内外部环境相对稳定的企业。

3. 优点。

能够使预算期间与会计期间相对应，有利于将实际数与预算数比较，有利于对各预算执行单位的预算执行情况进行分析和评价。

4. 缺点。

不能使预算的编制常态化，不能使企业的管理人员始终有一个长期的计划和打算，从而导致一些短期行为的出现，不利于前后各个时期的预算衔接，不能适应连续不断的业务活动过程的预算管理。

（二）滚动预算法★★★

1. 定义。

企业根据上一期预算执行情况和新的预测结果，按既定的预算编制周期和滚动频率，对原有的预算方案进行调整和补充，逐期滚动，持续推进预算编制方法。

2. 适用范围。

运营环境变化比较大、最高管理者希望从更长远视角来进行决策的企业。

3. 优点。

通过持续滚动预算编制、逐期滚动管理，实现动态反映市场、建立跨期综合平衡，从而有效指导企业营运，强化预算的决策与控制职能。

4. 缺点。

一是预算滚动的频率越高，对预算沟通的要求越高，预算编制的工作量越大；二是过高的滚动频率容易增加管理层的不稳定感，导致预算执行者无所适从。

（三）增量预算法★★★

1. 定义。

以历史期实际经济活动及其预算为基础，结合预算期经济活动及相关影响因素的变动情况，通过调整历史期经济活动项目及金额形成预算的预算编制方法。

2. 适用范围。

一是企业原有业务活动是必须进行的；二是原有的各项业务基本上是合理的；若前提条件发生变化，则预算数额会受到基期不合理因素的影响，导致预算的不合理，不利于调动各部门达到预算目标的积极性。

3. 优点。

编制简单，省时省力。

4. 缺点。

预算规模会逐步增大，可能会造成预算松弛及资源浪费。

（四）零基预算法★★★

1. 定义。

不以企业历史期经济活动及其预算为基础，以零为起点，从实际需要出发分析预算期经济活动的合理性，经综合平衡，形成预算的预算编制方法。

2. 适用范围。

企业各项预算的编制，特别是不经常发生的预算项目或预算编制基础变化较大的预算项目。与增量预算关注于在前期预算的基础上作出变更不同，零基预算关注于每一个预算项目当期情况的合理性。

3. 优点。

一是以零为起点编制预算，不受历史期经济活动中的不合理因素影响，能够灵活应对内外部环境的变化，预算编制更贴近预算期企业经济活动需要；二是有助于增加预算编制透明度；有利于进行预算控制。

4. 缺点。

一是预算编制工作量较大、成本较高；二是预算编制的准确性受企业管理水平和相关数据标准准确性影响较大。

（五）固定预算法★★★

1. 定义。

以预算期内正常的、最可能实现的某一业务量水平为固定基础，不考虑可能发生的变动的预算编制方法。

2. 适用范围。

业务量水平较为稳定的生产和销售业务的成本费用预算的编制，如直接材料预算、直接人工预算和制造费用预算等。

3. 优点。

由于业务量固定、期间固定，所以固定预算法编制相对简单，也容易使管理者理解。

4. 缺点。

不能适应运营环境的变化，容易造成资源错配和重大浪费。

（六）弹性预算法★★★

1. 定义。

企业在分析业务量与预算项目之间数量依存关系的基础上，分别确定不同业务量及其相应预算项目所消耗资源的预算编制方法。

2. 适用范围。

企业各项预算的编制，特别是市场、产能等存在较大不确定性，且其预算项目与业务量之间存在明显的数量依存关系的预算项目。

3. 优点。

考虑了预算期可能的不同业务量水平，更贴近企业经营管理实际情况。

4. 缺点。

一是编制工作量大；二是市场及其变动趋势预测的准确性、预算项目与业务量之间依存关系的判断水平等会对弹性预算的合理性造成较大影响。

企业通常采用公式法或列表法构建具体的弹性预算模型，形成基于不同业务量的多套预算方案。

（1）公式法。

$$预算总额 = 固定基数 + \sum(与业务量相关的弹性定额 \times 预计业务量)$$

应用公式法编制预算时，相关弹性定额可能仅适用于一定业务量范围内。当业务量变动超出该适用范围时，应及时修正、更新弹性定额，或改为列表法编制。

（2）列表法。企业通过列表的方式，在业务量范围内依据已划分出的若干个不同等级，分别计算并列示该预算项目与业务量相关的不同可能预算方案的方法。在应用列表法时，企业通常可将业务量定为正常水平的70%～120%，选择业务量间距为5%或10%。实务中，也可以假定三种业务量：乐观的业务量、悲观的业务量、基准（最可能实现）的业务量。

（七）项目预算法★★★

在从事轮船、飞机、公路等工程建设，以及一些提供**长期服务**的企业中，需要编制项目预算。项目预算的时间框架就是项目的期限，**跨年度的项目**应按年度分解编制预算。在项目预算中，间接费用预算比较简化，因为企业仅将一部分固定和变动间接成本分配到项目中，剩余的间接费用不在项目预算中考虑。

优点：能够包含所有与项目有关的成本，容易度量单个项目的收入、费用和利润。无论项目规模大小，项目预算都能很好地发挥作用，项目管理软件可以辅助项目预算的编制与跟踪。企业在编制项目预算时，将过去相似项目的成功预算作为标杆，通过对计划年度可能发生的一些重要事件进行深入分析后，能够大大提高本年度项目预算的科学性和合理性。

（八）作业预算法★★★

1. 定义。

基于“作业消耗资源、产出消耗作业”的原理，以作业管理为基础的预算管理方法。

2. 适用范围。

具有作业类型较多且作业链较长、管理层对预算编制的准确性要求较高、生产过程多样化程度较高，以及间接或辅助资源费用所占比重较大等特点的企业。

3. 优点。

一是基于作业需求量配置资源，避免了资源配置的盲目性；二是通过总体作业优化实现最低的资源费用耗费，创造最大的产出成果；三是作业预算可以促进员工对业务和预算的支持，有利于预算的执行。

4. 缺点。

预算的建立过程复杂，需要详细地估算生产和销售对作业和资源费用的需求量，并测定作业消耗率和资源消耗率，数据收集成本较高。

第三节　全面预算执行

【知识点一】全面预算执行概述★

预算执行是把预算目标变成行动的一种方式，一般按照预算控制、预算调整等程序进行。

预算控制：企业以预算为标准，通过预算分解、过程监督、差异分析等促使日常经营不偏离预算标准的管理活动。

预算调整：当企业内外部环境或者企业的经营策略发生重大变化，致使预算的编制基础不成立，或者将导致企业的预算执行结果产生重要偏差，原有预算已不再适宜时而进行的预算修改。

【知识点二】全面预算分析★★★

（一）全面预算分析的流程★

1. 确定分析对象。

应该关注是对哪些预算或指标的分析，是对预算执行情况的全面分析还是对特定预算、特定项目进行分析。

2. 确定重要性标准。

预算差异在什么样的范围内需要进行重点分析。

3. 收集数据。

企业进行分析时，至少需要收集以下数据：预算实际执行数据；历史数据；标杆企业的实际数据；相关的行业和经济环境变化的数据等。

4. 计算差异并分析引起差异的原因。

企业应针对造成预算差异的不同原因采取不同的处理措施；因内部执行导致的预算差异，应分清责任归属，与预算考核和奖惩挂钩，并将责任单位或责任人的改进措施的实际执行效果纳入业绩考核；因外部环境变化导致的预算差异，应分析该变化是否长期影响企业发展战略的实施，并作为下期预算编制的影响因素。

5. 撰写并上报分析报告。

企业的预算执行情况的分析，包括预算执行单位对重要差异的解释和报告；预算管理部门的汇总和确认；分析部门撰写并上报分析报告，以有利于企业管理层制定下一步的行动计划，进行预算调整和绩效考核。

（二）全面预算分析方法★★★

1. 差异分析。

计算各预算报表的数据与实际绩效之间的差异，分析引起差异的内外部原因，及时发现和解决预算执行过程中出现的问题和存在的风险，为预算控制提供目标、方向和重点。

差异分析包括：销售差异分析、生产预算差异分析、采购差异分析、管理费用差异分析、财务费用差异分析、产品成本差异分析、利润差异分析等。

2. 对比分析。

将某项指标与性质相同的指标项进行对比来揭示差异，分析报表中的项目与总体项目之间的关系及其变动情况，探讨产生差异的原因，判断企业预算的执行情况。

对比分析包括：实际数与预算数的对比分析；同比分析与环比分析。

同比分析：将本期实际数与上年同期实际数进行对比分析。

环比分析：将本期实际数与上期实际数进行对比分析等。

3. 对标分析。

对标管理是通过选取国内外同行业优秀企业的最佳实践，并以此为基准与本企业进行比较、分析、判断，从而使本企业业绩不断改进的一个过程。预算管理中的对标分析就是选取行业内标杆企业作为比较标准，通过对标分析，可以了解企业在行业竞争中的地位，明确差距，提出相应的改进措施。

4. 结构分析。

结构是指某一子项占其总项的百分比，如期间费用中管理费用、财务费用、销售费用所占的比例，或办公费用、研发费用等占管理费用的比例。结构分析就是分析实际数结构与预算数结构之间的差异，分析结构变化对预算完成情况的不同影响。

5. 趋势分析。

根据企业连续几个时期的分析资料，确定分析各个时期有关项目的变动情况和趋势。

趋势分析包括月度趋势分析、季度趋势分析、年度趋势分析等。

6. 因素分析。

在对比分析中，为细分差异，需要将指标构成分解为几项因素，并对这些因素**进行逐一替换分析**。例如，通过对某年销售实际总收入与预算数的差异计算，可以分别对总销量、各种销量比例、各品种售价等因素进行深入分析，找出企业实际营业收入与预算营业收入差异的主要原因。

7. 排名分析。

针对企业内部功能相同或相似的责任单位，选择一些能够反映责任单位运营情况的核心指标（如人均营业收入、人均管理费用等）进行排名，再进一步分析差距的原因，促进排名落后的责任单位加强管理，改善业绩。

8. 多维分析。

多维分析能够使分析者从多个角度、多个侧面观察数据库中的数据，从而深入了解包含在数据中的信息和内涵。例如，企业在分析某年营业收入实际数与预算数的差异时，就需要从多个维度（产品、区域、渠道、客户等）进行深入分析，结合企业战略的实施情况，才能找出形成差异的根本原因。

【知识点三】全面预算控制★★

（一）全面预算控制的内涵★

1. 含义。

企业的预算经批准下达后，各预算执行单位开始组织实施。为了更好地执行预算，提高资源使用的效率与效果，为企业预算目标提供合理的保证，企业需要加强预算控制。

2. 分类。

（1）预算控制有广义和狭义之分。

广义的预算控制将整个预算系统作为一个控制系统，通过预算编制、预算执行与监控、预算考核和评价形成的一个包括事前、事中和事后的全过程控制系统。

狭义的预算控制不包括预算编制，而是将编制好的预算作为业绩管理的依据和标准，定期将实际业绩和预算进行对比，分析差异原因并采取改进措施，主要指预算执行过程中的事中监控系统。

传统的预算管理主要强调预算编制，而对预算的执行与控制重视不够。实际上，编制预算并非资源的实际投入，只有当企业进行业务活动而提出资源需求并付诸实施时，资源才算真正投入、真正发挥作用。从资源投入到目标实现是一个过程，这一过程是否符合企业的预期，是否能够实现企业的战略和目标，不仅有赖于企业预算编制的准确合理，更取决于资源能否投入、如何投入、如何使用。有预算编制而无预算控制，就难以实现预算目标。

（2）预算控制也可分为事前、事中和事后控制。

预算编制、预算调整就是**事前控制**。

预算事中控制指对费用、采购和资本性支出等涉及现金支出的预算，由预算执行审批相关人员按照企业内部控制流程而进行的逐级审批控制的过程。例如，企业在购买固定资产时，可以在对多家供应商的品牌、质量、报价、性价比等多种因素进行比较分析后，确定供应商；签订设计、制造、购买、安装、调试合同；合同约定，在设计、制造、安装、调试、上线等各个阶段完成并经甲方验收合格后支付合同进度款。

对验收入库的固定资产做好维护保养，提高使用的效率与效果等措施则属于**预算事后控制**。

预算的事前、事中和事后控制是相对的；较高层次或上一环节某些事项的事后控制，往往是下一层次、下一环节某些事项的事前或事中控制。并且，事后控制也有利于积累经验，为今后的事前控制提供有价值的信息。所以，企业在强调“防患于未然”的事前控制的同时，切不可放松事中控制和事后控制。

（二）全面预算控制的原则★★★

1. 加强过程控制。

企业应当以预算作为预算期内组织协调各项经营活动的基本依据，严格执行销售预算、生产预算、费用预算和其他预算，并将年度预算细分为月度和季度预算，通过分期预算控制，确保年度预算目标的实现。

2. 突出管理重点。

不同行业、不同经营策略、处于不同发展阶段的企业，预算管理的重点不尽相同。对重点预算项目严格管理，对于非重点项目应尽量简化审批流程。对于关键性指标的实现情况，应按月、按周，甚至进行实时跟踪，并对其发展趋势作出科学合理的预测，提高事前控制的能力。

3. 刚性控制与柔性控制相结合。

对于一些**不易区分的项目**，可以实行柔性控制（总额控制）。

对于一些**重大项目的支出**，则需要仔细审核其支出的合理性，实行刚性控制。

在企业实际的预算控制中，刚性控制和柔性控制是相互结合的。通过刚性控制保障某些项目（如投资项目等重要的资本预算项目）不超预算；而一些与日常经营相关的业务，如管理费用中的业务招待费、办公费等，可以采用质疑、警示等柔性控制方式来提醒相关人员，促使相关人员查找预算差异的原因，提高资源使用的效率与效果，实现预算控制的目标。

4. 业务控制与财务控制相结合。

企业的总预算包括运营预算和财务预算，业务活动与财务活动往往是不可分的。例如，企业的销售与收款流程，既是业务活动，也是财务活动。企业的经营活动主要是业务活动，因此，预算控制应通过对各项业务活动及相关财务活动的审批或确认，实现业务、财务一体化的控制。

（三）全面预算控制的方式★★★

1. 当期预算控制与累进预算控制。

当期预算控制：用当期的预算总额控制当期的预算执行数。

累进预算控制：以从预算期间的始点到当期时点的累计预算数控制累计预算执行数。

2. 总额控制与单项控制。

企业的预算项是有种属之分的，如管理费用是一个综合的预算项，可以细分为差旅费、业务招待费、办公费等。

总额控制就是只要“管理费用”这个预算总项的额度不超出预算，此业务就可以进行；超出预算额度，业务是否可以进行，需要经过追加的程序进行审批。

单项控制是指对每个预算项（如业务招待费等）都分别加以控制。

3. 绝对数控制与相对数控制。

绝对数控制：用预算项的预算数控制预算执行数。

相对数控制：用预算值的百分比来控制预算执行数。

例如，对于企业的研究与开发支出，企业的预算数可以以绝对额表示，也可以用占营业收入的百分比来表示。在企业的实际操作中，往往是绝对数控制和相对数控制相结合。

4. 刚性控制与柔性控制。

刚性控制：以预算值为约束指标，任何超出预算值的支出都需要通过特定的审批流程审批后才能使用。

柔性控制： 超出预算的执行申请可以在企业的预算管理系统中提交，各级审批者根据授权，进行成本效益权衡后决策是否可以批准执行。

5. 预算内审批控制、超预算审批控制与预算外审批控制。

预算内审批事项： 应执行正常的流程控制，简化流程，提高效率。

超预算审批事项： 应执行额外的审批流程，根据事先规定的额度分级审核。

预算外审批事项： 应严格控制，防范风险。

6. 系统在线控制与手工控制。

系统在线控制： 依靠信息系统实现的对预算事项的事中和在线控制。系统控制的优点是控制严格、数据准确；缺点是缺乏灵活性，可能会因某些例外情况出现而导致业务停滞。

手工控制： 按照企业内部控制流程和相应的审批权限，对相关资金支出的单据进行手工流转并签字的过程。手工控制的准确性、严格性虽然不如系统在线控制，但比较灵活，易于接受与实施。

【知识点四】全面预算调整

（一）全面预算调整的条件★★★

年度预算经批准后，原则上不作调整。当内外部战略环境发生重大变化或突发重大事件等，导致预算编制的基本假设发生重大变化时，可进行预算调整。

当出现下列事项时，企业的预算很可能需要进行相应的调整：

（1）由于**国家政策法规**发生重大变化，致使预算的编制基础不成立，或导致预算与执行结果产生重大偏差。

（2）由于**市场环境、经营条件、经营方针**发生重大变化，导致预算对实际经营不再适用。

（3）**内部组织结构**出现重大调整，导致原预算不适用。

（4）发生**企业合并、分立**等行为。

（5）出现**不可抗力事件**，导致预算的执行成为不可能。

（6）预算管理委员会认为应该调整的其他事项。

（二）全面预算调整的原则★★

（1）预算调整应当符合企业发展战略、年度经营目标和现实状况，重点放在预算执行中出现的重要的、非正常的、不符合常规的**关键性差异**方面。

（2）预算调整方案应当客观、合理、可行，在经济上能够**实现最优化**。

（3）预算调整应当**谨慎**，调整频率应予以严格控制，年度调整次数应尽量减少。

（三）全面预算调整程序★

企业批准下达的预算应当保持稳定，不得随意调整。由于市场环境、国家政策或不可抗力等客观因素，导致预算执行发生重大差异确需调整预算的，应当履行严格的审批程序。

预算调整主要包括分析、申请、审议、批准等主要程序，具体如下：

（1）预算执行单位逐级向预算管理委员会提出书面申请，详细说明预算调整理由、调整建议方案、调整前后预算指标的比较、调整后预算指标可能对企业预算总目标的影响等内容。

（2）预算管理工作机构应当对预算执行单位提交的预算调整报告进行审核分析，集中编制企业年度预算调整方案，提交预算管理委员会。

（3）预算管理委员会应当对年度预算调整方案进行审议，按照预算调整事项性质或预算调整金额的不同，根据授权进行审批，或提交原预算审批机构审议批准，然后下达执行。

第四节　全面预算考核

【知识点一】全面预算考核的原则★★★

全面预算考核是指通过对各预算执行单位的预算完成结果进行检查、考核与评价，为企业实施奖惩和激励提供依据，为改进预算管理提供建议和参考，是企业进行有效激励与约束、提高企业公司绩效的重要内容。

全面预算考核是整个企业预算管理中的重要一环，具有**承上启下**的作用。全面预算考核是一种**动态考核**和**综合考核**，企业在特定预算期间的预算执行过程中和完成后都要适时进行考核，以便更好地实现企业战略和预算管理目标。

全面预算考核应遵循以下的原则。

（一）目标性原则

全面预算考核的目的是更好地实现企业战略和预算目标，所以在企业预算考核体系的设计中，应遵循目标性原则，以考核引导各预算执行单位的行为，避免各预算执行单位发生只顾局部利益，不顾全局利益甚至损害全局利益的行为。

（二）可控性原则

预算考核必须公开、公正和公平，各预算执行单位以其责权范围为限，对其可以控制的预算差异负责，利益分配也以此为基础，做到责、权、利相统一。但为避免强调可控而导致各预算执行单位相互推诿，出现无人负责的现象，在预算目标下达时，应尽可能明确各预算执行单位的可控范围或可控因素。

（三）动态性原则

预算的考核要讲究时效性，企业可根据管理基础、内外部环境变化，以及经营需要来选择合适的考核时点，如季度考核、半年度考核、不定期考核等。如果等年度预算期结束后再进行考核，则“木已成舟”，削弱了预算考核应有的作用。通过对预算的执行结果及时考核，并适时地根据预算执行单位的实际绩效进行奖惩，有助于预算管理工作的改进和预算目标的实现。

（四）例外性原则

在企业的预算管理中可能会出现一些不可控的例外事件，如市场的变化、产业环境的变化、相关政策的改变、重大自然灾害和意外损失等，考核时应对这些特殊情况作特殊处理。企业受到这些因素影响后，应及时按程序调整预算，考核也应该按调整后的预算指标进行。

（五）公平公开公正原则

全面预算的考核必须公平，即相同的绩效要给予相同的评价，否则员工就会感觉不公平，产生不满情绪，挫伤员工工作积极性，并引起相互间的不信任。预算考核还应公开，其考核的标准也必须是公开的。

（六）总体优化原则

与其他管理工具一样，预算管理的目的是通过调动各责任预算主体的积极性、主动性来实现企业预算管理的总目标。但是，责任预算主体是具有一定权力并承担相应责任的利益关系人，其工作目标主要是为了自身利益的最大化，会产生局部利益（个人利益）与整体利益（企业利益）之间的矛盾。因此，预算考核要有利于企业总体目标的实现和价值的最大化。

✲【知识点二】全面预算考核的内容★

（一）对全面预算目标完成情况的考核

预算考核应以预算完成情况为考核核心，通过预算执行情况与预算目标的比较，确定差异并查明产生差异的原因，进而据以评价各责任中心的工作业绩，并通过与相应的激励制度挂钩，促进其与预算目标相一致。

全面预算目标完成情况的考核是对企业各预算执行单位主要预算指标完成情况的考核。通过对超额完成的责任主体进行奖励，对未达标者进行惩罚，鼓励各预算执行单位超额完成预算目标，促进企业价值的最大化。

（二）对全面预算组织工作的考核

对预算管理各环节工作质量的评价，其目的是提高企业的预算管理水平。

主要采用打分法，根据预算各责任主体执行情况，由考核主体进行打分考核。

✲【知识点三】全面预算考核的程序★★

（一）制定预算考核管理办法

企业应建立严格的预算执行考核制度，对各预算执行单位和个人进行考核，将预算目标执行情况纳入考核和奖惩范围，切实做到有奖有惩、奖惩分明。定期组织实施预算考核，预算考核的周期一般应当与年度预算细分周期相一致，即一般按照月度、季度实施考评，预算年度结束后再进行年度总考核。

（二）确认各预算执行单位的预算执行情况

预算考核主体要对预算执行单位的主要预算指标与实际绩效逐项进行比较，列出各种差异，确定差异额，并分清是有利差异还是不利差异。

（三）编制预算执行情况的分析报告

通过实际绩效与预算数对比计算出差异后，企业需要编制预算执行情况的分析报告，分析差异产生的原因，识别和评估企业经营管理中存在的问题和风险，并结合战略分析、行业分析、市场分析等，提出针对性的改进建议。

（四）撰写考核报告与发布考核结果

经过预算考核，预算管理委员会所属预算考核小组须就考核情况和结果撰写考核报告，报告应肯定成绩，指出问题，找出原因，并为企业实行奖惩提供依据。同时，预算考核完毕后，预算管理委员会应及时对预算考核结果进行整理、归档和发布。

第三章 企业风险管理与内部控制

本章概述

教材变化：

本章2022年教材进行了大幅调整与改写，更加侧重于企业风险管理，当然对于企业内部控制也不能忽略其考试的重要性。

2017～2019年，企业风险管理单独成章，每年一题，10分；企业内部控制每年一题，15分；2020年企业风险管理被列入企业内部控制中的一节，案例分析一题15分。

2021年一题10分；2022年内部控制被列入企业风险管理，预计本章仍然会考一道10～15分的案例分析题。

本章要求：

掌握：风险的内涵及构成要素、风险分类，风险管理的内涵、作用、原则，风险管理目标和基本流程，目标设定、风险识别、风险分析、风险应对、风险监控、信息沟通和报告，以及风险管理考核和评价的主要内容，风险管理体系的主要内容，内部控制体系、公司治理概念、内部控制、公司治理与风险管理的关系。

熟悉：风险容忍度主要定量指标、风险识别应用技术、内外部环境分析方法、风险矩阵绘制方法、风险定量分析主要方法。

了解：风险敞口计算、蒙特卡洛模拟、固有风险和剩余风险的衡量等。

真题回顾：

由于教材全面调整与改写，故将考点及其重要程度列举如下表。

考点内容	重要程度
风险的内涵、构成要素及其分类	★★★
风险管理内涵、作用和原则	★★
企业风险管理基本流程及主要方法	★★★
风险管理体系内容	★★
内部控制目标和要素	★★★
内部控制应用指引、评价指引及审计指引	★★★
内部控制、公司治理与风险管理的关系	★★

本章主要内容

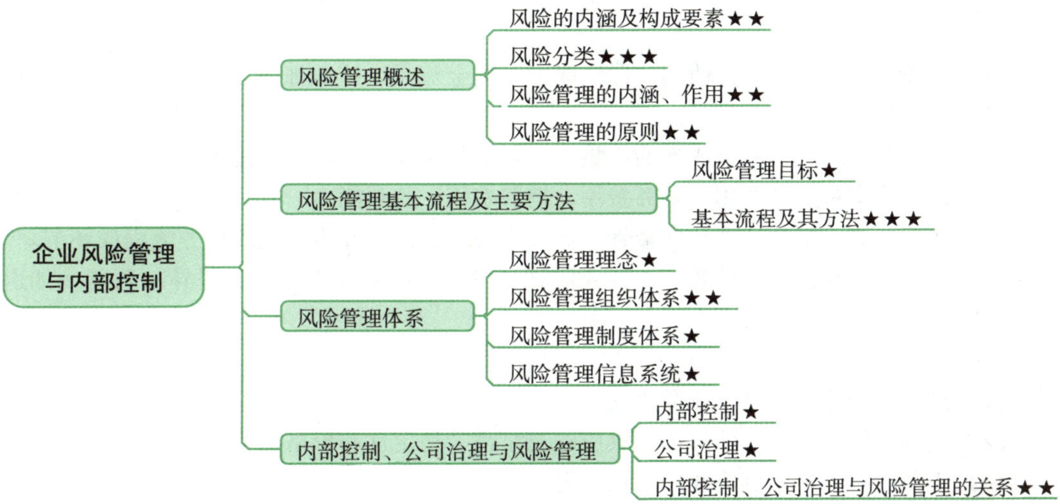

第一节 风险管理概述

✻【知识点一】风险的内涵及构成要素★★

（一）定义

企业风险是指对企业的战略与经营目标实现产生影响的不确定性，一般用事件后果和发生可能性的组合来表达。

（二）构成要素

风险因素：促使某一风险事件发生，或增加其发生的可能性，或提高其损失程度的原因或条件。

风险事件（事故）：造成损失的偶发事故。

损失：非故意的、非预期的、非计划的经济价值的减少。损失又分为直接损失和间接损失。直接损失是指风险事件导致的财产毁损和人身伤害；间接损失是指由直接损失引起的其他损失，包括额外费用损失、收入损失和责任损失等。

✻【知识点二】风险分类★★★

（一）按内容划分：战略风险、财务风险、市场风险、运营风险和法律与合规风险

1. 战略风险。

（1）国内外宏观经济政策以及经济运行情况、本行业状况、国家产业政策；科技进步、技术创新的有关内容。

（2）市场对本企业产品或服务的需求。

（3）与企业战略合作伙伴的关系，未来寻求战略合作伙伴的可能性。

（4）本企业主要客户、供应商及竞争对手的有关情况。

（5）与主要竞争对手相比，本企业实力与差距。

（6）本企业发展战略和规划、投融资计划、年度经营目标、经营战略，以及编制这些战略、规划、计划、目标的有关依据。

（7）本企业对外投融资流程中曾发生或易发生错误的业务流程或环节。

2. 财务风险。

（1）负债、或有负债、负债率、偿债能力；现金流量、应收账款及其占销售收入的比重、资金周转率。

（2）产品存货及其占销售成本的比重、应付账款及其占购货额的比重。

（3）制造成本和管理费用、财务费用、销售费用；盈利能力。

（4）成本核算、资金结算和现金管理业务中曾发生或易发生错误的业务流程或环节。

（5）与本企业相关的会计政策、会计估算、与国际财务报告准则的差异与调节（如退休金、递延税项等）等信息。

3. 市场风险。

（1）产品或服务的价格及供需变化。

（2）能源、原材料、配件等物资供应的充足性、稳定性和价格变化。

（3）主要客户、主要供应商的信用情况。

（4）税收政策和利率、汇率、股票价格指数的变化。

（5）潜在竞争者、竞争者及其主要产品、替代品情况。

4. 运营风险。

（1）产品结构、新产品研发。

（2）新市场开发，市场营销策略，包括产品或服务定价与销售渠道，市场营销环境状况等。

（3）企业组织效能、管理现状、企业文化，中高层管理人员和重要业务流程中专业人员的知识结构、专业经验。

（4）期货等衍生产品业务中曾发生或易发生失误的流程和环节。

（5）质量、安全、环保、信息安全等管理中曾发生或易发生失误的业务流程或环节。

（6）因企业内外部人员的道德风险致使企业遭受损失或业务控制系统失灵。

（7）对现有业务流程和信息系统操作运行情况的监管、运行评价及持续改进能力。

（8）给企业造成损失的自然灾害以及除上述有关情形之外的其他纯粹风险。

（9）企业风险管理的现状和能力。

5. 法律与合规风险。

（1）国内外与本企业相关的政治、法律环境。

（2）影响企业的新法律法规和政策。

（3）员工道德操守的遵从性。

（4）签订的重大协议和贸易合同中本企业发生重大法律纠纷案件的情况。

（5）企业和竞争对手的知识产权情况。

（二）按来源和范围划分：外部风险和内部风险

1. 外部风险。

外部风险包括政治风险、社会文化风险、法律与合规风险、技术风险和市场风险。

政治风险：东道国限制投资领域、设置贸易壁垒、外汇管制、税收政策变化、没收财产等。

社会文化风险：跨国经营活动东道国文化和母国文化的差异；企业并购双方企业文化的差异；组织内部的文化差异等。

技术风险：企业新技术对行业带来的影响；企业在设计、研发和应用环节所带来的风险。

外部风险虽然不可控，但是通过分析认知，提前做好应对准备，可以降低不确定性，避免不必要的损失。

2. 内部风险。

内部风险包括战略风险、财务风险和经营风险。与外部风险相比，内部风险一般更容易识别、管理和控制。

【知识点三】风险管理的内涵、作用★★

（一）定义

风险管理指企业为实现风险管理目标，对风险进行有效识别、分析、预警和应对等管理活动的过程。

（二）主要作用

（1）协调企业可承受的风险容忍度与战略。

（2）增进风险应对决策，促使企业在识别和选择风险应对策略（规避、降低、分担和承受）时更具严密性。

（3）抑减经营意外和损失。

（4）识别和管理贯穿于企业的风险。

（5）提供对多重风险的整体应对。

（6）抓住机会。

（7）改善资本调配。

【知识点四】风险管理的原则★★

1. 融合性原则。

企业风险管理应与企业的战略设定、经营管理与业务流程相结合。

2. 全面性原则。

企业风险管理应覆盖企业所有的风险类型、业务流程、操作环节和管理层级与环节。

3. 重要性原则。

企业应对风险进行评价，确定需要进行重点管理的风险，并有针对性地实施重点风险监测，及时识别、应对。

4. 平衡性原则。

企业应权衡风险与回报、成本与收益之间的关系。

第二节　风险管理基本流程及主要方法

【知识点一】风险管理目标★

风险管理目标是在确定企业风险偏好的基础上，将企业的总体风险和主要风险控制在企业风险容忍度范围之内。

【知识点二】基本流程及其方法★★★

风险管理的基本流程包括目标设定，风险识别，风险分析，风险应对，风险监控、信息沟通和报告，风险管理考核和评价。

（一）目标设定

企业应通过制定程序使各项目标与企业的使命相协调，并且确保所选择的具体目标及其所面临的风险在企业愿意承受的风险水平（即风险容忍度）的范围内。

目标设定环节应确定企业的风险偏好和风险容忍度。

风险偏好：企业愿意承担的风险及相应的风险水平。可以分为高、中、低三种，由董事会确定，一般用定性表示。

风险容忍度：在风险偏好的基础上，设定风险管理目标值的可容忍波动范围；尽可能用定量表示，最大可能损失、损失发生的概率和可能性、期望值（统计期望值、效用期望值）、波动性（方差或均方差）等。

风险容忍度主要决定因素包括：企业财务实力是否雄厚、运营能力是否高效、企业及品牌声誉是否坚不可摧、企业营运市场的竞争能力等。

（二）风险识别

风险识别是识别可能会对企业产生影响的潜在事件，并分别确定是否是机会或者可能影响风险管理目标实现的内外部风险因素和风险事项。

风险识别要针对目标进行，充分考虑可能给企业带来有利或不利影响的内部因素和外部因素，在此基础上考虑各项因素的重要性，从而进一步分析相关事件。

外部因素：经济、自然环境、政治、社会、技术、市场、产业、法律、竞争对手等。

内部因素：基础结构、人员、流程、信息系统技术能力、研发能力、财务状况、企业声誉、市场地位等。

风险识别的应用技术包括调查问卷、风险组合清单、职能部门风险汇总、SWOT 分析、高级研讨会及头脑风暴、损失事件数据追踪、内部审计、流程图、内部风险管理会议、每月管理和分析报告、金融市场活动的实时反馈、主要的外部指数和内部指数、政策变化追踪及相关性分析、决策树分析、事件树分析等。

（三）风险分析

风险分析是在风险识别的基础上。对风险成因和特征、风险之间的相互关系以及风险发生的可能性、对企业目标影响程度进行分析，为风险应对策略提供支持。

1. 风险分析描述。

对所列出的风险事件分别分析发生的可能性和影响程度，通过绘制风险矩阵坐标图来表示。

（1）分析风险可能性。风险发生可能性的纵坐标等级可定性描述为很少、不太可能、可能、很可能、几乎确定。

（2）分析风险影响程度。可定性描述为微小、较小、中等、较大、重大。

（3）确定风险重要性水平，分别将风险可能性和影响程度在风险矩阵中表示（横轴表示风险影响程度，纵轴表示可能性），形成风险矩阵图。

风险矩阵的优点：为企业确定各项风险重要性等级提供了可视化的工具。

风险矩阵的缺点：一是风险重要性等级标准风险发生可能性后果严重程度等大多依靠主观判断，准确性受到一定影响；二是应用风险矩阵所确定的风险重要性等级是通过相互比较确定的，因而无法将列示的个别风险重要性等级通过数学运算得到总体风险的重要性等级。

企业应从整体角度进行风险分析描述，即风险分析不仅要分析单一风险的可能性和影响程度，而且要关注风险之间的关系，考虑整个企业层面的组合风险，特别是各单元均未超过风险容忍度，但组合在一起超出整体风险容忍度的情况。当然，如果一个业务单元超过容忍度，但因与其他单元的抵消效应，将风险降低到可承受的范围也是可以接受的。

2. 风险定量分析。

为了避免主观判断的影响，风险矩阵中的可能性和影响程度可以在条件具备的情况下，采用定量或定性与定量相结合的技术进行。

常用的定量技术包括概率技术和非概率技术，概率技术包括风险模型（风险价值、风险现金流量和风险收益）、损失分布、事后检验、蒙特卡洛模拟等，非概率技术包括敏感性分析、情景分析、压力测试、设定基准等。

表 3－1　　风险定量分析方法

概率技术	内容
风险模型	正常波动下，在一定的概率水平下，某一投资组合在未来特定期间内，在给定的置信水平下面临的最大可能损失
损失分布	某些经营或信用损失的分布估计是使用统计学技术来计算给定置信度下的经营风险导致的最大损失
事后检验	企业通过使用历史数据测算的风险事件发生的频率及此类事件带来的影响来验证定性评估中对初始影响和概率的估计
蒙特卡洛模拟	本质上是随机抽样方法，可依赖计算机的快速操作，通过反复使用大量输入变量值的可能组合，得到变量的组合。如可以通过模拟市场价格、数量、成本等较容易获取的关键指标的变化，计算得到净利润实现的可能性
非概率技术	**内容**
敏感性分析	在合理的范围内，通过改变输入参数的数值来观察并分析相应输出结果的分析模式。敏感性分析用来评价潜在事件的正常或日常变化的影响
情景分析	一种自上而下“如果—那么”的分析方法，可以计量一个事件或事件组合对目标的影响
压力测试	情景测试法的一种形式，是在极端情境下，分析评估风险管理模型或内部控制流程的有效性，发现问题，制定改进措施，目的是防止出现重大损失事件
设定基准	也称标杆比较法，通过将本企业与同行业或同类型企业的某些领域的做法、指标结果等做定量的比较，来确定风险的重要性水平

（四）风险应对

1. 定义。

风险应对是对已发生的风险或已超过监测预警临界值的风险制定风险应对策略。不同应对方案均需要考虑、计算各自的固有风险和剩余风险；通过对不利事件、有利事件的分析，选择实施方案将剩余风险控制在可承受度以内。

2. 考虑因素。

（1）不同的拟应对方案对风险应对的可能性和影响程度（可用利润、每股收益等表示），以及哪个应对方案与企业的风险容限相协调；

（2）不同拟应对方案的成本和效益；

（3）实现企业目标可能的机会。

3. 应对策略。

（1）风险承受。

定义：企业对所面临的风险采取接受的态度，从而承担风险带来的后果。

原因：企业因风险管理能力不足未能辨认出的风险只能承受；对于辨认出的风险，也可能由于以下原因采取风险承受策略：

①缺乏能力进行主动管理，对这部分风险只能承受；

②没有其他备选方案；

③从成本效益考虑，风险承受是最适宜的方案。

（2）风险规避。

定义：企业主动回避、停止或退出某一风险的商业活动或商业环境，避免成为风险承受者。

措施：①拒绝与信用等级低的交易对手交易；②设置网址访问限制，禁止员工下载不安全的软件；③禁止在金融市场做投机业务；④出售从事某一业务的子公司；⑤退出某一亏损且没有发展前途的产品线；⑥停止向一个发生战争的国家开展业务。

（3）风险分担。

定义：企业为避免承担风险损失，有意识地将可能产生损失的活动或与损失有关的财务后果转移给其他方的一种风险应对策略，包括风险转移和风险对冲。

①风险转移：通过合同将风险转移到第三方，企业对转移后的风险不再拥有所有权。转移风险不会降低其可能的严重程度，只是从一方移除后转移到另一方。例如，保险合同规定保险公司为预定的损失支付补偿，投保人在合同开始时向保险公司支付保险费；通过证券化保险风险构造的保险连结型证券，发行巨灾保险连结型证券可以将巨灾保险市场的承保风险向资本市场转移；在国际贸易中采用合同方式约定，卖方承担的货物的风险在某个时候改归买方承担。

②风险对冲：采取各种手段，引入多个风险因素或承担多个风险，使得这些风险能够互相对冲，使这些风险的影响相互抵消。资产组合的使用、多种外币结算的使用、多种经营战略、金融衍生品（套期保值、外汇远期）等都属于风险对冲的手段。金融衍生品的形式主要有：远期合约、互换交易、期货、期权、套期保值。

（4）风险降低。

定义：企业在权衡成本效益之后，采取适当的控制措施降低风险或者减轻损失，将风险控制在风险承受度之内的策略。具体包括风险转换、风险补偿和风险控制。

①风险转换：通过战略调整等手段将企业面临的风险转换成另一种风险，在一定程度上降低总体风险。其简单形式就是在减少某一风险的同时，增加另一风险。企业可以通过风险转换在两个或多个风险之间进行调整，以达到最佳效果。

②风险补偿：对风险可能造成的损失采取适当的措施进行补偿，以期降低风险。例如，企业建立风险准备金或应急资本，以应对临时突发事件。大型的能源公司一般都在常规保险之外设立自己的安全风险准备金，以保证在企业出现较大的安全事故时有足够的资金应对大额损失。

③风险控制：控制风险事件发生的动因、环境、条件等，来达到减轻风险事件发生时的损失或降低风险事件发生概率的目的。例如，厂房生产车间内禁烟、合同签订符合法律要求等。企业内部控制系统是风险控制的主要手段。

（五）风险监控、信息沟通和风险报告

1. 风险监控。

在风险评价的基础上，针对需重点关注的风险及相应的指标，通过设置风险预警指标体系，并将指标值与预警临界值进行比较，识别预警信号，进行预警分级，对风险的状况进行监测并实施控制。

风险监控中发现的已经形成较大损失的重要事件应向上一级部门报告，重大事件应向公司管理层或董事会报告；对特别重要的重大事件预警应建立应急处置机制。

2. 信息沟通。

企业应建立风险管理良好的信息沟通机制和报告制度，明确报告的内容、对象、频率和路径，确保信息沟通的及时、准确、完整。

3. 风险报告。

按照报送内容、频次、对象，风险报告可分为综合报告和专项报告、定期报告和不定期报告（重大重要事件报告）等。

（六）风险管理考核和评价

风险管理部门应定期对各职能部门和业务部门的风险管理实施情况和有效性进行考核，形成考核结论并出具考核报告，及时报送企业管理层和绩效管理部门。

国有企业经营管理有关人员在风险管理方面发生下列情形造成国有资产损失以及其他严重不良后果的，应当追究责任，主要包括：内控及风险管理制度缺失，内控流程存在重大缺陷或内部控制执行不力；对经营投资重大风险未能及时分析、识别、评估、预警和应对；对企业规章制度、经济合同和重要决策的法律审核不到位；过度负债危及企业持续经营，恶意逃废金融债务；瞒报、漏报重大风险及风险损失事件，指使编制虚假财务报告，企业账实严重不符等。

企业应定期对风险管理制度、工具方法和风险管理目标的实现情况进行评价，识别是否存在内部控制重大缺陷，评价风险管理是否有效，形成评价结论并出具评价报告；同时，应建立整改和改进机制。

第三节 风险管理体系

✲【知识点一】企业风险管理体系★★

企业建立风险管理体系，应至少包括以下方面：（1）风险管理理念；（2）风险管理组织体系；（3）风险管理制度体系；（4）风险管理信息系统。

（一）风险管理理念

企业应建立统一的风险管理理念——如何识别风险、承担哪些风险，以及如何管理这些风险，形成对风险统一的信念和态度，从而决定在战略制定和执行的日常活动中如何考虑风险。

（二）风险管理组织体系

明确风险管理组织架构及各自职责是开展全面风险管理的必要条件。

第一道防线：企业各有关职能部门和业务单位。

第二道防线：风险管理职能部门和董事会下设的风险管理委员会。

第三道防线：内部审计部门和董事会下设的审计委员会。

（三）风险管理制度体系

企业应建立健全能够涵盖风险管理主要环节的风险管理制度体系，通常包括风险管理决策制度、风险识别与评估制度、风险监测预警制度、应急处理制度、风险管理评价制度、风险管理报告制度、风险管理考核制度等。

（四）风险管理信息系统

企业应用的风险管理信息系统的主要功能有：

（1）实现风险信息的共享。

（2）风险预测和评估。

（3）开展风险监控。

第四节　内部控制、公司治理与风险管理

【知识点一】内部控制★

内部控制是由企业董事会、监事会、经理层和全体员工实施的，旨在实现控制目标的过程。建立和实施一套统一、高质量的企业内部控制规范体系，有助于提升企业内部管理水平和风险防范能力，促进我国企业进入国际市场，参与国际竞争。

我国内部控制规范体系由基本规范和配套指引构成，配套指引包括应用指引、评价指引和审计指引。

（一）内部控制目标和要素★★★

内部控制目标是**合理保证**企业经营管理合法合规、资产安全、财务报告及相关信息真实完整、提高经营效率和效果、促进企业实现发展战略。

内控要素由内部环境、风险评估、控制活动、信息与沟通、内部监督构成。

1. 内部环境。

内部环境规定企业的纪律与架构，影响经营管理目标的制定，塑造企业文化氛围并影响员工的控制意识，是企业建立与实施内部控制的**基础**。主要包括治理结构、机构设置及权责分配、内部审计机制、人力资源政策、企业文化等。

（1）治理结构。

企业应当根据国家有关法律法规和企业章程，建立规范的公司治理结构和议事规则，明确董事会、监事会和经理层在决策、执行、监督等方面的职责权限，形成科学有效的职

责分工和制衡机制。董事会应当独立于经理层，对内部控制的设计与运行进行监控。

（2）机构设置及权责分配。

企业应当结合业务特点和内部控制要求设置内部机构，明确职责权限，将权利与责任落实到各责任单位。企业内部机构设置虽然没有统一的模式，但所采用的组织结构应当有利于提升管理效能，保证信息通畅流动。

（3）内部审计机制。

企业应当加强内部审计工作，保证内部审计机构设置、人员配备和工作的独立性。

（4）人力资源政策。

人力资源政策应当有利于企业可持续发展，一般包括员工的聘用、培训、辞退与辞职；员工的薪酬、考核、晋升与奖惩；关键岗位员工的强制休假制度和定期岗位轮换制度；对掌握国家秘密或重要商业秘密的员工离岗的限制性规定等内容。

企业应当将职业道德修养和专业胜任能力作为选拔和聘用员工的重要标准，切实加强员工培训和继续教育，不断提升员工素质。企业应当致力于吸引、发展和留住优秀人才，以配合战略目标的实现。

（5）企业文化。

企业应当加强文化建设，培育积极向上的道德价值观和社会责任感，倡导诚实守信、爱岗敬业、开拓创新和团队协作精神，树立现代管理理念，强化风险意识和法制观念。

董事、监事、经理及其他高级管理人员应在塑造良好的企业文化中发挥关键作用。

2. 风险评估。

风险评估是企业及时识别、科学分析经营活动中与实现控制目标相关的风险，合理确定风险应对策略，实施内部控制的**重要环节**。

3. 控制活动。

控制活动是指企业根据风险应对策略，采用相应的控制措施，将风险控制在可承受度之内，是实施内部控制的**具体方式**。

常见的控制措施有以下七种，企业应当根据内部控制目标，结合风险应对策略，综合运用控制措施，对各种业务和事项实施有效控制。

（1）不相容职务分离控制。

不相容职务是指那些如果由一个人担任，既可能发生错误和舞弊行为，又可能掩盖其错误和舞弊行为的职务。不相容职务一般包括：授权批准与业务经办、业务经办与会计记录、会计记录与财产保管、业务经办与稽核检查等（即不能既当运动员，又当裁判员）。

对于不相容的职务，如果不实行相互分离的措施，就容易发生舞弊等行为。不相容职务分离的**核心是内部牵制**，企业在设计内部控制系统时，首先应确定哪些岗位和职务是不相容的；其次要明确规定各个机构和岗位的职责权限，使不相容岗位和职务之间能够相互监督、相互制约，形成有效的制衡机制。因资源限制等原因无法实现不相容职务相分离的，企业应当采取抽查交易文档、定期资产盘点等替代性控制措施。

（2）授权审批控制。

企业在办理各项经济业务时，必须经过规定程序的授权批准。授权审批形式通常有常规授权和特别授权之分。

常规授权：企业在日常经营管理活动中按照既定的职责和程序进行的授权，用以规范经济业务的权力、条件和有关责任者，其时效性一般较长。

特别授权：企业在特殊情况、特定条件下对办理例外的非常规性交易事项的权力、条件和责任的应急性授权。

企业必须建立授权审批体系，编制常规授权权限指引，规范特别授权的范围、权限、程序和责任，严格控制特别授权。对于重大的业务和事项，企业应当实行集体决策审批或者联签制度，任何个人不得单独进行决策或擅自改变集体决策。

（3）会计系统控制。

会计系统控制主要是通过对会计主体所发生的各项能用货币计量的经济业务进行记录、归集、分类、编报等而进行的控制。其内容主要包括：依法设置会计机构，配备会计从业人员，建立会计工作的岗位责任制，对会计人员进行科学合理的分工，使之相互监督和制约；按照规定取得和填制原始凭证；设计良好的凭证格式；对凭证进行连续编号；规定合理的凭证传递程序；明确凭证的装订和保管手续责任；合理设置账户，登记会计账簿，进行复式记账；按照《中华人民共和国会计法》和国家统一的会计准则制度的要求编制、报送、保管财务会计报告。

（4）财产保护控制。

保障财产安全是内部控制的重要目标之一。财产保护控制的措施主要包括：

①财产记录和实物保管；②定期盘点和账实核对；③限制接近。

（5）预算控制。

预算是企业未来一定时期内经营、资本、财务等各方面的收入、支出、现金流量的总体计划。预算控制的内容涵盖了企业经营活动的全过程，企业通过预算的编制和检查预算的执行情况，可以比较、分析内部各单位未完成预算的原因，并对未完成预算的不良后果采取改进措施。

预算决策权应由内部管理的最高层进行决策、指挥和协调，预算确定后由各预算单位组织实施，并辅之以对等的权、责、利关系，由内部审计等部门负责监督预算的执行。

（6）运营分析控制。

运营分析是对企业内部各项业务、各类机构的运行情况进行独立分析或综合分析，进而掌握企业运营的效率和效果，为持续的优化调整奠定基础。运营分析控制要求企业建立运营情况分析制度，综合运用生产、购销、投资、筹资、财务等方面的信息，通过因素分析、对比分析、趋势分析等方法，定期开展运营情况分析，发现存在的问题，及时查明原因并加以改进。

（7）绩效考评控制。

绩效考评控制的主要环节有：

①确定绩效考评目标。②设置考核指标体系。③选择考核评价标准。④形成评价结果，根据评价指标和评价标准，对企业全体员工的业绩进行定期考核和客观评价，在此基础上形成评价结论。⑤制定奖惩措施，企业应当将绩效考评结果作为确定员工薪酬以及职务晋升、评优、降级、调岗和辞退等的依据。

4. 信息与沟通。

信息与沟通是企业及时、准确地收集、传递与内部控制相关的信息，确保信息在企业内部、企业与外部之间进行有效沟通，是实施内部控制的**重要条件**。主要包括信息质量、沟通制度、信息系统、反舞弊机制。

（1）信息质量。

信息是企业各类业务事项属性的标识，是确保企业经营管理活动顺利开展的基础。企业日常生产经营需要收集各种内部信息和外部信息，并对这些信息进行合理筛选、核对、整合，提高信息的有用性。企业可以通过财务会计资料、经营管理资料、调研报告、专项信息、内部刊物、办公网络等渠道，**获取内部信息**；还可以通过行业协会组织、社会中介机构、业务往来单位、市场调查、来信来访、网络媒体以及有关监管部门等渠道，**获取外部信息**。

（2）沟通制度。

信息的价值必须通过传递和使用才能体现。企业应当建立信息沟通制度，将内部控制相关信息在企业内部各管理级次、责任单位、业务环节之间，以及企业与外部投资者、债权人、客户、供应商、中介机构和监管部门等有关方面之间进行沟通和反馈，重要信息须及时传递给董事会、监事会和经理层。

（3）信息系统。

为提高控制效率，企业可以运用信息技术加强内部控制，建立与经营管理相适应的信息系统，促进内部控制流程与信息系统的有机结合，实现对业务和事项的自动控制，减少或消除人为操纵因素。企业利用信息技术对信息进行集成和共享的同时，还应加强对信息系统开发与维护、访问与变更、数据输入与输出、文件储存与保管、网络安全等方面的控制，保证信息系统安全稳定运行。

（4）反舞弊机制。

舞弊是指企业董事、监事、经理、其他高级管理人员、员工或第三方使用欺骗手段获取不当或非法利益的故意行为，它是需要企业重点加以控制的领域之一。企业应当建立反舞弊机制，坚持惩防并举、重在预防的原则，明确反舞弊工作的重点领域、关键环节和有关机构在反舞弊工作中的职责权限，规范舞弊案件的举报、调查、处理、报告和补救程序。

反舞弊工作的**重点领域**：侵占、挪用企业资产，谋取不正当利益；在财务会计报告和信息披露等方面存在虚假记载、误导性陈述或者重大遗漏等；董事、监事、经理及其他高级管理人员滥用职权；相关机构或人员串通舞弊。

为确保反舞弊工作落到实处，企业应当建立举报投诉制度和举报人保护制度，并及时传达至全体员工。

5. 内部监督。

内部监督是企业对内部控制建立与实施情况进行监督检查，评价内部控制的有效性，对于发现的内部控制缺陷及时加以改进，是实施内部控制的重要保证，包括日常监督和专项监督。

日常监督和专项监督情况应当形成书面报告，并在报告中揭示存在的内部控制缺陷；同时，在日常监督和专项监督的基础上，定期对内部控制的有效性进行自我评价，出具自我评价报告。

（1）日常监督。

定义：企业对建立与实施内部控制的情况进行常规、持续的监督检查。

监督方式：在日常生产经营活动中获得能够判断内部控制设计与运行情况的信息；在与外部有关方面沟通过程中获得有关内部控制设计与运行情况的验证信息；在与员工沟通

过程中获得内部控制是否有效执行的证据；通过账面记录与实物资产的检查比较对资产的安全性进行持续监督；通过内部审计活动对内部控制有效性进行持续监督。

重点关注情形：因资源限制而无法实现不相容岗位相分离；业务流程发生重大变化；开展新业务、采用新技术、设立新岗位；关键岗位人员胜任能力不足或关键岗位出现人才流失；可能违反有关法律法规；其他应通过风险评估识别的重大风险等。

（2）专项监督。

定义：在企业发展战略、组织结构、经营活动、业务流程、关键岗位员工等发生较大调整或变化的情况下，对内部控制的某一方面或某些方面进行有针对性的监督检查。专项监督的范围和频率根据风险评估结果以及日常监督的有效性等予以确定。

专项监督应当与日常监督有机结合，日常监督是专项监督的基础，专项监督是日常监督的补充，如果发现某专项监督需要经常性地进行，企业有必要将其纳入日常监督。

（二）内部控制应用指引★

我国内部控制应用指引包括企业层面组织架构、发展战略、人力资源、社会责任、企业文化等对实现控制目标有重大影响，且与内部环境、风险评估、信息与沟通、内部监督直接相关的控制，以及业务层面资金、采购、资产、销售、研发、工程、担保、业务外包、财务报告、全面预算、合同、内部信息传递、信息系统等具体业务和事项的控制；每项应用指引均分析了所涉及的主要风险和关键控制点及控制措施。

企业在进行内部控制体系建设时，应结合实际，分企业层面、业务层面分别分析风险、制定关键控制点和控制措施，落实责任并执行。

（三）内部控制评价指引★★

内部控制评价指引用于指导企业评价内部控制有效性。

内部控制有效性：企业建立与实施内部控制对实现控制目标**提供合理保证的程度**，包括内部控制**设计的有效性**和内部控制**运行的有效性**。

内部控制缺陷是评价内部控制有效性的负向维度，如果内部控制设计或运行无法合理保证内部控制目标的实现，即意味着存在内部控制缺陷。按不同的标准对内部控制缺陷的分类如表3－2所示。

表3－2　内部控制缺陷的类型

划分标准	类型
形成缺陷的原因	设计缺陷
	运行缺陷
缺陷的表现形式	财务报告内部控制缺陷
	非财务报告内部控制缺陷
缺陷的严重程度	重大缺陷
	重要缺陷
	一般缺陷

内部控制评价报告经企业董事会**批准后**按要求对外披露或报送相关主管部门，使用者包括政府监管部门、投资者及其他利益相关者、中介机构和研究机构等。

（四）内部控制审计指引★★

内部控制审计指引用于指导会计师事务所受托实施企业内部控制审计，是内部控制外部评价的重要形式之一，包括目标、计划审计工作、实施审计工作、评价控制缺陷、完成审计工作、出具审计报告和记录审计工作，对内部控制审计报告作出规范。

内部控制审计是由注册会计师进行**外部评价**，而内部控制评价是企业董事会**自我评价**，两者的区别在于：一是评价主体不同；二是评价目标不同；三是评价结论不同。

内部控制**审计**由注册会计师进行，侧重对财务报告内部控制目标实施的审计评价，仅对财务报告内部控制的有效性发表意见。

内部控制**评价**由企业董事会实施，对内部控制整体有效性发表意见并出具结论。

【知识点二】公司治理★

随着公司制企业的不断发展，现代公司呈现出股权结构分散化、所有权与经营权分离等典型特征，公司治理问题由此产生并成为现代企业关注的核心问题。

公司治理是指根据股东和其他利益相关方的利益指导和控制企业的体系，通过一套包括正式或非正式的、内部或外部的制度或机制来协调公司与所有利益相关者之间的利益关系，以保证公司决策的科学性与公正性，从而最终维护各方利益。

公司治理的目标不仅是股东利益的最大化，而且是保证所有利益相关者的利益最大化。

【知识点三】内部控制、公司治理与风险管理的关系★★

1. 内部控制与风险管理作为企业管理的两大工具，各自经历了理论体系的创新和实务操作的发展。内部控制由传统的内部牵制制度逐步发展为**以风险为导向**的内部控制整合框架，风险管理也由分散的财务、经营和战略风险管理逐步发展为整合风险管理。

2. 内部控制有效实施是风险管理“落地”的有力支撑，而风险管理的技术方法也拓展了内部控制的外延和内涵，促进企业管理水平的提升和目标的实现。

3. 公司治理结构作为企业的内部环境，必然对企业风险管理和内部控制产生影响，薄弱的治理结构将直接导致风险管理和内部控制减弱。反过来，内部控制和风险管理的加强也有利于公司治理结构及内部环境的优化。

第四章　企业投资、融资决策与集团资金管理

本章概述

教材变化：

1. 新增“在对外投资领域所面临的国家风险形式包含的内容”。
2. 新增“配股”的相关条件。
3. 修改“定向增发”的相关规定。
4. 修改“企业集团”的含义。
5. 删除“《发行监管问答——关于引导规范上市公司融资行为的监管要求》”相关内容。

本章要求：

掌握：各种投资决策评价指标的内涵、适用条件、有关指标的相互关系，折现方法中现金流量的估计和折现率的应用，外部融资需要量、内部增长率和可持续增长率的测算方法，企业融资方式与资本结构决策。

熟悉：私募股权投资的组织形式与退出方式、境外直接投资的决策步骤和评价指标、境外直接投资财务管理和风险管理、财务公司的功能、业务范围和风险管理。

了解：投资决策的意义、步骤和投资项目的类别，投资项目的风险调整，私募股权投资步骤和类别，境外直接投资的动机和方式，融资渠道与融资方式及企业融资的决策依据，企业集团融资规划、资金集中管理和财务风险控制，财务公司业务运作。

真题回顾：

本章考试分值一般为 10 分左右，历年真题考核要点如下表所示。

知识点	真题考核
建设项目投资决策	现金流量的概念和内含报酬率决策规则（2015 年） 净现值判断规则及计算（2016 年） 会计收益率和投资回收期的计算与决策原则（2018 年） 根据净现值和内含报酬率进行投资项目决策并说明理由（2019 年） 投资决策方法（2021 年）

续表

知识点	真题考核
境外直接投资决策	根据资料分析境外直接投资的动机（2019 年） 境外直接投资决策步骤（2020 年） 境外直接投资（2021 年）
融资决策与企业增长	内部增长率与可持续增长率（2013 年） 合格战略投资者特征、市净率、配股除权价格（2014 年） 定向增发条件和 EBIT－EPS 无差异分析法（2015 年） 可持续增长率计算、驱动因素及管理策略（2017 年） 外部融资来源的识别（2018 年） 计算定向增发融资的最大发行量和最低融资额（2019 年）
企业集团资金管理与财务公司	担保控制措施（2014 年） 资产负债率控制线（2015 年） 财务公司设立条件与服务对象（2016 年） 集团资金集中管理优势和集团财务风险控制（2020 年）

本章主要内容

- 企业投资、融资决策与集团资金管理
  - 建设项目投资决策
    - 投资决策概述★
    - 投资决策方法★★★
    - 投资决策方法的特殊应用★★
    - 现金流量的估计★★
    - 投资项目的风险调整★★
  - 私募股权投资决策
    - 私募股权投资概述★
    - 私募股权投资基金的组织形式★★
    - 私募股权投资退出方式的选择★★
  - 境外直接投资决策
    - 境外直接投资概述★★
    - 境外直接投资的决策分析★
    - 国有企业境外投资财务管理★★
    - 境外直接投资风险管理★★
  - 融资决策与企业增长
    - 融资决策概述★
    - 融资规划与企业增长管理★★★
    - 企业融资方式决策★★★
    - 企业资本结构决策与管理★★
  - 企业集团资金管理与财务公司
    - 企业集团融资规划★
    - 企业集团资金集中管理★
    - 企业集团财务公司★★
    - 企业集团财务风险控制★★

第一节　建设项目投资决策

【知识点一】投资决策概述★

（一）投资决策的重要性

投资管理是指对期限较长、金额较大、对企业经营与发展有重大影响的特定项目的分析、评估与决策行为，也称“资本预算”，其重要性表现在：

1. 企业的价值取决于未来现金流量的折现值，而企业的资本预算在一定程度上决定了企业未来的现金流量，也就决定了企业的价值。

2. 资本预算将企业的战略明确化、具体化和定量化。如是否研究和开发新的产品与服务、是否进行市场开拓方面的一些资本性活动等决策都要依靠资本预算。重大投资决策的失误，将会使企业遭受重大的经济损失，甚至走向万劫不复之路。

3. 投资决策一般都是企业战略性的、重大的经营活动的调整或加强，投资项目一般也会持续很多年，重大项目的投资在不同程度上减弱了企业的财务弹性，影响了企业的融资决策。

（二）投资决策的步骤

1. 进行企业内外部环境分析。具体包括宏观环境分析、行业环境和企业内部条件分析。

2. 识别投资机会，形成投资方案。通过甄别投资方向，确定投资类别，权衡企业的必要投资、替代投资、扩张投资及多元化投资。

3. 估算投资方案的现金流量和各种评价指标（如净现值、内含报酬率和会计收益率等）。

4. 进行指标分析，选择最优投资方案。

5. 严格投资过程管理，动态评估投资风险。主要包括立项审批、招投标管理、合同管理、监督跟踪、项目责任制和风险控制。

6. 评估投资效果，进行项目后评价。完成竣工验收、项目审计和项目后评价工作，落实决策留痕和责任追究制度。

（三）投资项目的类别

1. 投资项目的一般分类。

（1）独立项目：某一项目的接受或放弃并不影响其他项目的选择。

（2）互斥项目：某一项目的接受，意味着排除其他项目的选择。

2. 根据项目投资的内容进行分类。

（1）固定资产投资项目：为建造、购买或更新经营性和非经营性建筑物、仪器设备、运输工具等进行的投资。

（2）研发投资项目：为研究和开发新产品、新服务产生的各项费用支出。

（3）其他投资项目：小型技改措施、信息化建设、节能环保、消防保卫等方面的投资。

【知识点二】投资决策方法★★★

（一）回收期法

1. 非折现回收期法：项目投产后带来的现金净流量累计至与原始投资额相等时所需要的时间。该指标数值越小，表明回收年限越短，方案越有利。

非折现回收期 = 现金净流量累计为正值前一年的年限

+ 现金净流量累计为正值当年年初未收回投资额/该年现金净流量

2. 折现回收期法：通过计算每期现金流量的折现值来确定投资回报期。

3. 优点：通过计算资金占用在某项目中所需的时间，可在一定程度上反映项目的流动性和风险。在其他条件相同的情况下，回收期越短，项目的流动性越好，方案越优。一般来说，长期性的预期现金流量比短期性的预期现金流量更具风险。

4. 缺点：未考虑回收期后的现金流量，且传统的回收期法还未考虑资本成本，即在计算回收期时未使用债务或权益资金的成本进行折现计算。

（二）净现值法（NPV）

项目投产后未来现金净流量现值与原始投资额现值之间的差额。

1. 计算公式：

净现值 = 未来现金净流量现值 − 原始投资额现值

2. 决策过程：

（1）预测各年的现金流入量与流出量，并按既定的资本成本计算现金流量的现值。

（2）计算项目的净现值，即现金流入量的现值总额与现金流出量的现值总额的差额。

（3）若净现值大于零，则项目可以接受；若净现值小于零，则项目应放弃；若净现值等于零，表明项目没有剩余收益，则没有必要采纳。若两个项目为互斥项目，则取正的净现值指标数值较大者。

3. 优缺点：

（1）净现值法使用现金流量而非利润，主要因为现金流量相对客观。

（2）净现值法考虑的是投资项目整体，在这方面优于回收期法。回收期法忽略了回收期之后的现金流量，如果使用回收期法，很可能造成那些回收期虽长但回收期后有较高收益的项目被决策者错误地否决。

（3）净现值法考虑了货币的时间价值，尽管折现回收期法也可以被用于评估项目，但该方法与非折现回收期法一样忽略了回收期之后的现金流量。

（4）净现值法与财务管理的最高目标——股东财富最大化紧密联结。投资项目的净现值代表的是投资项目被接受后公司价值的变化，而其他投资分析方法与财务管理的最高目标没有直接的联系。

（5）净现值法允许折现率的变化，而其他方法没有考虑该问题。引起项目折现率变化的因素主要有：未来利率水平的变化、未来项目风险特征的变化和未来项目融资结构的变化。项目风险不同，则相应的折现率不同。

（三）内含报酬率法

1. 传统的内含报酬率法（IRR）。

内含报酬率指使项目未来现金净流量现值恰好与原始投资额现值相等的折现率。

计算公式：NPV = 0

决策规则：IRR 是一个项目的预期收益率，如果该收益率超过了资本成本，由此增加了企业股东的财富，否则会减少股东的财富。所以，当项目的 IRR 超过资本成本，项目可以接受；反之，如果 IRR 低于资本成本，则项目不能接受。

2. 修正的内含报酬率法（MIRR）。

修正的内含报酬率法克服了内含报酬率再投资的假设以及没有考虑整个项目周期中资

本成本率变动的问题。修正的内含报酬率法认为项目收益被再投资时不是按照内含报酬率来折现的。值得说明的是，项目决策最基本的方法是 NPV 法，当传统的 IRR 法与 NPV 法发生冲突时，通常以 NPV 法为准，原因在于传统的 IRR 法有两个主要缺陷：一是有多个根；二是假设再投资率为 IRR，该假设隐含的意思是，计算现值时的折现率也为 IRR；修正的 IRR 法则认为，再投资率应为实际的资本成本，先按实际的资本成本计算出各期现金流量的终值，再求出 IRR；以这种方式计算出的 IRR，称为 MIRR。

3. 内含报酬率法的优缺点。

优点：内含报酬率作为一种折现现金流量法，在考虑了货币时间价值的同时也考虑了这个项目周期的现金流量。此外，内含报酬率法作为一种相对数指标除了可以和资本成本率比较之外，还可以与通货膨胀率以及利率等一系列经济指标进行比较。

缺点：内含报酬率是评估投资决策的**相对数指标**，无法衡量出公司价值的绝对增长。在衡量非常规项目时（即项目现金流量在项目周期中发生正负变动时），内含报酬率法可能产生多个 IRR，造成项目评估的困难。此外，在衡量互斥项目时，传统的内含报酬率法和净现值法可能会给出矛盾的意见，在这种情况下，净现值法往往会给出正确的决策判断。

（四）现值指数法（PI）

现值指数是项目投产后未来现金净流量现值与原始投资额现值之比。现值指数表示 1 元初始投资取得的现值毛收益。

计算公式：

现值指数 = 未来现金净流量现值/原始投资额现值

决策规则：如果该指标数值大于 1，则项目可接受，PI 值越大越好；如果该指标数值小于 1，则应放弃。

当项目 A 和项目 B 是独立项目时，若两个 PI 值均大于 1，两个项目均可接受。

当项目 A 和项目 B 是互斥项目时，应选择 PI 值较大的那个项目。

（五）会计收益率法（AAR）

会计收益率是项目寿命期的预计年均收益额与项目原始投资额的百分比。

计算公式：

会计收益率 = 年均收益额/原始投资额

决策原则：指标数值越高越好。

优点：会计收益率计算简便、应用范围广，计算时可直接使用会计报表数据。

缺点：没有考虑货币的时间价值。

（六）投资决策方法的总结

1. 会计收益率法与非折现的回收期法。

会计收益率法、非折现的回收期法由于没有考虑货币的时间价值，已经被大多数企业所摒弃。

2. 折现回收期法。

折现回收期法在一定程度上说明了项目的风险与流动性，较长的回收期表明：

（1）企业的资本将被该项目长期占用，因而项目的流动性相对较差。

（2）必须对该项目未来较长时期的现金流量进行预测，而项目周期越长，变动因素越多，预期现金流量不能实现的可能性也就越大。

3. 净现值法。

净现值法将项目的收益与股东的财富直接相关。所以，一般情况下，当 NPV 法与 IRR 法出现矛盾时，以 NPV 法为准，但受项目的规模和现金流量时间因素的影响，NPV 法不能反映出一个项目的“安全边际”，即项目收益率高于资金成本率的差额部分。

4. 内含报酬率法。

IRR 法充分反映出了一个项目的获利水平，但 IRR 法也有其缺点：

（1）再投资率的假定。在比较不同规模、不同期限的项目时，假定不同风险的项目具有相同的再投资率，不符合现实情况。

（2）多重收益率。在项目各期的现金流量为非常态时，各期现金流量符号的每一次变动，都会产生一个新的收益率，而这些收益率往往是无经济意义的。

5. 现值指数法。

现值指数法提供了一个相对于投资成本而言的获利率，与 IRR 法一样，它在一定程度上反映一个项目的收益率与风险，指数越高，说明项目的获利能力越高，即使现金流量有所降低，项目有可能仍然盈利。

【知识点三】投资决策方法的特殊应用★★

（一）不同规模的项目

投资的目的是获得最大收益而不仅仅是最大收益率，一般投资规模大的项目，收益率往往会低于规模较小的项目。如果用内含报酬率来评价投资项目，可能会更重视那些投资小、收益率较高的项目，而不愿意进行较大规模的投资；但大投资项目对收益总额的贡献和企业的长远发展是十分重要的。

由于越晚发生的未来现金流量的现值对折现率的变化越敏感，可能导致企业的管理者更偏爱那些前期现金流入量大、后期现金流入量小的投资项目，而忽视了那些前期现金流入量小、后期现金流入量大的投资项目。而规模较大的项目，一般前期的现金流入量小，后期的现金流入量大。

（二）不同寿命周期的项目

1. 重置现金流量法。

重置现金流量法也称共同期限法，关键是假设两个项目的寿命期相同。

采用重置现金流量法，应注意以下两点：

（1）在存在通货膨胀的情况下，需要对各年的净现金流量进行调整。

（2）如果预测项目执行过程中可能遇到重大技术变革或其他重大事件，也需要对项目各年的现金流量进行调整。

2. 等额年金法。

等额年金法基于两个假设：（1）资本成本率既定；（2）项目可以无限重置。在这两个假设的基础上，用项目的净现值除以年金现值系数计算出项目净现值的等额年金，等额年金较高的方案则为较优方案。

【知识点四】现金流量的估计★★★

（一）现金流量的概念

现金流量指一个项目引起的现金流入和现金支出的增加量。例如，某一企业需要对现有生产能力进行扩充，准备增加两条生产线，其相关的现金流出量、现金流入量和现金净流量大致如下。

1. 现金流出量。

一个项目的现金流出量，是指该项目引起的现金流出的增加额。包括：

（1）购置机器设备的价款及相关的税金、运费等。

（2）增加的流动资金：生产线扩大了企业的生产能力，一般会引起流动资金需求的增加。

2. 现金流入量。

一个项目的现金流入量，是指该项目引起的现金流入的增加额。包括：

（1）经营性的现金流入：企业生产能力的扩张一般会引起销售收入的增加，销售收入扣除有关的付现成本增量后的余额，即为该项目新增的现金流入量。

（2）残值收入：在一些情况下，由于无形损耗，生产设备的经济寿命要低于其物理寿命。当生产线达到其经济寿命时，企业会出售或出租其机器设备，由此而取得的收入，应视作该项目的现金流入。

（3）收回的流动资金：当企业最终停止该两条生产线时，收回流动资产转换成现金，如存货的变现价值、应收账款的回收等，也应视作该项目的现金流入。

3. 现金净流量。

现金净流量指一定期间该项目的现金流入量与现金流出量之间的差额。流入量大于流出量时，净流量为正值；流入量小于流出量时，净流量为负值。

（二）现金流量的估计

1. 现金流量估计中应注意的问题。

（1）假设与分析的一致性：各部门对同一项目现金流量预测作统一的假设，并且应当保证在预测中不存在内在的偏见。

（2）现金流量的不同形态：与资本投资方案有关的现金流量模式有常规现金流量模式和非常规现金流量模式。

（3）会计收益与现金流量：对于大型的、较为复杂的投资项目，实务中对现金流量的估计，一般根据利润表中的各项目来进行综合的考虑直接估计出项目的现金流量，或者通过预测的利润表加以调整。通过净利润进行调整得出项目的现金流量时，应注意以下几点：

①固定资产成本：固定资产的成本，不仅指厂房、机器设备的成本，而且包括运输、安装、税金及其他费用在内的全部成本；固定资产一般都有残值，在计算项目现金流量时，应考虑残值出售后的现金流入量。

②非付现成本：因为利润表的净利润已经扣除折旧、摊销等非付现成本与费用（对于投资项目来说主要是指折旧）。因此，在计算项目各期的现金流量时，若是通过利润表中净利润为基础调整计算现金流量的话，则需要加回每年估计的该项目购置的固定资产折旧费用和已摊销的费用。

③净经营性营运资本的变动：应注意最后一期存货销售、应收账款收回而带来的现金流入。

④利息费用不作为现金流出，应该加回。

2. 现金流量的相关性——增量基础。

现金流量的相关性是指与特定项目有关的，在分析评估时必须考虑的现金流量。在确定投资方案相关的现金流量时，应遵循的最基本原则是，只有增量的现金流量才是与项目相关的现金流量。

增量现金流量是指接受或放弃某个投资方案时，企业总的现金流量的变动数。在考虑增量现金流量时，需要区别以下几个概念：

（1）沉没成本：已经发生的支出或费用，它不会影响拟考虑项目的现金流量；不属于采用某项目而带来的增量现金流量，因此，在投资决策分析中不必加以考虑。

（2）机会成本：在互斥项目的选择中，如果选择了某一方案，就必须放弃另一方案或其他方案，所放弃项目的预期收益就是被采用项目的机会成本。机会成本不是我们通常意义上所说的成本，不是一种支出或费用，而是因放弃其他项目而失去的预期收益；在投资决策分析中是需要加以考虑的。

（3）关联影响：当采纳一个新项目时，该项目可能对公司其他部门造成有利或不利影响（经济学中的“外部性”）。

3. 折旧与税收效应。

按照税法规定，固定资产的折旧可以计入成本或费用，在企业的所得税前进行扣除。因固定资产折旧的计提而使企业减少所得税的负担的这种效应，称为“税收抵扣收益”。在进行投资分析的估算项目的现金流量时，必须考虑税收影响。

项目税后营业现金流量可以根据现金流量的定义直接计算：

营业现金流量 = 营业收入 − 付现成本 − 企业所得税

推导公式：

营业现金流量 = 税后净利 + 折旧

营业现金流量 = 营业收入 ×（1 − 企业所得税税率）− 付现成本 ×（1 − 企业所得税税率）+ 折旧 × 企业所得税税率

✤ 【知识点五】投资项目的风险调整★★

（一）项目风险的衡量方法

1. 敏感性分析。

敏感性分析就是在假定其他各项数据不变的情况下，各输入数据的变动对整个项目净现值的影响程度，是项目风险分析中使用最为普遍的方法。

缺点：孤立地考虑每个变量，而没有考虑变量间的相互关系。

2. 情景分析。

情景分析是用来分析项目在最好、最可能发生和最差三种情况下的净现值之间的差异，与敏感性分析不同的是，情景分析可以同时分析一组变量对项目净现值的影响。

优点：注重情景发展的多种可能性，降低决策失误对企业造成的影响，对决策事项的可参考性更强。

缺点：主观性较强，对于情景数据的准确性、逻辑性及因果关系的建立要求较高。

3. 蒙特卡洛模拟分析。

蒙特卡洛模拟分析是将敏感性与概率分布结合在一起进行项目风险分析的一种方法。首先，确定各个变量（如销售单价、变动成本等）的概率分布与相应的值；其次，取出各种变量的随机数值组成一组输入变量值，计算出项目的净现值；最后，计算出项目各净现值的平均数，作为项目的预期净现值，再计算出项目净现值的标准差，用来衡量项目的风险。

4. 决策树法。

决策树法是一种展现一连串相关决策及其期望结果的图像方法。决策树在考虑预期结果的概率和价值的基础上，辅助企业作出决策。

（二）项目风险的处置

1. 项目风险与公司风险比较。

一般情况下，项目风险与公司风险是不同的。比如说，有一家上市公司，主要从事 IT 业务和能源环境业务，公司下设两个部门，A 部门生产和销售 PC，由于 PC 市场竞争激烈，一般的 PC 公司又缺乏核心技术，同质化现象严重等原因，A 部门的风险较高，资本成本约为 10%。B 部门从事污水处理的工程项目，由于环境保护属国家政策支持行业，且该部门在市场上具有一定的技术领先优势，做过一系列的大型工程项目，投资者认为此类公司的风险不高，市场上相同公司获得资本的成本约为 5%，公司的加权资本成本约为 8%。所以，如果我们对公司所有的投资项目都按 8% 的资本成本率进行折现时，对于 A 部门来说，项目的净现值就会虚增；对于 B 部门来说，有些投资项目，如果按 5% 的资本成本进行折现计算，可以接受，按 8% 进行折现计算，项目的净现值可能为负值，从而误导决策，造成公司投资机会的丧失。

2. 项目风险与净现值法。

（1）确定当量法。

项目的净现值是由其各年度相关的现金流量及其折现率决定的，如果我们能够使各期相关现金流量的确定性加大，则相应减少了该项目的个别风险。确定当量法就是一种对项目相关现金流量进行调整的方法。项目现金流量的风险越大，约当系数越小，现金流量的确定当量也就越小。

确定当量系数指不确定的 1 元现金流量期望值相当于使投资者满意的确定金额的系数。利用确定当量系数，可以把不确定的现金流量折算成确定的现金流量，或者说去掉了现金流量中有风险的部分，使之成为较为“安全”的现金流量。

在使用确定当量法时应特别注意，由于已经将预期的现金流量转换为确定当量，所以，项目的折现率应为无风险的报酬率（可选择长期国债的收益率作为替代）。如果以风险资产的报酬率作为折现率，则该风险被重复处理。

（2）风险调整折现率法。

确定当量法是对现金流量进行风险调整，而风险调整折现率法是对折现率进行调整。在各个项目中，平均风险的项目按公司平均资本成本率计算净现值，高风险的项目按高于平均资本成本的折现率计算净现值，低风险的项目按低于平均资本成本的折现率计算净现值。

确定当量法对风险和时间价值分别进行了调整，它首先将现金流量中的风险因素排除在外，然后将确定的现金流量以无风险报酬率进行折现。而风险折现率法则是用一个单独的折现率将风险和时间价值调整结合进行，使得风险调整折现率法暗含这样一个假设，即风险仅是时间的函数。因此，从理论上讲，确定当量法要优于风险调整折现率法。但在实务中，人们经常使用的还是风险调整折现率法。主要原因在于：①它与财务决策中倾向于报酬率进行决策的意向保持一致；②风险调整折现率法比较容易估计与运用。

还需要明确的是，项目的资金成本或者折现率，应该反映的是该项目的系统风险或者说市场相关风险，而不是该项目的非系统风险。所以，在对一个投资项目进行分析时，要关注该项目的特有风险，如果该项目的风险明显高于公司风险，就应该以更高的资金成本率进行折现。

第二节 私募股权投资决策

【知识点一】私募股权投资概述★

私募股权投资（PE）是指采用私募方式募集资金，对非上市公司进行的权益性投资。在交易实施过程中，通常会附带考虑将来的投资退出机制，采用一定的退出方式获得收益。私募股权的投资理念就是投资于能在未来一定期限内具备上市条件的企业，以便上市后在二级市场上套现退出。通过放大资本、共担风险，实现超额投资收益。

（一）私募股权投资步骤

1. 投资立项：投资部门通过人脉网络、同行合作、中介机构、银行和政府机构进行项目发现和筛选，进行项目调研与实地考察，出具项目投资分析报告，提出投资建议。

2. 投资决策：投资部门完成立项后，着手市场尽职调查和风险评估，提出主要投资条款和初步投资方案，报总经理办公会审批，组织投资决策会议，召开公司董事会和股东会，审议通过最终投资协议。

3. 投资实施：根据董事会和股东会的审批意见，签署投资协议，履行出资义务，完成出资验资报告，进行投后管理。

（二）私募股权投资的类别

按投资战略方向划分：

1. 创业投资（风险投资）：一般采用股权形式将资金投向提供具有创新性的专门产品或服务的初创型企业。这类企业失败率很高，但其收益率也很高。典型行业有集成电路芯片设计、新能源、新材料和生物科技等。风险投资的目的不是为了取得对企业的长久控制或为了获取企业盈利分红，而是在于通过资本运作，获取加倍的资本增值。

2. 成长资本（扩张资本）：投资于已经具备成熟的商业模式、较好的顾客群并且具有正现金流量的企业，这些企业通常采用新设备或者采取兼并收购的方式扩大经营规模，但其增长受限于自身财务拮据的资金困境。我国成长资本主要投资于接近上市阶段的成长企业，以期在企业上市后迅速变现退出。

3. 并购基金：是指专门进行企业并购的基金，投资者为了满足已设立企业达到重组或所有权转移而存在的资金需求的投资。并购投资的主要对象是成熟且有稳定现金流量、呈现出稳定增长趋势的企业，通过控股确立市场地位，提升企业的内在价值，最后通过各种渠道退出并取得收益。

4. 房地产基金：我国的房地产基金主要投资于房地产开发项目的股权、债权或者两者的混合。房地产基金一般会与开发商合作，共同开发特定房地产项目。在合作开发的模式下，房地产基金会要求开发商甚至开发商的实际控制人对其债权投资提供各种形式的担保。在房价上涨和房地产开发企业融资渠道收窄的情况下，私募房地产基金得到了迅速发展。

5. 夹层基金：主要投资于企业的可转换债券或可转换优先股等“夹层”工具。它是杠杆收购特别是管理层收购中的一种融资来源。它提供的是介于股权与债权之间的资金，作用是填补一项收购在考虑了股权资金、普通债权资金之后仍然不足的收购资金缺口。

6. 母基金（FOF）：专门投资于其他基金的基金。母基金向机构和个人投资者募集资金，并分散化投资于私募股权、对冲基金和共同基金等。母基金不仅降低了投资者进入私募股权的门槛，而且还帮助投资者实现了不同基金之间的风险分散化；但母基金本身收取的费用也拉高了投资成本，这也是大型机构投资都较少投资母基金的主要原因。

7. 产业投资基金：这是我国近年来出现的具有政府背景的投资人发起的私募股权投资基金。一般指经政府核准，向国有企业或金融机构募资并投资于特定产业或特定地区的资金。这类资金通常由地方政府或中央部委发起，募集规模一般在10亿元以上。此外，也有募集规模较低（10亿元以下）的产业基金，如各地政府发起的产业引导基金等。

✲【知识点二】私募股权投资基金的组织形式★★

（一）有限合伙制

典型的有限合伙制基金由有限合伙人（LP）和普通合伙人（GP）依据有限合伙协议共同设立，其中必须至少有一家为GP，普通合伙人对合伙企业的债务承担无限连带责任，并且对外代表基金执行合伙事务，从而成为基金管理人。其收入来源是基金管理费和收益分红。LP只负责出资，并以其出资额为限，承担连带责任。GP有时会承担基金管理人的角色，但有时也委托专业管理人员对股权投资项目进行管理和监督。在我国，通常由基金管理人员担任GP的角色。在设立初期，GP和LP通常签订合伙人协议，确定各种管理费用和业绩奖励，并且会定期召开合伙人协议。

与公司制和信托制私募股权基金不同，GP具备独立的经营管理权力。LP虽然负责监督GP，但是不直接干涉或参与私募股权投资项目的经营管理。通常而言，LP出资比例占基金全部份额的80%以上，GP则不少于1%。

（二）公司制

私募股权投资基金以股份公司或有限责任公司形式设立。

公司制私募股权投资基金通常具有较为完整的公司组织结构，运作方式规范而正式。投资者一般享有作为股东的一切权利，并且和其他公司的股东一样，以其出资额为限承担有限责任。在公司制私募股权投资基金中，基金管理人或者作为董事，或者作为独立的外部管理人员参与私募股权投资项目的运营。与有限合伙制不同，公司制基金管理人会受到股东的严格监督管理。

（三）信托制

信托制是指由基金管理机构与信托公司合作成立，通过发起设立信托收益份额募集资金，进行投资运作的集合投资基金。基金由信托公司和基金管理机构形成决策委员会共同决策。

信托制私募股权投资基金，通常分为单一信托基金和结构化信托模式，运营流程基本相同。一般而言，信托公司通常代表所有投资者，以自己的名义对整个私募股权投资项目和基金发行、管理和运作负责。也就是说，信托公司通常掌握财产运营的权利，但其角色并不完全等同于普通合伙人（GP），其也是作为受益人，出资设立信托基金。

✲【知识点三】私募股权投资退出方式的选择★★

（一）首次上市公开发行（IPO）

企业在资本市场上第一次向社会公众发行股票，私募股权投资通过被投资企业股份的上市，将拥有的私人权益转化为公共股权，公开交易，套现退出。选择IPO退出可以保持企业的独立性，并获得在资本市场上持续融资的机会，实现资本增值。一般认为，上市退出是私募股权投资的最佳退出方式。但是公开上市所需周期较长，加上一些限售条款，从而导致私募股权投资退出过程较为漫长。

（二）二次出售

私募股权投资基金将其持有的项目在私募股权二级市场出售的行为。出售退出在我国市场并不多见，但在欧美成熟市场占据重要地位。随着我国资本市场和宏观经济逐渐走向成熟，二次出售在私募股权基金退出策略中所占的比例将会逐步提高。

（三）股权回购

标的公司通过一定的途径购回股权投资机构所持有的本公司股份。相比其他退出方式，股权回购具有简便易行、成本和收益较低、风险可控等特点。

（四）清算退出

主要是针对投资失败项目的一种退出方式。相对而言，清算退出是私募股权投资最不理想的退出方式。清算退出是在私募股权投资基金所投资的企业由于各种原因解散的情况下，经过清算程序使私募股权投资基金所投资的企业法人资格终止，仅仅在股东之间分配剩余财产。在大多数情况下，可供私募股权投资基金分配的公司剩余财产很少，甚至为零。

第三节　境外直接投资决策

【知识点一】境外直接投资概述★★

境外投资是指投资者在境外投入一定数量的货币资金或其他生产要素，以获取收益的经济行为。根据投资者是否拥有对企业的控制权与经营管理权，境外投资可以分为境外直接投资和境外间接投资两种基本形式。

境外直接投资：投资者在境外经营公司，并通过直接控制或参与其生产经营管理以获取投资利润的投资行为。

境外间接投资：投资者在国际金融市场上购买境外公司的股票、债券等投资行为，其目的是获取证券投资收益。

（一）境外直接投资的动机

1. 获取原材料。
2. 降低成本。
3. 分散和降低经营风险。
4. 发挥自身优势，提高竞争力。
5. 获取先进技术和管理经验。
6. 实现规模经济。

（二）境外直接投资的方式

1. 合资经营：由两个或两个以上属于不同国家或地区的公司，经东道国政府批准，在东道国设立的以合资方式组成的经济实体。根据股权投资比例可以分为控股和参股两种境外投资方式。

2. 合作经营：外国投资者依据东道国有关法律，与东道国企业共同签订合作经营合同而在东道国境内设立的合作经济组织。

3. 独资经营：由某一外国投资者依据东道国法律，在东道国境内设立的独立经营公司。

4. 新设企业：由投资者独立自主经营、独立承担风险的一种境外直接投资方式。其投资过程包括选址、建造、安装、调试，直到雇用工人进行生产。

5. 并购：投资者在东道国购买现有公司的产权；是境外直接投资的主要进入方式。

【知识点二】境外直接投资的决策分析★

（一）境外直接投资的决策步骤

首先，业务部门根据公司战略目标对拟投资项目进行严格审查和初步筛选，从中选出最有价值的项目召开投资立项会进行立项审批。

其次，组织中介专业机构和公司专业团队对立项项目进行市场、财务、税务和法律等尽职调查，评估项目的投资价值（技术分析、竞争分析、财务指标、风险分析和项目估值等）与投资风险，出具尽职调查报告。并据此召开公司总经理办公会和公司高管人员和外部专家组成的投资决策会，分别进行投资论证和项目决策。

最后，召开董事会，对投资决策会通过的投资项目进行审议表决，对表决通过的项目授权公司经营管理团队签订投资协议，办理相关的政府审批或备案手续，根据协议实施投资并进行投后管理。

（二）境外直接投资的评价指标

境外直接投资决策的财务评价使用与境内建设项目相同的评价指标，如会计收益率、回收期、净现值、现值指数、内含报酬率等。从方法论上讲，境外直接投资现金流量分析与国内现金流量分析并无差别，但境外直接投资面临着更为复杂的特定环境，在分析时应当注意以下几个问题：

1. 境外投资项目评价主体问题。

境外直接投资往往形成了分属两个国家中的不同经济实体，境外投资项目可能会对母公司的其他业务产生影响以及受到外汇管制和税收制度等的影响，这样，母公司的现金流量与境外投资项目本身的现金流量就可能存在差异。两种不同的现金流量因其国别不同，性质也不同，因此投放在项目上的现金流量与流向母公司的现金流量必须严加区分。

2. 汇回母公司的现金流量问题。

（1）投资项目现金流量中“可汇回额”的确定。

境外投资项目在生产经营中形成的“净现金流量”能否全部成为母公司的现金流量，这要看所在地政府有没有限制性条款，如有限制性条款，境外投资项目产生的现金流量就不能全部视为母公司现金流量，只能按可汇回的数额进行计算。

（2）现金流量换算中的汇率选择。

汇回母公司的现金流量，必须按母公司所在地的记账本位币进行计量。一般而言，可按汇回现金流量时的汇率折算。

（3）纳税调整。

为了避免企业出现双重纳税的情况，一般在境外已纳税的现金流量，汇回母公司后，都可享受一定的纳税减免。在确定母公司现金流量时，必须考虑纳税调整问题。

3. 外汇和汇率问题。

境外投资不会改变公司运用净现值的法则，但是在外币折算和资金汇出汇入时，由于汇率的波动，使对外直接投资项目的净现值计算变得更为复杂。

【知识点三】国有企业境外投资财务管理★★

（一）境外投资财务管理职责

1. 决策机构。国有企业内部决策机构（包括股东会、党委会、董事会、总经理办公会等）对本企业境外投资履行相应管理职责。内部决策机构应当重点关注：境外投资计划的财务可行性；增加、减少、清算境外投资等重大方案涉及的财务收益和风险；境外投资（项目）财务负责人选的胜任能力、职业操守和任职时间；境外投资企业（项目）绩效；境外投资企业（项目）税务合规性及税收风险；其他重大财务问题。

2. 财务负责人。国有企业应当在董事长、总经理、副总经理、总会计师、财务总监等企业领导班子成员中确定一名主管境外投资财务工作的负责人，以确保决策层有专人承担财务管理职责。

3. 集团公司。国有企业集团公司对境外投资履行以下职责：制定符合本集团实际的境外投资财务制度；建立健全集团境外投资内部审计监控制度；汇总形成集团年度境外投资情况；组织开展境外投资绩效评价工作，汇总形成评价报告；对所属企业违规决策、失职、渎职等导致境外投资损失的，依法追究相关责任人的责任。

（二）境外投资决策管理

1. 尽职调查。国有企业以并购、合营、参股方式进行境外投资，应当组建包括行业、财务、税收、法律、国际政治等领域专家在内的团队或者委托具有能力并与委托方无利害关系的中介机构开展尽职调查并形成书面报告。

2. 可行性研究。国有企业应当组织内部团队或者委托具有能力并与委（受）托方无利害关系的外部机构对境外投资开展财务可行性研究。其中，对投资标的的价值，应当依法委托具有能力的资产评估机构进行评估。

3. 敏感性分析。国有企业开展财务可行性研究，应当结合企业发展战略和财务战略，对关键商品价格、利率、汇率、税率等因素变动影响境外投资企业（项目）盈利情况进行敏感性分析，评估相关财务风险，并提出应对方案。

4. 内部决策。国有企业内部决策机构应当在尽职调查可行性研究等前期工作基础上进行决策，形成书面纪要，内部决策机构组成人员在相关事项表决时表明异议或者提示重大风险的，应当在书面纪要中进行记录。

（三）境外投资运营管理

1. 预算管理。国有企业应当将境外投资企业（项目）纳入全面预算体系，明确年度预算目标，加强对重大财务事项的预算控制，督促境外投资企业（项目）通过企业章程界定重大财务事项范围，明确财务授权审批和财务风险管控要求。

2. 台账管理。国有企业应建立健全境外投资企业（项目）台账，反映境外投资目的、投资金额、持股比例（控制权情况）、融资构成、所属行业、关键资源或产能、重大财务事项等情况。

3. 资金管理。境外国家（地区）法律法规无禁止性规定的，国有企业应当对境外投资企业（项目）加强资金管控，有条件的可实行资金集中统一管理，并将境外投资企业（项目）纳入企业财务管理信息化系统管理。

国有企业应当督促境外投资企业（项目）建立健全银行账户管理制度，掌握境外投资企业（项目）银行账户设立、撤销、重大异动等情况，并督促建立健全资金往来联签制度，一般资金往来应当由经办人和经授权的管理人员签字授权；重大资金往来应由境外投资（项目）董事长、总经理、财务负责人中的两人或多人签字授权，且其中一人须为财务负责人。

4. 成本费用管理。国有企业应当督促境外投资企业（项目）建立成本费用管理制度，强化预算控制。要重点关注境外投资企业（项目）佣金、回扣、手续费、劳务费、提成、返利、进场费、业务奖励等费用的开支范围、标准和报销审批制度的合法合规性；要督促境外投资企业（项目）建立健全合法、合理的薪酬制度。

5. 股利分配管理。国有企业应当通过企业章程、投资协议、董事会决议等符合境外国家（地区）法律法规规定的方式，要求境外投资企业（项目）按时足额向其分配股利（项目收益），并按照相关法律规定申报纳税。

（四）境外投资财务监督

国有企业应当建立健全对境外投资的内部财务监督制度和境外投资企业（项目）负责人离任审计和清算审计制度，对连续三年累计亏损金额较大或者当年发生严重亏损等重大风险事件的境外投资企业（项目）进行实地监督检查或委托中介机构进行审计，并根据审计监督情况采取相应措施。此外，国有企业要依法接受主管财政机关的财务监督检查和国家审计机关的审计监督。

（五）境外投资绩效评价

国有企业应当建立健全境外投资绩效评价制度，根据不同类型境外投资企业（项目）特点，设置合理的评价指标体系，确认绩效评价周期。定期对境外投资企业（项目）的管理水平和效益情况开展评价，形成绩效评价报告，必要时可以委托资产评估等中介机构开展相关工作。

需要说明的是，这里所讲的境外投资是指国有企业在境外通过新设、并购、合营、参股及其他方式，取得企业法人和非法人项目所有权、控制权、经营管理权及其他权益的行为，不包括未从事具体生产经营、投资和管理活动的投资企业（项目）。

✻【知识点四】境外直接投资风险管理★★

（一）相关概念

境外直接投资风险：投资者在境外直接投资未能实现预期目标并蒙受投资损失的可能性，主要包括政治风险、经营风险和外汇风险等。这些风险集中地反映在不同的国别具有不同的国家风险上。

国家风险：经济主体在与非本国企业或个人进行国际经贸与投融资业务往来时，由于别国经济、政治和社会等方面的变化而遭受损失的风险。国家风险具有长期性、突发性和传染性的特征，其风险的高低会使境外直接投资的价值发生较大变化。

（二）国家风险的类型

表 4－1　　国家风险的类型

角度/划分标准	具体内容
从境外信贷的角度看	国家风险是境外贷款中发生损失的可能性。这种损失是由某个特定国家（地区）发生的事件引起，而不是因私营企业或个人所引起

续表

角度/划分标准	具体内容
从境外投资和国际贸易的角度看	国家风险是指投资对象或贸易对象因其所处国家（地区）政治、经济、法律或社会等方面发生意料之外的变化而使投资者或进出口商蒙受损失的可能性
按引致国家风险的因素划分	**政治风险**：由于东道国的政治因素（如政变、政权更替、政策转变、社会动乱、货币不可兑换、资金汇回限制等）导致无法、不愿或延期偿还外国贷款或阻滞投资正常退出以及投资人无法将资金、债息等汇回的相关风险
	经济风险：由于东道国经济金融状况变化（如宏观经济政策变化、国际收支失衡、财政赤字、通货膨胀、经济衰退、失业等）所引起的相关风险
依据借款人/投资对象/贸易对象的身份背景划分	**主权风险**：当借款一方为主权国或受政府担保的企业时，所涉及的风险即为主权风险，其内涵是指一国政府因国际收支恶化或财务不足等原因而无法或不愿意向外国债权人或投资者偿还债务
	转移风险：与主权风险的不同之处在于其所涉及的投资对象或借款人并非东道国政府，而是没有政府担保的企业或个人

国家风险产生于国际经贸活动中，根据表现形式的不同，主要涉及跨国信贷、国际贸易和对外投资三大领域。其中，在对外投资领域，其所面临的国家风险形式包括：

（1）正式征用。投资者的资产被东道国政府无偿征用、没收，实行逐步国有化。

（2）限制。东道国政府出于某种目的而对企业经营作出暂时的管制。比如，利用外汇管制措施、规定汇回母国利润的最高比例。

（3）干预。企业的正常经营受到东道国政府干预。比如，强制征税，制定禁止外国公司涉足的商品、行业和领域，制定商品的内销价格，规定内销比重和流通渠道。

（4）强制出售。东道国政府要求外国公司向当地企业或政府以低于市场的价格出售部分或全部资产，且不给予任何形式的补偿。

在进行境外直接投资之前，投资者应充分分析东道国的经营环境，预计可能面临的问题，编制风险管理计划。当投资者完成了风险的评估和投资预测之后，可以根据其结论采取回避、设立国别投资限额、建立准备金（按风险从低至高分别设为 0.5% ~50%）、保险、特许协定、调整投资策略，以及设立国别投资限额等措施进行应对。一旦投资者对一个境外项目进行了投资，其对于境外国家风险的防范和抵御能力会大大下降，为减少损失，投资者可以采取有计划撤资、短期利润最大化、发展当地利益相关者、适应性调整、寻求法律保护等措施进行风险控制。

对于境外直接投资面临的外汇风险，尤其是交易风险，一般通过选择有利的计价货币，增加合同中货币保值条款，利用期货期权交易以及平行贷款等方法进行避险。

第四节 融资决策与企业增长

✿【知识点一】融资决策概述★

融资决策是企业为满足投资所需资本，合理配置财务资源并有效控制财务风险而对融资渠道与方式、融资规模与期限和资本结构优化等所进行的决策。

（一）融资渠道与融资方式

融资渠道：资本的来源或通道，如国家财政资金、银行信贷资金、非银行金融资金、个人闲置资金、企业自有资金、境外资金。

融资方式：企业融入资本所采用的具体形式，如吸收直接投资、发行股票、发行债券、银行借款、融资租赁、信托融资。企业融资方式分为直接融资、间接融资两类。

从社会资本配置及融资交易活动角度，企业融资方式可分为直接融资、间接融资。

直接融资：资本需求方与资本供应方直接进行融资的交易方式。在这一模式下，企业（作为资本需求方）直接通过发行股票、债券等从资本供应方手中融入资本，且大多在金融中间人（如投资银行）协助下完成双方交易。

间接融资：资本需求方和供应方不直接进行融资交易的方式。在这一模式下，金融中介机构（如商业银行、非银行金融机构等）既吸收资本又贷出资本，专门从事资本流动和融通，从而成为企业融资交易的实现平台。

（二）企业融资决策评判

1. 从属性：与企业战略相匹配并支持企业投资增长。

2. 风险可控：企业融资规模、资本结构安排必须充分考虑企业运营的安全性、价值增值的可持续性。

3. 融资成本低：融资战略、财务决策应将融资成本作为评价融资效率效果的核心标准，降低融资成本将直接提升项目投资价值。

（三）企业融资权限及决策规则

分类：日常融资事项决策、重大融资事项。两者的区分在于融资决策的“重要性”程度，重要性取决于融资规模、融资属性两方面。

1. 融资规模：大额融资应列入企业年度融资计划，并与年度投资计划相匹配，由公司股东大会或授权董事会批准。

2. 融资属性：权益类融资、债券发行等融资方式。

（四）企业融资与投资者关系管理

投资者关系管理本质上是财务营销管理，是指企业（主要是上市公司）通过开展各种形式的投资者关系活动，加强与投资者、潜在投资者之间的信息沟通与互信，以增进投资者深入了解企业的一系列管理行为。

✲【知识点二】融资规划与企业增长管理★★★

没有投资与经营增长就没有融资需要。企业融资战略要求实施融资规划，以使其与企业投资战略、财务风险控制及可持续增长目标相匹配。

长期融资规划：在战略引导下，结合未来盈利及价值增值目标、投资需求拉动、财务资源可行性及财务风险考量等多种因素，对未来中长期（3～5年）融资需要量、融资时机、融资方式等进行预判与筹划。

短期融资规划：为满足未来年度（1～2年）经营与投资增长需求而对企业外部融资需要量进行估计与规划。

（一）单一企业外部融资需要量预测

企业外部融资以满足企业增长所需投资为基本目标。单一企业外部融资需要量预测，通常包括企业未来年度销售增长预测、未来投资净增加额判断、预计现金股利支付额及企业内部留存融资量测算、外部融资需要量测定等步骤。上述步骤所涉及的数量关系用公式表示如下：

外部融资需要量 = 满足企业增长所需的净增投资额 − 内部融资量
= (销售增长额 × 资产占销售百分比) − (负债占销售百分比 × 销售增长额)
− [预计销售总额 × 销售净利率 × (1 − 现金股利支付率)]

上述公式即为企业融资规划的基本模型，该模型的基本假设：

(1) 市场预测合理假定：假定企业根据市场分析与环境判断所得出的销售及增长预测，已涵盖涉及未来年度市场变化风险的所有因素，预测结果相对合理、恰当。

(2) 经营稳定假定：假定企业现有盈利模式稳定、资产周转率不变；因此，企业资产、负债等要素与销售收入之间的比例关系在规划期内将保持不变。

(3) 融资优序假定：先内部融资，再债务融资，最后为权益融资。

企业外部融资需要量的规划方法有销售百分比法和公式法两种。由于两种方法所依据的财务逻辑相同，因此规划结果一致。以公式法为例：

公式法以销售收入增长额为输入变量，借助销售百分比和既定现金股利支付政策等来预测公司未来外部融资需求。计算公式为：

外部融资需要量 = 销售增长额 × 资产销售百分比 − 销售增长额 × 负债销售百分比
− 预计收入 × 销售净利率 × (1 − 现金股利支付率)

(二) 销售增长、融资缺口与债务融资决策下的资产负债率

企业增长可以体现为销售收入增长、利润（或净利润、每股收益等）增长，也可以体现为总资产增长（投资规模增长）等。在总资产周转效率不变的情况下，总资产增长与销售收入增长间应该是同步的；同样道理，如果公司产品结构及盈利模式没有实质性改变（从而使销售净利率等保持不变），则销售收入增加与公司利润增长也应当是同步的。销售收入增长，可被视为企业增长的主要标志。

销售收入增长需要投资拉动进而引发外部融资需要量的增加。但销售收入增长率与外部融资需要量增加率并非完全同步，原因在于：

(1) 销售收入增长会带来内部融资的增长。

(2) 企业将负债融资作为一个独立的决策事项由管理层决策，而不是假定随销售收入增长而自发增长。

(三) 融资规划与企业增长率预测

从企业增长、内部留存融资量与外部融资需要量的关系上可以看出，企业增长一方面依赖于内部留存融资增长；另一方面依赖于外部融资（尤其是负债融资）。

1. 内部增长率。

公司在没有任何“对外”融资（包括负债和权益融资）情况下的预期最大增长率，即公司完全依靠内部留存融资所能产生的最高增长极限。根据公式预测法下外部融资需要量的公式，且假定外部融资需求量、负债融资为零，计算公式为：

内部增长率 = 销售净利率 × (1 − 股利支付率)/资产占销售百分比 − 销售净利率
× (1 − 股利支付率)
$= P(1-d)/A - P(1-d)$

内部增长率 = 总资产报酬率 × (1 − 股利支付率)/1 − 总资产报酬率 × (1 − 股利支付率)
$= ROA(1-d)/1 - ROA(1-d)$

第四章

2. 可持续增长率。

可持续增长率是指不发行新股、不改变经营效率（不改变销售净利率和资产周转率）和财务政策（不改变资本结构和利润留存率）时，其销售所能达到的最高增长率。计算公式为：

可持续增长率 = 销售净利率 ×(1 − 股利支付率)×(1 + 负债/权益)/[资产占销售百分比 − 销售净利率 ×(1 − 股利支付率)×(1 + 负债/权益)]

$$= [P(1-d)(1+D/E)]/[A-P(1-d)(1+D/E)]$$

可持续增长率 = 净资产收益率 ×(1 − 股利支付率)/[1 − 净资产收益率 ×(1 − 股利支付率)]

$$= ROE(1-d)/1-ROE(1-d)$$

（四）企业可持续增长与增长管理决策

从可持续增长率公式可以看出，降低现金股利发放率（d）、提高销售净利率水平（P）、加速资产周转能力等，都是提高公司增长速度的主要驱动因素。而驱动因素一旦受限，则将成为制约公司增长的关键因素。企业管理者在确定未来预期增长目标时（如选择内部增长、维持性增长还是超常增长，即通过权益融资来推动公司增长），应仔细审视公司既定的财务政策和现有财务资源条件，努力维持公司健康、有序增长。

企业希望提高可持续增长率的管理策略：（1）发售新股；（2）增加债务；（3）降低股利支付率；（4）提高销售净利率；（5）降低资产占销售百分比。

【知识点三】企业融资方式决策★★★

企业融资方式分为权益融资和负债融资两大类。

（一）权益融资

企业权益融资是通过发行股票或接受投资者直接投资等而获得资本的一种方式。其中，吸收直接投资与引入战略投资者、权益再融资（如增发、配股）等将成为公司融资管理的重点。

1. 吸收直接投资与引入战略投资者。

吸收直接投资是企业权益融资的主要方式之一。其中，战略投资者的引入是吸收直接投资的管理决策所关注的重点。

企业在引入战略投资者时，应特别关注其与公司的“资源互补”“长期合作”“可持续增长与回报”等各类投资属性。具体地说，只有符合下列特征的投资者才是合格的战略投资者：

（1）资源互补。投资双方处于相同或相近产业，或者双方的经营活动具有一定的互补性，且投资者在行业中有很高的声誉和实力，足以帮助被投资企业提高竞争力和综合实力，能够形成规模经营效应或互补效应，或通过业务组合规避不可预测的各种经营风险。

（2）长期合作。战略投资者因其投资量大而成为公司的重要股东，有能力、意愿和时间等积极参与公司治理，寻求与企业在优势领域的合作。

（3）可持续增长和长期回报。战略投资者因长期稳定持有公司股份，而与被投资企业共同追求可持续增长，并以此取得长期战略利益与长期回报，而非通过短期市场套利而取得回报。

2. 权益再融资。

上市公司通过配股、增发等方式在证券市场上进行的直接融资。

（1）配股：向原普通股股东按其持股比例、以低于市价的某一特定价格配售一定数量新发行股票的融资行为。通常配股股权登记日后要对股票进行除权处理。除权后股票的理论除权基准价格为：

配股除权价格 =（配股前股票市值 + 配股价格 × 配股数量）/（配股前股数 + 配股数量）

=（配股前每股价格 + 配股价格 × 股份变动比例）/（1 + 股份变动比例）

①应注意：第一，当所有股东都参与配股时，此时股份变动比例（也即实际配售比例）等于拟配售比例。第二，除权价只是作为计算除权日股价涨跌幅度的基准，提供的只是一个基准参考价。如果除权后股票交易市价高于该除权基准价格，这种情形使得参与配股的股东财富较配股前有所增加，一般称为“填权”；反之股价低于除权基准价格则会减少参与配股股东的财富，一般称为“贴权”。

②老股东可以以低于配股前股票市场的价格购买所配发的股票，即配股权的执行价格低于当前股票价格，此时配股权是实值期权其配股权价值为：

配股权价值 =（配股后股票价格 − 配股价格）/购买 1 股新股所需配股权数

（2）增发：分为公开增发、定向增发两类；前者需要满足证券监管部门所设定的盈利状况、分红要求等各项条件，而后者只针对特定对象（如大股东或大机构投资者），以不存在严重损害其他股东合法权益为前提。

①发行对象：超过 35 名，发行对象为境外战略投资者的，应遵守国家的相关规定。

②发行定价：发行价格不低于定价基准日前 20 个交易日公司股票价格均价的 80%，定价基准日一般为本次非公开发行股票发行期的首日；定价基准日为本次董事会决议公告日或股东大会决议公告日的，公告日后如有发行方案发生变化等情形，应当由董事会重新确定本次发行的定价基准日。

③限售期规定：本次发行的股份自发行结束之日起 6 个月内不得转让；控股股东、实际控制人及其控制的企业认购的股份，18 个月内不得转让。

④财务状况：最近 1 年及 1 期财务报表未被注册会计师出具保留意见、否定意见或无法表示意见的审计报告；或保留意见、否定意见或无法表示意见所涉及的重大影响已经消除或者本次发行涉及重大重组行为。

⑤募集资金使用：募集资金数额不得超过项目需要量；募集资金必须存放于公司董事会决定的专项账户；募集资金的使用符合国家产业政策和有关环境保护、土地政策等有关法律和行政法规的规定。

⑥定向增发程序：定向增发必须经过董事会、股东大会、证监会等机构审核批准，基本流程包括董事会议案、股东大会决议、证监会审核、发行完成。

⑦定向增发目的：目的包括项目融资、引入战略投资者以改善公司治理与管理、整体上市、股权激励、资产收购、资本结构调整及财务重组、深化国企改革与发展混合所有制的需要。

（二）负债融资

企业利用银行借款、发行债券、融资租赁、商业信用等方式向银行、其他金融机构、其他企业单位等融入资金。

1. 集团授信贷款。

拟授信的商业银行把与该公司有投资关联的所有公司（如分公司、子公司或控股公司）视为一个公司进行综合评估，以确定一个贷款规模的贷款方式。

（1）集团客户是指具有以下特征的企事业法人授信对象：第一，在股权上或者经营决策上直接或间接控制其他企事业法人或被其他企事业法人控制的；第二，共同被第三方企事业法人所控制的；第三，主要投资者个人、关键管理人员或与其近亲属共同直接控制或间接控制的；第四，存在其他关联关系，可能不按公允价格原则转移资产和利润，银行视同其为集团客户并进行授信管理。

（2）对企业集团来说，获得商业银行的集团统一授信具有以下好处：①通过集团统一授信，实现集团客户对成员公司资金的集中调控和统一管理，增强集团财务控制力；②便于集团客户集中控制信用风险，防止因信用分散、分公司、子公司失去集团控制而各自为政，从而有效控制集团整体财务风险；③通过集团授信，依靠集团整体实力取得多家银行的优惠授信条件，降低融资成本；④有利于成员企业借助集团资信取得银行授信支持，提高融资能力。集团授信已成为我国企业贷款融资的主要方式。

2. 可转换债券。

企业所发行的可转换债券，除债券期限等普通债券具备的基本要素外，还具有基准股票、转换期、转换价格、转换价值、赎回条款、强制性转股条款和回售条款等基本要素。

（1）基准股票。它是可转换债券可以转换成的普通股股票。基准股票一般为发债公司自身的股票，也可以是从属于发债公司的上市子公司股票。

（2）转换期。它是可转换债券转换为股票的起始日至结束日的期限。转换期可以等于或短于债券期限。

（3）转换价格。它是可转换债券转换为每股股份所对应的价格。每份债券转换为普通股的股数称为转换比率，其计算公式为：

$$转换比率=债券面值/转换价格$$

（4）转换价值，是可转换债券可以转换的普通股股票的总价值。每份可转换债券的转换价值的计算公式为：

$$转换价值=转换比率\times 股票市价$$

（5）赎回条款。即允许公司在债券发行一段时间后，在赎回期内有条件或无条件提前购回可转换债券的条款。可转换债券的赎回价格一般高于面值，超出的部分称为赎回溢价，其公式为：

$$赎回溢价=赎回价格-债券面值$$

（6）强制性转股条款。它要求债券投资者在一定条件下必须将其持有的可转换债券转换为股票。强制性转股的类型包括到期无条件强制性转股、转换期内有条件强制性转股等。

（7）回售条款。可转换债券的回售条款是指允许债券持有人在约定回售期内享有按约定条件将债券卖给（回售）发债公司的权利，且发债公司应无条件接受可转换债券。约定的回售条件通常为股价在一段时间内持续低于转股价格达到一定幅度时，回售价格一般为债券面值加上一定的回售利率。

（8）可转换债券的特点。

①可转换债券本质是一种混合债券，兼具有债权、股权和期权的特征。

②可转换债券对投资人有较大的吸引力。其原因包括：一是使投资者获得固定收益，二是为投资者提供转股选择权，使其拥有分享公司利润的机会。

③从公司融资角度看，可转换债券发行有助于公司筹集资本，在获取发行额度的情况下，可以迅速筹资到位，同时也取得了以高于当前股价出售普通股的可能性，且因可转换债券票面利率一般低于普通债券票面利率，在转换为股票时公司无须支付额外的融资费用，从而有助于公司降低筹资成本。但可转换债券转换为股票后，公司仍需承担较高的权益融资成本，并且承担股价上涨或低迷风险。

（三）企业集团分拆上市与整体上市

1. 企业集团分拆上市。

分拆上市是指对集团业务进行分拆重组并设立子公司进行上市。从分拆类型看，它主要包括以下类型：

（1）集团总部将尚未上市的子公司从集团整体中分拆出来进行上市。

（2）集团总部对下属成员单位的相关业务进行分拆、资产重组并经过整合后（它可能涉及多个子公司的部分业务）独立上市。

（3）对已上市公司（包括母公司或下属子公司），将其中部分业务单独分拆出来进行独立上市等。分拆上市使集团总体上能创造出多个融资平台，从而提升集团整体的融资能力和发展潜能。具体表现为：

①集团多渠道融资及融资能力。分拆出去的子公司可以从外部筹集资本，资本来源将不再仅限于母公司这一渠道，不再完全依赖母公司其他业务的收益所产生的现金流量的支持。

②形成对子公司管理层的有效激励和约束。通过分拆上市，子公司通过进入资本市场，直接受到资本市场的监督与约束，同时对于子公司管理者的业绩评价也有了强制性市场标准，从而为子公司管理人员激励与约束机制的建立奠定了客观基础。

③解决投资不足的问题。通过分拆上市，增强分拆后的子公司的资本实力，改善公司在分拆之前因母公司资源限制而产生的投资不足问题。

④使母、子公司的价值得以正确评判。当集团进行多元化经营时，盈利水平及发展前景优于企业平均水平的子公司或业务单元，有时会被隐藏在集团多业务之中，由于信息不对称等因素，使这部分业务单元的潜在价值无法被市场发现。因此将子公司分拆出去，使得市场对于母公司和子公司更容易进行公正的价值评价。

⑤分拆使得公司专注于某一专业细分领域并取得竞争优势，因此在增加了投资者投资选择的同时，也有利于提升各子公司的投资价值。

弊端：①市场“圈钱”嫌疑，从而影响集团财务形象。②集团治理及财务管控难度增加。分拆后的上市公司均要保持其“独立性”，从而可能产生更为复杂的集团治理关系，并因多层代理而增加集团财务管控的难度。

2. 企业集团整体上市。

整体上市就是企业集团将其全部资产证券化的过程。整体上市后，集团公司将改制为上市的股份有限公司。

从我国企业集团整体上市实践看，整体上市往往采用以下三种模式：

（1）换股合并。将流通股股东所持上市公司股票按一定换股比例折换成上市后集团公司的流通股票。换股完成后，原上市公司退市，注销法人资格，其所有者权益、债务由集团公司承担，即集团公司整体上市。

（2）定向增发与反向收购。由集团下属的上市子公司增发相应股份，然后反向收购集团公司资产，进而达到集团公司整体上市的目的。

（3）集团首次公开发行上市。对于主业明确又集中的集团公司来说，可以先对少量非经营性资产和不良资产进行适当处置，并进行投资主体多元化的股份制改造，然后将集团直接上市公开募股。

【知识点四】企业资本结构决策与管理★★

通过合理安排资本结构，在有效控制财务风险的前提下降低企业融资成本、提高企业整体价值。资本结构决策有 EBIT－EPS（或 ROE）无差别点分析法、资本成本比较分析法等基本方法。

（一）EBIT－EPS（或 ROE）无差别点分析法

1. 企业财务目标是使股东财富或企业价值最大化，每股收益（EPS）可以作为衡量股东财富的主要替代变量（非上市企业则以净资产收益率 ROE 来替代），是影响企业股票股价的重要指标。

每股收益＝(EBIT－利息)×(1－所得税税率)/发行在外普通股股数

2. 企业在融资决策过程中，假定未来项目的预期投资收益（EBIT）存在变动性，因此可以通过比较不同融资方式对 EPS 影响的大小来进行优化选择，这就是 EBIT－EPS 无差别点分析法。

3. 融资决策步骤：

（1）预计拟投资项目的预期 EBIT 水平。

（2）判断预期 EBIT 值的变动性。

（3）分别测算负债、权益两种融资方式下的 EBIT－EPS 无差别点。

（4）根据企业愿意承担的风险程度来判断分析 EBIT 的变动状况，并决定项目融资方案。

（二）资本成本比较分析法

通常情况下，企业将公司价值最高、资本成本最低时的资本结构视为“最佳”资本结构。由此，企业管理者可借不同资本结构下的公司价值总额、加权平均资本成本等的比较，以判断公司最佳资本安排。

企业在进行资本结构决策时，重点要考虑公司偿债能力和风险承受能力。公司偿债能力将取决于企业的借新还旧能力、其他融资资源的可得性（如新股发行可能性）、现有资产的变现能力，等等。

（三）资本结构调整的管理框架

根据财务弹性要求，即使最佳资本结构也不应当是一个常数点，而是一个有效区间，如要求企业资产负债率介于 65%～70%。从追求企业价值最大化和控制融资风险角度考虑，企业应当确定资产负债率的最高上限，作为阶段性控制目标。

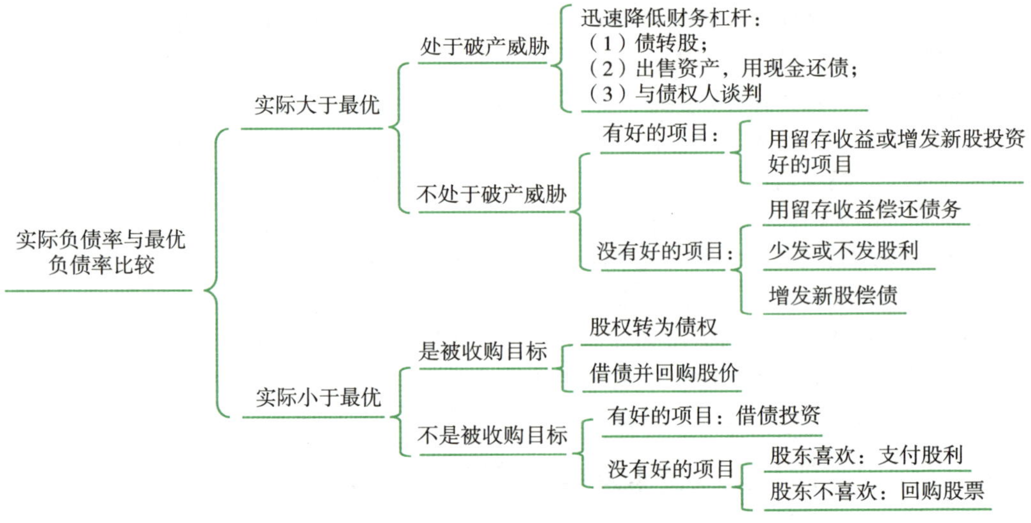

图 4－1 资本结构决策与调整的管理框架

第五节 企业集团资金管理与财务公司

【知识点一】企业集团融资规划★

单一企业融资规划是企业集团融资规划的基础，但企业集团融资规划并不等于下属各子公司外部融资需要量之和，原因在于：

（1）企业集团资金集中管理和统一信贷。企业集团总部作为财务资源调配中心，需要考虑下属各公司因业务增长而带来的投资需求和内部留存融资的自我“补充”功能，借助于资金集中管理平台，再考虑集团整体的外部融资总额。

（2）固定资产折旧因素。从现金流量角度，折旧作为非付现成本是企业内源资本提供者，在确定企业集团外部融资需要量时，需要考虑折旧对企业集团内部资金调配的影响。

$$
\begin{aligned}
\text{企业集团外部融资需要量} = & \sum \text{集团下属各子公司的新增投资需求} \\
& - \sum \text{集团下属各子公司的新增内部留存额} \\
& - \sum \text{集团下属各企业的年度折旧额}
\end{aligned}
$$

【知识点二】企业集团资金集中管理★

（一）资金集中管理的功能

1. 规范集团资金使用，增强总部对成员企业的财务控制力。

2. 增强集团资源配置优势。

（二）集团资金集中管理基本模式

1. 总部财务统收统支模式。

在该模式下，集团下属成员企业的一切资金收入都集中在集团总部的财务部门，成员单位不对外单独设立账号，一切现金支出都通过集团总部财务部门进行，现金收支的审批权高度集中。

2. 总部财务拨付备用金模式。

拨付备用金是指集团财务部门按照一定的期限统拨给所有所属分支机构或分公司备其使用的一定数额的现金。各分支机构或分公司发生现金支出后，持有关凭证到集团财务部门报销并补足备用金。

3. 总部结算中心或内部银行模式。

结算中心是由企业集团总部设立的资金管理机构，负责办理内部各成员企业的现金收付和往来结算业务。内部银行是将社会银行的基本职能与管理方式引入企业内部管理机制而建立起来的一种内部资金管理机构，主要职责是进行企业或集团内部日常的往来结算和资金调拨、运筹。

4. 财务公司模式。

财务公司是企业集团内部经营部分银行业务的非银行金融机构。其经营范围除经营结算、贷款等传统银行业务外，还可开展外汇、包销债券、财务及投资咨询等业务。

【知识点三】企业集团财务公司★★

（一）产融结合下的财务公司及其功能

1. 财务公司服务对象。

财务公司的服务对象被严格限定在企业集团内部成员单位这一范围之内，具体包括：（1）母公司及其控股51%以上的子公司；（2）母公司、子公司单独或者共同持股20%以上的公司，或者持股不足20%但处于最大股东地位的公司；（3）母公司、子公司下属的事业单位法人或者社会团体法人。

2. 财务公司的功能及其业务：结算服务；融资服务；资本运作服务咨询及理财服务。

（二）财务公司设立条件

按我国相关规定，企业集团设立财务公司应当具备下列条件：

（1）符合国家的产业政策。

（2）申请前一年，母公司的注册资本金不低于8亿元人民币。

（3）申请前一年，按规定并表核算的成员单位资产总额不低于50亿元人民币，净资产率不低于30%。

（4）申请前连续2年，并表收入不低于40亿元人民币，税前利润总额每年不低于2亿元人民币。

（5）现金流量稳定并具有较大规模。

（6）母公司成立2年以上并且具有企业集团内部财务管理和资金管理经验。

（7）母公司具有健全的公司法人治理结构，未发生违法违规行为，近3年无不良诚信纪录。

（8）母公司拥有核心主业。

（9）母公司无不当关联交易。

设立财务公司的注册资本金最低为1亿元人民币，财务公司注册资本金主要从成员单位中募集，并可以吸收成员单位以外的合格的机构投资者入股。合格的机构投资者是指原则上在3年内不转让所持财务公司股份的、具有丰富创业管理经验的战略投资者。

（三）财务公司业务范围

按我国有关规定，财务公司可以经营下列部分或者全部业务：

（1）对成员单位办理财务和融资顾问、信用签证及相关的咨询、代理业务。

（2）协助成员单位实现交易款项的收付。

（3）经批准的保险代理业务。

（4）对成员单位提供担保。

（5）办理成员单位之间的委托贷款和委托投资。

（6）对成员单位办理票据承兑与贴现。

（7）办理成员单位之间的内部转账结算及相应的结算、清算方案设计。

（8）吸收成员单位的存款。

（9）对成员单位办理贷款及融资租赁。

（10）从事同业拆借。

（11）中国银行保险监督管理委员会批准的其他业务。

符合条件的财务公司，可以向中国银行保险监督管理委员会申请从事下列业务：

（1）经批准发行财务公司债券。

（2）承销成员单位的企业债券。

（3）对金融机构的股权投资。

（4）有价证券投资。

（5）成员单位产品的消费信贷、买方信贷及融资租赁。

（四）财务公司的治理、风险管理与监管指标

财务公司在其经营过程中，不仅要服从、服务于企业集团发展战略，而且因其“非银行金融机构”的属性，需要接受相关金融监管机构的监管。

作为非银行金融机构，财务公司应当坚持“安全性、流动性、效益性和服务性”的经营原则，以“安全性”，即风险可控为根本。

根据中国银行保险监督管理委员会发布的《企业集团财务公司管理办法》的规定，财务公司开展业务要满足以下监管指标要求：

（1）资本充足率不得低于10%。

（2）拆入资金余额不得高于资本总额。

（3）担保余额不得高于资本总额。

（4）短期证券投资与资本总额的比例不得高于40%。

（5）长期投资与资本总额的比例不得高于30%。

（6）自有固定资产与资本总额的比例不得高于20%。

（五）财务公司与集团下属上市子公司间的关联交易与信息披露

财务公司在为集团下属各成员单位提供金融服务时，因涉及各不同法律主体间的存贷款业务、资金往来及其他服务，因此，其开展的各类业务均属于关联交易范围。在我国企业实践中，大型企业集团（尤其是国有控股集团）大多拥有或控制一家或数家上市公司，且上市公司的资产规模、资金往来交易量等均占集团的主要部分。在这种情况下，如果因刻意避免关联交易及披露义务而使这些上市公司“被游离”于财务公司服务范围之外，则对企业集团的整体发展和财务公司作用的发挥都不利。为此，企业集团财务管理实践中的做法有两种：一是将母公司、上市公司等作为财务公司的发起人——股东，从而将上市公司的财务业务包含在财务公司的财务管理服务范围之内；二是上市公司不作为财务公司的发起人，但与财务公司签订相关金融服务协议，从而将财务公司的服务范围辐射到上市公司。

不论采取何种方式，由于都涉及关联交易问题，因此上市公司均应履行关联交易的信息披露义务；同时，由于关联方的财务公司属于高风险企业，为保证上市公司资产安全和股东权益，财务公司需要配合上市公司对财务公司的风险状态进行审查，并由上市公司对外披露。

（六）企业集团资金集中管理与财务公司运作

根据国内外大型企业集团资金集中管理实践，在设立财务公司的情况下，集团资金集中管理运作大体包括两种典型模式，即“收支一体化”运作模式和“收支两条线”运作模式。

1. 收支一体化运作模式。

运作机理：（1）集团成员单位在外部商业银行和财务公司分别开立账户，外部商业银行由集团总部统一核准，成员单位资金结算统一通过成员单位在财务公司内部账户进行。（2）资金收入统一集中。成员单位银行账户纳入集团集中范畴，其银行账户资金授权统一存入财务公司开立的账户中，形成集团“现金池”。（3）资金统一支付。财务公司授权后，按照成员单位的支付指令完成代理支付、内部转账等结算业务。

优点：资金统一管理，归集比例和归集效率高，监控严密，结算关系清晰，有利于实现集团整体利益最大化。

2. 收支两条线运作模式。

运作机理：集团总部对成员单位的资金收入和资金支出，分别采用互不影响的单独处理流程。

具体流程：

（1）成员单位在集团指定商业银行分别开立“收入”账户和“支出”账户。

（2）成员单位同时在财务公司开立内部账户，并授权财务公司对其资金进行查询和结转。

（3）每日末，商业银行收入账户余额全部归集到财务公司内部账户。

（4）集团内外结算活动，全部通过财务公司结算业务系统进行。

（5）每日终了，成员单位以其在财务公司账户存款为限，以日间透支形式办理对外“支付”业务。

优点：成员单位在商业银行的账户、财务公司在商业银行的账户是各自独立的，只需通过三方协议将成员单位的银行账户纳入财务公司的账户中，不受账户类型及账户余额的限制，从而实现集团资金的全封闭全程结算，并做到实时到账，减少资金在途，提高资金周转速度。

（七）财务公司的风险管理

风险来源：（1）战略风险；（2）信用风险；（3）市场风险；（4）操作风险。

财务公司应建立全面风险管理体系，建立健全组织机构体系、强化财务公司的内部控制制度。

✲【知识点四】企业集团财务风险控制★★

（一）企业集团债务融资及财务风险

企业集团往往存在财务上的高杠杆化倾向，且在集团框架中，这种财务高杠杆化的效应比单一企业要大得多，这就是人们通常所说的“金字塔风险”。其风险机理是：由于企业集团内部是以股权联结的多层次企业结构，集团母公司的资本具有一定的负债能力，将其投入子公司形成子公司的资本后，又将产生新的借债能力，使资本的负债能力放大了。如果企业利润率较高，放大的负债能力将获利能力放大，可以给集团带来额外收益。但负债能力放大的同时财务风险也放大了，当收益率低时，会使偿债能力下降，从而对整个集团造成负面影响。此外，母子公司之间、子公司之间的相互担保也会给集团财务带来隐患，担保链中一个环节的断裂，都可能产生严重的连锁反应。

（二）企业集团财务风险控制重点

企业集团财务风险控制重点包括资产负债率控制、担保控制等主要方面。

1. 资产负债率控制。

（1）企业集团整体资产负债率控制。

（2）母公司、子公司层面的资产负债率控制。

2. 担保控制。

（1）建立以总部为权力主体的担保审批制度。

（2）明确界定担保对象。

（3）建立反担保制度。

第五章 企业成本管理

本章概述

教材变化：

1. 新增“成本动因分析、战略定位分析”；
2. 新增“质量成本管理、环境成本管理”；
3. 修改“作业成本法”的主要缺点；
4. 修改“全生命周期成本管理”的相关内容；
5. 删除“目标成本法与标准成本法的区别”；
6. 删除“第四节 标准成本法”。

本章要求：

掌握：变动成本法在短期经营决策中的应用、作业成本法的核算原理与方法、作业基础管理的内涵与方法、目标成本法核心程序与管理方法；

熟悉：变动成本法、作业成本法及目标成本法的适用范围、应用环境和优缺点，责任成本管理、环境成本管理的内涵、成本管理观念的转变，成本管理系统的发展阶段、战略成本管理的方法体系；

了解：全生命周期成本管理的内涵和意义，变动成本法、作业成本法及目标成本法的含义，成本管理的内涵与原则。

真题回顾：

本章考试分值一般在 10 分左右，历年考核的具体内容如下表所示。

知识点	真题考核
价值链分析	企业间价值链分析（2015 年）
作业成本法	增值作业的条件与识别（2015 年、2018 年） 作业成本法计算的应用（2016 年、2020 年、2021 年） 作业成本法的优点（2017 年）、盈利性分析（2020 年）

续表

知识点	真题考核
目标成本法	目标成本计算（2013 年、2014 年、2015 年、2016 年、2017 年、2019 年、2021 年） 目标成本法优点（2018 年）、单位变动成本与单位固定成本计算（2015 年） 竞争性价格确定方法（2019 年）、目标成本法应用环境（2019 年）
成本管理前沿	生命周期成本计算（2017 年）、生命周期成本构成（2019 年）

本章主要内容

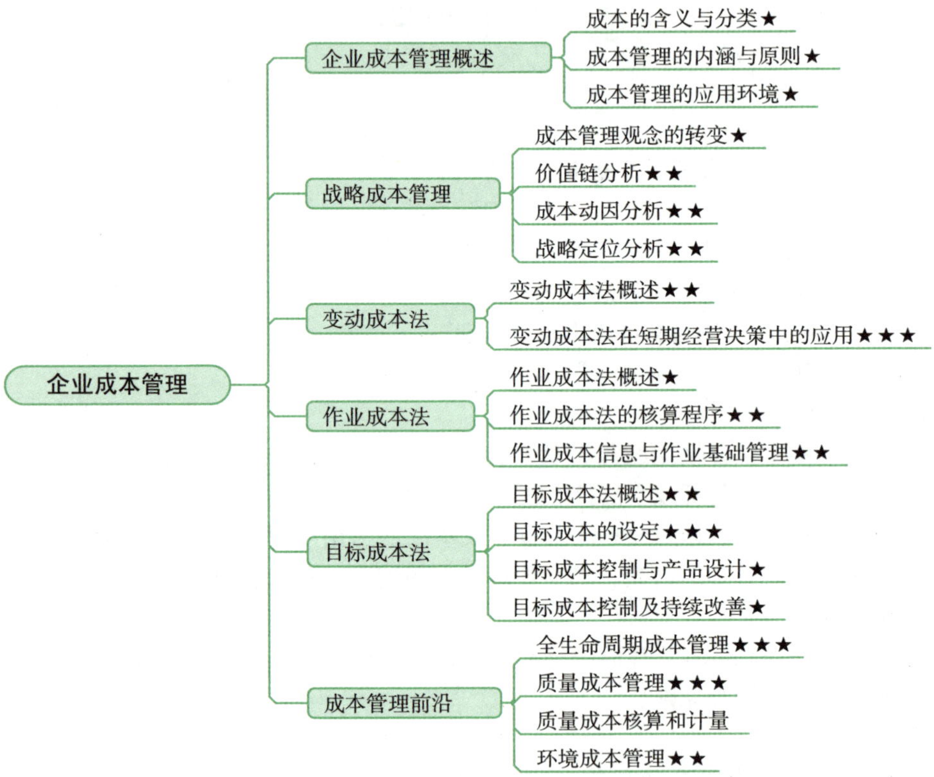

第一节　企业成本管理概述

【知识点一】成本的含义与分类★

（一）财务会计中的成本概念

财务会计中的成本是指遵循会计准则或会计制度要求确认和计量的成本。在会计核算与报告体系中，广义的成本主要分为产品成本、期间费用两大类型。

（1）产品成本：针对某一特定的产品对象。如生产某一特定产品而发生的直接**制造成**

本（如直接材料、直接人工等）、间接制造成本（也称制造费用，包括车间管理发生的人工成本、其他资源耗费等）。

（2）期间费用：没有确指到具体产品成本对象中的非制造成本，包括销售费用（如分销运输费用、销售人员工资、营销推广费用、售后费用等）、管理费用（如管理人员工资、行政办公成本等）、研发费用、财务费用（如利息支出、汇兑损失、相关手续费等）等。

从本质上看，期间费用的主要分类标志是“功能”或职能导向，它要求企业不同职能部门、不同人员承担着不同的成本责任。由于产品成本要等到产品销售后方可计入当期损益，而期间费用在发生当期计入当期损益，因此对两者的界限划分，将对当期会计利润的确认、计量产生重大影响。（会计分期）

（二）管理会计中的成本概念

可以用货币单位来衡量，为达到特定目的而发生的各种经济资源的价值牺牲。在管理会计中，按照不同的分类标准，所使用的成本概念也不同。

（1）按照成本习性划分：变动成本和固定成本。

（2）按成本实际发生的时态划分：历史成本和未来成本。

（3）按照可控性与否划分：可控成本和不可控成本。

（4）按照与决策是否相关划分：相关成本和非相关成本。

（5）按方案之间的关系划分：差额成本和机会成本。

管理会计中成本的外延比财务会计中成本的外延要宽泛得多。

第五章

✲【知识点二】成本管理的内涵与原则★

（一）成本管理的含义

成本管理是指企业在营运过程中实施成本预测、成本决策、成本计划、成本控制、成本核算、成本分析和成本考核等一系列管理活动的总称。一般可分为事前成本管理、事中成本管理和事后成本管理等。

1. 事前成本管理。

事前成本管理是对未来的成本水平及其发展趋势所进行的预测与规划。

表 5－1 事前成本管理的步骤

步骤	相关说明
成本预测	以现有条件为前提，在历史成本资料基础上，根据未来可能发生的变化，利用科学的方法，对未来的成本水平及其发展趋势进行描述和判断的成本管理活动
成本决策	在成本预测及有关成本资料的基础上，综合经济效益、质量、效率和规模等指标，运用定性和定量的方法对各个成本方案进行分析并选择最优方案的成本管理活动
成本计划	以营运计划和有关成本数据、资料为基础，根据成本决策所确定的目标，通过一定的程序，运用一定的方法，针对计划期企业的生产耗费和成本水平进行的具有约束力的成本筹划管理活动

2. 事中成本管理。

主要是对营运过程中发生的成本进行监督和控制，并根据实际情况对成本预算进行必要的修正，即成本控制步骤。

成本控制是成本管理者根据预定的目标，对成本发生和形成过程以及影响成本的各种因素条件施加主动的影响或干预，把实际成本控制在预期目标内的成本管理活动。

3. 事后成本管理。

主要是在成本发生之后进行的核算、分析和考核。

表 5－2　　　　事后成本管理的步骤

步骤	相关说明
成本核算	对营运过程中实际发生的各种耗费按照规定的成本项目进行归集、分配和结转，确定成本核算对象总成本和单位成本，向有关使用者提供成本信息的成本管理活动
成本分析	利用成本核算提供的成本信息及有关资料分析成本水平与构成的变动情况，查明影响成本变动的各种因素和产生的原因，并采取有效措施控制成本的成本管理活动
成本考核	对成本计划及其有关指标实际完成情况进行定期总结和评价，并根据考核结果和责任制的落实情况进行奖惩，以监督和促进企业加强成本管理责任制，提高成本管理水平的成本管理活动

（二）成本管理的原则

1. 融合性原则。

成本管理应以企业业务模式为基础，将成本管理嵌入业务的各领域、各层次、各环节，实现成本管理责任到人、控制到位、考核严格、目标落实。

2. 适应性原则。

成本管理应与企业生产经营特点和目标相适应，尤其要与企业发展战略或竞争战略相适应。

3. 成本效益原则。

成本管理应用相关工具方法时，应权衡其为企业带来的收益和付出的成本，避免获得的收益小于其投入的成本。

4. 重要性原则。

成本管理应重点关注对成本具有重大影响的项目，对于不具有重要性的项目可以适当简化处理。

【知识点三】成本管理的应用环境★

成本管理的应用环境一般包括：

（1）企业应根据其内外部环境选择适合的成本管理工具方法。

（2）企业应建立健全成本管理的制度体系，一般包括费用申报制度、定额管理制度、责任成本制度等。

（3）企业应建立健全成本相关原始记录，加强和完善成本数据的收集、记录、传递、汇总和整理工作，确保成本基础信息记录真实、完整。

（4）企业应加强存货的计量验收管理，建立存货的计量、验收、领退及清查制度。

（5）企业应充分利用现代信息技术，建立成本管理信息系统、规范成本管理流程，提高成本管理的效率。

第二节　战略成本管理

✲【知识点一】成本管理观念的转变★

（一）从偏重成本核算向兼顾成本核算和成本控制的转变

传统意义的成本管理主要关注成本核算，且将成本核算重点放在产品制造过程所发生的弹性资源消耗上。就成本核算而言，由于产品成本只涉及直接材料、直接人工以及非制造费用部分的简单分摊，无法真实反映企业资源消耗和利用效率。企业成本管理必须由注重成本核算向注重成本控制转变，并以提高企业竞争优势为终极目标。

（二）从成本的经营性控制向成本的规划性控制转变

在传统成本管理中，往往将成本管理重点放在产品的制造环节，通过加强对制造环节的各要素成本的经营性控制，如通过提高产能、合理化生产过程中的作业安排等，实现成本管理目标。但是，制造环节的资源消耗及要素成本在其使用前大多已经“固化”，只关注制造环节的成本控制，难以真正实现有效的成本管理。在产品制造过程之前，需要通过事先规划，注入成本理念，通过规划来优化产品研发、产品设计、生产线规划或布局等，才能真正从源头上控制产品成本。

（三）从产品制造成本管理向产品总成本管理转变

传统成本管理的对象只针对“产品制造成本”，判断产品是否盈利的财务逻辑标准是看“产品营业收入”是否大于“产品制造成本”，这是一种典型且短视的产品决策观。战略成本管理认为，如果从“产品总成本”角度来判断新产品是否盈利、决策新的生产线是否上马，企业管理者不仅要关注产品制造成本，更应关注设计、设备升级、生产准备、营销、售后服务等一系列作业环节所发生的所有资源消耗，从而在总体上判断产品的盈利性、价值创造性。现代成本管理的本质是基于价值链的总成本管理。

（四）从静态成本管理向动态成本管理转变

即使是从总成本管理角度，人们在讨论产品成本管理时可能更多地关注于产品价值链各环节中各个“独立发生”的成本项目，以期求得独立发生的各成本之和最低。但事实上，产品成本在不同作业环节所消耗的资源存在此消彼长的“内部联动关系”。例如，从成本发生角度，花费在产品研发、产品设计中的成本较多，将极有可能直接降低生产作业的制造成本；在产品制造环节增加对设备的维护、员工培训等方面的资源投入，将有助于降低销售及售后服务等环节的成本。因此，企业需要从成本结构的动态关系上，系统分析、控制产品成本，从静态管理向动态管理转变。

✲【知识点二】价值链分析★★

（一）价值链的含义

价值链是指企业价值创造过程中一系列不相同但相互关联的价值活动的集合。从价值形成过程看，价值链就是从价值角度所反映的作业链。

（1）企业的各项作业活动之间存在紧密关联，如“供应—生产—销售”等环节之间存在上、下游间的作业联动关系。

第五章

(2) 每项价值活动都可能给企业创造有形或无形的价值，这就意味着企业需要通过成本信息等鉴别出哪些作业是有价值的（即增值作业）、哪些作业对企业价值增值作用微乎其微（即非增值作业）。由此可见，价值链分析及价值识别的功能，在于如何通过诸如外包、战略联盟等方式，将那些对企业自身没有价值增值的作业从企业价值链中剔除，以突出企业的核心能力与竞争优势。通过价值链分析和管理，最终使企业各项作业活动所创造的价值增值最大化。

(3) 价值链并不局限于企业内部的各项作业活动，它还拓展到企业与供应商、企业与销售商、企业与顾客等上下游之间的作业链条之中，从而形成企业与企业间的资源共享与交易平台，以实现企业间基于竞争的合作共赢。

（二）企业内部价值链分析

企业内部价值链是指企业内部为顾客创造价值的主要活动及相关支持活动，价值活动可以分为基本活动和辅助活动两大类。

表5-3　基本活动含义

基本活动	相关说明
进货作业	与接收、存储和分配相关联的各种活动，即涉及的是物流本身。如原材料搬运、仓储、库存控制、车辆调度和向供应商退货
生产作业	与将投入转化为最终产品形式相关联的各种活动。如机械加工、包装、组装、设备维护、检测等
出货作业	与集中、存储相关产品发送给买方有关的各种活动。如产成品库存管理、原材料搬运、送货车辆调度、订单处理等
市场营销	与提供买方购买产品的方式和引导买方进行购买相关的各种活动。如广告、促销、销售队伍、渠道选择等
售后服务	与提供服务以增加或保持产品价值有关的各种活动。如安装、维修、培训、零部件供应和产品调整等

内部价值链的分析目的在于通过分析以判断企业内部各项作业是否有价值，发现增加价值或降低成本的机会，从而识别和确定企业的关键成功因素。内部价值链分析可以分为以下四个步骤：

1. 识别企业价值链的主要活动。

一般来说，产业特点决定着企业价值链的形式，企业应根据自身竞争战略选择对企业最有价值的那些作业。例如，在 iPhone 手机的价值链构建中，美国苹果公司主要从事设计、营销和服务，韩国三星公司生产芯片，中国台湾华硕公司制造主板，富士康公司负责组装。每一家企业都应分析怎样以最低的成本为顾客创造价值，并且能在价值链的某一部分确立自身的竞争优势。

2. 价值活动的成本动因分析。

在识别主要价值活动并分解到具体作业之后，就应当对成本及其影响因素进行分析。在企业内部，分析每项价值活动的成本动因，可以帮助企业识别出具有成本优势的作业或活动。

3. 分析价值活动之间的关联性。

价值活动之间的关联性存在于企业内部价值链、供应商与企业价值链、分销商与企业价值链、顾客与企业价值链等之中。从产业结构看，价值链之间的关联性最终有可能影响或导致企业间兼并重组，如中国很多大型企业推崇纵向并购，大多借“打通产业链”这一动机（即高度重视上、下游之间的价值活动关联性），从而对产业结构产生重大影响。

4. 增加价值或降低成本以建立竞争优势。

企业在识别价值活动、成本动因分析和关联分析基础上，推进价值活动的优化与协调，为建立持久竞争优势采取改进行动。具体包括：

（1）识别竞争优势。

在企业经营战略中，成本领先战略、差异化战略是两种基本的竞争形式。通过价值链分析可以识别企业竞争优势以及在整个行业价值链中的位置，从而确定企业是采取成本领先还是差异化竞争战略。例如，苹果公司致力于创新设计而倾向差异化战略，而富士康则致力于通过规模生产走成本领先战略。

（2）识别增加价值的机会。

差异化竞争的关键是能够识别出企业哪些价值活动能够增加顾客价值，而哪些不能。在企业间竞争中，增加顾客价值的机会存在于产品功能、质量、销售渠道、服务与维护、品牌形象、价格等诸多方面。

（3）识别降低成本的机会。

对价值活动和成本动因的分析有助于企业找出价值链中不具备竞争优势的作业或活动，通过成本动因控制或价值链重构来消除这些活动，降低企业总成本。

（三）企业间价值链分析

1. 纵向价值链。

纵向价值链是将企业看作整个产业价值创造的一个环节。以分析企业在所处产业上、中、下游价值链分工中的战略定位。以长期合同、战略联盟、参股、合营甚至控股等多种递进形式所形成的企业间纽带关系，将对产业组织结构、企业重组等产生重大影响。从产业发展角度，纵向一体化将有助于节约企业之间的交易成本，提高产业的产出效率。

2. 横向价值链。

横向价值链主要分析现实或潜在竞争对手对企业价值创造活动的影响，旨在明确竞争对手在市场竞争中的优劣势，从而明确企业自身的战略定位。从横向价值链及其整合角度看，横向一体化的最大优势在于发挥产业内的规模经济，产业内的核心企业借助其规模经济效应而降低单位产出的成本，并大大提升其在同行业中的竞争优势。

价值链分析是企业从事战略成本管理的逻辑起点，同时体现了战略成本管理的核心理念，即成本管理不是针对“成本”的管理，而是从战略角度针对企业业务的管理；不是针对成本结果的管理，而是针对成本形成过程及成本动因的管理。

✲【知识点三】成本动因分析★★

（一）战略成本动因的内容和分类

战略性成本动因分析就是要判断和确定价值链中每一价值创造活动的成本动因。传统成本管理认为业务量是唯一的成本动因，而战略成本管理认为，影响成本变化的因素不具唯一性。

战略成本动因分为结构性成本动因和执行性成本动因两类。

结构性成本动因是指决定企业基础经济结构的因素，包括规模、范围、经验、技术、多样性。

执行性成本动因是与企业执行价值活动程序有关的动因，即影响企业战略成本态势与执行价值活动程序有关的驱动因素，包括员工参与、全面质量管理、资源和管理能力利用、厂房布局规划、产品结构、产业价值链的联结关系。

（二）战略成本动因的应用

对应于成本动因，战略成本管理通过以下途径控制和降低成本。

1. 合理选择结构性成本动因。

（1）做好投资决策，实现适度规模。

投资规模过大，会引起生产能力利用不足，加大单位产品负担的固定成本；投资规模过小，则不会产生规模经济，各种成本都会相应增长。在投资前必须进行产业调查，尽可能趋于最佳的投资点。

（2）选择企业适宜的纵向经营范围。

企业可以在产业价值链分析的基础上，选择适宜的纵向整合程度，可以通过兼并其原料供应商或兼并客户，达到调整企业纵向经营范围的目的。

（3）通过积累经验不断降低成本。

根据经验曲线可知，累计产量的增加是降低成本的有效途径。如果企业能够在市场上维持较高占有率，则会取得较低的成本，进一步扩大市场占有率，进而降低成本，形成良性循环。

（4）合理制定研究开发政策。

许多企业不注重研究开发的未来效益，只是将其看作费用的一部分，盲目对研究活动加以限制，应合理掌握研究开发费用的“度”，既不能浪费，也不能过分节约。

（5）对企业产品多样化程度进行合理化。

品种适当的多样化有利于提高企业产品的差别化程度，或占有更广泛的产品细分市场。但是产品过于多样化会增加单位产品成本，从而在成本方面处于较为不利的地位。

2. 强化执行性成本动因。

（1）引导员工参与管理，增强员工责任感。

让员工积极参与管理，不仅使员工更了解管理层的意图，而且还能调动员工工作的积极性，从而使工作完成得更出色。

（2）大力推进全面质量管理。

全面质量管理是出自长期、持续地降低成本的考虑；质量水平的高低一方面会影响企业向客户提供产品的价值高低，另一方面也会直接影响产品成本水平。

（3）充分利用现有的生产能力。

对于许多企业来说，产品的市场需求具有一定的季节性，实现均衡生产是提高生产能力的关键。

（4）工厂布局合理化。

企业与供应商、客户之间的地理位置，会对企业经营效率产生重要影响；工厂布局合理化能为企业获得竞争优势奠定良好基础。

（5）产品设计合理化。

产品设计是否合理是获取成本优势的重要措施，可以通过减少产品零部件数量、增加品种零部件通用性、降低零部件加工难度等方法来改善产品设计。

（6）加强与供应商及客户之间的纵向合作。

通过纵向合作，使企业的经营顺利进行，降低合作双方的成本。

【知识点四】战略定位分析★★

战略定位分析法是指根据不同的企业类型和企业不同的发展战略来确定核心竞争力要素的方法。企业的竞争战略一般分为三类：成本领先战略、差异化战略和目标集聚战略。

波特提出的成本领先战略和差异化战略是在广泛的产业内谋求竞争战略，而目标聚集战略则着眼于在狭窄的范围内谋求成本优势或差异化的优势。企业必须在深入探索企业内外环境具备的相对优势与劣势的基础上，扬长避短，灵活捕捉机遇，发展企业的竞争优势。

当企业遭遇成本劣势并面临威胁时，企业可以通过差异化或者差异化集中战略等防御型战略来实现避短、避险的目的。因为差异化战略更注重产品的独特性和专有品质，成本不再是首要考虑的因素，这样就能规避企业的成本劣势及其带来的威胁。

第三节　变动成本法

【知识点一】变动成本法概述★★

（一）概念

变动成本法，是指企业以成本性态分析为前提条件，仅将生产过程中消耗的变动生产成本作为产品成本的构成内容，而将固定生产成本和非生产成本作为期间成本，直接由当期收益予以补偿的一种成本管理方法。

（二）适用范围

变动成本法通常用于分析各种产品的盈利能力，为正确制定经营决策、科学进行成本计划、成本控制和成本评价与考核等工作提供有用信息。一般适用于同时具备以下特征的企业：

（1）企业固定成本比重较大。当产品更新换代的速度较快时，分摊计入产品成本中的固定成本比重大，采用变动成本法可以正确反映产品盈利状况。

（2）企业规模大，产品或服务的种类多，固定成本分摊存在较大困难。

（3）企业作业保持相对稳定。

（三）应用环境

变动成本法的应用环境主要包括：

（1）外部环境一般应具备：市场竞争环境激烈，需要频繁进行短期经营决策；市场相对稳定，产品差异化程度不大，有利于企业进行价格等短期决策。

（2）企业应保证成本基础信息记录完整，财务会计核算基础工作完善。

（3）企业应建立较好的成本性态分析基础，具有划分固定成本与变动成本的科学标准，以及划分标准的使用流程与规范。

（4）企业能够及时、全面、准确地收集与提供有关产量、成本、利润以及成本性态等方面的信息。

（四）应用程序

一般按照成本性态分析、变动成本计算、损益计算等程序进行。

（五）优缺点

优点：区分固定成本与变动成本，有利于明确企业产品盈利能力和划分成本责任；保持利润与销售量增减相一致，促进以销定产；揭示了销售量、成本和利润之间的依存关系，使当期利润真正反映企业经营状况，有利于企业经营预测和决策。

缺点：计算的单位成本并不是完全成本，不能反映产品生产过程中发生的全部耗费；不能适应长期决策的需要。

【知识点二】变动成本法在短期经营决策中的应用★★★

在变动成本法下，为加强短期经营决策，按照成本性态，企业的生产成本分为变动生产成本和固定生产成本，非生产成本分为变动非生产成本和固定非生产成本。其中，只有变动生产成本才构成产品成本，其随产品实体的流动而流动，随产量变动而变动。

变动成本法：产品成本 = 直接材料成本 + 直接人工成本 + 变动制造费用

完全成本法：产品成本 = 直接材料成本 + 直接人工成本 + 全部制造费用

变动成本法在短期经营决策中的应用，主要包括是否接受追加订单的决策、是否继续生产亏损产品的决策、零部件自制或外购的决策等。

（一）是否接受追加订单的决策

是否接受追加订单的决策，是指企业在正常经营过程中对低于正常订单价格的追加订单是否接受所作出的决策。

完全成本法下，如果特殊订单的单价低于单位生产成本，企业往往会放弃该订单。

变动成本法下，是否接受追加订单的决策，要看接受追加订单所带来的边际贡献是否大于该追加订单所引起的相关成本。如果追加订单不会影响正常订单的实现，只要追加订单量在企业剩余生产能力范围内，且剩余生产能力无法转移，同时不需追加投入专属成本，那么只要追加订单能够产生边际贡献，即追加订单的单价大于该产品的单位变动成本，就应当接受该追加订单。当然，如果追加订单需追加投入专属成本，则接受追加订单的条件应该满足追加订单所带来的边际贡献大于追加投入的专属成本；如果剩余生产能力可以转移，则需把剩余生产能力转移所带来的可能收益作为追加订单的机会成本，当追加订单所带来的边际贡献大于该机会成本时，追加订单方案可以接受。

（二）是否继续生产亏损产品的决策

完全成本法下，对于亏损产品往往会作出停止生产的决策。

变动成本法下，如果剩余生产能力无法转移，只要亏损产品的边际贡献大于零，就应当继续生产；如果剩余生产能力可以转移，只要亏损产品的边际贡献大于剩余生产能力转移有关的机会成本，也应当继续生产。

（三）零部件自制或外购的决策

在选择零部件自制或外购时，只需比较自制零部件单位变动成本和外购单价的大小，选择成本较低的方案。如果自制能力可以转移，则还需考虑自制能力转移有关的机会成本。

第四节　作业成本法

【知识点一】作业成本法概述★

（一）作业成本法概述

1. 概念。

作业成本法是指以“作业消耗资源、产出消耗作业”为原则，按照资源动因将资源费用追溯或分配至各项作业，计算出作业成本，然后再根据作业动因，将作业成本追溯或分配至各成本对象，最终完成成本计算的成本管理方法。

2. 适用范围。

一般适用于具备以下特征的企业：作业类型较多且作业链较长；同一生产线生产多种产品；企业规模较大且管理层对产品成本准确性要求较高；产品、客户和生产过程多样化程度较高；间接或辅助资源费用所占比重较大等。

（二）与作业成本法相关的概念

与作业成本法相关的概念包括：资源、作业、成本动因、作业中心和成本库。

1. 资源。

（1）概念：在作业进行中被运用或使用的经济要素，所有进入企业作业系统的人力、财力、物力等都属于资源范畴，它是企业生产耗费的最原始形态。

（2）分类：按资源与不同层次作业的关系，可分为以下五类：

表 5－4　资源的类型

类型	具体内容
产量级资源	包括为单个产品（或服务）所取得的原材料、零部件、人工、能源等
批别级资源	包括用于生产准备、机器调试的人工等
品种级资源	包括为生产某一种产品（或服务）所需要的专用化设备、软件或人力等
顾客级资源	包括为服务特定客户所需要的专门化设备、软件和人力等
设施级资源	包括土地使用权、房屋及建筑物，以及所保持的不受产量、批别、产品、服务和客户变化影响的人力资源等

2. 作业。

（1）概念。企业基于特定目的重复执行的任务或活动，是连接资源和成本对象的桥梁。一项作业既可以是一项非常具体的任务或活动，也可以泛指一类任务或活动。例如，产品设计、材料掘运、包装、订单处理、机器调试、采购、设备运行以及质量检验等均为不同的作业。

（2）特征。作业是投入产出因果联动的实体；作业贯穿于企业经营的整个过程，包括企业内部和连接企业外部的各种作业；可量化。

（3）分类。

表 5－5 作业的类型

类型		相关说明
按消耗对象不同	主要作业	被产品、服务或客户等最终成本对象消耗的作业
	次要作业	被原材料、主要作业等介于中间地位的成本对象消耗的作业
作业对企业价值创造的作用		增值作业
		非增值作业
按照受益对象、层次和重要性	产量级作业	（1）是指明确地为个别产品（或服务）实施的、使单个产品（或服务）受益的作业。 （2）该类作业的数量与产品（或服务）的数量呈正比例变动。包括产品加工、检验等
	批别级作业	（1）是指为一组（或一批）产品（或服务）实施的、使该组（或批）产品（或服务）受益的作业。 （2）该类作业的发生是由生产的批量数而不是单个产品（或服务）引起的，其数量与产品（或服务）的批量数呈正比例变动。包括设备调试、生产准备等
	品种级作业	（1）是指为生产和销售某种产品（或服务）实施的、使该种产品（或服务）的每个单位都受益的作业。 （2）该类作业用于产品（或服务）的生产或销售，但独立于实际产量或批量，其数量与品种的多少呈正比例变动。包括新产品设计、现有产品质量与功能改进、生产流程监控、工艺变换需要的流程设计、产品广告等
	客户级作业	（1）是指为服务特定客户所实施的作业。 （2）该类作业保证企业将产品（或服务）销售给个别客户，但作业本身与产品（或服务）数量独立。包括向个别客户提供的技术支持活动、咨询活动、独特包装等
	设施级作业	（1）是指为提供生产产品（或服务）的基本能力而实施的作业。 （2）该类作业是开展业务的基本条件，其使所有产品（或服务）都受益，但与产量或销量无关。包括管理作业、针对企业整体的广告活动等

3. 成本动因。

成本动因，是指诱导成本发生的原因（或称成本驱动因素），是成本对象与其直接关联的作业和最终关联的资源之间的中介。

按其在资源流动中所处的位置和作用，成本动因可分为资源动因和作业动因。

（1）资源动因。

资源动因是对一项作业所消耗资源数量的计量，它是将作业资源成本分配给一个特定成本库的成本动因，是将各项资源费用归集到不同作业的依据，据以反映作业与资源之间的关系。

（2）作业动因。

作业动因计量了某一成本对象耗用了多少作业量，因此它是将不同作业中归集的成本分配到成本对象的依据。通过分析作业动因与最终产出的关系，可以揭示出增值作业与非增值作业，优化企业生产流程。

典型的作业动因包括：采购订单份数、验收单份数、检验报告数或时数、直接人工小时、机器小时等。例如，企业设计作业中心的作业动因可以是所设计的产品种类、设计工时等，营销作业中心的作业动因可以是营销推广次数、营销员工数、销售合同数等。

一般来说，成本动因选择需要考虑以下因素：

①多样化。成本动因的数量取决于产品的多样化程度，不同的产品工艺流程因导致成本发生的原因不同，在将资源耗费准确分配到产品成本中时，应当选择不同的成本动因。

②相关性。它要求反映成本对象、作业和资源之间的关联性。不相关的动因会扭曲成本的分摊，从而也不可能提供相关性的成本信息。

③计量成本。从成本核算看，成本动因越多，其核算精度越高，但成本核算系统实施的成本也可能越大。

4. 作业中心。

作业中心是指具有同质作业动因的作业集合，可以是某一项具体的作业，也可以是由若干个相互联系的能够实现某种特定功能的作业的集合。

划分作业中心的目的，一方面是出于重要性和成本效益原则以控制成本核算的力度，另一方面是为了整合相似职能实现资源共享、形成专业能力。例如，材料采购、检验、入库和仓储都可以归于材料处理作业中心。

5. 成本库。

成本库（也称成本池）归集了一个作业中心所耗用的全部资源，它是由若干个同质作业动因组成一个特定的集合体。成本库所汇集的成本按其具有代表性的作业动因分配到各有关产品成本对象之中。

（三）作业成本法的应用目标

作业成本法的应用目标包括：

（1）通过追踪所有资源费用到作业，然后再到流程、产品、分销渠道或客户等成本对象，提供全口径、多维度的更加准确的成本信息；

（2）通过作业认定、成本动因分析以及对作业效率、质量和时间的计量，更真实地揭示资源、作业和成本之间的联动关系，为资源的合理配置以及作业、流程和作业链（或价值链）的持续优化提供依据；

（3）通过作业成本法提供的信息及其分析，为企业更有效地开展规划、决策、控制、评价等各种管理活动奠定坚实基础。

（四）作业成本法的应用环境

企业应用作业成本法所处的外部环境，一般应具备以下特点之一：一是客户个性化需求较高，市场竞争激烈；二是产品的需求弹性较大，价格敏感度高。

企业应用作业成本法应基于作业观，即企业作为一个为最终满足客户需要而设计的一系列作业的集合体，进行业务组织和管理。企业应成立由生产、技术、销售、财务、信息等部门的相关人员构成的设计和实施小组，负责作业成本系统的开发设计与组织实施工作。企业应能够清晰地识别作业、作业链、资源动因和成本动因，为资源费用以及作业成本的追溯或分配提供合理的依据。企业应拥有先进的计算机及网络技术，配备完善的信息系统，能够及时、准确提供各项资源、作业、成本动因等方面的信息。

（五）作业成本法的应用程序

企业应用作业成本法，一般按照资源识别及资源费用的确认与计量、成本对象选择、作业认定、作业中心设计、资源动因选择与计量、作业成本汇集、作业动因选择与计量、作业成本分配、作业成本信息报告等程序进行。

（六）作业成本法的优缺点

1. 优点：

（1）能够提供更加准确的各维度成本信息，有助于企业提高产品定价、作业与流程改进、客户服务等决策的准确性；

（2）改善和强化成本控制，促进绩效管理的改进和完善；

（3）推进作业基础预算，提高作业、流程、作业链（价值链）管理的能力。

2. 缺点：

（1）部分作业的识别、划分、合并与认定，成本动因的选择以及成本动因计量方法的选择等均存在较大的主观性；

（2）操作较为复杂，执行成本较高，有可能违背成本效益原则。

【知识点二】作业成本法的核算程序★★

（一）两步制分配程序

根据作业成本法“作业消耗资源、产出消耗作业”的逻辑，资源应该通过资源动因分配给作业形成作业成本，而作业成本通过作业动因分配给最终成本对象。这就是作业成本核算的两步制分配程序。

（二）作业成本法的核算

1. 按工作内容区分不同类型的作业。

2. 分析成本与作业间的关系以确定各项作业的作业动因。

作业成本法下，开展每种作业所发生的成本是按产品生产消耗的作业动因数量分配的，为此要分析成本与作业之间的关系，确定每种作业的作业动因。作业动因是引起某类作业成本发生的活动或因素。

3. 设置成本库并归集资源耗费到作业中心。

成本库以作业中心为对象，把具有相同作业动因的作业所耗费资源进行归集。

（1）按照资源动因把资源的消耗一项一项地分配到作业。

（2）把具有相同作业动因的作业合并形成作业中心，再将作业中心中各项作业的资源耗费合并加总在一起。

4. 基于作业成本动因确定各作业成本库的作业成本分配率并分配成本。

（1）计算分配率：把各作业成本库中的作业成本除以作业动因的单位数，计算出以作业动因为单位的作业成本分配率。

（2）根据分配率，将作业成本分配到产品或服务。实务中，也可以根据产品的作业动因单位的比率作为成本分配率，分配作业成本。

【知识点三】作业成本信息与作业基础管理★★

作业基础成本管理的目的在于识别增值作业、非增值作业，消除那些不必要或者无效的非增值作业，控制成本动因，以提高企业竞争力。

作业基础管理包括作业分析、作业改进、利用作业成本信息优化经营决策等内容。

（一）作业分析

一个完整的作业分析过程包括以下四个步骤：

表 5-6 作业分析的步骤

步骤	相关说明
区分增值作业和非增值作业	增值作业是企业生产经营所必需的，且能为顾客带来价值的作业。企业应合理安排作业及各作业之间的联系，竭力减少非增值作业的执行，努力提高增值作业的执行效率
分析确认重要性作业	根据重要性和成本效益原则，选择对价值创造比较重要的作业并对其分析。通常情况下，企业的绝大部分成本是由大约20%的作业引起的
对标及有效性分析	通过与同业最佳实践进行比较，分析某项作业资源耗费的多少，判断该作业的人数、时间、效率是否最佳等，以寻找作业效率改进机会
关联性分析	分析作业之间的联系以形成有序作业链。理想的作业链应该使作业完成的时间最短、重复次数最少

作业分析具体做法包括：

1. 资源动因分析：评价作业的有效性。

资源动因是资源被消耗的方式和原因，是资源成本分配到各项作业的基本依据。资源消耗并非都是合理、有效的，资源动因分析的目的就在于提高资源的有效性。资源动因分析的过程正是判断作业消耗资源必要性、合理性的过程，即评价作业有效性的过程。具体程序包括：（1）调查产品从设计、试制、生产、储备、销售、运输直到客户使用的全过程，在熟悉产品生命周期的基础上识别、计量作业，并将作业适当合并，建立作业中心；（2）归集资源费用到各相应的作业；（3）分析执行作业消耗资源的情况，确定作业的有效性。

2. 作业动因分析：评价作业的增值性。

作业动因分析的重点在于确定各作业对产出的贡献，确认作业的增值性，揭示哪些作业是必需的，哪些作业是多余的，最终确定如何减少产品消耗作业的数量，从整体上降低作业成本和产品成本。

增值作业必须同时满足以下条件：一是该作业的功能是明确的；二是该作业能为最终产品或劳务提供价值；三是该作业在企业的整个作业链中是必需的，不能随意去掉、合并或被替代。

增值作业与非增值作业是站在顾客角度划分的，最终能够增加顾客价值的作业就是增值作业，否则就是非增值作业。非增值作业是企业作业成本控制的重点。

3. 作业链的综合分析。

企业可以看成是一条完整的作业链，作业与作业之间保持有效的连接是决定企业作业链效率和价值的关键。理想的作业链应保证作业与作业之间环环相连，不存在重叠、作业之间的等待、延误等情形。企业在日常生产经营活动中，需要通过不断改进作业以提高作业链效率。

（二）作业改进

作业基础管理的目的在于以顾客为导向，利用作业成本信息优化流程，改进作业，寻找成本最低的价值创造方式。改进作业的方法主要有：

1. 消除不必要的作业以降低成本。

在选择高品质原料供应商的情况下，材料入库检验的作业不是必要的，应当消除。另外，由于非增值作业不能为顾客增加价值，类似材料的多次搬运作业等也应予以消除。

2. 在其他条件相同时选择成本最低的作业。

企业不同的产品设计会有不同的作业（链），从而产生不同的成本，企业要通过设计环节测算比较，以选择成本最低的作业（链）。

3. 提高作业效率并减少作业消耗。

企业需要提高必要的增值作业或短期内无法消除的非增值作业的效率，减少作业消耗的时间和资源。例如，生产加工作业是增值作业，可以通过更高效组织协调来降低成本；再如，车间通过对员工加工动作的标准化、加工流程的重新编排，以缩短加工时间提高加工效率，从而减少资源耗费。

4. 作业共享。

利用规模经济提高必要作业的效率，降低作业动因的分配率。例如，利用模块化、材料或产品的标准化设计等实现材料、零配件等的共享，从而降低采购作业、设计作业等的成本。

5. 利用作业成本信息编制资源使用计划并配置未使用资源。

（三）利用作业成本信息优化企业经营决策

1. 作业成本法下的本量利决策。

（1）作业成本法下的成本形态。

作业成本法下通过产品与所耗资源之间的关系，将成本分为短期变动成本、长期变动成本和固定成本三种形态。

①短期变动成本：类似于传统管理会计中的变动成本。从作业成本法看，短期变动成本与产量级作业有关。由于产量级作业消耗的资源成本一般与产品产量有关，因此变动成本采用产量或与产量密切相关的动因（工时、机时、重量、体积等）作为分配间接费用的基准。变动成本总额随产量呈正比例变动，而单位变动成本在相关范围内保持不变。

②长期变动成本：在批次、品种等固定情况下不随产量变动而变动的成本。这里的“长期”是指批次、品种可以调整的期间。与短期变动成本不同，决定长期变动成本高低的不是产量，而是品种级作业、批别级作业，如订购、生产准备、设备调整、接收、检验、搬运等成本。长期变动成本以作业为分配间接费用的基准，它随着作业量变动而呈正比例变动。

③固定成本：类似于传统管理会计中的约束性固定成本，是指在相关范围内不随数量基础、作业基础的成本动因量而变，从而保持相对稳定不变的成本。固定成本通常包括设施级成本，如总部管理人员工资、房屋、设备等固定资产折旧、审计费等。

（2）作业成本法下的本量利决策。

成本形态划分的改变将导致本量利决策的变化。作业成本法认为，短期变动成本和长期变动成本都属于变动成本范畴，只不过前者与产品产量相关，后者与产品消耗的作业量相关。因此，边际贡献不仅应当减去短期变动成本，还应减去长期变动成本，这就要求用本量利分析进行重新测算。

2. 作业成本法下的产品盈利性分析。

不同的成本计算方法往往导致不同的成本计算结果，从而影响产品盈利能力的评价。**传统变动成本法**进行产品生产决策时，往往只注重产品生产的结果，而忽视了产品的实际生产过程，从而将与该产品生产过程相关的直接成本割裂开，有可能误导企业经营决策。**作业成本法**不仅考虑产品，而且考虑产品在生产经营过程中消耗的作业量，使得决策更具相关性和科学性。

3. 作业基础产品定价决策。

基于作业成本信息且借助成本加成定价策略进行产品定价，是企业常用的一种定价方法。应用成本加成法进行定价决策时，加成率通常由企业竞争策略和产品/服务的市场生命周期决定，且从资源角度，所加成的“成本”通常针对相关成本或增量成本。在现有生产能力允许的范围内，企业无须考虑生产能力成本以及市场正常价格因素，只需确认相关的增量成本。如对于制造业而言，其增量成本一般考虑以下因素：一是直接消耗的原材料成本；二是额外增加的人工成本；三是额外发生的相关制造费用。

第五节　目标成本法

【知识点一】目标成本法概述★★

概念：目标成本法是企业以市场为导向，以目标售价和目标利润为基础确定产品的目标成本，从产品设计阶段开始，通过各部门、各环节乃至与供应商的通力合作，共同实现目标成本的成本管理方法。

适用范围：制造业企业成本管理，也可在物流、建筑、服务等行业应用。

（一）目标成本法的内涵

目标成本是基于某一特定产品的销售价格，在考虑必要利润因素后倒推出的产品预期成本。例如，某产品的竞争性市场价格为 100 元，企业需要达到 15% 的利润率才能生存下去，那么该产品的目标成本为 85 元（100 - 100 × 15%）。

从具体内涵看，目标成本法是确定目标成本以及围绕目标成本落实而展开一系列成本控制活动的总称。它不仅是一种成本控制方法，也是企业在既定营销策略下进行利润规划的一种方法。

（二）目标成本法的应用环境

（1）企业应用目标成本法，要求处于比较成熟的买方市场环境，且产品的设计、性能、质量、价值等呈现出较为明显的多样化特征。

（2）企业应以创造和提升客户价值为前提，以成本降低或成本优化为主要手段，谋求竞争中的成本优势，保证目标利润的实现。

（3）企业应成立由研究与开发、工程、供应、生产、营销、财务、信息等有关部门组成的跨部门团队，负责目标成本的制定、计划、分解、下达与考核，并建立相应的工作机制，有效协调有关部门之间的分工与合作。

（4）企业能及时、准确取得目标成本计算所需的产品售价、成本、利润以及性能、质量、工艺、流程、技术等方面各类财务信息和非财务信息。

（三）目标成本管理的核心程序

（1）在市场调查、产品特性分析的基础上，确定目标成本。

（2）组建跨职能团队并运用价值工程法（或价值分析法），将目标成本嵌入产品设计、工程、外购材料等过程控制之中，以使产品设计等符合目标成本要求。

（3）将设计完的产品生产方案投入生产制造环节，并通过制造环节的持续改善策略，进一步降低产品制造成本。

（四）目标成本管理的实施原则

1. 价格引导的成本管理。

目标成本管理体系通过竞争性的市场价格减去期望利润来确定成本目标，价格通常由市场上的竞争情况决定，而目标利润则由公司及其所在行业的财务状况决定。

2. 关注顾客。

目标成本管理体系由市场驱动。顾客对质量、成本、时间的要求在产品及流程设计决策中应同时考虑，并以此引导成本分析。

3. 关注产品与流程设计。

在设计阶段投入更多的时间，消除那些昂贵而又费时的暂时不必要的改动，可以大大缩短产品投放市场的时间。

4. 跨职能合作。

在目标成本管理体系下，产品与流程团队由来自各职能部门的成员组成，包括设计与制造部门、生产部门、销售部门、原材料采购部门、成本会计部门等。跨职能团队要对整个产品负责，而不是各职能部门各司其职。

5. 生命周期成本削减。

目标成本管理关注产品整个生命周期的成本，包括购买价格、使用成本、维护与修理成本以及处置成本。

6. 价值链参与。

目标成本管理过程有赖于价值链上全部成员的参与，包括供应商、批发商、零售商以及服务提供商。

（五）目标成本法的优缺点

优点：

（1）突出从原材料到产品或服务全过程成本管理，有助于提高成本管理的效率和效果。

（2）强调产品寿命周期成本的全过程和全员管理，有助于提高客户价值和产品市场竞争力。

（3）谋求成本规划与利润规划活动的有机统一，有助于提升产品的综合竞争力。

缺点：其应用不仅要求企业具有各类所需要的人才，更需要各有关部门和人员的通力合作，对管理水平要求较高。

✼【知识点二】目标成本的设定★★★

目标成本是基于产品的竞争性市场价格，在满足企业从该产品中取得必要利润情况下所确定的产品或服务的最高期望成本。用公式表达：

产品目标成本＝产品竞争性市场价格－产品的必要利润

目标成本设定是实施目标成本法的第一个阶段，设定目标成本主要包括以下三个方面：

（一）市场调查

市场调查的核心是真实了解顾客对产品特性、功能、质量、销售价格等各方面的需求。借助市场调查展开产品特性分析，重点关注顾客对产品性能、质量等各方面的多元化需求偏好，明确不同顾客群体对产品性能意愿及其乐意承担或支付的产品价格，以平衡产品“功能—价格—成本”之间的联动关系。

（二）竞争性价格的确定

竞争性价格是指在买方市场结构下由顾客、竞争对手等所决定的产品价格。

竞争性价格的确定需要综合考虑以下三个因素：

1. 可接受价格。

顾客愿意为他们所要求的功能与特性支付的价格，企业应根据顾客的价格承受能力来设计产品的功能、特性和审美外观，并以此调整产品的价格。

2. 竞争对手分析。

分析竞争对手所提供的产品功能、特性、审美外观和价格，以及由此发生的成本和顾客满意度的评价。

3. 目标市场份额。

估计怎样的价格可以实现企业特定战略之下的目标市场份额。

确定竞争性价格的具体方法主要有两种：（1）市价比较法，即以已上市产品的市场价格为基础，加减新产品增加或减少的功能或特性（特性包括质量、外观等）的市场价值；（2）目标份额法，即预测在既定预期市场占有率目标下的市场售价。

（三）必要利润的确定

必要利润是指企业在特定竞争战略下所要求的目标利润。这一变量既是客观的（它应反映投资者的必要报酬率），同时也是主观的（它因不同投资者、管理者的风险感受不同而不同）。其中，投资者的必要报酬率是指投资者投入资本所要求的收益率，从资本市场角度则体现为企业加权平均资本成本（WACC）。

除考虑投资者必要报酬率之外，还应当考虑以下两种不同行为动机对目标成本测定的影响：

（1）采用相对激进的方法确定成本目标（如提高必要利润水平），人为调低目标成本，增强目标成本对产品设计过程的“硬预算”约束力，并辅以成本目标实现的激励属性，以最终实现目标利润；

（2）采用相对宽松的方法确定目标成本（如调低必要利润水平），从而为产品设计提供相对较多的备选项，以提高产品设计的灵活性。

✲【知识点三】目标成本控制与产品设计★

目标成本法的关键环节在于如何将已确定的目标成本真正地落到实处。这里的实处包括两层含义：（1）事前控制。将目标成本落实到产品设计中，落实到可以实现的“图纸”上，用目标成本来真正约束产品设计。（2）事中控制。将产品设计“图纸”上的目标成本真正转化为产品制造过程的成本发生，并通过产品制造过程的持续改善，最终实现目标利润。此为目标成本管理的第三阶段。

（一）用目标成本约束产品设计

一旦设计完成，发生在产品制造环节的要素成本将必然发生，这些成本项目均已固化。这将意味着企业在完成产品设计并将其转入生产制作、产品销售等流程时，人们将无法从总体上改变该产品成本的基本结构；产品设计在很大程度上固化了产品制造环节中的材料投入与用料结构、固化了产品生产流程和基本工艺方法、固化了产品制造中的人工投入，而且也固化了产品的性能与品质等。

从产品设计环节入手，从满足客户需求，平衡产品的价格与功能，需要将目标成本嵌入产品设计过程，使目标成本能够真正约束产品设计。

（二）应用价值工程技术进行产品设计

如何在产品设计中体现目标成本的硬约束，需要借助工程、技术、财务、营销等各部门的通力合作，并运用一定的方法来完成；价值工程（VE）就是一种被普遍应用的管理技术和方法。

在目标成本管理中，价值工程主要用于产品的设计分析，它旨在权衡产品特性与产品成本两者间的关系，通过产品设计以提升产品对顾客的价值。

✲【知识点四】目标成本控制及持续改善★

目标成本管理在具体实施中不应当是一次性的，而应被视为一个连续的循环过程，以达到成本的持续改善目标。原因就在于：

（1）产品的销售价格是竞争性的，而且可能是不断下降的。因此，需要根据竞争性市场价格的波动而不断调整目标利润、目标成本。

（2）企业因学习曲线效应等，在不断深化目标成本管理及大力推广制造过程中的持续改善策略，从而有可能改变原来设定的目标成本。

（3）物料等投入品的成本也会随着市场变化而变化，因此需要及时调整产品的目标成本，以适时反映产品真实的目标成本。

成本管理的持续改善需要通过引入新的制造技术或方式、管理控制程序与方法等，以降低既定设计、产品功能定位下的产品制造环节成本。供应链管理、跨职能团队组织运作是促进目标成本控制、促进成本持续改善的重要保障。

（一）供应链管理

在目标成本法中，价值链上所有成员（包括供应商、分销商、服务提供商、顾客等）都应被纳入目标成本管理之中。其中，作为价值链上游的供应链，是企业成本管理的重中之重。

如何强化供应链管理？合格供应商的评定、建档管理及信息更新非常重要，但更重要的是加强企业与供应商之间的联动，并为供应商降低供货成本提供足够激励，让供应商分享因跨组织合作产生成本削减所带来的各种好处（包括信息共享、财务激励等）。

（二）目标成本管理中的跨职能团队

目标成本管理的有效实施必须以高效的组织结构作支撑。组织结构可能是矩阵式的，也可能是纵向功能式的，但组建横向的跨职能团队则是目标成本管理所必需的。这些跨职能团队包括：设计中的跨职能团队、制造过程中的跨职能团队、一体化的跨职能团队等。在目标成本管理中，跨职能团队要自始至终对产品设计、制造、销售、服务的全过程负责。

第六节　成本管理前沿

✲【知识点一】全生命周期成本管理★★★

（一）全生命周期成本的概念

1. 产品全生命周期。

全生命周期是指产品从产生直至消亡的整个过程，一般有三种含义：

第一种：从产品设计、制作生产到停止生产，这一周期概念是对产品的生产者而言，其空间范围限于企业内部，为狭义的产品生命周期。为了成本计算的需要，这一周期可以分为两个阶段：设计到正式投产阶段和正式投产到停止生产阶段。根据会计准则的规定，前一阶段的成本分别不同情况予以资本化或费用化，而后一阶段的成本构成产品的制造成本。

第二种：从产品进入市场到退出市场，这一周期概念是对某一种产品在市场上存续的时间而言。某种产品从进入市场到退出市场，要经历一个时间跨度，这个跨度就是产品的市场生命周期。这是市场营销中常用的生命周期概念，就此概念而言，产品市场生命周期可以划分为导入期、成长期、成熟期和衰退期。

第三种：从购买到报废的整个过程，这一周期概念是指从产品的购入到使用磨损，甚至报废的时期。由于这个概念是立足于消费者角度，又称为消费者产品生命周期。因为企业既是生产者，也是消费者，这一周期概念对企业也适用。

2. 全生命周期成本。

根据生命周期成本理论，产品全生命周期成本有狭义和广义两种概念。狭义的全生命周期成本是指在企业内部发生的由生产者负担的成本，包括产品从设计生产、销售到物流过程发生的成本；广义的全生命周期成本不仅包括上述由生产者负担的成本，还包括消费者购入产品后所发生的使用成本、废弃处置成本以及社会责任成本。其中，社会责任成本是指在产品生产、使用、处理和回收等过程中的环境卫生、污染处理等发生的成本支出，贯穿于产品的整个生命周期。

本章主要就广义的全生命周期成本展开讨论。

3. 产品全生命周期成本管理。

产品全生命周期成本管理的目标要与企业的战略目标一致。如果企业执行的是低成本战略，则全生命周期成本管理的目标就是追求成本最低化；如果企业执行的是差异化和目标集聚战略，此时全生命周期成本管理的目标就是实现在一定成本水平下的收益最大化，应该充分考虑收益和成本之间的关系，使净收益最大化，而不是简单追求成本最低化。

（二）全生命周期成本的管理方法

全生命周期通常划分成四个阶段，不同阶段成本管理的重点和方式各不相同。

1. 产品研发阶段。

本阶段的成本管理重点不是要降低研发费用，而是要努力研发出既适应市场需求，又不会生产过剩，功能齐全且具有竞争性的产品。在实务中，该阶段多采用价值工程分析法来权衡产品成本与功能之间的关系，以产品功能分析为核心，力求用最低的生命周期成本实现产品的必备功能，从而提高价值。计算公式：

$$V(价值)=F(功能)/C(成本)$$

式中，V 代表产品的价值，是产品的功能与取得该功能所需成本的比值。

由上述公式可得出提高产品价值的五种主要途径：（1）成本不变，功能提高。（2）功能不变，成本下降。（3）成本略有增加，功能大幅度提高。（4）功能略有下降，成本大幅度下降。（5）成本降低，功能提高。

2. 产品生产阶段。

此阶段成本管理的策略包括标杆成本的制定、作业成本核算、适时生产管理等，还可以将目标成本和作业成本结合起来控制企业的生产成本。此外，企业还必须建立高效的供应链，加快存货周转效率，不断降低库存水平，并通过与全面质量管理同步实施，实现适时生产管理，降低产品成本。

（1）成本标杆法：企业与同行业中领先的对手进行成本比较的持续过程，通过不断与优秀企业的成本信息及结构进行对比分析，降低成本。

（2）作业成本法：消除不增值作业，优化作业链和价值链，最大限度地节约资源，最终达到增加企业价值、提升企业竞争力和获利能力的目的。

（3）适时生产（JIT）：在所需要的时刻，按所需要的数量生产所需要的产品或零部件的生产模式，其目的是加速半成品的流转，将库存的积压减少到最低的限度，从而提高企业的生产效益。

3. 产品营销阶段。

处于初创阶段的产品，企业可以较多地投入广告宣传费用；处于成熟期的产品，可以适当减少宣传费用的投入；处于衰退期的产品，要注重短期收益，对每一笔支出要考虑成本与效益原则。

如果产品的质量和功能比较接近，个性化的外观设计有利于提高销售份额。

4. 产品售后服务和废弃阶段。

在产品售后服务阶段，企业应该把顾客使用阶段的成本考虑进去，要降低产品出售后由于产品质量问题造成的各种损失，减少索赔违约损失、降价处理损失，以及对废品、次品进行三包服务而产生的成本，还要考虑或有成本、机会成本等。

维护阶段，企业应该有效管理为提高客户满意度而支出的大量维护成本，建立有效的信息反馈机制，保证客户需求能够得到及时满足。

产品废弃或升级时，企业应该对客户的追加成本及企业的替换成本进行核算，以保证产品生命周期的成本能够得到全面反映，准确核算产品盈利能力。

产品售后和废弃阶段的环境成本管理也是全生命周期成本管理的关键一环，如果有效管理，便可降低企业成本，提高生产效率；反之，则会提高处理成本。企业可以应用再生循环项目，回收旧产品进行结构改造，之后再以新包装推出，这样可减少原材料投入，降低能源消耗，减少废弃物排放。

【知识点二】质量成本管理★★★

质量成本管理通过事前的最佳质量成本决策、日常的质量成本控制以及事后的质量成本核算与分析三个环节来加强质量成本管理，使会计工作更好地为全面质量管理服务，达到改进产品质量、降低产品寿命周期成本、提高企业经济效益和社会效益的目的。

根据经济形态的类型，质量成本由运行质量成本和外部质量保证成本构成。

1. 运行质量成本。

企业为保证和提高产品质量而支付的一切费用以及因质量故障所造成的损失费用之和。按照经济用途分类，可分为预防成本、鉴定成本、内部损失成本和外部损失成本。

（1）预防成本。

预防成本一般发生在生产之前，用于保证和提高产品质量，防止产生废品、次品的各种预防性费用。预防成本的发生往往使后续的失败成本下降，可细分为：质量工作费用、产品评审费用、质量培训费用、质量奖励费用、质量改进措施费用和质量管理专职人员工资及福利费用等。

（2）鉴定成本。

鉴定成本又称检验成本，为检查和评定材料、在产品或产成品等是否达到规定的质量标准所发生的费用。生产过程中，如能够尽快发现不符合质量标准的产品，避免损失延续下去，可减少失败成本。可细分为：检测试验费、工资及福利费、检验试验办公费用和检验测试设备及房屋折旧费用等。

（3）内部损失成本。

内部损失成本又称内部差错成本、内部失败成本，产品出厂前，因不符合规定的质量要求所发生的费用，这类成本一般与企业的废次品数量成正比。可细分为：废品损失、返修成本、停工损失、事故分析处理费用和产品降级损失等。

（4）外部损失成本。

外部损失成本又称外部差错成本，产品出厂后因未达到规定的质量要求，而发生的费用或损失。可细分为：诉讼费用、赔偿费用、退货费用、保修费用和产品降价损失等。

2. 外部质量保证成本。

外部质量保证成本为用户提供所要求的客观证据所支付的费用，主要包括：

（1）为提供特殊的、附加的质量保证措施、程序、数据所支付的费用。

（2）产品的验证试验和评定的费用。

（3）为满足用户要求，进行质量体系认证所发生的费用。

【知识点三】质量成本核算和计量

（一）质量成本的核算

质量成本核算就是按产品形成的全过程，对发生的预防成本、鉴定成本、内部损失成本和外部损失成本等质量成本以货币形态进行核算。

质量成本核算可以正确反映质量成本预算的执行情况，有助于进行全面质量成本控制，也是进行质量成本报告与质量成本分析的前提和基础。目前，最常见的有以下两个核算方案可供选择。

表 5－7　　质量成本核算方案

核算方案	相关解释
独立核算	概念：把质量成本核算和正常会计核算截然分开，单独设置质量成本的账外记录，由各质量成本控制网点进行核算。 优点：简便易行，不影响现有的会计核算体系； 缺点：不能对质量成本的实际发生数进行准确和有效的控制
非独立核算	概念：在原有会计科目表中增设“质量成本”一级科目，并下设“预防成本”“检验成本”“内部差错成本”“外部差错成本”四个二级科目；各二级科目下还可按具体内容设置明细科目，从而把质量成本的核算与正常的会计核算结合在一起。 优点：能对质量成本的实际数进行准确而有效的控制； 缺点：与现行会计制度不相容，会计期末无法在资产负债表和损益表中进行反映，账务处理比较繁重

（二）质量成本的计量

质量成本根据其具体表现形式又可分为显性质量成本和隐性质量成本。

显性质量成本：企业在生产经营过程中因为产品质量而实际发生的耗费和损失，是可以从企业会计记录中获取数据的成本，由预防成本、鉴定成本、内部损失成本及部分外部损失成本构成。

隐性质量成本：由于提供的产品或服务质量低劣而导致的机会成本，通常不在会计记录中反映，例如失去销售机会、顾客欠满意、市场占有率下降等。

1. 显性质量成本的计量。

显性质量成本由预防成本、鉴定成本、内部损失成本及部分外部损失成本构成。与传统生产成本相比，该类质量成本往往被掩盖于传统会计账簿中各个账户里。如原材料、管理费用、制造费用等。因此，要根据在日常财务会计的记录追溯显性质量成本时，需要对与显性质量成本相关的账户当期发生额进行分析，找出其中可归属于显性质量成本的金额，再进行汇总，最后得出一定期间内显性质量成本的发生额及其明细。

2. 隐性质量成本的计量。

由于隐性质量成本不能从财务数据中分析取得，且其数额可能较大，只能通过估计的方法进行计量。评估隐性质量成本的常用方法有以下三种：

（1）乘数法。

乘数法简单地假定全部外部损失成本是已计量的外部损失成本的一定倍数。计算公式：

$$\text{全部外部损失成本} = K \times \text{已计量外部损失成本}$$

$$\text{隐性质量成本} = \text{全部外部损失成本} - \text{已计量外部损失成本}$$

式中：K 为乘数因子，根据经验估计确定。

（2）市场研究法。

市场研究法通常用来判断不良质量对销售和市场份额的影响。通过对顾客的调查以及对企业销售人员的访谈，可以对隐性质量成本的估计提供重要参考依据，可用于预计不良质量所带来的未来利润流失数。

（3）塔古奇损失函数法。

塔古奇损失函数法假定任一个质量特性相对于目标值的偏离都会导致隐性质量成本的发生，而且当质量特性的实质值偏离目标值时，隐性质量成本以平方倍数增加。

其计算公式如下：

$$L(Y) = K(Y - T)^2$$

式中：K 为企业外部损失成本结构的比例函数；Y 为质量特性的实际值；T 为质量特性的目标值；L 为隐性质量成本。

（三）质量成本的控制和报告

1. 质量成本的控制。

通过各种措施和手段达到质量成本目标的一系列管理活动，是对质量成本发生和形成的全过程进行的控制，一般包括以下几方面的内容：

表 5－8　质量成本控制阶段

质量成本控制阶段	具体措施
新产品开发设计阶段	（1）将产品质量控制在适宜水平；（2）加强设计的论证和评审，以保证产品的设计质量，实现预期的质量目标；（3）加强样品的试制和试验，保证产品设计质量的完善；（4）加强技术文件的管理，控制技术管理成本

续表

质量成本控制阶段	具体措施
生产过程	(1) 生产技术准备的质量控制；(2) 工序的质量控制；(3) 技术检验工作控制；(4) 加强不合格品管理，降低厂内、厂外损失
销售过程	(1) 产品包装、储运的质量管理；(2) 产品售后服务的质量管理；(3) 索赔处理的质量管理等
质量成本的日常控制	(1) 建立质量成本管理系统，确定质量成本控制网点；(2) 建立质量成本分级控制和归口控制的责任制定，并建立高效灵敏的质量成本信息反馈系统

2. 质量成本报告。

质量成本报告是衡量企业在某个特定期间的质量成本构成情况的报表及质量成本分析评价的报告。质量成本报表是内部报表，供企业管理人员尤其是最高领导者了解质量成本的高低及构成以便进行有关决策。其内容主要包括以下几个方面：

(1) 各质量成本要素占总质量成本的比重。

(2) 各质量成本要素及总质量成本金额占销售成本或销售收入的比重。

(3) 如果企业制定了质量成本预算，则还需要反映实际数与预算数的差额。

【知识点四】环境成本管理★★

(一) 环境成本的分类及内容

1. 从环境成本控制的角度分类。

表 5－9　　环境成本的分类：环境成本控制角度

分类	相关内容
事前环境成本	为减轻对环境的污染而事前予以开支的成本，具体包括：环境资源保护项目的研究、开发、建设、更新费用；社会环境保护公共工程和投资建设、维护、更新费用中由企业负担的部分；企业环保部门的管理费用等
事中环境成本	企业生产过程中发生的环境成本，包括耗减成本和恶化成本。耗减成本：企业生产经营活动中耗用的那部分环境资源的成本；恶化成本：因企业生产经营恶化而导致企业成本上升的部分，如水质污染导致饮料厂的成本上升，甚至无法开工而增加的成本
事后环境成本	企业生产完工后对废弃物的处理成本，包括恢复成本和再生成本。恢复成本：对因生产遭受的环境资源损害给予修复而引起的开支；再生成本：企业在经营过程中对使用过的环境资源使之再生的成本，如造纸厂、化工厂对废水净化的成本

2. 从环境成本形成的角度分类。

表 5－10　　环境成本的分类：环境成本形成角度

分类	相关内容
企业环保系统研究开发成本	在对环保产品的设计、生产工艺的调整、材料采购路线的变更和对工厂废弃物回收及再生利用等进行研究、开发的成本，主要包括绿色产品的开发、增加原生产品环保功能的研究、企业生产工艺路线的调整及材料采购的选择等方面所需的成本

续表

分类	相关内容
生产过程直接降低环境负荷的成本	在企业生产过程中直接减少污染物排放的成本，包括产品废弃物的处理再生利用系统的运营，对有环境污染影响的材料替代、节能设施的运行等方面的成本
生产过程间接降低环境负荷的成本	生产过程中的环境管理成本，指在生产过程中为预防环境污染而发生的间接成本，包括环保设备的购置、职工环境保护教育费、环境负荷的监测计量、环境管理体系的构筑和认证等方面的成本
销售及回收过程降低环境负荷的成本	企业对销售的产品采用环保包装或回收顾客使用后的污染环境的废弃物、包装物等所发生的成本，主要包括环保包装物的采购、产品及包装物使用后的回收利用或处理等方面的营运成本
企业配合社会地域的环保支援成本	有助于企业周围实施环境保全或提高社会环境保护效益的成本，主要包括企业周边的绿化成本，对企业所在地域环保活动的赞助成本，与环境信息披露和环境广告有关的成本支出，以及在开征环境税的国家里所支付的环境税成本等
其他环保支出	在上述范围以外的各种环境保护费用支出，包括由于企业活动而造成对土壤污染、自然破坏的修复成本及公害诉讼赔偿金、罚金等方面的支出

3. 从环境成本空间范围的角度分类。

表 5-11　　环境成本的分类：环境成本空间范围角度

分类	相关内容
内部环境成本	应当由本企业承担的环境成本，包括由于环境因素而导致发生的、已明确由本企业承担和支付的费用，如排污费、环境破坏罚金或赔偿费、环境治理费或环境保护设备投资等
外部环境成本	由本企业经济活动所导致但不能明确计量的，并由于各种原因而未由本企业承担的不良环境后果成本

（二）环境成本的确认与计量

1. 环境成本的确认。

关于环境成本的确认，目前一般包括两种情况：

（1）为达到环境保护法规所强制实施的环境标准所发生的费用。当前，我国的环境标准包括环境质量标准、污染物排放标准、环保基础标准、环保方法标准和环保样品标准。企业要达到这些标准要求，必然要发生一些环保设备投资及营运费用，从而构成环境成本的一部分。

（2）国家在实施经济手段保护环境时企业所发生的成本费用。例如，有些国家实施的环境税、环境保护基金的征收和对超标准排污企业征收的排污费等，均属于国家运用经济调节手段而发生的企业费用。此外，也有企业与企业之间通过市场交易行为而发生的环境成本费用，如美国实行的“排污权市场交易制度”，企业与企业之间可以通过排污权的市场交易买卖排污权，从而发生环境成本费用或环境保护收益。

2. 环境成本的计量。

可计量是会计的属性，作为环境成本也必须是可计量或可估计的。但是由于环境成本自身的特点，在对环境成本进行计量时，除了要运用会计的基本计量模式外，还应有如下补充：

（1）计量单位以货币计量为主，但要适量使用一些实物或技术的计量形式。

（2）在计量属性上，环境成本计量虽然仍以历史成本为主，但对诸如涉及可能的未来环境支出和负债、准备金提取进行合理判断时，可采用防护费用法、恢复费用法、政府认定法和法院裁定法等非历史成本计量属性。

（三）环境成本的核算

目前，主要的环境成本核算方法有四种：传统成本核算法、作业成本法、生命周期成本法和完全成本法。

1. 传统成本核算方法。

在传统核算方法下，产品成本通常包括直接材料、直接人工和制造费用，环境成本一般列入制造费用项目中，然后采用一定方法分配到各种产品的成本，或将环境成本直接列入“管理费用”“营业外支出”等账户。

传统核算方法计算环境成本的方法比较简单、直观。但是，计入制造费用中的环境成本，期末需要在两种或两种以上产品之间进行分配，由于它们对环境的影响不同，本应该承担不同的环境成本，然而传统的制造费用分配标准通常采用人工工时、机器工时等作为成本动因，这样的分配标准也会给制造费用的分配带来偏差，最终反馈给管理者的成本信息仍然缺乏有用性，在一定程度上会给企业的定价策略带来干扰，也不利于企业的长期经营。因此。随着环境成本重要性和比重的增加，通过传统成本核算方法核算环境成本已经不能适应环境成本管理的需要，环境成本不能再当作一般的制造费用来处理。

2. 作业成本法。

采用作业成本法核算环境成本就是将相关环境成本根据单个产品对这些作业的要求进行分配。使用作业成本法时，首先要从传统的会计系统和其他渠道中过滤出各项环境成本；其次将全部环境成本按照资源动因分配给所有与环境相关的作业；再次用某项环境作业的成本除以该作业的作业动因总量，计算出环境作业的作业分配率；最后根据作业分配率以及每种产品消耗的作业动因数量，将环境作业成本分配给每种产品。

3. 生命周期成本法。

按照生命周期成本法的要求，企业应就产品生产经营过程中所消耗的能源、材料和产生的废弃物进行跟踪检测，就产品在生产、销售、使用过程中所发生的环境支出进行全过程的核算。生命周期成本法下，所要计量的环境成本可分为以下三类：

（1）普通生产经营成本。在生产过程中发生的与产品直接有关的成本，包括直接材料、直接人工、能源成本、厂房设备成本等，以及为保护环境而发生的生产工艺支出、建造环保设施支出等。

（2）受规章约束的成本。由于遵循政府环境法规而发生的支出，包括排污费、检测监控污染情况的成本、因违反环境法规而缴纳的罚款、向政府机构申请废弃物排放许可证的成本等。

（3）或有负债成本。已对环境造成污染或损害，而按法律规定在将来可能发生的某种支出，包括由于环境污染严重而尚未治理，政府极有可能对企业处以罚款、企业因污染对周围单位或个人的人身财产造成伤害而可能导致的赔偿等。

优点：生命周期成本法补充了在传统成本法中所没有核算的或有负债成本，保证了产品成本项目的完整性，同时它还符合收入与费用的配比原则和权责发生制原则，有利于产品的正确定价，便于企业对环境成本进行有效的管理。

缺点：该方法虽然在理论上是可行的，但在实务应用中可能会有某些所需资料难以取得，或者难以保证资料的质量；而且生命周期成本法在成本的确认上打破了会计期间的限制，使得成本的期间界定不是很明显，某些期间环境成本归集可能不够准确。因此，这种方法在实务应用中操作性不强。

4. 完全成本法。

完全成本法与前述作业成本法和生命周期成本法的不同之处在于，它能核算企业的环境会计总成本；将内部环境成本与外部环境成本均纳入成本会计的范畴，向决策者提供环境信息，使不同职能部门、不同层次的决策者可以了解在生产过程中内部环境成本的成因，从而使决策者可以在充分了解环境信息的基础上，作出有利于企业可持续发展的决策。

内部成本的资料可以从企业自身的成本会计系统获得，外部环境成本的确认与计量则是完全成本法的难点所在，企业需要就其经营活动对环境的影响进行确认与计量。

（四）环境成本控制

1. 实行环境成本管理目标责任制。

在企业经营管理中，应该实行环境成本管理目标责任制。企业应坚决杜绝发生重大环境污染和破坏事故，坚持实施建设项目环境影响评价制度，确保环境工作有专人负责，环保资金投入到位，环保措施执行到位，保证废水、废气、废渣和噪声符合国家排放标准后再对外排放。将环境成本管理绩效同企业内部负责环保工作人员的薪酬挂钩，确保目标责任制有效落实。

2. 构建环境成本控制系统。

在按照产品和部门构建成本控制系统的基础上，企业应当充分考虑产品生产和运行过程中所发生的环境成本，包括污染预防、污染治理支出、排污费、罚款、赔偿金等已发生的支出和将要发生的支出，将它们作为产品成本和部门运行成本的组成部分，并在成本控制、成本预测、成本核算中充分考虑环境支出。同时，可以建立专门化成本控制系统，主要涉及能源、废弃物、包装物、污染治理等方面的成本控制。

3. 推行无污染清洁生产工艺。

对于那些资源消耗较大、污染严重、环境成本较高的必需品生产项目，除加强企业管理以及最大限度地提高资源、能源的利用率外，更重要的是淘汰落后的技术工艺而采用先进清洁的生产工艺，从根本上降低对环境的污染和破坏，减少企业的环境成本。

第六章　企业并购

本章概述

教材变化：

1. 并购概述中增加了“并购概念”；
2. 并购流程中对“尽职调查”进行了相关改写；
3. 并购决策中增加了“托宾 Q 值决策”；
4. 债务决策中增加了“并购贷款比例、期限相关规定”；
5. 杠杆收购中增加了“目前企业具备条件”。

本章要求：

掌握：企业并购动因和并购类型，并购决策的并购净收益法和托宾 Q 值法，并购价值的现金流量折现法、可比企业分析法和可比交易分析法，不同的并购支付方式和股权支付方式下换股比例确定方法；企业并购后整合的具体内容；

熟悉：并购尽职调查的目的和内容，并购融资渠道和融资方式；

了解：并购战略、企业收购、兼并、合并等相关概念；并购合同涉及的主要条款，并购流程的具体内容。

真题回顾：

本章考试分值在 10 分左右，历年考核的具体内容如下表所示。

知识点	真题考核
企业并购概述	并购类型（2013 年、2017 年、2019 年、2020 年、2021 年） 并购收益与并购净收益（2013 年、2014 年、2017 年、2020 年） 并购动因（2016 年、2021 年）
并购价值评估	收益法（2013 年） 可比企业法（2013 年、2015 年、2020 年） 可比交易分析法（2016 年、2021 年）
并购融资与支付	并购融资方式识别（2014 年） 并购贷款（2015 年） 权益融资（2016 年）

续表

知识点	真题考核
并购后整合	财务整合内容（2014 年、2016 年） 整合的识别（2021 年）

本章主要内容

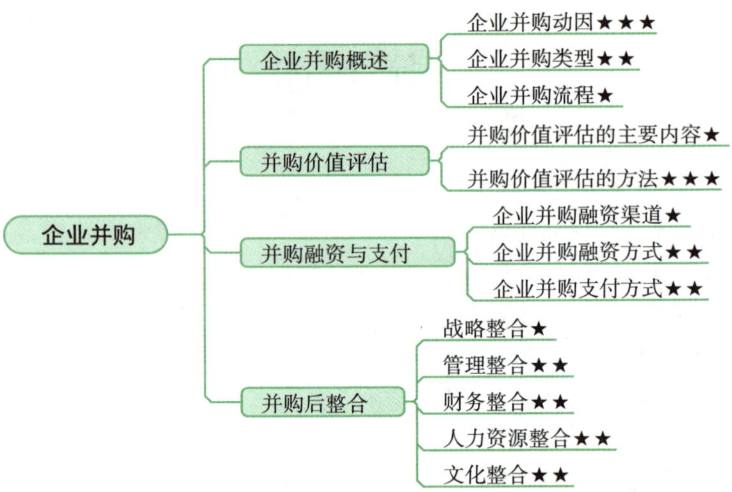

第一节　企业并购概述

并购（M&A）是指公司收购和兼并的总称。

兼并（Menger）是指一家企业以现金、证券等方式购买取得其他企业的产权，使其他企业丧失法人资格或改变法人实体并获得对这些企业控制权的经济行为。

收购（Acquisition）是指一家企业以现金、证券等方式购买取得其他企业（目标公司）的部分或全部资产或股权。

【知识点一】企业并购动因★★★

（一）企业发展动机★★★

表 6－1　企业发展动机

发展动机	具体说明
迅速实现规模扩张	在克服内部投资方式下，项目建设周期、资源获取以及配置等因素对企业发展速度的制约，在极短的时间内将规模做大，实现规模扩张

续表

发展动机	具体说明
突破进入壁垒和规模的限制	绕开行业壁垒，以较低的成本和风险迅速进入某一行业（如技术、资金、渠道、客户、行业规模等壁垒）
主动应对外部环境变化	进一步发展全球化、多元化经营，开发新市场或利用生产要素优势建立新的生产网，在市场需求下降、生产能力过剩的情况下，抢占市场份额，有效应对外部环境的变化
加强市场控制能力	获取竞争对手的市场份额，迅速扩大市场占有率，增强竞争能力；由于减少了竞争对手，可以增加讨价还价的能力，提高盈利水平
降低经营风险	迅速实现多元化经营，降低投资组合风险，实现综合收益
获取价值被低估的公司	获取价值被低估的公司，改善其经营管理后重新出售，可在短期内获得巨额收益

（二）发挥协同效应★★★

1. 经营协同。

并购给企业生产经营活动在效率方面带来的变化以及效率提高产生的效益。

表 6－2 经营协同

类型	具体内容
规模经济	随着生产规模的扩大，单位产品所负担的固定费用下降，从而提高收益率。规模经济效益通常针对横向并购而言，即生产经营相同或相似产品，或处于生产经营过程的同一个环节（供、产、销）
纵向一体化	针对纵向并购而言，可以并购原材料或零部件供应商（后向一体化）、也可以并购购买方（前向一体化），从而可以减少商品流转的中间环节，节约交易成本；加强生产经营过程各环节的配合，有利于协作化生产；通过规模的扩大及营销手段的更为有效，极大地节约营销费用
获取市场力或控制权	针对横向并购而言，生产相同或类型产品的企业合并可能导致该行业的自由竞争程度下降，并购后企业可以提高产品价格，获取垄断利润。此种并购往往对社会公众无益，也可能导致社会整体经济运行效率降低，对横向并购的管制历来都是各国反托拉斯法的重点
资源互补	并购可以达到资源互补从而优化资源配置目的。如一家企业研发实力强，而营销能力较弱，而另一家企业则恰好相反，并购能达到有效的协调

2. 管理协同。

并购给企业管理活动在效率方面带来的变化以及效率提高所产生的效益。

表 6－3 管理协同

类型	具体内容
节省管理费用	并购可将多个企业置于同一企业领导之下，企业管理费用可以在更多数量的产品中进行分摊，单位产品的管理费用可以大大减少

续表

类型	具体内容
提高企业运行效率	根据差别效率理论，如果甲企业的管理层比乙企业更有效率，并购后，乙企业的效率便会被提高到甲企业的水平上，从而整个经济的效率水平得到提高
充分利用过剩的管理资源	如果并购企业管理资源高效且过剩，通过并购资产状况良好但仅仅因为管理不善造成低绩效的企业，并购企业高效的管理资源得以有效利用，被并购企业的绩效得以改善，双方效率均得到提高

3. 财务协同。

并购在财务方面给企业带来的收益。主要表现在以下几个方面：

（1）企业内部现金流入更为充足，在时间分布上更为合理。

（2）企业内部资金流向更有效益的投资机会。

（3）企业资本扩大，破产风险相对降低，偿债能力和取得外部借款的能力提高。

（4）企业的筹资费用降低。

（5）实现合理避税。

✲【知识点二】企业并购类型★★

（一）按照并购后双方法人地位的变化情况划分

表 6－4

法人地位变化情况	具体内容
控股合并	并购后并购双方都不解散，并购企业获取被并购企业的控股权
吸收合并	并购后并购企业存续，被并购企业解散
新设合并	并购后并购双方都解散，重新成立一个具有法人地位的企业

（二）按照并购双方行业相关性划分★★★

表 6－5

行业相关性	具体内容
横向并购	定义：生产经营相同或相似产品或生产工艺相近的企业之间的并购，实质上是竞争对手之间的并购
	优点：能够迅速扩大生产经营规模，节约共同费用，提高通用设备的使用效率；能够在更大范围内实现专业分工协作；能够统一技术标准，加强技术管理和进行技术改造；能够统一销售产品和采购原材料等，形成产销规模经济
	缺点：减少了竞争对手，容易破坏竞争，形成垄断局面，进而损害社会福利，遭受严格限制和监控

续表

行业相关性	具体内容
纵向并购	**定义：**企业与供应商或客户的并购，实质上是处于同一产品不同生产经营阶段的企业之间的并购，并购双方往往是原材料供应者或产品购买者，对彼此的生产经营状况比较熟悉，有利于并购后的整合
	优点：能够扩大生产经营规模，节约设备费用；能够加强生产经营过程各环节的配合，有利于协作化生产；能够加速生产经营流程，缩短生产经营周期，节约运输、仓储费用，降低能源消耗水平等
	缺点：企业生存发展受市场因素影响较大，容易导致“小而全、大而全”的重复建设
混合并购	**定义：**既非竞争对手又非现实中或潜在的客户或供应商的企业之间的并购，往往导致多元化经营，主要包括以下三种： （1）产品扩张性并购：以原有产品和市场为基础，通过并购其他企业**进入相关产业**的经营领域，扩大经营范围、增强企业实力。如轿车生产企业并购运输卡车或客车生产企业。 （2）市场扩张性并购：生产经营相同或相似产品，但产品**在不同地区**的市场上销售的企业之间的并购，以此扩大市场，提高市场占有率。如快捷酒店在尚未进入的城市并购一家酒店，使其成为自己的连锁店。 （3）纯粹的并购：生产和经营彼此**毫无关联度**的两家或多家企业的并购。这种并购的目的是进入更具增长潜力和利润率较高的领域，实现投资多元化和经营多元化，取得规模经济效益
	优点：有利于经营多元化并减轻经济危机对企业的影响，有利于调整企业自身产业结构，增强控制市场的能力，降低经营风险
	缺点：使企业的发展处于资源不足的硬约束之下，且因为企业间资源关联度低而导致管理成本剧增

（三）按照被并购企业意愿划分★★★

1. 善意并购。

定义：并购企业事先与被并购企业协商、征得其同意并通过谈判达成并购条件，双方管理层通过协商来决定并购的具体安排，在此基础上完成并购活动的一种并购。

优点：有利于降低并购行为的风险与成本，使并购双方能够充分交流、沟通信息，被并购企业主动向并购企业提供必要的资料。同时，善意并购还可避免因被并购企业抗拒而带来额外的支出。

缺点：善意并购使并购企业不得不牺牲自身的部分利益，以换取被并购企业的合作，而且漫长的协商、谈判过程也可能使并购行动丧失其部分价值。

2. 敌意并购。

定义：并购企业在遭到被并购企业抗拒时仍然强行并购，或者并购企业事先没有与被并购企业进行协商，直接向被并购企业的股东开出价格或者发出收购要约的一种并购。

优点：并购企业完全处于主动地位，不用被动权衡各方利益，而且并购行动节奏快、时间短，可有效控制并购成本。

缺点：敌意并购通常无法从被并购企业获取其内部实际运营、财务状况等重要资料，给企业估价带来困难，同时还会招致被并购企业抵抗甚至设置各种障碍；因此，敌意并购的风险较大，要求并购企业制订严密的并购行动计划并严格保密、快速实施。另外，由于敌意并购容易导致股市的不良波动，甚至影响企业发展的正常秩序，因此各国政府都对敌

第六章

意并购有一定的限制。

（四）按照并购的交易方式划分★★

表 6-6　并购的交易方式

交易方式	含义
间接收购	通过收购被并购企业大股东而获得对其最终控制权
要约收购	并购企业对被并购企业所有股东发出收购要约，以特定价格收购股东手中持有的被并购企业全部或部分股份
二级市场收购	并购企业直接在二级市场上购买被并购企业股票并实现控制被并购企业
协议收购	并购企业直接向被并购企业提出并购要求，双方通过磋商商定并购的各种条件，达到并购目的
股权拍卖收购	被并购企业原股东所持股权因涉及债务诉讼等事项进入司法拍卖程序，并购企业借机通过竞拍取得被并购企业控制权

【知识点三】企业并购流程★

（一）制定并购战略规划★

企业开展并购活动首先要明确并购动机与目的，并结合企业发展战略和自身实际情况，制定并购战略规划。

并购战略规划的内容包括企业并购需求分析、并购目标的特征、并购支付方式和资金来源规划、并购风险分析等。

（二）选择并购对象★★

选择并购对象是一个必须经过的环节，也是并购的重要环节。具体包括选择并购的行业和选择目标企业两个方面。

1. 选择并购的行业。

（1）行业的结构分析：该行业按规模划分的公司数量、行业的集中度、行业的地区分布和一体化程度。

（2）行业的增长情况分析：该行业位于产品生命周期的哪一个阶段，未来的成长性如何，影响增长的因素主要有哪些。

（3）行业的竞争状况分析：该行业的主要竞争对手有哪些，他们的竞争战略和竞争优势是什么，来自其他行业的竞争（即替代产品的情况）和行业的进入壁垒如何，本企业的进入对行业竞争和其他企业的影响。

（4）行业的主要客户和供应商分析：他们在行业中的地位如何，是否存在对企业有决定力量的少数客户和供应商，潜在客户与供应商的情况如何，供应商或客户是否有前向一体化或后向一体化的趋势。

（5）政府、法律对该行业的影响和制约情况分析。

2. 选择目标企业。

（1）并购对象的财务状况：变现能力、盈利能力、营运能力以及负债状况。

（2）核心技术与研发能力：包括技术的周期与可替代性、技术的先进性、技术开发和保护情况、研发人员的创新能力和研发资金的投入状况。

（3）企业的管理体系：公司治理结构、高层管理人员的能力以及企业文化。

（4）企业在行业中的地位：包括市场占有率，企业形象，与政府、客户和主要供应商的关系。

（三）发出并购意向书★

由并购企业向目标企业发出并购意向书是一个有用但不是法律要求的必需步骤。实践中也有很多企业在进行并购时不发出并购意向书，只是与目标企业直接接触，口头商谈，一步到位。

并购意向书的内容有些有法律约束力，有些没有法律约束力。其中，保密条款、排他协商条款、费用分摊条款、提供资料与信息条款和终止条款有法律约束力，其他条款的效力视并购双方的协商结果来定。

（四）进行尽职调查（Due – Diligence）★

尽职调查又称谨慎性调查，是指投资者为了成功收购某企业的股权或资产，在双方达成意向后，由收购方对标的企业涉及本次并购的所有事项和资料进行现场调查、分析和判断，并作出专业投资意见或建议的活动。

尽职调查的目的是使买方尽可能地发现有关要购买的股权或资产的全部情况，发现风险并判断风险的性质、程度以及对并购活动的影响和后果。

尽职调查的内容包括一是目标企业的基本情况，如主体资格、治理结构、管理团队与技术人员、主要产品、技术和服务等；二是目标企业的经营成果和财务状况现状及预测数据，包括公司的盈利状况和潜在亏损、资产和所有者权益以及负债和担保抵押等；三是目标企业的法务事项，包括产权和资产归属、纠纷和诉讼情况，企业专利权等无形资产情况，关联方交易情况等；四是目标企业的发展前景，对其所处的市场进行分析，并结合其商业模式作出一定的预测等。

（五）交易方案设计及进行价值评估★★★

1. 并购交易方案设计。

并购企业在获取目标企业初步信息后，就应结合并购战略，在财务顾问等人员的协助下拟订交易方案框架，并在尽职调查完成后与目标企业谈判过程中进一步细化。如并购企业为上市公司，并购交易方案基本确定后应按相关法律法规等将其提交董事会、股东大会审议并履行信息披露义务，后期根据市场变化和监管机构审核要求不断进行调整。

2. 并购价值评估。

并购价值评估主要是确定四个方面的价值：并购企业价值、被并购企业价值、并购后整体企业价值和并购净收益。

（六）开展并购谈判★

并购谈判主要涉及并购的标的物（是收购股权、资产，还是整个企业）、交易价格、支付方式与期限、交割时间与方式、人员的处理、有关手续的办理与配合、整个并购活动进程的安排、各方应做的工作与义务等重大问题。

如果收购方与目标企业就股权转让的基本条件和原则达成共识，即可签订收购意向书或战略合作框架协议，将目标企业锁定，防止其寻找其他买家。收购意向书或战略合作框架协议只能表明双方合作意向，但没有法律约束力，只可表达双方诚意，建立信任关系。

（七）作出并购决策

1. 并购双方就并购的可行性进行决策。

企业并购决策的基本原则是成本效益比较，即并购净收益大于0，这样并购才是可行的。并购净收益基本计算公式如下：

①并购收益 = 并购后企业的整体价值 - 并购前并购企业的价值 - 目标企业的价值

②并购溢价 = 并购企业支付的现金对价 - 目标企业的价值

③并购净收益 = 并购收益① - 并购溢价② - 并购费用

并购净收益大于0，并购可行。

对于目标企业而言，其并购收益就是从该并购交易中所获得的并购溢价。

实际工作中，可将并购收益视为协同收益。

【例6-1】 A公司拟收购B公司100%的股权。A公司的评估价值为20亿元，B公司的评估价值为5亿元。A公司收购B公司后，两家公司经过整合，价值预计达到28亿元。B公司要求的股权转让出价为6亿元。A公司预计在并购价款外，还要发生审计费、评估费、律师费、财务顾问费、职工安置、解决债务纠纷等并购交易费用支出0.5亿元。

本例中，从财务管理角度进行并购决策。

（1）计算并购收益和并购净收益。

并购收益 = 28 - (20 + 5) = 3（亿元）

并购溢价 = 6 - 5 = 1（亿元）

并购溢价率 = (6 - 5) ÷ 5 × 100% = 20%

并购净收益 = 3 - 1 - 0.5 = 1.5（亿元）

（2）作出并购决策。

A公司并购B公司后能够产生1.5亿元的并购净收益，从财务管理角度分析，此项并购交易是可行的。

实践中还可以根据托宾Q值理论进行并购决策。

托宾Q值：一项资产或一个企业现有资本市场的价值同其重置成本价值的比值。

托宾Q = 目标企业或资产的市场价值/目标企业或资产重置价值

如果Q < 1，表明目标企业的市场价值低于其资本的重置价值，进行并购。

如果Q > 1，表明目标企业的市场价值高于其资本的重置价值，因而购建新的厂房和设备（按重置成本计算）比较便宜，放弃并购。

【例6-2】 甲公司拟并购乙公司，经过测算，乙公司托宾Q值为0.6，预计并购溢价率为50%，乙公司重置价值为1 000万元。

由托宾Q值公式可知：

溢价并购时，Q = 0.6 × (1 + 50%) = 0.9

收购价格 = 0.9 × 1 000 = 900（万元）

如果按市场价收购，Q = 0.6 < 1，并购是可行的；

如果按50%溢价率并购，Q = 0.9 < 1，并购价格仍比重置成本低10%，并购也是可行的。

2. 并购双方形成并购决议。

并购具有可行性，谈判有了结果且合同文本已拟出，这时依法需要召开并购双方董事会，形成决议。形成决议后，董事会还应将该决议提交股东大会讨论，由股东大会予以批准。

决议的主要内容包括：（1）拟进行并购企业的名称；（2）并购的条款和条件；（3）关于因并购引起存续企业公司章程的任何更改的声明；（4）有关并购所必需的或合适的其他条款。

（八）完成并购交易★

表 6－7 完成并购交易的程序

程序	具体内容
签署并购合同	并购合同是并购双方就所有问题达成一致意见的体现，明确双方在并购活动中享有的权利和承担的义务，是实际并购操作的准则和将来争议解决的根据
支付并购对价	并购合同生效后，并购企业应按照合同约定的支付方式，将现金、股票或债券等形式出价文件交付给被并购企业
办理并购交接	合同生效后，并购双方要进行交割，主要包括产权交接、财务交接、管理权交接、变更登记、发布公告等事宜

（九）进行并购后整合★

并购交易结束后，并购企业应尽快开始对并购后的企业进行整合，包括战略整合、管理整合、财务整合、人力资源整合、企业文化整合以及其他方面的整合。

第二节 并购价值评估

✲【知识点一】并购价值评估的主要内容★

并购价值评估即对标的物的估值与并购交易定价，是并购交易价格确定过程中的两个环节。估值是定价的基础，是并购双方价格谈判的主要依据；交易价格是定价的结果。

（一）评估并购企业价值

评估并购企业价值是企业实施并购的基础，并购企业如果没有对自身价值进行评估，就不能评价不同的并购策略给企业带来的价值有多大，无法选择适当的并购策略。

（二）评估被并购企业价值

一般情况下，被并购企业不会同意接受低于自身价值的价格，并购企业必须支付的价格为被并购企业的价值再加上一部分溢价，溢价部分的多少则需具体情况具体分析。

（三）评估并购后整体企业价值

并购后两企业的总体价值要大于两个独立企业价值的算术和，其差额即为协同效应的价值。

获得协同效应是企业实施并购的主要目的，协同效应必须大于零，企业才有并购的必要性。协同效应的多少是决定并购成败的关键。

（四）评估并购净收益

①并购收益＝并购后企业的整体价值－并购前并购的企业价值－目标企业的价值

②并购溢价＝并购企业支付的现金对价－目标企业的价值

③并购净收益＝并购收益①－并购溢价②－并购费用

并购费用指并购过程中所发生的一切费用，包括并购过程中所发生的搜寻、策划、谈判、文本制定、资产评估、法律鉴定、公证等中介费用，发行股票还需要支付申请费、承销费和税费。

【知识点二】并购价值评估的方法★★★

并购价值评估的主要方法有三种：

（一）收益法

收益法是目前较为成熟、使用较多的估值技术。通过将被评估企业预期收益资本化或折现来确定被评估企业价值，主要方法是现金流量折现法，即通过测算被评估企业未来预期现金流量的现值来判断企业价值。

企业价值 = 明确的预测期间的现金流量现值
+ 明确的预测期之后的现金流量现值（企业连续价值）

1. 评估思路。

在风险一定的情况下，被评估企业未来能产生的现金流量越多，企业的价值就越大，即企业内在价值与其未来产生的现金流量成正比；在现金流量一定的情况下，被评估企业的风险越大，企业的价值就越低，即企业内在价值与风险成反比。

2. 基本步骤。

（1）分析历史绩效。

历史绩效分析主要是对企业的历史会计报表进行分析，重点分析企业的关键价值驱动因素。实务中，基于稳健性原则，对于未来绩效的预测，往往从完整的损益表和资产负债表着手，最常用的方法是需求驱动预测（从销售额着手）。

（2）确定预测期间。

期间的长短取决于企业的行业背景、管理部门的政策、并购的环境等，通常为5~10年。

（3）预测未来的现金流量。

在企业价值评估中使用的现金流量是指企业所产生的现金流量在扣除库存、厂房设备等资产所需的投入及缴纳税金后的部分，即自由现金流量，用公式可表示为：

自由现金流量 =（税后净营业利润 + 折旧及摊销）-（资本支出 + 营运资金增加额）

①利息费用尽管作为费用从收入中扣除，但它是属于债权人的自由现金流量。因此，只有在计算股权自由现金流量时才扣除利息费用，计算企业自由现金流量时则不能扣除。

②税后净营业利润 = 息税前利润 ×（1 - 所得税税率）

③此处的资本支出是指资本净支出，扣除了折旧和无形资产及长期待摊费用摊销的部分。

④营运资金增加额。营运资金等于流动资产与流动负债的差额，营运资金的变化反映了库存、应收/应付项目的增减。因为库存、应收款项的增加而占用的资金不能用作其他用途，所以营运资金的变化会影响企业的现金流量。

（4）选择合适的折现率。

折现率是指将未来预测期内的预期收益换算成现值的比率，有时也称资本成本率。通常，折现率可以通过加权平均资本成本模型确定。

根据加权平均资本成本模型，并购企业用于投资被并购企业的资本既有自有资本也有负债，所以这种投资的资本成本是两者的加权平均。可用公式表示为：

$$r_{WACC} = E/(E + D) \times r_e + D/(E + D) \times r_d$$

式中：D 为企业负债的市场价值；E 为企业权益的市场价值；

r_e 为股权资本成本；r_d 为债务资本成本。

①股权资本成本的计算。

一是资本资产定价模型（CAPM），其计算公式为：$r_e = r_f + (r_m - r_f) \times \beta$

式中：r_f 为无风险报酬率，r_m 是市场投资组合的预期报酬率，（$r_m - r_f$）是市场风险溢价，β 是市场风险系数。

市场风险系数 β 是反映个别股票相对于平均风险股票的变动程度的指标，它可以衡量出个别股票的市场风险，而不是企业的特有风险。因为并购活动通常会引起企业负债率的变化，进而影响 β 系数，所以需要对 β 系数做必要的修正。可利用哈马达方程对 β 系数进行调整，其计算公式如下：

$$\beta_1 = \beta_0[1 + (1 - T) \times (D/E)]$$

式中：β_1 是负债经营的 β 系数，β_0 是无负债经营的 β 系数，T 是企业所得税税率，D 是负债市场价值，E 是权益市场价值。

二是股利折现模型，计算公式如下：

假设每年股利不变，则：$r_e = D_0/P_0$

假设股利以不变的增长速度增长，则：$r_e = D_1/P_0 + g$

式中：P_0 为普通股市价，D_0 为当年股利，D_1 为预计年股利，g 为普通股股利年增长率。

②债务资本成本的计算。

因为利息支出可以税前抵扣，所以债务资本成本 r_d 应该在税后的基础上进行计算：

$$r_d = r \times (1 - T)$$

式中：r 是借款利率或债券票面利率，即债务税前资本成本；T 为企业所得税税率。

（5）预测企业连续价值。

估计企业未来的现金流量不可能无限制地预测下去，因此要对未来某一时点的企业价值进行评估，即计算企业的连续价值。

企业的连续价值一般可采用永久增长模型（固定增长模型）计算。这种方法假定从明确的预测期之后的下一年开始，自由现金流量是以固定的年复利率增长的。在预测期末，企业终值（TV）计算公式为：

$$TV = FCF_{n+1}/(r_{WACC} - g)$$

$$企业连续价值 = TV/(1 + r_{WACC})^n$$

式中：TV 是明确预测期末价值，FCF_{n+1} 是明确预测期结束的下一年的自由现金流量，r_{WACC} 是加权平均资本成本，g 是从明确预测期结束的下一年开始的自由现金流量复利年增长率。

（6）预测企业价值。企业价值等于确定预测期内现金流量的折现值之和，加上终值的现值，其计算公式如下：

$$V = \sum_{t=1}^{n} FCF_t/(1 + r_{WACC})^t + TV/(1 + r_{WACC})^n$$

式中：V 是企业价值，FCF_t 是明确预测期内第 t 年的自由现金流量，n 是明确预测期的年数。

（二）市场法

市场法是将被评估企业与参考企业、在市场上**已有交易案例**的企业、股东权益、证券

第六章

等权益性资产进行比较，以确定被评估企业价值。

1. 可比企业分析法。

（1）评估思路。

可比企业分析法是以交易活跃的同类企业的股价和财务数据为依据，计算出一些主要的财务比率，然后用这些比率作为乘数计算得到非上市企业和交易不活跃上市企业的价值。可比企业分析法的技术性要求较低，与现金流量折现法相比理论色彩较淡。

（2）方法步骤。

①选择可比企业。

所选取的可比企业应在营运上和财务上与被评估企业具有相似的特征。当在实务中很难寻找到符合条件的可比企业时，则可以采取变通的方法，即选出一部分企业在财务上与被评估企业相似，另一部分企业在营运上与被评估企业具有可比性。

②选择计算乘数。

一是基于市场价格的乘数。常见的乘数有市盈率（P/E）、价格对收入比率（P/R）、价格对净现金流量比率（P/CF）和价格对有形资产账面价值的比率（P/BV）。

基于市场价格的乘数中，最重要的是市盈率。计算企业的市盈率时，既可以使用历史收益，也可以使用预测收益，相应的比率分别称为追溯市盈率和预测市盈率。出于估值目的，通常首选预测市盈率，因为最受关注的是未来收益。而且，企业收益中的持久构成部分才是对估值有意义的，因此，一般把不会再度发生的非经常性项目排除在外。

二是基于企业价值的乘数。常用估值乘数有 EV/EBIT、EV/EBITDA、EV/FCF。其中，EV 为企业价值，EBIT 为息税前利润，EBITDA 为息税折旧和摊销前利润，FCF 为企业自由现金流量。

③运用选出的众多乘数计算被评估企业的价值估计数。

被评估企业价值估计数 = 选定的乘数 × 被评估企业经调整后的财务数据

用股权乘数得出的被评估企业的估值是股东权益市场价值的估计数，而用总资本乘数得出的则是包括被评估企业股权和债权在内的总资本的市场价值估计数。

④对企业价值的各个估计数进行平均。

运用不同乘数得出的多个企业价值估计数是不相同的，为保证评估结果的客观性，可以对各个企业价值估计数赋予相应的权重，然后使用加权平均法算出被评估企业的价值。

2. 可比交易分析法。

（1）评估思路。

相似的标的应该有相似的交易价格，基于这一原理，可比交易分析法主张从类似的并购交易中获取有用的财务数据，据以计算被评估企业价值。它不对市场价值进行分析，而只是统计同类企业在被并购时并购企业支付价格的平均溢价水平，再用这个溢价水平计算出被评估企业的价值。本方法需要找出与被评估企业经营业绩相似的企业的最近平均实际交易价格，将其作为计算被评估企业价值的参照物。

（2）方法步骤。

①选择可比交易：类似的并购交易/最近平均实际交易价格。

②选择计算乘数：

支付价格收益比 = 并购者支付价格 ÷ 税后利润

账面价值倍数 = 并购者支付价格 ÷ 净资产价值

市场价值倍数 = 并购者支付价格 ÷ 股票的市场价值

③运用选出的众多乘数计算被评估企业的价值估计数。

被评估企业的价值估计数 = 与被评估企业经调整后对应的财务数据 × 对应乘数

④对企业价值的各个估计数进行平均。

运用不同乘数得出的多个企业价值估计数是不相同的，为保证评估结果的客观性，可以对各个企业价值估计数**赋予相应的权重**，然后使用加权平均法算出被评估企业的价值。

（三）成本法

成本法主要有账面价值法、重置成本法和清算价格法。

1. 账面价值法。

账面价值法是基于会计的历史成本原则，以企业账面净资产为计算依据来确认被评估企业价值的一种估值方法。

优点：它是按通用会计原则计算得出的，比较客观且取值方便。

缺点：它是一种静态估值方法，既不考虑资产的市价，也不考虑资产的收益。

实际中，有三个方面的原因使账面价值往往与市场价值存在较大的偏离：

一是通货膨胀的存在使一项资产的价值不等于它的历史价值减折旧；

二是技术进步使某些资产在寿命终结前已经过时和贬值；

三是由于组织资本的存在使得多种资产的组合会超过相应各单项资产价值之和。

这种方法主要适用于简单的并购，主要针对账面价值与市场价值偏离不大的非上市企业。

2. 重置成本法。

以被评估企业各单项资产的重置成本为计算依据来确认被评估企业价值，即根据现在的价格水平购买同样的资产，或重建一个同样的企业所需要的资金来估算该企业的价值。

运用重置成本法需要对资产账面价值进行适当的调整，有两种调整方法：

一是价格指数法，即选用一种价格指数，将资产购置年份的价值换算成当前的价值，价格指数法存在的最大问题是**没有反映技术贬值**等因素对某些重要资产价值带来的影响。

二是逐项调整法，即按通货膨胀和技术贬值两个因素对资产价值影响的大小，逐项对每一资产的账面价值进行调整，以确定各项资产的当前重置成本。

3. 清算价格法。

通过计算被评估企业的净清算收入来确认被评估企业价值。

净清算收入是出售企业所有部门和全部固定资产所得到的收入，再扣除企业的应付债务。

该方法是在被评估企业作为一个**整体已经丧失增值能力**情况下的估值方法，估算所得到的是被评估企业的**可变现价格**，此方法主要适用于对**陷入困境的企业**进行价值评估。

第三节　并购融资与支付

✲【知识点一】企业并购融资渠道★

并购融资渠道包括内部融资渠道和外部融资渠道两种。

（一）内部融资渠道

从企业内部开辟资金来源，筹措并购所需的资金，主要指自有资金。

企业自有资金是企业最稳妥、最有保障的资金来源。在这一方式下，企业不必对外支付借款成本，风险很小。通常企业可用的内部自有资金主要有税后留利、闲置资产变卖和应收账款等形式。不过，在大型并购交易中，企业仅靠内部融资是不够的。

（二）外部融资渠道

企业从外部开辟资金来源，向本企业以外的经济主体（包括企业现有股东和企业职员）筹措并购所需资金。

1. 直接融资。

不通过中介机构（如银行、证券公司等），直接由企业面向社会融资；是企业经常采用的融资渠道。在美国，企业融资约70%是通过证券市场实现的。

从经济的角度看，直接融资可以最大限度地利用社会闲散资金，形成多样化的融资结构，降低融资成本，同时又可以通过发行有价证券提高企业知名度。企业可以通过发行普通股、企业债券、可转换公司债券、认股权证等方式进行融资。

2. 间接融资。

企业通过金融市场中介组织借入资金，主要包括向银行及非银行金融机构（如信托投资公司、保险公司、证券公司）贷款。间接融资多以负债方式表现出来，其影响与企业发行债券雷同。与发行债券方式不同之处在于：

一是由于金融中介组织的介入，简化了融资操作，但也增加了融资成本；

二是企业面向银行等金融组织，受到的压力更大。

从企业外部融资，具有速度快、弹性大、资金量大的优点，但缺点在于资金成本较高、风险较大。

✻【知识点二】企业并购融资方式★★

（一）债务融资★★★

企业按约定代价和用途取得且需**按期还本付息**的一种融资方式。债务融资往往通过银行、非银行金融机构、民间等渠道，采用申请贷款、发行债券、利用商业信用、租赁等方式筹措资金。

1. 并购贷款。

定义：商业银行向并购企业或并购企业控股子公司发放的，用于支付并购交易价款和费用的贷款。并购贷款是并购活动中重要的融资方式之一。

2015年，中国银监会（现银保监会）发布了《商业银行并购贷款风险管理指引》规定：并购交易价款中并购贷款所占比例**不得高于60%**，并购贷款期限**一般不得超过7年**，商业银行原则上要求借款人提供充足的能够覆盖并购贷款风险的担保。

优点：由于银行贷款所要求的低风险导致银行的收益率也很低，因而使企业的**融资成本相应降低**；银行贷款发放**程序**比发行债券、股票**简单**，发行费用低于证券融资，可以降低企业的融资费用，其利息还**可以抵减所得税**；此外，通过银行贷款可以**获得巨额资金**，足以进行金额巨大的并购活动。

缺点：要从银行取得贷款，企业必须向银行公开其财务、经营状况，且在今后经营管理上会受到银行的制约；为了取得银行贷款，企业可能要对资产实行抵押、担保等，从而降低企业今后的再融资能力，产生隐性融资成本，进而可能会对整个并购活动的最终结果造成影响。

2. 票据融资。

定义：商业票据是企业进行**延期付款交易**时开具的反映债权债务关系的单据。

优点：利率一般比银行借款的利率低，且不用保持相应的补偿余额和支付协议费，融资成本低于银行借款成本。

缺点：商业票据到期必须归还，如若延期便要交付罚金，因而风险较大。

融资途径：①票据本身可以作为一种支付手段直接进行融资；②可以在并购前出售票据，以获取并购所需资金。

3. 债券融资。

定义：债务人为了筹措资金而向非特定的投资者发行的长期债务凭证。

分类：

（1）抵押债券：以企业财产作为担保而发行的一种企业债券。

（2）信用债券：没有抵押品，完全依赖企业良好的信誉而发行的债券，通常只有经济实力雄厚、信誉较高的企业才有能力发行这种债券。

（3）无息债券：票面利率为零，但却以低于面值的价格出售给投资人的债券。

（4）浮动利率债券：票面利率随一般利率水平的变动而调整的债券。

（5）垃圾债券：这种债券最明显的两个特征在于：一是高风险。垃圾债券不是以现实资产为保证，而是以并购其他企业的新公司资产即未来资产作抵押，具有很大的不确定性，风险很大；同时还可能存在实际资产价值低于股票市场价值的情况，这就更增加了它的风险程度。二是高利率。效率低、信誉低的企业为了吸引那些在资本市场上寻求高额收益的游资，就必须发行具有吸引力的高利率债券。

4. 租赁融资。

定义：出租人以收取租金为条件，在契约或合同规定的期限内，将资产租让给承租人使用。

分类：

（1）以租赁资产风险与报酬是否完全转移为标准，租赁可分为融资租赁和经营租赁。

（2）以出租人资产的来源不同为标准可分为直接租赁、转租赁和售后回租。

（3）以设备购置的资本来源为标准可分为单一投资租赁和杠杆租赁。

企业可以通过售后回租等租赁手段获取并购所需资金。

（二）权益融资★★

1. 发行普通股融资的优缺点。

表 6-8 发行普通股融资的优缺点

优点	（1）普通股融资没有固定的股利负担。 （2）普通股没有固定的到期日，不需要偿还股本。 （3）利用普通股融资风险小。 （4）普通股融资能增强企业的信誉
缺点	（1）分散/稀释企业控制权，企业被并购的风险增加。 （2）普通股的发行成本较高，包括审查资格成本高、成交费用高等因素。 （3）由于股利需税后支付，企业税负较重

第六章

2. 发行普通股融资的两种形式。

表 6－9 发行普通股融资的两种形式

形式	具体内容
发行新股并购	定义：发行股票并用销售股票所得价款为并购支付交易价款
	优点：等于用自有资金进行并购，财务费用大大降低，并购成本较低
	缺点：①每股净资产不一定会增加。 ②每股收益具有不确定性，会给股东带来风险
换股并购	定义：换股并购以股票作为并购的支付手段，比较常见的是并购企业通过发行新股或从原股东手中回购股票，然后再进行交换
	优点：①可以取得会计和税收方面的好处，并购企业合并报表可以采用权益结合法，既不用负担商誉减值，也不会因资产并购造成折旧增加。 ②被并购企业可以推迟收益实现时间，既能获得税收好处，又可以分享并购后新企业实现的价值增值
	缺点：①会受到证券法的限制，审批手续比较烦琐，耗费时间也较长，可能会给竞购对手提供机会，被并购企业也有时间实行反并购。 ②发行新股会改变原有股权结构，进而影响股权价值，股价的变动使并购成本难以确定，并购企业不得不经常调整方案

（三）混合融资★★

1. 可转换债券。

表 6－10 可转换债券的具体内容

定义	在一定时期内，可以按规定的价格或比例，由持有人自由选择转换为普通股的债券
优点	①灵活性较高。企业可以设计出不同报酬率和转换溢价的可转换债券，寻求最佳资本结构。 ②可转换债券融资的报酬率一般较低，大大降低了企业的融资成本。 ③一般可获得较为稳定的长期资本供给
缺点	①受股价影响较大，股价上涨大大高于转换价格时，可转换债券融资会使企业蒙受损失。 ②当股价未如预期上涨，转换无法实施时，会导致投资者对企业的信任危机，对未来融资造成障碍；顺利转换时，会稀释企业原有控制权

2. 认股权证。

表 6－11 认股权证的具体内容

定义	企业发行的长期选择权证，它允许持有人按照某一特定的价格购买一定数额的普通股。通常被用来作为给予债券持有者一种优惠而随同债券发行，以吸引潜在的投资者
优点	①在金融紧缩时期或企业处于信用危机边缘时，可以有效地推动企业有价证券的发行。 ②与可转换债券一样，融资成本较低。 ③认股权证被行使时，所发行的普通股意味着新的融资，企业资本增加，原来发行的企业债务也尚未收回，可以用增资抵债
缺点	类似于可转换债券融资

3. 优先股。

表 6-12　优先股的具体内容

定义	优先股持有人优先于普通股股东分配公司利润和剩余财产，但参与公司决策管理等权利受到限制
	上市公司可公开或非公开发行优先股作为并购的支付方式，可在发行优先股的同时募集配套资金；但以公开发行优先股作为支付手段仅可用于收购或吸收合并其他上市公司的情形
	以发行优先股的方式作为并购支付工具时，上市公司已发行的优先股不得超过公司普通股股份总数的 50%，且筹资金额不得超过发行前净资产的 50%
优点	优先股可按照交易需求嵌入个性化条款，增加了交易的灵活性（对比普通股）
	可避免上市公司实际控制人控制权的丧失，规避借壳上市，简化审核流程
	优先股不具有上市公司的经营决策权，可以保持原控股股东控制权
	优先股具备一定的流动性，加大了其作为支付手段的可接受度

第六章

（四）其他特殊融资方式

1. 过桥贷款。

投资银行为了促使并购交易迅速达成而提供的贷款。

贷款偿还方式：日后由并购企业公开发行新的高利率、高风险债券所得款项，或以并购完成后并购者出售部分资产、部门或业务等所得资金偿还。

2. 杠杆收购。

并购企业主要以借债方式购买被并购企业的产权，继而以被并购企业的资产或现金流量来偿还债务。

采用杠杆收购需要高额负债，风险较大，如果遇到经济衰退或市场收缩，将会损失惨重。采用杠杆收购的目标企业需要具备以下条件：稳定的现金流量；稳定而富有经验的管理团队；充裕的成本降低空间；一定规模的股东权益；较低的负债水平。

3. 卖方融资。

企业并购中一般都是买方融资，但当买方没有条件从贷款机构获得抵押贷款时，或市场利率太高，买方不愿意按市场利率获得贷款时，而卖方为了出售资产也可能愿意以低于市场的利率为买方提供所需资金。买方在完全付清贷款以后才得到该资产的全部产权，如果买方无力支付贷款，则卖方可以收回该资产。

比较常见的卖方融资是在**分期付款**条件下以**或有支付方式**购买被并购企业，即双方完成并购交易后，并购方不全额支付并购价款，而只是支付其中的一部分，在并购后若干年内再分期支付余额。但分期支付的款项是根据被并购企业未来若干年内的实际经营业绩而定，业绩越好，所支付的款项就越高。

4. 信托。

信托融资并购是由信托机构向投资者融资购买并购企业能够产生现金流量的信托财产，并购企业则用该信托资金完成对被并购企业的并购。

信托融资往往具有融资能力强和融资成本较低的特点。由于信托机构所提供的信用服务，降低了融资企业的前期融资费用，从而降低了融资企业的资本成本。

5. 资产证券化。

将具有共同特征的、流动性较差的盈利资产集中起来，以资产所产生的预期现金流量为支撑，在资本市场发行证券进行融资的行为。

资产证券化的实质是企业存量资产与货币资金的置换，投资者主要依据的是资产组合质量的状况、未来现金收入流量的可靠性和稳定性，而将资产发起人本身的资信能力置于一个相对次要的地位。通过资产证券化，既可以达到企业并购融资的目的，又可以提高存量资产的质量，加速资产周转和资金循环，提高资产收益率和资金使用率。

目前上市公司进行收购除使用自有资金外，一般采用贷款融资、向第三方定向增发股份融资收购、换股收购及发行债券收购四种方式。综合应用这些融资方式进行收购的基本原则如下：

表6－13 融资收购的基本原则

基本原则	具体内容
融资成本高低	在不影响企业正常营运及财务稳健的情况下，企业选择并购融资方式时应首先选择资金成本低的内部资金，再选择资金成本较高的外部资金。在选择外部资金时，优先选择具有财务杠杆效应的债务资金，后选择权益资金
融资风险大小	债务性融资金额越多，企业负债率越高，财务风险就越大；同时，企业并购融资后，还面临着该项投资收益率是否能弥补融资成本的问题。对于权益性融资，假如融资规模较大，则有可能失去对公司的实际控制权
融资方式对企业资本结构的影响	企业并购融资方式会影响企业资本结构，进而影响公司治理结构，企业并购融资时必须考虑融资方式给企业资本结构带来的影响，根据企业实力和股权偏好选择合适的融资方式
融资的效率性问题	如定向增发股份获取现金收购或换股收购，须经过中国证监会或交易所的审批，可能会延长并购实施的时间；而向商业银行申请并购贷款在效率上明显具有优势

【知识点三】企业并购支付方式★★

（一）现金支付方式（现金→资产/股权）

并购企业支付一定数量的现金，以取得被并购企业的控制权。主要包括用现金购买资产和用现金购买股权两种形式。

（二）股权支付方式（股权→资产/股权）

并购企业用本企业股权换取被并购企业的资产或股权。主要包括用股权换取资产和用股权换取股权两种形式。

用股权换取股权又称“换股”，并购企业以自己的部分股权交换被并购企业的大部分或全部股权，通常要达到控股的股数。通过这种形式的并购，被并购企业往往会成为并购企业的子公司。

在换股并购中，换股比例的确定最关键。换股比例是指为了换取被并购企业的1股普通股股票，并购企业需要发行并支付的普通股股数。确定换股比例的方法主要有三种：

（1）每股净资产之比：

换股比例＝被并购企业当前的每股净资产÷并购企业当前的每股净资产

（2）每股收益之比：

换股比例＝被并购企业当前的每股收益÷并购企业当前的每股收益

（3）每股市价之比：

换股比例 = 被并购企业当前的每股市价 ÷ 并购企业当前的每股市价

在溢价并购情况下，计算换股比例时，往往对被并购企业的对应指标赋予一个加成系数，即以上各式分子乘以（1 + 加成系数），据以确定换股比例。

（三）混合支付方式

常见的支付对价组合包括：现金与股权的组合、现金与认股权证的组合、现金与优先股、现金与资产支持受益凭证的组合等。

将多种支付工具组合在一起，如搭配得当，选择好各种融资工具的种类结构、期限结构以及价格结构，既可以使并购企业避免支出更多现金，造成企业财务结构恶化，也可以防止并购企业原有股东的股权稀释或发生控制权转移。

（四）其他支付方式

其他支付方式包括债权转股权方式、承债方式、无偿划拨方式等。

1. 债权转股权方式。

债权人在企业无力归还债务时，将债权转为投资，从而取得企业的控制权。

2. 承债方式。

并购企业以全部承担被并购企业债权债务的方式获得被并购企业控制权。此类被并购企业多为资不抵债，并购企业并购后，注入流动资产或优质资产，使企业扭亏为盈。

3. 无偿划拨方式。

地方政府或主管部门作为国有股的持股单位直接将国有股在国有投资主体之间进行划拨的行为。优点是手续简便，有助于减少国有企业内部竞争，形成具有国际竞争力的大公司大集团；缺点是带有极强的政府色彩。

第四节　并购后整合

【知识点一】战略整合★

并购企业根据并购双方的具体情况和外部环境，将被并购企业纳入其自身发展规划后的战略安排或对并购后的企业整体经营战略进行调整，以形成新的竞争优势或协同效应。

（一）战略整合的内容

1. 总体战略整合。

根据并购后的企业使命与目标，对并购后企业所做的全局性、长远性谋划，明确双方企业在整个战略整合体系中的地位和作用，对双方企业的总体战略进行调整、融合与重构，以确定并购后企业的经营范围、方向和道路的过程。

2. 经营战略整合。

为提高企业整体的盈利能力和核心竞争力，对双方企业的经营战略进行调整、磨合和创新的过程。

3. 职能战略整合。

在总体战略和经营战略的指导下，将双方企业的职能战略融合为一个有机职能战略体系的过程，而且通过这种整合可以确保并购后企业总体战略、经营战略的顺利实施和企业战略目标的实现。

（二）战略整合的重点

从并购后的企业所有业务中进行战略上的重新组合，找出具有长期主要盈利能力的、相对独立的经营领域。坚持集中优势资源、突出核心能力和竞争优势的原则。重点在于战略业务重组，围绕核心能力构筑和培育企业的战略性资产。

✽【知识点二】管理整合★★

（一）概念

在企业并购后，系统思考影响管理效果的各要素，并对这些要素进行整体设计、系统规划、系统控制，以确保预期目标实现的过程。其核心是将企业的所有理念、制度、组织、活动等归结在一个系统之下，发挥其强大作用。

（二）管理整合的步骤

1. 调查分析。

调查分析的目的就是充分把握并购双方在管理上的差异和优劣，为整合计划的制定和实施提供客观依据。

2. 移植。

并购企业在被并购企业内部推行自己的管理模式。管理模式的推行往往是管理思想先行，管理制度和管理机制次之。

3. 融合创新。

管理融合只能是阶段性的目标，从长期来看，融合本身依然是不同管理制度和方法的集合，容易造成政策的混乱，要充分汲取双方的优秀管理思想和经验、制定新的管理制度、建立新的管理机制、进行创新或突破是大势所趋。

✽【知识点三】财务整合★★

（一）概念

并购企业对被并购企业的财务制度体系、会计核算体系进行统一管理和监控，使被并购企业按并购企业的财务制度运营，最终达到对并购后企业经营、投资、融资等财务活动实施有效管理和实现收益最大化的目的。

（二）财务整合的内容

1. 财务管理目标的整合。

不同的企业可以选择不同的财务管理目标，但是经过财务整合后，财务管理的目标应该是清晰的、明确的、统一的。

2. 会计人员及组织机构的整合。

对于同在一地规模不大的多家企业的并购，可以采用财务人员统一上收的管理办法，做到机构和人员统一；对于被并购企业在异地或规模较大的，实施财务人员派出制度，明确派出财务人员的权限与职责，理顺派出人员的个人绩效考核关系，从组织上保证财务整合的进行。

3. 会计政策及会计核算体系的整合。

为使并购后的企业获得真实、准确的会计信息，必须统一企业的会计政策和会计核算体系。

4. 财务管理制度体系的整合。

财务管理制度体系的整合，是并购后企业有效运行、规避各种财务风险的重要保证，对建立良好的企业文化也将起到推动和支撑作用。

5. 存量资产的整合。

企业资产的整合包括有形资产整合和无形资产整合。

有形资产的整合，包括对优良资产的使用以及对不良资产的清理和处置；对不良债权、不良投资的清理和处置，是提高资产运营效率的重要补充，是并购后企业规避风险、防患于未然的重要手段。

无形资产整合的目的是通过整合使无形资产在并购后的企业中发挥更大的作用。

6. 资金流量的整合。

企业在实施并购后的首要任务就是实现对被并购企业的资金控制，实行一体化的资金运作。

7. 业绩评估考核体系的整合。

并购企业针对被并购企业重新建立一整套业绩评价考核制度，其中包括定量指标考核和定性分析，既考核各自的经营指标，也考核它们对母公司的贡献。

（三）财务整合的运作策略

财务整合涉及企业经营管理的各个方面，需要运用策略，刚柔并济。

1. 刚性处理。

（1）规范法人治理结构，实现集团财务控制，明确企业财权关系，保证母公司对子公司控制权；

（2）在财务组织结构的调整、财务负责人的委派和会计人员的任用方面，必须采取强有力的措施，保证财务组织运行的畅通；

（3）对被并购企业实施严格的财务管理控制，建立一系列的报告制度、信息交流制度、审批权限制度、内部绩效考核制度等；

（4）实施全面预算管理，严格经营风险和管理风险控制，实施动态监控。

2. 柔性处理。

凡涉及员工的考核指标、岗位薪酬、福利待遇、费用标准等方面的财务整合内容，需要进行广泛的调查研究和细致的宣传说服工作，以取得大部分员工的接受和支持。

❇【知识点四】人力资源整合★★

（一）概念

在企业并购后，依据战略与管理的调整，引导企业内各成员的目标与企业目标朝同一方向靠近，对人力资源的使用**达到最优配置**，提高企业绩效的过程。

（二）人力资源整合的要素和环节

1. 成立并购过渡小组。
2. 稳定人力资源政策。
3. 选派合适的整合主管人员。
4. 加强管理沟通。
5. 必要的人事整顿。
6. 建立科学的考核和激励机制。

✲【知识点五】文化整合★★

（一）概念

在企业并购后将相异或矛盾的文化特质在相互适应后形成一种和谐的、更具生命力和市场竞争力的文化体系。

（二）文化整合的步骤

1. 找出双方企业文化上的异同点。
2. 找出文化整合的主要障碍。
3. 确立企业文化发展的理想模式。
4. 在继承、沟通、融合的基础上创新企业文化。

第七章　企业绩效评价

本章概述

教材变化：

本章原为2021年教材的第四章，2022年章节顺序调整为第七章；具体内容变化较小，主要是第一节中新增了“内部转移定价”。

本章要求：

掌握：绩效计划的制定，内部转移定价应遵循的原则及内部转移定价的类型，关键绩效指标法的应用，经济增加值的计算及其应用，平衡计分卡的应用。

熟悉：绩效评价的应用环境。

了解：绩效评价的含义、层次、视角与功能。

真题回顾：

本章考试分值一般在5分左右，历年真题考核的具体内容如下表所示。

知识点	真题考核
绩效评价概述	指标体系和权重变化体现的考核导向（2020年）
关键绩效指标法	关键绩效指标（2021年）
经济增加值法	经济增加值计算（2018年、2021年）
平衡计分卡	平衡计分卡的特点（2018年） 平衡计分卡权重设计和平衡计分卡的有效运用（2019年）

本章主要内容

- 企业绩效评价
  - 绩效评价概述
    - 绩效评价的含义★
    - 绩效评价层次与评价角度★★
    - 企业绩效评价的功能
    - 企业绩效评价的应用环境★
    - 企业绩效评价的程序
    - 绩效计划的制定★★★
    - 内部转移定价★★★
  - 关键绩效指标法
    - 关键绩效指标法的含义及优缺点★★
    - 关键绩效指标体系的制定程序★★
    - 关键绩效指标的类型★★
    - 关键绩效指标选取的方法★
    - 关键绩效指标的权重及目标值★★
  - 经济增加值法
    - 经济增加值的含义★
    - 经济增加值的计算与应用★★★
    - 经济增加值法的含义及优缺点★★
    - 经济增加值指标体系的制定程序★
  - 平衡计分卡
    - 平衡计分卡的含义及优缺点★
    - 战略地图及平衡计分卡指标体系的制定程序★
    - 平衡计分卡指标体系设计★
    - 平衡计分卡指标的权重与目标值★
    - 平衡计分卡的有效应用★★★

第一节　绩效评价概述

【知识点一】绩效评价的含义★

绩效评价是企业运用系统的工具方法，对一定时期内企业营运效率与效果进行综合评判的管理活动，最终目的是提升企业的管理水平、管理质量和持续发展能力。

绩效管理是企业与所属单位（部门）、员工之间就绩效目标及如何实现绩效目标达成共识，并帮助和激励员工取得优异绩效，从而实现企业目标的管理过程。

绩效管理的核心是绩效评价和激励管理，绩效评价是企业实施激励管理的重要依据，激励管理是促进企业绩效提升的重要手段。

✲ 【知识点二】绩效评价层次与评价角度★★

（一）绩效评价层次

表7-1 绩效评价层次

层次	具体内容
企业层面	对包括母公司在内的企业集团的绩效评价；评价范围最广、评价内容最多、评价指标最全、评价边界相对清晰。无论是利益相关者，还是企业的上层控制者，绩效评价主要是以企业整体为对象
部门层面	在公司内部按照业务单元、地域分布等标准将企业整体划分成多个子绩效评价对象，并对其绩效进行评价；为了更清晰、更准确地判断企业整体绩效的情况，寻找企业绩效贡献的来源和企业管理需要提升的方向和目标，部门绩效要根据企业自身的特点进行划分，没有固定的模式
个人层面	个人层面的绩效评价按**领导层次**和**一般员工层次**划分，领导层次的绩效评价与企业层面的绩效评价是分不开的，而对企业一般员工的绩效评价，更多涉及的是人力资源管理内容，不是本章重点阐述的内容

（二）评价角度

1. 外部视角（财务视角）。

企业财务报告的使用者是现有或潜在的股东、信贷者、供应商，以及其他一些外部的利益相关者。这些外部的利益相关者，需要根据各自的需要，定期或不定期地对企业进行绩效评价。例如，企业的所有者期望所投资企业的收益、现金流量和股利不断增长，股权的经济价值随之提升。因此，**企业的所有者比较关注投资回报、收益分配，以及股票的市场价值。**

对于企业的债权人来说，除定期收取利息和本金外，不能分享企业经营成功所带来的回报，必须审慎地评估收回贷款，特别是提供的长期贷款所涉及的任何风险。因此，**债权人主要关注企业资产的流动性、财务杠杆以及偿债能力等。**

外部视角的企业绩效评价主要采用财务指标，如流动比率、财务杠杆、净资产收益率、每股收益等，以及市盈率、市净值等市场价值指标。

2. 内部视角（管理视角）。

管理视角的企业绩效评价，既可采用贡献毛利、息税前利润、净利润、自由现金流量、EVA等**财务指标或价值指标**，也可采用客户满意度、产品质量等级、送货及时性等**非财务指标**。

本章主要从**管理视角**讨论企业层面的绩效评价问题。

✲ 【知识点三】企业绩效评价的功能

企业绩效评价有利于企业利益相关者全面了解企业经营状况和未来发展趋势，有利于企业建立和健全激励与约束机制，改进企业经营管理、促进经营者和员工的共同努力，达到提高企业综合竞争能力和经营绩效的目的。究其原因在于企业绩效评价具有价值判断、预测、战略传达与管理、行为导向四大功能。

（一）价值判断功能

价值判断功能是企业绩效评价的**基本功能**，也是绩效评价概念的**核心内容**。它通过设计各项绩效评价指标，记录和测算各项评价指标的实际值，并将指标实际值与目标值、历史水平、行业先进或平均水平等进行比较后，对企业的盈利能力、偿债能力、资产营运能力、发展能力和综合竞争能力等作出价值判断，从而准确、全面、客观、公正地衡量、了解和判断企业的经营绩效、经营管理水平和努力程度。

（二）预测功能

企业绩效评价有助于企业利益相关者了解过去和当前企业经营结果的实际情况，经营管理水平和努力程度，企业资源和能力的优势、劣势以及经营过程各方面存在的问题。在此基础上预测和判断企业经营活动与绩效的未来发展趋势，从而使利益相关各方更好地进行决策和控制。

（三）战略传达与管理功能

企业为了实现其远景目标和长期发展战略，必须制定近期的、具体的经营战略并确定相应的关键绩效驱动因素。在此基础上设置反映多方面、多层次经营管理活动的过程及其成果的绩效评价指标体系，并为这些指标设置相应的目标值。通过这一途径企业将战略目标层层分解并落实到各个管理层次和部门，实际上是向所有部门的员工传达了企业的战略目标，以及企业期望他们采取的行动。

（四）行为导向功能

企业绩效评价体系在**事前**根据企业战略目标以及行为主体的职责和权限，设计相应的绩效评价指标和必须达到的目标，使行为主体明确应采取的行为和应完成的任务。

在**事中**适时提供关于生产经营过程的各个环节和方面的效率和效果信息，帮助行为主体及时发现问题与不足并采取改进措施。

在**事后**全面、综合地评价行为主体的经营绩效，并将评价结果与薪酬制度、奖励计划以及其他激励措施结合起来，引导行为主体积极、主动地采取与企业利益和战略目标相一致的行为，并努力改进经营管理水平，提高企业经营绩效和竞争优势。

【知识点四】企业绩效评价的应用环境★

（一）组织架构

企业进行绩效管理，开展绩效评价时，应设立**薪酬与考核委员会**或类似机构，主要负责**审核**绩效管理的政策和制度、绩效计划与激励计划、绩效评价结果与激励实施方案、绩效评价与激励管理报告等，协调解决绩效管理工作中的**重大问题**。

薪酬与考核委员会或类似机构**下设绩效管理工作机构**，主要负责**制定**绩效管理的政策和制度、绩效计划与激励计划，组织绩效计划与激励计划的执行与实施，**编制**绩效评价与激励管理报告等，协调解决绩效管理工作中的**日常问题**。

（二）制度体系

企业应建立健全绩效管理制度体系，明确绩效管理的工作目标、职责分工、工作程序、工具方法、信息报告等内容。绩效管理制度体系中，首先应建立健全绩效评价制度体系，该体系的科学性、实用性和可操作性是实现对企业绩效客观、公正评价的前提。企业绩效评价体系的设计应遵循“内容全面、方法科学、制度规范、客观公正、操作简便、适应性广”的基本原则。

（三）信息系统

企业应建立有助于绩效评价实施的信息系统，为绩效评价工作提供信息支持。

绩效评价信息系统应能够实现从绩效计划的制定、执行到绩效评价的实施、报告等绩效评价全流程的线上管理与控制。

【知识点五】企业绩效评价的程序

企业开展绩效评价时，一般按照制定绩效计划、执行绩效计划、实施绩效评价、编制绩效评价报告等程序进行。

（一）制定绩效计划

企业应根据战略目标，综合考虑绩效评价期间宏观经济政策、外部市场环境、内部管理需要等因素，结合业务计划与预算，按照上下结合、分级编制、逐级分解的程序，在沟通反馈的基础上，编制各层级的绩效计划与激励计划。

绩效计划制定完成后，应经薪酬与考核委员会或类似机构审核，报董事会或类似机构审批。经审批的绩效计划与激励计划应保持稳定，**一般不予调整**，若受国家政策、市场环境、不可抗力等客观因素影响，确需调整的，应严格履行规定的审批程序。

（二）执行绩效计划

下达：审批后的绩效计划，应以**正式文件**的形式下达执行，确保与计划相关的被评价对象能够了解计划的具体内容和要求。

执行：绩效计划下达后，各计划执行单位（部门）应认真组织实施，从横向和纵向两方面落实到各所属单位（部门）、各岗位员工，形成全方位的绩效计划执行责任体系。

监控：在绩效计划执行过程中，企业应建立配套的监督控制机制，及时记录执行情况，进行差异分析与纠偏，持续优化业务流程，确保绩效计划的有效执行。

沟通辅导：绩效计划执行过程中，绩效管理工作机构应通过会议、培训、网络等形式，进行多渠道、多样化、持续不断的沟通与辅导，使绩效计划与激励计划得到充分理解和有效执行。

（三）实施绩效评价

绩效管理工作机构应根据计划的执行情况**定期**实施绩效评价与激励，按照绩效计划与激励计划的约定，对被评价对象的绩效表现进行系统、全面、公正、客观的评价，并根据评价结果实施相应的激励。

（四）编制绩效评价报告

绩效管理工作机构应定期或根据需要编制绩效评价与激励管理报告，对绩效评价和激励管理的结果进行反映。

【知识点六】绩效计划的制定★★★

绩效计划是企业开展绩效评价工作的行动方案，包括构建指标体系、分配指标权重、确定绩效目标值、选择计分方法、评价周期和拟订绩效责任书等一系列管理活动。

（一）指标体系★★★

指标体系应反映企业战略目标实现的关键成功因素，具体指标应含义明确、可度量；不同行业、不同性质的企业以及企业发展的不同阶段，评价指标的设置以及各指标的重要程度也不相同。

常见的绩效评价指标的分类方法有：

1. 财务指标与非财务指标。

财务指标的缺陷：

（1）财务指标面向过去而不反映未来，不利于评价企业在创造未来价值上的业绩。

（2）财务指标容易被操纵。如固定资产折旧、无形资产摊销、收入确认、表外融资等。

（3）财务指标容易导致短视行为。如绩效与短期利润挂钩等。

（4）财务指标不利于揭示出经营问题的动因。如收入目标没有实现，是产品质量使客户流失，还是配送不及时使订单减少，财务指标只告诉你做得怎么样，但并没有告诉你如何提高。

以财务指标为主的传统经营绩效评价体系，来创造未来的价值是远远不够的，非财务指标弥补了这一缺点。

非财务指标一般是财务指标的先行指标，被认为是**能反映未来绩效**的指标，较差的非财务指标（如缺乏组织学习、流程改进不力、客户满意度低下等）必定会给企业带来不利影响并在财务指标中体现；良好的非财务指标有利于促进企业实现未来的财务成功。

2. 定性指标与定量指标。

非财务指标可以是定量的，用数字直接计量，例如消费者投诉数量；但非财务指标有时难以用数字计量，只能定性反映，例如销售代表所反馈的客户意见。但是，从管理角度看，绩效指标应当尽可能量化，目标不量化就会难以操作，可能会形同虚设。实务中通常采用量化的指标来替代定性指标，例如用客户投诉数量作为衡量产品质量或客户满意度的替代指标，用保修单数量作为衡量产品可信度的替代指标。

3. 绝对指标与相对指标。

绝对指标能反映被评价对象绩效的**总量大小**，如某销售部门的年营业收入预算目标。相对指标是两个绝对指标的**比率结果**，如某市场销售部门的销售费用率。

绝对指标和相对指标在企业的绩效评价中相互补充，可以更好地发挥作用。

4. 基本指标与修正指标。

基本指标是评价企业绩效的**核心指标**，用以产生企业绩效评价的初步结果。

修正指标是企业绩效评价指标体系中的**辅助指标**，用以对基本指标评价形成的初步评价结果进行修正，以产生较为全面的企业绩效评价基本结果。

例如《中央企业综合绩效评价实施细则》规定：企业盈利能力状况以净资产收益率、总资产报酬率**两个基本指标**和销售（营业）利润率、盈余现金保障倍数、成本费用利润率、资本收益率**四个修正指标**进行评价。

企业资产质量状况以总资产周转率、应收账款周转率**两个基本指标**和不良资产比率、流动资产周转率、资产现金回收率**三个修正指标**进行评价。

企业债务风险状况以资产负债率、已获利息倍数**两个基本指标**和速动比率、现金流动负债比率、带息负债比率、或有负债比率**四个修正指标**进行评价。

企业经营增长状况以销售（营业）增长率、资本保值增值率**两个基本指标**和销售（营业）利润增长率、总资产增长率、技术投入比率**三个修正指标**进行评价。

5. 正向指标、反向指标与适度指标。

在企业绩效评价指标体系中，有些是指标值越大评价越好的指标，称为正向指标，例如净资产收益率、总资产报酬率等效益型指标。

有些是指标值越小评价越好的指标，称为反向指标，例如成本费用占营业收入比例、应收账款周转天数等指标。

还有一些是指标值越接近某个值越好的指标，称为适度指标，例如资产负债率指标，该指标过高，说明杠杆太高，财务风险过大，但该指标过低又说明企业过于保守，当投资报酬率超过利息率时不利于企业价值的提升。

（二）指标权重★

对被评价对象进行绩效评价时，一般需合理设计多个评价指标，构成一个有机的指标体系。评价指标体系确定之后，需要对每一个指标赋予一定的权重。

某一评价指标的权重是指该指标在整体评价指标体系中的**相对重要程度**。指标权重可以从若干评价指标中分出轻重，并在很大程度上反映企业的考核导向。

指标权重的确定可选择运用主观赋权法和客观赋权法，也可综合运用这两种方法。

（三）绩效目标值★

绩效目标值的确定可参考内部标准与外部标准。

内部标准有预算标准、历史标准、经验标准等；

外部标准有行业标准、竞争对手标准、标杆标准等。

1. 预算标准。

预算控制的机制在于将实际绩效结果与预算目标进行比较，求出并分析差异，针对差异及时修正目标或实施改进措施。

优点：有利于提高全面预算管理的效果和水平，实现预算管理与绩效评价的有效衔接，确保预算目标的实现。

缺点：易造成预算松弛或预算过度问题。

2. 历史标准。

在明显缺乏外部比照对象的情况下，为衡量绩效，企业往往会使用历史标准。

使用历史标准，可比性是主要问题，需要剔除物价变动、会计准则变化、经营环境变化等一些不可控因素或不可抗力的影响。**此外，**历史绩效也会存在效率问题和计量偏差，将实际绩效结果与有问题的历史标准相比较，就好比使用有问题的天平来称重量。**另外，**使用历史标准还会造成“棘轮效应”，因为人的行为习惯有不可逆性，向上调整容易，向下调整难。如果某个管理者在企业外部环境恶化时依然能够创造超越同业的良好绩效，但是可能不如历史标准，在这种情况下，采用历史标准评价，就可能会造成“鞭打快牛”的结果。

3. 外部标准。

通常会选择同行业的标准，包括行业均值标准或行业标杆标准，以及跨行业标杆标准等。

（四）绩效评价计分方法★★

绩效评价计分方法是根据评价指标，对照评价标准，形成最终评价结果的一系列手段。

1. 指标体系综合计分方法。

具体可分为定量法和定性法：

定量法主要有功效系数法和综合指数法等；定性法主要有素质法和行为法等。

（1）功效系数法：根据多目标规划原理，将所要评价的各项指标分别对照各自的标准，并根据各项指标的权重，通过功效函数转化为可以度量的评价分数；再对各项指标的单项评价分数进行加总，得出综合评价分数的一种方法。

（2）综合指数法：根据指数分析的基本原理，计算各项绩效指标的单项评价指数和加权评价指数，据以进行综合评价的方法。该方法的优点是操作简单、容易理解，缺点是标准值存在异常时影响结果的准确性。综合指数法的计算公式为：

$$绩效指标总得分 = \sum(单项指标评价指数 \times 该项评价指标的权重)$$

（3）素质法：评估员工个人或团队在多大程度上具有组织所要求的某种基本素质、关键技能和主要特质的方法。

（4）行为法：专注于描述与绩效有关的行为状态，考核员工在多大程度上采取了管理者所期望或工作角色所要求的组织行为的方法。

2. 单项指标计分方法。

常见的单项指标计分方法主要有比率法、插值法、减分法、层差法、非此即彼法等。

（1）比率法。

用指标的实际完成值除以目标值（或标准值），计算出百分比，然后乘以指标的权重分数，得到该指标的实际考核分数。比率法计算公式为：

$$某项比率得分值 = A/B \times 100\% \times 权重分数$$

其中：A 为实际完成值；B 为考核评价目标值。

（2）插值法。

又称内插法，是利用函数 f(x) 在某区间中已知的若干点的函数值，作出适当的特定函数，在区间的其他点上用这个特定函数的值作为函数 f(x) 的近似值。

如超过目标利润 5%，得 60 分；超过目标利润 7%，得 65 分，则超过目标利润 6% 的得分为 62.5 分。

（3）减分法（只减分不加分）。

针对标准分进行减扣而不进行加分的方法。在执行指标过程中当发现有异常情况时，就按照一定的标准扣分，如果没有异常则得到满分。

（4）层差法。

将考核结果分为几个层次，实际执行结果落在哪个层次内，所对应的分数即为考核的分数。

（5）非此即彼法。

结果只有几个可能性，不存在中间状态。

（五）绩效评价周期

绩效评价周期一般可分为月度、季度、半年度、年度、任期。

月度、季度绩效评价一般适用于企业基层员工和管理人员；半年度绩效评价一般适用于企业中高层管理人员；年度绩效评价适用于企业所有被评价对象；任期绩效评价主要适用于企业负责人。

（六）绩效责任书

绩效计划制定后，评价主体与被评价对象一般应签订绩效责任书，明确各自的权利和义务，并作为绩效评价与激励管理的依据。

绩效责任书一般按年度或任期签订；主要内容包括绩效指标、目标值及权重、评价计分方法、特别约定事项、有效期限、签订日期等。

【知识点七】内部转移定价★★★

（一）内部转移定价概述★

定义：企业内部分公司、分厂、车间、分部等责任中心之间相互提供产品（或服务）、资金等内部交易时所采用的计价标准。

优缺点： 内部转移定价能够清晰反映企业内部供需各方的责任界限，为绩效评价和激励提供客观依据，有利于企业优化资源配置。但也可能受到相关因素影响，内部转移定价体系产生的定价结果不合理，造成信息扭曲，误导相关方行为，从而损害企业局部或整体利益。

（二）内部转移定价应遵循的原则★

（1）合规性原则。内部转移价格的制定、执行及调整应符合相关会计、财务、税收等法律法规的规定。

（2）效益性原则。企业应用内部转应以企业**整体利益最大化**为目标，避免为追求局部最优而损害企业整体利益的情况；同时应兼顾各责任中心及员工利益，充分调动各方积极性。

（3）适应性原则。内部转移定价体系应当与企业所处行业特征、企业战略、业务流程、产品（或服务）特点、业绩评价体系等相适应，使企业能统筹各责任中心利益，对内部转移价格达成共识。

（三）内部转移定价的类型★★

1. 价格型内部转移定价。

以市场价格为基础制定的、由成本和毛利构成内部转移价格，**一般适用于内部利润中心**。

价格的确定：

（1）外销活跃＋可靠报价： 责任中心所提供的产品（或服务）经常外销且外销比例较大的，或所提供的产品（或服务）有外部活跃市场可靠报价的，可已用外销价或活跃市场报价作为内部转移价格。

（2）无外销/无可靠报价： 责任中心一般不对外销售且外部市场没有可靠报价的产品（或服务），或企业管理层和有关各方认为不需要频繁变动价格的，可以参照外部市场价或预测价制定模拟市场价作为内部转移价格。

（3）无外部市场： 没有外部市场但企业出于管理需要设置为模拟利润中心的责任中心，可以在生产成本基础上加一定比例毛利作为内部转移价格。

2. 成本型内部转移定价。

以标准成本等相对稳定的成本数据为基础，制定内部转移价格，**一般适用于内部成本中心**。

3. 协商型内部转移定价。

企业内部供求双方为使双方利益相对均衡，通过协商机制制定内部转移价格的方法。**主要适用于分权程度较高的情形**。协商价的取值范围通常较宽，一般不高于市场价，不低于变动成本。

以外销价或活跃市场报价制定的内部转移价格可能随市场行情波动而变动较频繁，而其余内部转移价格应在一定期间内保持相对稳定，以使需求方责任中心的绩效不受供给方责任中心绩效变化的影响。企业可以根据管理需要，核算各责任中心资金占用成本，将其作为内部利润的减项，或直接作为业绩考核的依据。责任中心占用的资金一般指货币资金，也可以包括原材料、半成品等存货以及应收款项等；占用资金的价格一般参考市场利率或加权资本成本制定。

第七章

第二节 关键绩效指标法

【知识点一】关键绩效指标法的含义及优缺点★★

(一) 关键绩效指标法的含义★

关键绩效指标法是基于企业战略目标，通过建立关键绩效指标（key performance indicator，KPI）体系，将价值创造活动与战略规划目标有效联系，并据此进行绩效管理的方法。

关键绩效指标法可单独使用，也可与经济增加值法、平衡计分卡等其他方法结合使用。

(二) 关键绩效指标法的优缺点★★

1. 优点。

一是使企业业绩评价与战略目标密切相关，有利于战略目标的实现。

二是通过识别的价值创造模式把握关键价值驱动因素，能够更有效地实现企业价值增值目标。

三是评价指标数量相对较少，易于理解和使用，实施成本相对较低，有利于推广实施。

2. 缺点。

关键绩效指标的选取需要透彻理解企业价值创造模式和战略目标，有效识别核心业务流程和关键价值驱动因素，指标体系设计不当将导致错误的价值导向或管理缺失。

【知识点二】关键绩效指标体系的制定程序★★

（一）制定企业级关键绩效指标

（二）制定所属单位（部门）级关键绩效指标

（三）制定岗位（员工）级关键绩效指标

【知识点三】关键绩效指标的类型★★

企业的关键绩效指标一般可分为结果类和动因类两类指标。

结果类指标是反映企业绩效的价值指标，主要包括投资资本回报率、净资产收益率、经济增加值回报率、息税前利润、自由现金流量等综合指标。

动因类指标是反映企业价值关键驱动因素的指标，主要包括资本性支出、单位生产成本、产量、销量、客户满意度、员工满意度等。

(一) 结果类指标

1. 投资资本回报率。

企业一定会计期间取得的息前税后利润占其所使用的全部投资资本的比例，反映企业在会计期间有效利用投资资本创造回报的能力。计算公式如下：

$$投资资本回报率=[税前利润\times(1-所得税税率)+利息支出]/投资资本平均余额\times100\%$$

$$投资资本平均余额=(期初投资资本+期末投资资本)/2$$

$$投资资本=有息债务+所有者（股东）权益$$

2. 净资产收益率。

也称权益净利率，是指企业一定会计期间取得的净利润占其所使用的净资产平均数的比例，反映企业全部资产的获利能力。计算公式如下：

净资产收益率 = 净利润/平均净资产 ×100%

3. 经济增加值回报率。

企业一定会计期间内经济增加值与平均资本占用的比值。计算公式如下：

经济增加值回报率 = 经济增加值/平均资本占用 ×100%

4. 息税前利润。

企业当年实现税前利润与利息支出的合计数。计算公式如下：

息税前利润 = 税前利润 + 利息支出

5. 自由现金流量。

企业一定会计期间经营活动产生的净现金流量超过付现资本性支出的金额，反映企业可动用的现金。计算公式如下：

自由现金流量 = 经营活动净现金流量 − 付现资本性支出

经营活动净现金流量 = 税后净营业利润 + 折旧与摊销 − 营运资金增加额

（二）动因类指标

包括资本性支出、单位生产成本、产量、销量、客户满意度、员工满意度。

【知识点四】关键绩效指标选取的方法★

关键绩效指标应含义明确、可度量、与战略目标高度相关。

指标的数量不宜过多，每一层级的关键绩效指标一般不超过 10 个。

关键绩效指标选取的方法主要有关键成果领域分析法、组织功能分解法和工作流程分解法。

（一）关键成果领域分析法

基于对企业价值创造模式的分析，确定企业的关键成果领域，并在此基础上进一步识别关键成功要素，确定关键绩效指标的方法。

（二）组织功能分解法

基于组织功能定位，按照各所属单位（部门）对企业总目标所承担的职责，逐级分解和确定关键绩效指标的方法。

（三）工作流程分解法

按照工作流程各环节对企业价值贡献程度，识别出关键业务流程，将企业总目标层层分解至关键业务流程相关所属单位（部门）或岗位（员工），确定关键绩效指标的方法。

【知识点五】关键绩效指标的权重及目标值★★

（一）关键绩效指标的权重

关键绩效指标的权重分配应以企业战略目标为导向，反映被评价对象对企业价值贡献或支持的程度，以及各指标之间的重要性水平。单项关键绩效指标权重一般设定在 5% ~ 30%，对特别重要的指标可适当提高权重，对特别关键、影响企业整体价值的指标可设立“一票否决”制度，即如果某项关键绩效指标未完成，无论其他指标是否完成，均视为未完成绩效目标。

（二）关键绩效指标目标值

企业确定关键绩效指标目标值，一般参考以下标准：

（1）依据国家有关部门或权威机构发布的行业标准或参考竞争对手标准。

（2）参照企业内部标准，包括企业战略目标、年度生产经营计划目标、年度预算目标、历年指标水平等。

（3）不能按前两项方法确定的，可根据企业历史经验值确定。

关键绩效指标的目标值确定后，应规定因内外部环境发生重大变化、自然灾害等不可抗力因素对绩效完成结果产生重大影响时，对目标值进行调整的办法和程序。一般情况下，由被评价对象或评价主体测算确定影响额度，向相应的绩效管理工作机构提出调整申请，报薪酬与考核委员会或类似机构审批。

第三节　经济增加值法

【知识点一】经济增加值的含义★

20世纪80年代，一些财务咨询公司的实证研究表明，公司剩余收益变化与其股票市值变化存在高度相关性，而且剩余收益变化与股票价格变化的相关性显著高于投资报酬率变化与股票价格变化的相关性。因此，剩余收益作为绩效评价指标开始逐渐普及。1982年，剩余收益被思腾思特（Stern Steward）咨询公司重新设计命名为经济增加值（economic value added，EVA），并把EVA注册为商标。

经济增加值也称为经济利润，是指扣除了股东所投入的资本成本之后的**真实利润**。经济增加值是剩余收益的一种特殊的计算方法，即税后净营业利润扣除全部投入资本的成本后的剩余收益。

经济增加值与传统的剩余收益有两个大的重大突破：一是对会计准则所歪曲的会计利润数据进行了调整；二是金融学中资本资产定价模型能够推导出反映非系统风险的权益成本率，进一步推导出加权平均资本成本率。经济增加值结合了资本资产定价模型，将加权平均资本成本率引入了计算公式。

经济增加值及其改善值是全面评价经营者有效使用资本和为企业创造价值的重要指标。经济增加值为正，表明经营者在为企业创造价值；经济增加值为负。表明经营者在损毁企业价值。

【知识点二】经济增加值的计算与应用★★★

（一）计算公式

经济增加值＝税后净营业利润－平均资本占用×加权平均资本成本

其中：税后净营业利润衡量的是企业的经营盈利情况；平均资本占用反映的是企业持续投入的各种债务资本和股权资本；加权平均资本成本反映的是企业各种资本的平均成本率。

1. 税后净营业利润。

税后净营业利润等于会计上的**税后净利润**加上利息支出等**会计调整项目后**得到的税后利润。

计算经济增加值时，需要进行相应的会计项目调整，以消除财务报表中不能准确反映企业价值创造的部分。会计调整项目的选择应遵循价值导向性、重要性、可控性、可操作性与行业可比性等原则，常用的调整项目有：

（1）研究开发费、大型广告费等一次性支出但收益期较长的费用，应予以资本化处理，不计入当期费用。

（2）反映付息债务成本的利息支出，不作为期间费用扣除，计算税后净营业利润时扣除所得税影响后予以加回。

（3）营业外收入、营业外支出具有偶发性，应将当期发生的营业外收支从税后净营业利润中扣除。

（4）将当期减值损失扣除所得税影响后予以加回，并在计算资本占用时相应调整资产减值准备发生额。

（5）递延税金不反映实际支付的税款情况，应将递延所得税资产及递延所得税负债变动影响的企业所得税从税后净营业利润中扣除，相应调整资本占用。

（6）其他非经常性损益调整项目，如股权转让收益等。

2. 平均资本占用。

平均资本占用是所有投资者投入企业经营的全部资本，包括债务资本和股权资本。其中债务资本包括融资活动产生的各类有息负债，不包括经营活动产生的无息流动负债。股权资本中包含少数股东权益。资本占用除根据经济业务实质相应调整资产减值损失、递延所得税等，还可根据管理需要调整研发支出、在建工程等项目，引导企业注重长期价值创造。

3. 加权平均资本成本。

加权平均资本成本是债务资本成本和股权资本成本的加权平均，反映了投资者所要求的必要报酬率。

（1）债务资本成本是企业实际支付给债权人的税前利率，反映的是企业在资本市场中债务融资的成本率。如果企业存在不同利率的融资来源，债务资本成本应使用加权平均值。

（2）股权资本成本是在不同风险下，所有者对投资者要求的最低回报率。通常根据资本资产定价模型确定，计算公式为：

$$K_s = R_f + \beta \times (R_m - R_f)$$

其中，R_f 为无风险收益率，R_m 为市场预期回报率，$(R_m - R_f)$ 为市场风险溢价，β 是企业股票相对于整个市场的风险指数。

上市企业的 β 值，可采用回归分析法或单独使用最小二乘法等方法测算确定，也可以直接采用证券机构等提供或发布的 β 值；非上市企业的 β 值，可采用类比法，参考同类上市企业的 β 值确定。

（3）计算加权平均资本成本：

$$K_{wacc} = K_d \times (1 - T) \times \frac{DC}{TC} + K_s \frac{EC}{TC}$$

（二）使用 EVA 指标进行绩效评价的效果

计算净利润时没有扣除股权资本成本，而股权资本成本又远高于债权资本成本，因此，净利润的值要高于 EVA 的值，绩效上体现为企业盈利，实际可能是亏损的。EVA 指标则是经济利润的体现，在计算过程中合理调整了会计报表中的一些项目，充分考虑了股权资本成本对企业价值的影响。与净利润指标相比，EVA 在衡量企业的价值创造能力和经营绩效时更为准确全面。

使用经济增加值指标进行绩效评价的效果主要包括：

1. 提高企业资金的使用效率。
2. 优化企业资本结构。
3. 激励经营管理者、实现股东财富的保值增值。
4. 引导企业做强做大主业，优化资源配置。

【知识点三】经济增加值法的含义及优缺点★★

1. 优点。

（1）考虑了所有资本的成本，更真实地反映了企业的价值创造能力。

（2）实现了企业利益、经营者利益和员工利益的统一，激励经营者和所有员工为企业创造更多价值。

（3）能有效遏制企业盲目扩张规模以追求利润总量和增长率的倾向，引导企业注重长期价值创造。

2. 缺点。

（1）仅对企业当期或未来1～3年价值创造情况的衡量和预判，无法衡量企业长远发展战略的价值创造情况。

（2）计算主要基于财务指标，无法对企业的营运效率与效果进行综合评价。

（3）不同行业、不同发展阶段、不同规模的企业，其会计调整项和加权平均资本成本各不相同，计算比较复杂，影响指标的可比性。

【知识点四】经济增加值指标体系的制定程序★

（一）制定企业级经济增加值指标体系

首先应结合行业竞争优势、组织结构、业务特点、会计政策等情况，确定企业级经济增加值指标的计算公式、调整项目、资本成本等，并围绕经济增加值的关键驱动因素，制定企业级经济增加值指标体系。

（二）制定所属单位（部门）级经济增加值指标体系

根据企业级经济增加值指标体系，结合所属单位（部门）所处行业、业务特点、资产规模等因素，在充分沟通的基础上，设定所属单位（部门）级经济增加值指标的计算公式、调整项目、资本成本等，并围绕所属单位（部门）经济增加值的关键驱动因素，细化制定所属单位（部门）的经济增加值指标体系。

（三）制定高级管理人员的经济增加值指标体系

根据企业级、所属单位（部门）级经济增加值指标体系，结合高级管理人员的岗位职责，制定高级管理人员的经济增加值指标体系。

第四节　平衡计分卡

【知识点一】平衡计分卡的含义与优缺点★

（一）平衡计分卡的含义

平衡计分卡是基于企业战略，从财务、客户、内部业务流程、学习与成长四个维度，将战略目标逐层分解转化为具体的、相互平衡的绩效指标体系，并据此进行绩效管理的方法。

平衡计分卡是采用多重指标、从多个维度或层面对企业或分部进行绩效评价，管理者通过回答四个层面的基本问题来关注企业的绩效。

（1）我们的顾客如何看待我们？（客户层面）

（2）我们必须擅长什么？（内部业务流程层面）

（3）我们能否持续增加或创造价值？（学习与成长层面）

（4）在股东眼中我们表现如何？（财务层面）

平衡计分卡中的“平衡”包括以下含义：

（1）财务绩效与非财务绩效的平衡。

（2）与客户有关的外部衡量以及与关键业务过程和学习成长有关的内部衡量的平衡。

（3）领先指标与滞后指标设计的平衡。

（4）结果衡量（过去努力的结果）与未来绩效衡量的平衡。

（二）平衡计分卡的优缺点

1. 平衡计分卡的优点。

（1）战略目标逐层分解并转化为被评价对象的绩效指标和行动方案，使整个组织行动协调一致。

（2）从财务、客户、内部业务流程、学习与成长四个维度确定绩效指标，使绩效评价更为全面完整。

（3）将学习与成长作为一个维度，注重员工的发展要求和组织资本、信息资本等无形资产的开发利用，有利于增强企业可持续发展的动力。

2. 平衡计分卡的缺点。

（1）专业技术要求高，工作量比较大，操作难度也较大，需要持续地沟通和反馈，实施比较复杂，实施成本较高。

（2）各指标权重在不同层级及各层级不同指标之间的分配比较困难，且部分非财务指标的量化工作难以落实。

（3）系统性强、涉及面广，需要专业人员的指导、企业全员的参与和长期持续地修正与完善，对信息系统、管理能力有较高的要求。

✲【知识点二】战略地图及平衡计分卡指标体系的制定程序★

（一）战略地图

战略地图是企业为描述企业各维度战略目标之间的因果关系而绘制的可视化的战略因果关系图。企业应用平衡计分卡工具方法，首先应制定战略地图，即基于企业愿景与战略，将战略目标及其因果关系、价值创造路径以图示的形式直观、明确、清晰地呈现出来。战略地图制定后，应以平衡计分卡为核心编制绩效计划。

企业应用战略地图工具方法，一般按照战略地图设计和战略地图实施等程序进行。

1. 战略地图设计：企业设计战略地图，一般按照设定战略目标、确定业务改善路径、定位客户价值、确定内部业务流程优化主题、确定学习与成长主题、进行资源配置、绘制战略地图等程序进行。

2. 战略地图实施：企业利用管理会计工具方法，确保企业实现既定战略目标的过程。

第七章

战略地图实施一般按照战略 KPI 设计、战略 KPI 责任落实、战略执行、执行报告、持续改善、评价激励等程序进行。

（二）平衡计分卡指标体系的制定程序★

平衡计分卡指标体系的构建应围绕战略地图，针对财务、客户、内部业务流程和学习与成长四个维度的战略目标，确定相应的评价指标。一般程序为：

1. 制定企业级指标体系。
2. 制定所属单位（部门）级指标体系。
3. 制定岗位（员工）级指标体系。

根据企业、所属单位（部门）级指标体系，按照岗位职责逐级形成岗位（员工）级指标体系。

【知识点三】平衡计分卡指标体系设计★

构建平衡计分卡指标体系时，应注重短期目标与长期目标的平衡、财务指标与非财务指标的平衡、结果性指标与动因性指标的平衡、企业内部利益与外部利益的平衡。

平衡计分卡每个维度的指标通常为 4 ~7 个，总数量一般不超过 25 个。

构建平衡计分卡指标体系时，企业应以财务维度为核心，其他维度的指标都与核心维度的一个或多个指标相联系。通过梳理核心维度目标的实现过程，确定每个维度的关键驱动因素，结合战略主题，选取关键绩效指标。

（一）财务维度

财务维度以财务术语描述了战略目标的有形成果，常用的指标有投资资本回报率、净资产收益率、经济增加值回报率、息税前利润、自由现金流量、资产负债率、总资产周转率、资本周转率等。

（二）客户维度

在客户层面，管理者需要首先确定细分市场和细分客户，然后设定相应的绩效指标来考核其业务单元开发并维持目标细分客户的能力。企业常用指标有市场份额、客户满意度、客户获得率、客户保持率、客户获利率、战略客户数量等。

（三）内部业务流程维度

在内部业务流程层面，管理者需要确定企业所擅长的并能够实施战略的关键内部过程，该过程对客户满意度和实现企业财务目标有重大影响。

卡普兰和诺顿确定了三个首要的内部业务过程，分别是创新过程、经营过程和售后服务过程。创新过程的绩效可以通过新产品收入占总收入的比重、新产品开发与竞争对手的对比、与计划的对比、开发下一代产品所需要的时间、企业在市场排名靠前的产品的数量、盈亏平衡时间等指标来衡量。

经营过程起始于收到客户订单截止于向顾客交付产品或服务。这一过程的目的是以高效、一致、及时的标准向顾客交付产品或服务，其绩效需要通过时间、质量和成本三方面来衡量。

售后服务过程包括产品保修、问题产品处理、返修以及客户付款管理等，售后服务的业绩也可以通过在经营过程中所使用的时间、质量和成本指标来衡量。

内部业务流程维度企业常用的指标有交货及时率、生产负荷率、产品合格率、存货周转率、单位生产成本等。

（四）学习与成长维度

学习与成长维度确定了对战略最重要的无形资产，常用的指标有员工保持率、员工生产率、培训计划完成率、员工满意度等。

【知识点四】平衡计分卡指标的权重与目标值★

（一）平衡计分卡指标的权重分配

平衡计分卡指标的权重分配应以战略目标为导向，反映被评价对象对企业战略目标贡献或支持的程度，以及各指标之间的重要性水平。

对特别重要的指标可适当提高权重，对特别关键、影响企业整体价值的指标可设立"一票否决"制度。

（二）平衡计分卡绩效目标值

平衡计分卡绩效目标值应根据战略地图的因果关系分别设置。首先确定战略主题的目标值，其次确定主题内的目标值，最后基于平衡计分卡评价指标与战略目标的对应关系，为每个评价指标设定目标值，通常设计 3～5 年的目标值。

平衡计分卡绩效目标值确定后，应规定因内外部环境发生重大变化、自然灾害等不可抗力因素对绩效完成结果产生重大影响时，对目标值进行调整的办法和程序。

【知识点五】平衡计分卡的有效应用★★★

要有效使用平衡计分卡，应遵循以下三个原则：

（一）各个层面的指标间具有因果关系

平衡计分卡四个层面的指标应当具有因果关系，因果关系的情形可以用"如果……那么……"来表述。例如，如果加强对客户代表的培训，则公司可以吸引到更多的客户；如果缩短配送的时间，改进服务的流程，则可以接受更多的订单，取得更多的收入等等。这种因果关系可以沿着平衡计分卡的四个层面推进，其最终的结果应当明确反映出公司的战略。

（二）结果计量指标与绩效动因相关联

结果计量指标是滞后指标，如获利能力指标、市场份额指标、客户满意度指标、员工技能指标等，结果计量指标是计量成功与否的综合性指标。

绩效动因是领先指标，是某一特定部门战略的具体动因，如周转时间、准备时间和新专利等。如果没有结果计量指标，绩效动因虽能指明短期内如何运作，但无法揭示具体战略是否在长期内有效；反之，如果绩效动因缺位，结果计量指标虽能表明部门或团队的努力方向，但无法指明目标实现的具体路径，也不能实时提供相关的信息。

（三）与财务指标挂钩

如果不能将员工授权、全面质量管理等创新活动与企业财务指标的改善挂起钩来，则创新就成为单纯的目标，无法带来具体的成效，并会使相关的员工产生失落感。因此，所有的因素链最终都应采用财务指标来计量其结果。

第八章 企业财务共享服务

本章概述

教材变化：

本章是2022年新增加的章节，包括三节内容：第一节企业财务共享服务概述；第二节传统财务共享服务模式；第三节新型财务共享服务模式。

本章阐述了财务共享服务的概念、特点、类型；介绍了传统模式下财务部门设置及功能分配、支持传统财务共享模式的管理信息系统、主要流程；介绍了新技术在财务共享服务中心的应用。

本章很可能考10分必答题，也有可能考选答题。

本章主要内容

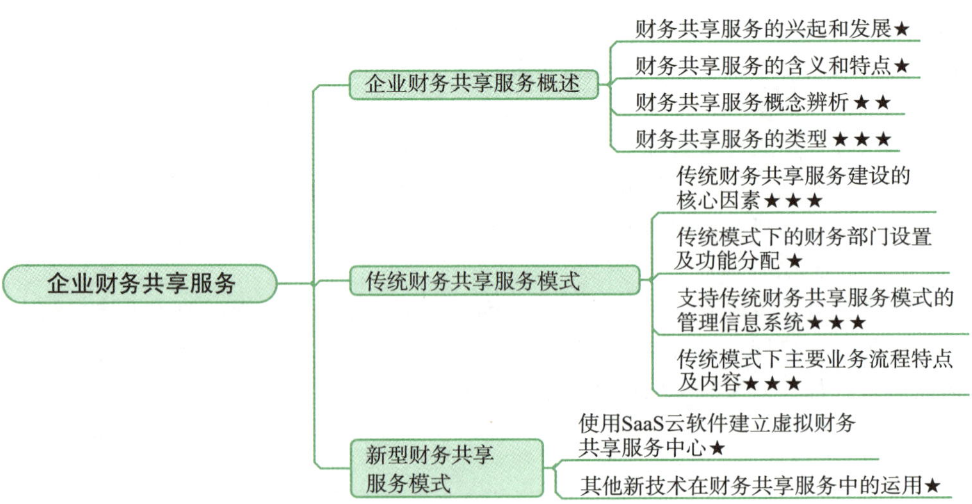

第一节 企业财务共享服务概述

【知识点一】财务共享服务的兴起和发展★

经济全球化带来了跨国企业的蓬勃发展，但庞大的组织和广阔的地域分布给跨国企业的财务管理带来的挑战，突出表现在会计处理效率低下、会计信息的可靠程度降低、会计处理成本高企、企业集团管控力度降低。

科技的进步为跨国企业面临的财务问题提供了解决方案，1981 年美国福特公司在底特律创建了第一家财务共享服务中心（Financial Shared Service Center，FSSC）；2005 年中兴通讯成为第一家建立财务共享服务中心的中国企业；截至 2021 年末，中国境内财务共享服务中心大概有 3 000 家。

对于相当多的企业来说，建设和完善财务共享中心，提升财务管理水平，服务于企业的内部管理和外部信息披露是当前一项重要工作。在未来 3～5 年内，国内财务共享服务中心将由目前的 3 000 家增加到 1 万家。财务共享服务由传统财务共享服务模式（实体财务共享服务中心），发展到新型财务共享服务模式（虚拟财务共享服务中心）。据中兴新云、ACCA、厦门国家会计学院于 2021 年春天联合发布的《2020 年中国财务共享服务领域调研报告》，规模百亿元以上的企业更有动力建立共享服务中心。其中，58% 的企业收入规模在 100 亿元以上，年收入在 50 亿～100 亿元的企业占 8%，年收入在 50 亿元以下的企业占 34%。

15 年前，企业集团筹建财务共享服务中心一般需要花费 10 亿元，随着技术进步目前一般只需要花费 1 000 万元。

在建立财务中心服务中心前，基础工作（票、账、表、钱、税、档案）占财务工作的 80% 工作量；建立了财务共享服务中心后，基础工作占比将下降到 40%，甚至下降到 20%。由此可见，财务共享服务的兴起和发展，引起了财务管理组织的变革，以及财务理念和方法的革新。

【知识点二】财务共享服务的含义和特点★

（一）财务共享服务的含义

财务共享服务是指企业集团在组织中进行的一项财务管理变革，企业在集团层面成立财务共享服务中心，将集团内分子公司原来分散的财务处理职能集中在财务共享服务中心，使各分子公司共享财务共享中心的财务处理服务，以促进企业集团降低成本、提高效率、保证质量和加强管控。

财务共享服务是企业共享服务的一类，从企业实践来看，财务工作是最先采用共享服务模式的业务，因为财务工作具有业务量大、分散化、重复性高、业务标准化程度高的特点。这些特点决定了企业集团的财务处理工作适合采用共享服务模式。

（1）财务共享服务是会计信息化第三次浪潮的成果，会计信息化发展经历了三次浪潮。第一次浪潮是 20 世纪六七十年代，以微电子技术、大型计算机、数据库技术为核心，单项会计核算是这个阶段的主要特点。第二次浪潮是 20 世纪八九十年代，技术特点包含 PC 机、局域网、标准操作系统等。第三次浪潮正是当前，随着移动通信技术的发展，电子商务、云计算、物联网的应用以及人工智能技术的发展，第三次浪潮有着显著区别于前两次浪潮的标准化、分布式、智能化及安全性等特点，具备着跨组织边界、全产业链财务管理、财务决策支持等功能。

（2）会计信息化发展的三个阶段：其中电算化阶段主要是以会计数据为处理对象、管理环节自动化为变革特点、计算机与数据库为核心技术、合规管理为角色定位的第一阶段。信息化阶段则以信息与数据为处理对象、组织流程的再造为变革特点、互联网/数据仓库/SAAS/ERP为核心技术、管控与服务为角色定位的第二阶段。智能化阶段则是以知识/信息/大数据为处理对象、财务管理模式革命为特点、神经网络/知识图谱/RPA为核心技术、赋能与创新为角色定位的第三阶段。

（二）财务共享服务的特点

共享服务有六个特点，财务共享服务同样具有共享服务的六个特点：

（1）（财务）共享服务的适用对象是跨国、跨地区的大型企业集团。

（2）（财务）共享服务是将对财务业务处理的服务在企业集团内共享。

（3）（财务）共享服务可以提升企业集团财务服务的专业化水平和服务水平，有效促进集团内部管理变革。

（4）（财务）共享服务可以帮助企业集团降低成本、提升价值。

（5）（财务）共享服务可以提升企业集团整体的管控力度。

（6）（财务）企业集团共享服务建设是一个系统工程。

（三）传统企业集团组织结构与财务共享服务模式下企业集团组织结构

财务共享服务依赖于财务共享服务中心的建设，在建立财务共享服务中心前，传统企业集团公司常见组织架构如下图。

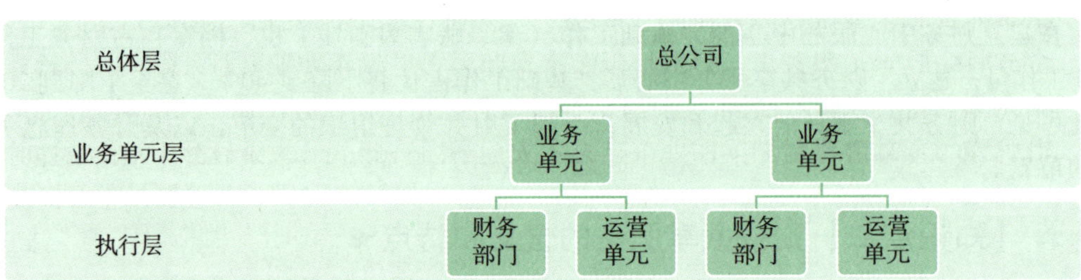

图8-1 传统企业集团公司常见组织架构

财务共享服务模式最重要的是新建财务共享服务中心，财务共享服务中心在企业集团组织结构中的定位如下图。

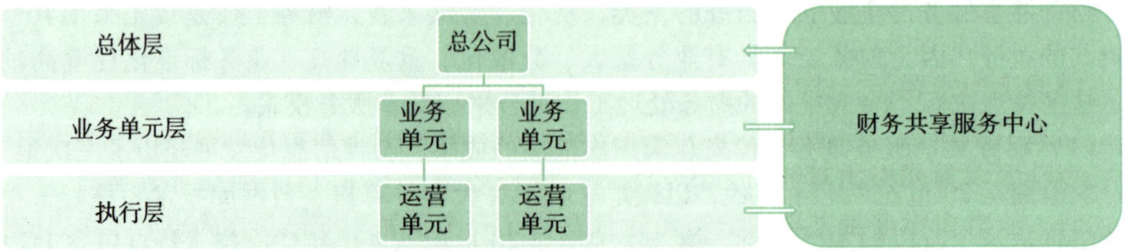

图8-2 财务共享服务中心在企业集团组织结构中的定位

✲【知识点三】财务共享服务概念辨析★★

（一）财务共享服务与财务集中的异同

表 8－1　　财务共享服务与财务集中的异同

辨析		财务集中	财务共享服务
相同点		实质上达到了部分财务集中的效果	
不同点	目的	管控为主，集团公司对下属公司实行集中管控，整合集团内部财务资源，提高资源使用效率，防范决策风险	服务为主，也加强了企业管控，达到财务集中的效果
	手段	实行资金集中管理、全面预算管理，统一财务管理制度和会计核算政策、实行财务人员委派制度，贯彻整体战略方针，强化集团内部审计	统一会计制度和财务管理制度、处理标准，集中分析和分发财务信息
	人员	不物理地集中财务人员、不改变组织架构、人员配置	人员物理地集中在独立的财务共享中心
	流程	即便集中了也不改变业务处理流程	组织机构、人员配置、处理流程、信息系统都发生变化

（二）财务共享服务与财务外包的异同

财务外包是指将企业的财务处理流程外包给特定的公司。

表 8－2　　财务共享服务与财务外包的异同

辨析	财务外包	财务共享服务
相同点	将财务处理交给专业化团队，降低成本，提升效率，分子公司都不再进行会计处理，将相关业务委托给分子公司实体之外的其他单位和部门，都能帮助集团内部分子公司更多地把精力集中在核心流程上	
不同点	业务交给外部单位处理	建立企业集团内部组织
	人员属于外部机构	人员归属于企业
	与外部单位缔结服务合约	内部缔结服务合约
	人员相对不了解企业业务	人员了解企业业务
	通过契约约定责任和权利，信息存在不对称风险	财务信息仅在企业内部交流
	削减财务部门，不涉及其他内部组织、流程再造	组织机构调整、流程再造

（三）财务共享服务与 ERP 的异同

企业资源计划（Enterprise Resource Planning，ERP）是美国 Gartner Group 公司于 1990 年开发的企业资源管理信息系统，其中包含生产资源计划、制造、财务、销售、采购、质量管理、实验室管理、业务流程管理、产品数据管理、存货管理、分销与运输管理、人力资源管理和定期报告等子系统。它跳出了传统企业边界，从供应链角度去优化企业的资源管理。

表 8－3　　财务共享服务与 ERP 的异同

辨析	ERP	财务共享服务
相同点	两者都是信息技术变革的成果，企业的财务共享服务需要依赖管理信息系统的升级才能实现，大部分企业的财务共享服务信息系统是在 ERP 系统基础上改进而来	
不同点	打通企业内部信息堡垒，实现业务端到财务端的自动化处理	打通不同分支机构地域之间的信息传递堡垒，实现业务在集团的统一集中处理
	利用企业管理信息系统	在 ERP 系统上建立的升级和改进
	基于供应链优化的企业资源管理	财务管理变革、形成了管理思想

【知识点四】财务共享服务的类型★★★

企业财务共享服务可以按照采用的信息技术路径、覆盖范围及运作模式进行分类，详见表 8－4。

表 8－4　　财务共享服务的分类

分类		具体内容
按采用的主要信息技术路径分	传统模式	①核心思想：人力集中在成本低的物理实体地区、专业化分工提高效率；②技术路线：依靠扫描和影像系统解决凭证异地传递
	新型模式	①核心思想：无实体、不集中；②技术路线：云平台软件技术支持的虚拟财务共享中心
按覆盖范围分	全范围财务共享服务中心	覆盖企业集团全部业务。根据《2020 年中国财务共享服务领域调研报告》，81% 的受调查企业采用单中心模式
	区域财务共享服务中心	覆盖企业集团一定区域业务
	专业财务共享服务中心	覆盖企业集团某类业务或某个板块业务
按运作模式分	基本模式	财务共享服务中心为企业内部的成本中心，只为内部分子公司提供服务，不收费。财务共享服务中心定位为一个职能中心，主要为成员单位提供跨组织、跨地区的专业支持服务。例如，基础会计核算、提供财务报表、进行数据加工等。这种模式下的财务共享中心主要强调标准化的流程、灵活化的组织、专业化的分工和核心化的能力
	市场运营模式	财务共享服务中心仅对内提供服务，但模拟市场交易，集团内部分子公司为财务共享服务中心提供的财务服务付费，财务共享中心成为一个模拟的利润中心。作为虚拟运营单位，财务共享服务中心需要不断提升自身服务质量，优化流程，加强沟通，根据确定的服务流程与标准提供服务，并提升自身服务的专业化水平
	高级市场运营模式	企业建设的财务共享服务中心不仅对企业内部客户提供收费服务，同时为企业外部其他企业提供财务服务，财务共享服务中心成为一个拥有来自企业内外部收入的利润中心
	独立经营模式	财务共享服务中心从企业集团中独立出来，依靠其专业技能和优质服务在市场上立足，收费也由市场决定，成为独立自主经营的公司。该模式下的财务共享服务中心已经从过去的成本中心转化为利润中心，独立法人，以服务为主业

根据《2020 年中国财务共享服务领域调研报告》，76% 的受调研企业共享服务中心属于基本模式（成本中心）；16% 属于市场运营模式或高级市场运营模式；8% 属于独立经营模式（如中石油、中石化、上海电气、海航集团）。

第二节　传统财务共享服务模式

✻【知识点一】传统财务共享服务建设的核心因素★★★

企业集团建设财务共享服务是一个系统工程，必须进行长远的战略规划、科学地制定方案并加以落实才能实现既定目标。下面是传统财务共享服务建设中应当考虑的五个核心因素：

（一）进行财务共享服务的战略定位

战略定位主要是要确定财务共享服务的根本建设目标。常见的建设目标包括：提高业务处理效率；降低成本；加强管控；加强数字化转型等。中外企业财务共享服务战略目标对比如表 8 –5 所示。

表 8 –5　　中外企业财务共享服务战略目标对比

国外企业实施共享服务目标	中国企业实施共享服务目标
提升总体业绩表现	实现标准化、流程化作业，使得企业更加灵活应对业务扩张和市场波动
提升财务服务质量	通过基础职能与管理职能的分割，释放企业精力、聚焦核心业务
推动数据透明度	通过合理规划选址、再造业务流程、优化信息系统等手段实现人工成本的降低
转型标准/预先设定的服务流程	帮助企业实现组织革命，加快企业转型
提升财务内部和外部客户满意度	建立企业知识库，帮助企业降低合规和税务等风险

（二）进行财务共享服务中心选址

根据《2020 年中国财务共享服务领域调研报告》，北上广深是财务共享服务中心选择的热门，西安、武汉、成都正逐渐受到青睐；除上述热门城市外，很多企业选择将共享服务中心建立在公司总部所在地，以加强公司管控。在选址时企业集团需考虑：

（1）明确要建设的财务共享服务中心的种类（全范围、区域化、专业化）。

（2）成本因素：人力成本、通信成本、房租成本等。

（3）环境因素：政策环境、发展能力和城市竞争力等。

（4）人力资源：教育资源、人员流动性、人力资源充沛性等。

（5）基础设施因素：交通、电信设施、自然环境等。

（三）明确运营模式，制定相关制度

在明确运营模式（基本模式、市场模式、高级市场运营模式、独立经营模式）的基础上制定服务标准、统一的收费标准，还需要制定统一的财务制度，作为财务共享服务中心的运营基础。

（四）流程再造

流程再造是企业财务共享服务建设中的基础环节。财务共享模式下企业的组织架构发

生了变化，财务核算功能集中在单独设置的财务共享服务中心，企业的业务流程随之发生了变化。因此，企业集团需要根据财务共享服务建设目标，兼顾控制需求和效率，同时还要考虑信息系统执行的可行性，重新审视业务环节，合理设计标准化的业务流程。

（五）建设信息系统

为了实现财务共享服务的建设目标，企业需要加强信息系统建设。信息系统是财务共享服务实施的载体，支撑财务共享服务中心完成各项工作，提供服务对象满意的服务。因此，企业集团需要在原有的信息系统的基础上进行改造和升级，使其与再造后的业务流程匹配，保证运行效果，提高运作效率。

【知识点二】传统模式下的财务部门设置及功能分配★

企业集团的财务管理职能包括：财务核算职能、管理分析职能、内控执行职能、财务政策制定职能、投融资职能、税务处理职能、内部稽核职能等。在实施财务共享之后，这些职能需要在集团总部财务部门、分子公司的财务部门和财务共享服务中心之间进行分配。

（一）集团内部财务职能的分配

1. 分子公司财务部门的职能：取消财务核算，保留财务分析、业务支持、报税等财务职能和相应人员，配备单据扫描员，上传单据。

2. 财务共享服务中心的职能：承担全集团财务核算，还可能根据需要承担财务分析职能、税务处理职能。

3. 企业集团财务管理部门的职能：政策规范制定、管理会计、投融资、税务筹划、内部稽核。

（二）集团财务管理部门和财务共享服务中心的关系

集团财务管理部门和财务共享服务中心有平行关系和归属关系两种模式：

表 8－6　　财务共享服务中心两种组织定位的比较

组织定位	两部门间协作关系	政策推行力度	汇报层级
平行关系	合作关系协作	弱	少
归属关系	上下级协作	强	多

1. 平行关系：两者都向财务总监汇报，两者之间的关系是协同合作。这种模式汇报层级较少，有利于提高组织效率。

2. 归属关系：财务共享服务中心服从于集团财务部门，由集团财务管理部门向财务总监汇报。这种模式下汇报层级增加了，但企业集团政策推行的力度有所加强。

根据《2020 年中国财务共享服务领域调研报告》，56% 的受调研企业共享服务中心属于公司总部财务部门下属组织单位，21% 的受调研企业共享服务中心属于与总部财务部平级的财务组织。

【知识点三】支持传统财务共享服务模式的管理信息系统★★★

（一）支持财务共享服务的信息系统基础——ERP 系统

财务共享服务的实现需要依赖管理信息系统，管理信息系统是企业组织结构、信息技术和管理思想的有机结合。ERP 是模块化的企业级管理信息系统，包含生产计划模块、物料管理模块、销售管理模块、资产管理模块、质量管理模块、人力资源模块、财务会计模块、管理会计模块等。正是由于 ERP 支持多组织的管理模式，同时又有效进行了企业内外部的信息集成，从而被大型企业集团广泛使用，也为支持企业集团财务共享服务的管理信息系统建设奠定了良好的基础。

（二）支持传统财务共享服务的信息系统

财务共享服务作为一种新型的财务管理模式，需要一整套信息系统进行支撑，常见的信息系统架构通常包含以下子系统：电子影像系统、网上报账系统、电子档案系统、会计核算系统、合并报表系统、资金管理系统、银企互联系统、预算控制系统和税务管理系统等。

1. 电子影像系统。

（1）电子影像系统将各类实物单据转换为电子影像（可以从销售系统、采购系统采集或实物单据拍照），实现电子影像采集处理和传输、集中存储和影像查询、调阅管理等功能。

（2）电子影像系统的功能和价值。

功能：影像采集；影像处理；影像传输；影像查询。

价值：解决异地实物单据传递问题，节省人力、物力，降低成本，提高信息传递效率；保障档案安全，提高档案管理水平。

2. 网上报账系统。

（1）网上报账系统是财务共享服务支撑板块的核心子系统，是财务共享服务中会计流程再造的关键所在，网上报账系统的前端是电子影像系统，实现业务数据和票据电子影像的采集；同时衔接预算管理系统，实现相关审核及审批；后端连接会计核算系统、税务管理系统和电子档案系统，实现业财税一体化和档案管理的电子化和自动化。

（2）网上报账系统的功能和价值。

表 8 – 7　　网上报账系统的功能和价值

功能	①业务申请管理：对于事前必须申请的事项（如采购、出差），员工在网上报账系统提交事前申请，经领导审批后方可进入下一业务流程。 ②报账申请管理：报账申请环节主要实现财务信息的采集，可以从业财连接板块直接采集、采用高拍仪拍照或扫描单据采集。 ③业务审批管理：电子单据在系统中按照流程进行签批流转，实现各类审批的流程化管理。 ④任务分配管理：将经过审批、待审核的单据，在共享服务中心财务审核人员中进行分配，并对单据处理过程进行详细记录，以备绩效考核和分析评价使用。 ⑤财务审核管理：财务审核人员需针对已经通过领导审批的单据，审查系统中填写的单据信息与提交人提供的单据电子影像是否一致。经审核完成后，系统可以自动发送资金结算信息到资金管理系统进行资金结算，同时可以依据系统中预设的凭证模板自动生成会计凭证。 ⑥查询分析管理：可以查询报账处理进度，对于财务分析人员和企业决策者，网上报账系统支持自定义、多维度的统计分析和可视化展示
价值	①信息采集规范化和标准化；②信息传递无纸化、自动化，提高流程效率；③提高业务处理全流程的透明度

3. 电子档案系统。

（1）电子档案系统作为财务共享服务支持板块的子系统，是将会计档案纳入系统管理，实现会计凭证和电子影像的自动匹配、分册，对电子档案的打印、归档、借阅、销毁全流程进行系统内的留痕和规范管理。

（2）电子档案系统的功能和价值。

功能：①凭证匹配；②凭证分册；③档案查询；④档案借阅。

价值：①提高传递效率；②形成统一档案库。

4. 会计核算系统。

（1）会计核算系统是会计核算板块的核心部分，前端连接网上报账系统进行数据抽取，生成会计核算数据并与资金管理系统相连接，实现结算资金信息的传递，包括将待结算资金信息传给资金管理系统进行结算，以及接收已结算资金信息生成新的会计核算信息；同时，还将会计核算数据传给合并报表系统、税务管理系统和电子档案系统以完成相关业务活动。

（2）会计核算系统的内容价值。

内容：①总账：依据从网上报账系统抽取的数据，完成凭证管理、记账、结账、对账、账簿查询和打印输出等作业。

②销售和应收管理：完成对各种应收账款的记录，进行账龄分析、坏账估计、核销等工作，帮助相关人员进行有效的应收账款管理。

③采购与应付管理：完成对应付账款的记录，进行应付账款账户统计、核销等工作，帮助相关人员进行有效的应付账款管理。

④费用报销：完成对各种费用的记录，进行费用明细统计、分析工作。

⑤存货核算：完成对存货入库、出库的成本核算工作，进行库龄分析、呆滞积压分析、周转分析。

⑥薪资核算：完成薪资计算、工资费用汇总和分配、个人所得税计算。

⑦固定资产核算：完成固定资产增减变动核算、计提折旧和分配，管理固定资产卡片。

价值：①通过高度集成和融合，确保业务处理及时、准确；

②通过灵活多样的信息分析和展示更好地进行决策支持。

【知识点四】传统模式下主要业务流程特点及内容★★★

传统财务共享服务主要集中在财务核算业务中，并且是财务核算业务中重复性高、业务量大、标准化程度较高的业务。下面重点介绍财务共享服务下财务核算业务中采购与付款、费用报销、销售和收款三个流程的基本内容。

（一）采购与付款流程

1. 采购与付款流程的特点。

采购与付款流程程序复杂；单据记录繁多。因业务量大、重复程度高、内控要求高，适合财务共享。

2. 采购与付款共享服务流程。

采购与付款共享服务流程包括五个步骤：业务审批流程→填单/扫描→FSSC 采购会计审核→FSSC 出纳→FSSC 归档。

（二）费用报销流程

1. 费用报销流程的特点。

费用报销流程数量庞大、烦琐、重复率高、金额小、单据格式不一。费用报销容易标准化，适合财务共享。

2. 费用报销共享流程。

费用报销共享流程包括四个步骤，填单/扫描→FSSC 费用会计审核→FSSC 出纳→FSSC 归档。

（三）销售和收款流程

1. 销售和收款流程的特点。

销售和收款流程程序复杂，单据和记录繁杂，工作量大易出错。由于业务量大、重复度高、内控要求高，适合财务共享。

2. 销售和收款共享流程。

销售和收款共享流程包括四个步骤：业务审批流程→填单→FSSC 收入会计审核→FSSC 归档。

第三节　新型财务共享服务模式

“大数据”“云应用”等新技术的发展，为企业集团财务共享服务带来了新的解决方案，如构建虚拟财务共享服务中心，促使财务处理不断向自动化、智能化、无纸化方向发展。

✲【知识点一】使用 SaaS 云软件建立虚拟财务共享服务中心★

（一）SaaS 云软件含义

SaaS（Software-as-a-Service）是软件即服务的简称，是随着互联网技术的发展和应用软件的成熟，在 21 世纪开始兴起的一种完全创新的软件应用模式。在这种模式下，厂商将应用软件部署在自己的服务器上，通过互联网提供软件给客户，客户可以根据自己实际需求，通过互联网向厂商租用所需的应用软件服务，按租用的服务多少和时间长短向厂商支付费用，并通过互联网获得厂商提供的服务。在新型财务共享服务模式下，企业集团租用外部的 SaaS 云软件，取得 SaaS 云软件的使用权，从而获得云软件的业务处理服务。目前，比较成熟的、被广泛使用的云软件有商旅报销云软件、发票协同云软件、产供销协同云软件等。

（二）SaaS 云软件带来的革新

1. 实现与上下游企业及政府税务系统的信息共享。

SaaS 云软件可以帮助企业与外部单位有效连接，实现信息交互，从而进一步提升财务处理的自动化程度。当企业广泛使用 SaaS 云软件的情况下，企业不需要单独成立物理的财务共享服务中心，而把集团的财务核算工作集中在总部，各分子公司的财务人员转型为业务财务人员，更多地支持业务活动，同样能够达到成立财务共享服务中心的效果。

2. 以高质量的电子数据作为记账依据，提升处理效率。

在采用 SaaS 云软件的财务共享模式下，通过与外部云平台软件对接，采集快捷、准确的电子数据进行自动化财务处理，实现票据自动核对等，大大提高了会计处理自动化的程度，同时丰富了业务数据库的内容，支持更多的财务分析和管控。

3. 降低企业信息系统使用成本。

云软件的概念出现后，大型企业可以自建私有云，将整个财务信息系统的功能集成在云平台中，任何下属单位的财务业务操作，都可以通过任何一个终端，在云平台完成。中小企业可以采用公共云软件服务，直接利用第三方企业提供的“云财务信息系统”，按需使用财务服务。企业可以根据自身特点及业务需求，选择自己所需的财务功能，进行弹性配置、即选即用，满足企业个性化需求，不需要费时费力定制软件，极大降低了软件使用成本。

4. 不单设实体财务共享中心，避免流程再造，降低财务共享的难度。

采用 SaaS 云软件进行财务共享，由于企业集团的组织架构没有发生变化，因此不需要进行流程再造，而是在财务部门内部进行流程优化即可。流程优化是在财务部内部进行专业化分工，改变传统的财务人员按照下属分子公司进行分工的做法，按照业务流程进行分工，同样能够通过专业分工实现效率提升。如 CRM 系统，即“客户关系管理”的应用。CRM 系统是一项帮助开展联系人管理、销售管理工作、工作流程处理和提高工作效率的工具。

【知识点二】其他新技术在财务共享服务中的运用★

（一）移动互联网在财务共享服务中的运用

1. 移动互联网特征是“5A”模式，即任何人可在任何时间、任何地点、通过任何设备接入互联网，可以处理与业务相关的任何事情。借助于移动互联网，企业管理者及业务人员可以突破办公场所、上网条件等限制，通过手机、平板电脑、云桌面等智能终端对诸多业务进行方便快捷的移动管理。

注：云桌面是把传统 PC 的本地的、分散的运算，转移到服务器上集中运算、集中管理，所有的计算和存储都在服务器端，客户使用的云终端只负责把服务器传送过来的桌面环境进行解析后显示到显示器。

2. 给财务共享带来的影响。

（1）随时随地处理，快速响应。

通过移动终端可实现财务报销、业务审批、财务审核、报表查询等诸多业务的移动操作及远程处理，突破办公场所、上网条件等限制，使财务业务操作及管理随时随地触手可及。

（2）方便快捷，提升用户体验。

由于移动互联网带来了用户的良好体验，通过移动互联网可以随时接收和上传信息，不再受时间和地域的约束，与之相依的自助服务和帮助系统可以帮助用户更好地学习和体验。

（二）RPA 在财务共享服务中的运用

1. RPA 含义。

机器人流程自动化（Robotic Process Automation，RPA）是可以模仿人在计算机上的操作，重复执行大量标准化业务的软件。RPA 可以按照事先约定好的规则，对计算机进行鼠标点击、敲击键盘等进行数据处理操作。设计 RPA 时首先需要梳理出人对某类业务的操作流程，然后将流程和相应的文件、数据都标准化，最后编写 RPA 程序。RPA 因提高了办公工作自动化程度，提高了生产效率，彻底消除人为错误而受到了很多发达国家企业的青睐。现阶段 RPA 应用最为广泛的领域集中在一般性事务、财务工作、税务工作等方面。其最大的特点是可以大量处理重复工作，7×24 小时工作，节省人力成本，提升工作效率，可以避免人为造成的错误，在开发软件的支持下易于用户学习。

2. RPA 对财务共享服务的影响。

RPA 使财务工作的自动化程度提高，替代人工劳动，进一步提升财务共享服务中心的效率，使财务人员劳动强度下降。

（三）大数据分析和数据可视化在财务共享服务中的运用

1. 大数据分析和数据可视化含义。

大数据技术是指运用计算机软硬件强大的计算能力，对海量的数据按照一定的算法进行分析的技术的统称。这将帮助企业从海量数据中挖掘有价值的信息，支持企业管理者作出更明智的战略及经营决策。数据也将成为企业重要的资产，形成企业核心竞争力，影响企业的未来。

数据可视化是和数据分析密切联系在一起的，可视化是指为了有效传达和沟通信息，借助于图形化手段，考虑数据传递中的美学形式与功能，尽可能直观地传达数据关键内容、现象、规律、特征，促进数据使用者对数据的深入理解和洞察。

2. 对财务共享服务的影响。

FSSC 将成为企业数据中心，开展各种数据的分析，对数据进行深度挖掘，通过高效的报告系统，实现各类业务数据的实时可视化呈现和分发，为企业管理者提供决策依据。随着“大智移云物区”等信息技术的运用，财务将越来越智能化。

第九章 政府会计与预算管理

本章概述

教材变化：

1. “第九章行政事业单位预算、会计与内部控制”改为“第九章政府会计与预算管理”。

2. 第二节“国库集中收付制度”增加了“预算管理一体化”的内容，改为“国库集中收付制度与预算管理一体化”。

3. 第六节“会计处理”调整为第三节“政府会计”，内容基本没变。

本章除了结构调整外，实质性变化的内容不多，对考试影响不太大。

本章要求：

掌握：部门预算编制的原则、方法及要求，部门预算执行及调整的要求，中央部门结转和结余资金管理要求，政府收支分类科目的内容及运用，国库集中收付制度和预算管理一体化的相关政策要求，政府会计中财务会计与预算会计的会计处理，政府财务报告的内容以及编制要求，政府采购制度的内容以及政府采购相关管理要求，行政事业单位国有资产的内容以及管理要求，行政事业单位内部控制的目标和原则，行政事业单位内部控制的组织实施、风险评估和控制方法，行政事业单位的单位层面和业务层面主要风险和关键控制措施，行政事业单位内部控制评价与监督，内部控制报告。

熟悉：中央部门预算的编制规程、中央部门收支预算的内容，预算绩效管理的原则、内容方法及相关管理要求，中央级行政事业单位国有资产管理的特殊规定，政府会计准则制度及其解释的规定，行政事业单位内部控制报告的编报要求。

了解：部门预算、政府收支分类、国库集中收付、政府采购、预算管理一体化、预算绩效管理、行政事业单位内部控制等概念。

真题回顾：

本章阐述行政事业单位三件事：财务管理、政府会计和内部控制，属于重点章，历年真题考核分值为 30 分（必答 10 分 + 选答 20 分），具体如下表所示。

年度	真题考核
2021	10 分题考核政府会计；20 分题考核部门预算、政府采购、国有资产管理、政府会计
2020	10 分题考核政府会计；20 分题考核部门预算、预算绩效管理、政府采购、内部控制、政府会计
2019	10 分题考核政府会计；20 分题考核部门预算、国有资产管理、政府会计
2018	10 分题考核事业单位国家部门预算管理、国有资产管理、政府采购；20 分题考核行政事业单位部门预算管理、国有资产管理、政府采购、事业单位会计制度、行政事业单位内部控制规范
2017	考核部门预算管理、政府采购、国有资产管理、事业单位会计、行政事业单位内部控制

本章主要内容

- 政府会计与预算管理
  - 部门预算
    - 部门预算的概念
    - 中央部门预算编制方式、编制规程和编制原则
    - 政府收支分类★
    - 中央部门收入预算编制
    - 中央部门支出预算编制★
    - 中央部门预算执行及调整★★
    - 中央部门结转和结余资金管理★★
  - 国库集中收付制度与预算管理一体化
    - 国库集中收付制度概念和国库单一账户体系
    - 财政收入收缴方式、程序与财政支出类型、支付方式
    - 公务卡管理制度
    - 严格控制向实有资金账户划转资金
    - 预算管理一体化内容和一体化系统（新）
  - 政府会计
    - 政府会计准则制度概况
    - 行政事业单位财务会计要素核算★★
    - 行政事业单位预算会计要素核算
    - 行政事业单位年末暂收暂付款的会计处理
    - 行政事业单位财务报表和预算报表
    - 行政事业单位会计调整
    - 政府财务报告
  - 政府采购制度
    - 政府采购制度概念、当事人、资金范围与政府采购对象
    - 政府采购的执行模式、政府采购的方式★
    - 政府采购程序和政府采购合同
    - 加强政府采购需求管理、执行管理
    - 政府采购的基本政策、特殊规定★

- 政府会计与预算管理
  - 国有资产管理
    - 行政事业单位国有资产配置、使用和处置★★★
    - 行政事业单位国有资产评估、清查及登记★
    - 行政事业单位国有资产报告
    - 中央级行政事业单位国有资产管理的特殊规定★★
  - 预算绩效管理
    - 预算绩效管理概念、绩效评价原则与实施
    - 中央部门预算绩效管理的内容
    - 全面实施预算绩效管理的思路
  - 内部控制
    - 行政事业单位内部控制的定义、目标、原则
    - 行政事业单位内部控制建设的组织与实施
    - 行政事业单位风险评估和控制方法
    - 行政事业单位单位层面内部控制
    - 行政事业单位业务层面内部控制★
    - 行政事业单位内部控制的评价与监督
    - 行政事业单位内部控制报告

第一节 部门预算

【知识点一】部门预算的概念

部门预算是指政府部门依据国家有关预算管理政策规定，结合自身未来一定时期履行职能需要，从基层预算单位开始逐级编制、审核、汇总、上报，由财政部门审核并提交各级人民代表大会依法批准的部门综合财务收支计划。部门预算实行“一个部门一本预算”的综合预算管理，其内容包括一个部门所有的收入和支出。

【知识点二】中央部门预算编制方式、编制规程和编制原则

1. 中央部门预算编制方式。

中央部门预算编制采取**自下而上**的汇总方式，从基层预算单位编起，逐级汇总，所有开支项目落实到具体的预算单位。

2. 中央部门预算编制规程。

中央部门预算**编制程序**可分为五个阶段，具体流程见下表：

表 9－1　中央部门预算编制的具体流程

阶段	内容
“准备”阶段	主要工作是清理上一年预算批复项目，收集整理预算资料
“一上”阶段	从基层预算单位编起，由中央部门提出下一年度预算建议数报送财政部
“一下”阶段	财政部征得国务院同意下达预算控制数
“二上”阶段	中央各部委根据预算控制数，按照确保重点、兼顾一般的原则编制部门预算上报财政部
“二下”阶段	财政部报国务院审批后，经全国人大审议批准，财政部以法律文件的形式逐级批复下达下一年度预算通知

3. 中央部门预算编制原则。

表 9-2　中央部门预算编制的原则

原则	要点
合法性原则	部门预算的编制要符合预算法的要求
真实性原则	部门预算收支的预测必须以国家社会经济发展规划和履行部门职能的需要为依据，对每一收支项目等基础数字指标应认真测算，力求各项收支数据真实准确
完整性原则	部门预算编制要体现综合预算的要求，各部门应将所有收入和支出全部纳入部门预算
科学性原则	预算编制的程序设置要科学，合理安排预算编制每个阶段的时间
稳妥性原则	部门预算编制要做到稳妥可靠，量入为出，收支平衡，不得编制赤字预算
重点性原则	部门预算编制要合理安排各项资金，优先保证重点支出
透明性原则	部门预算要体现公开、透明原则，实现预算分配的标准化、科学化
绩效性原则	树立绩效管理理念，健全绩效管理机制，对预算的编制、执行和完成情况实行全面追踪问效

【知识点三】政府收支分类★

1. 收入分类。

收入分类主要反映政府收入的来源和性质。

收入分类设类、款、项、目四级科目。公共财政预算收入分类科目的类级科目包括税收收入、非税收入、债务收入和转移性收入。

2. 支出分类。

(1) 支出功能分类。

按政府主要职能活动进行分类，反映政府支出的内容和方向。

支出功能分类设置类、款、项三级科目。公共财政预算支出功能分类的类级科目包括：一般公共服务支出、外交支出、国防支出、公共安全支出、教育支出、科学技术支出、文化体育与传媒支出、社会保障和就业支出、卫生健康支出、节能环保支出、城乡社区支出、农林水支出、交通运输支出、资源勘探信息等支出、商业服务业等支出、金融支出、援助其他地区支出、国土海洋气象等支出、住房保障支出、粮油物资储备支出、预备费、债务还本支出、债务付息支出、债务发行费用支出、其他支出和转移性支出。应注意：

①支出功能分类需重点把握其中的划分思路。比如，从支出功能分类上来讲，某环保局的人员经费、环境保护费等，均应划分为“节能环保支出”类支出。

②任何部门分管的学校都属于“教育支出”类。

③任何部门设立的医院都属于“卫生健康支出”类。

④任何部门的科研都属于“科学技术支出”类，比如，环保局下设某研究所，从事环境保护的研究工作，那么，该研究所的支出就要归为“科学技术支出”类支出。

⑤“住房保障支出”集中反映政府用于住房方面的支出，包括住房公积金、提租补贴、购房补贴。

(2) 支出经济分类。

支出经济分类主要反映政府各项支出的经济性质和具体用途。在支出功能分类明确反映政府职能活动的基础上，支出经济分类明确反映政府的钱究竟是怎么花出去的，是付了人员工资、会议费，还是买了办公设备等。

支出经济分类设类、款两级科目。支出经济分类的类级科目包括**工资福利支出、商品和服务支出、对个人和家庭的补助**、债务利息及费用支出、资本性支出（发展改革部门安排的基本建设）、资本性支出（各单位安排的）、对企业补助（发展改革部门安排的基本建设中对企业补助）、对企业补助（除发展改革部门安排的基本建设中对企业补助以外，政府安排的对企业补助）、对社会保障基金补助和其他支出。应注意：

①“工资福利支出”反映单位在职职工的劳动报酬以及缴纳的各项社会保险费，包括基本工资、津贴补贴（含提租补贴、购房补贴等）、奖金、住房公积金、医疗费等。

②“对个人和家庭的补助”反映对个人和家庭的补助，包括离退休费、离退休人员和学生的医疗费、助学金。

③“商品和服务支出”是指用于消耗性物品购买（办公用品、水电）、设备房屋日常维修等。

④“资本性支出（发展改革部门安排的基本建设）”反映由发改委安排的基本建设支出，包括房屋建筑物购建、办公设备购置、基础设施建设、大型修缮、信息网络及软件购置更新等。

⑤“资本性支出（各单位安排的）”反映各单位安排的资本性支出，由发改委安排的基本建设支出不在此科目反映。

【知识点四】中央部门收入预算编制

表9－3　中央部门收入预算编制

中央部门收入预算编制	含义
内容	中央部门收入预算来源主要包括上年结转、财政拨款收入、上级补助收入、事业收入、事业单位经营收入、下级单位上缴收入、其他收入、用事业基金弥补收支差额等
编制要求	项目合法合规、内容全面完整、数字真实准确
测算依据	明确预算目标；收集相关资料；分析、归集部门预算需求；测算部门预算需求；测算财政拨款资金需求。部门预算需求先用非财政拨款资金满足后，其缺口部分即为财政拨款资金需求

【知识点五】中央部门支出预算编制★

1. 基本支出预算编制。

表9－4　基本支出预算编制

基本支出预算编制	具体内容
编制原则	综合预算原则；优先保障原则；定额管理原则
主要内容	基本支出预算的内容包括人员经费和日常公用经费两部分
定员定额标准	基本支出定员定额标准由“双定额”构成，即综合定额和财政补助定额

续表

基本支出预算编制	具体内容
编制程序	基本支出预算的编制程序包括制定定额标准、审核基础数据、测算和下达控制数、编报部门基本支出预算、审批下达正式预算等。 注意：预算单位基本支出自主调整的范围仅限于人员经费经济分类“款”级科目之间或日常公用经费支出经济分类“款”级科目之间的必要调整，**人员经费和日常公用经费之间不允许自主调整**

2. 项目支出预算编制。

表 9－5　　项目支出预算编制

项目支出预算编制	具体内容
预算特征	项目支出预算具有**三个特征**：（1）专项性，即项目围绕特定的业务目标；（2）独立性，每个项目支出预算应有其支出的明确范围；（3）完整性，项目支出预算应包括完成特定业务目标所涉及的全部经费支出
分级管理	中央部门预算的项目实行**分级管理**，分为一级项目和二级项目： （1）一级项目管理：一级项目在年度预算编制的前期准备阶段进行设置或调整。通用项目由财政部制定，并统一下发给部门，部门专用项目，由各部门提出设置建议，经财政部审核后下发给部门，作为部门编制二级预算的基础。一级项目的内容应包括实施内容、支出范围和总体绩效目标。 （2）二级项目管理：二级项目由具体预算单位，根据项目支出预算管理的相关规定和部门的有关要求，自主设立
审核及申报	（1）部门审核和评审程序。部门内部的项目审核和评审程序，由部门自行确定。审核内容主要包括完整性、必要性、可行性和合理性等。 （2）项目支出预算及项目库的申报。部门根据项目的优先排序情况，将项目列入预算和规划中，按照财政部要求的分年度项目支出控制规模，向财政部申报预算
预算评审	所有项目均应纳入项目库管理，年度预算安排项目从项目库中择优选取
调整及控制	（1）财政部对项目的调整与控制。根据审核及评审情况，财政部对项目有三种处理方式：一是审核通过，纳入财政部项目库；二是审核未通过，且项目立项属于不符合政策的，财政部“不予安排”；三是审核未通过，但不违反政策，可调整后重新申报。 （2）部门对项目的调整。财政部控制数下达后，三年及分年支出总额不得调整。在一级项目的支出控制数规模内，部门可增减或替换二级项目，增加的二级项目必须是已申报纳入财政部项目库，且财政部未明确不予安排的项目
批复和调整	（1）项目批复。全国人大批准后，**由财政部批复**。 （2）项目的调整。当年安排预算的项目一经批准，对当年的年初预算数不得再做调整。需调增当年预算的项目，应通过部门其他已列入预算安排的项目调减的当年指标解决，部门申请调剂时应将调增和调减的项目同时报财政部审核

【知识点六】中央部门预算执行及调整★★

表9-6 中央部门预算执行及调整

<table>
<tr><th>分类</th><th colspan="2">具体内容</th></tr>
<tr><td>中央部门基本支出预算执行及调整</td><td colspan="2">（1）中央部门应当严格执行批准的基本支出预算。
（2）执行中发生的非财政补助收入超收部分，原则上不再安排当年的基本支出，可报财政部批准后，安排项目支出或结转下年使用；发生的短收，中央部门应当报经财政部批准后调减当年预算，当年的财政补助数不予调整。
（3）如遇国家出台有关政策，对预算执行影响较大，确需调整基本支出预算的，由中央部门报经财政部批准后进行调整</td></tr>
<tr><td>中央部门项目支出预算执行及调整</td><td colspan="2">（1）项目支出预算一经批复，中央部门应当按照批复的项目支出预算组织项目的实施，并责成项目单位严格执行项目计划和项目支出预算。中央部门和项目单位不得自行调整。
（2）预算执行过程中，如发生项目变更、终止的，必须按照规定的程序报经财政部批准，并进行预算调整</td></tr>
<tr><td rowspan="2">行政事业单位预算执行及分析</td><td>行政单位</td><td>当年预算支出完成率＝年终执行数÷（年初预算数±年中预算调整数）×100%
上述年终执行数不含上年结转和结余支出数。
支出增长率＝（本期支出总额÷上期支出总额－1）×100%
人均开支＝本期支出数÷本期平均在职人员数×100%
项目支出比率＝本期项目支出数÷本期支出总数×100%
人员支出比率＝本期人员支出数÷本期支出总数×100%
公用支出比率＝本期公用支出数÷本期支出总数×100%</td></tr>
<tr><td>事业单位</td><td>预算收入完成率＝年终执行数÷（年初预算数±年中预算调整数）×100%
预算支出完成率＝年终执行数÷（年初预算数±年中预算调整数）×100%
上述年终执行数不含上年结转和结余数</td></tr>
</table>

【知识点七】中央部门结转和结余资金管理★★

1. 结转和结余资金的概念。

中央部门结转和结余资金，是指与中央财政有缴拨款关系的中央级行政单位、事业单位（含企业化管理的事业单位）、社会团体及企业，按照财政部批复的预算，在年度预算执行结束时，未列支出的一般公共预算和政府性基金预算资金。应注意以下三个问题：

（1）**结转资金**是指预算未全部执行或未执行，下年需按原用途继续使用的预算资金。

（2）**结余资金**是指项目实施周期已结束、项目目标完成或项目提前终止，尚未列支的项目支出预算资金；因项目实施计划调整，不需要继续支出的预算资金；预算批复后连续两年未用完的预算资金。

（3）中央部门核算和统计结转结余资金，应与会计账表相关数字保持一致。按照《中央部门结转和结余资金管理办法》管理的结转结余资金应**扣除**以下两项内容：①已支付的预付账款；②已用于购买存货，因存货未领用等原因尚未列支的账面资金。

2. 结转资金管理。

结转资金的管理分为基本支出结转资金管理、项目支出结转资金管理和控制结转资金规模三个问题。

（1）基本支出结转资金管理。

①年度预算执行结束时，尚未列支的基本支出全部作为结转资金管理，结转下年继续用于基本支出。基本支出结转资金包括人员经费结转资金和公用经费结转资金。

②编制年度预算时，中央部门应充分预计和反映基本支出结转资金，并结合结转资金情况统筹安排以后年度基本支出预算。财政部批复年初预算时一并批复部门上年底基本支出结转资金情况。部门决算批复后，决算中基本支出结转资金数与年初批复数不一致的，应以决算数据作为结转资金执行依据。

③中央部门在预算执行中因增人增编需增加基本支出的，应首先通过基本支出结转资金安排。

（2）项目支出结转资金管理。

①项目实施周期内，年度预算执行结束时，除连续两年未用完的预算资金外，已批复的预算资金尚未列支的部分，作为结转资金管理，结转下年按原用途继续使用。基本建设项目竣工之前，均视为在项目实施周期内，年度预算执行结束时，已批复的预算资金尚未列支的部分，作为结转资金管理，结转下年按原用途继续使用。

②编制年度预算时，中央部门应充分预计和反映项目支出结转资金，并结合结转资金情况统筹安排以后年度项目支出预算。财政部批复年初预算时一并批复部门上年底项目支出结转资金情况。部门决算批复后，决算中项目支出结转资金数与年初批复数不一致的，应以决算数据作为结转资金执行依据。

（3）控制结转资金规模。

①中央部门应努力提高预算编制的科学性、准确性，合理安排分年支出计划，根据实际支出需求编制年度预算，控制结转资金规模。

②对当年批复的预算，预计年底将形成结转资金的部分，除基本建设项目外，中央部门按照规定程序报经批准后，可调减当年预算或调剂用于其他急需资金的支出。对结转资金中预计当年难以支出的部分，除基本建设项目外，中央部门按照规定程序报经批准后，可调剂用于其他急需资金的支出。

③连续两年未用完的结转资金，由财政部收回。

④中央部门调减预算或对结转资金用途进行调剂后，相关支出如在以后年度出现经费缺口，应在部门三年支出规划确定的支出总规模内通过调整结构解决。

⑤中央部门结转资金规模较大、占年度支出比重较高的，财政部可收回部分结转资金。

3. 结余资金管理。

（1）项目支出结余资金原则上由财政部收回。按照基本建设财务管理的有关规定，基本建设项目竣工后，项目建设单位应抓紧办理工程价款结算和清理项目结余资金，并编报竣工财务决算。财政部和相关主管部门应及时批复竣工财务决算。基本建设项目的结余资金，由财政部收回。

（2）年度预算执行结束后，中央部门应在 45 日内完成对结余资金的清理，将清理情况区分国库集中支付结余资金和非国库集中支付结余资金报财政部。财政部收到中央部门报送的结余清理情况后，应在 30 日内收回结余资金。部门决算批复后，决算中项目支出结余资金数超出财政部已收回结余资金数的，财政部应根据批复的决算，及时将超出部分的结余资金收回；决算中项目支出结余资金数低于财政部已收回结余资金数的，收回的资金不再退回中央部门。

第九章

（3）年度预算执行中，因项目目标完成、项目提前终止或实施计划调整，不需要继续支出的预算资金，中央部门应及时清理为结余资金并报财政部，由财政部收回。

第二节 国库集中收付制度与预算管理一体化

【知识点一】国库集中收付制度概念和国库单一账户体系

（一）国库集中收付制度的概念

国库集中收付是指以国库单一账户体系为基础，将所有财政性资金都纳入国库单一账户体系管理，收入直接缴入国库和财政专户，支出通过国库单一账户体系支付到商品和劳务供应者或用款单位的一项国库管理制度。

实行国库集中收付制度，改革以往财政性资金主要通过征收机关和预算单位设立多重账户分散进行缴库和拨付的方式，有利于提高财政性资金的拨付效率和规范化运作程度，有利于收入缴库和支出拨付过程的有效监管，有利于预算单位用款及时和便利，增强了财政资金收付过程的透明度，解决了财政性资金截留、挤占、挪用等问题。

（二）国库单一账户体系

1. 国库单一账户体系的构成。

国库单一账户体系，是指以财政国库存款账户为核心的各类财政性资金账户的集合，所有的财政性资金的收入、支付、存储及资金清算活动均在该账户体系运行。该账户体系包括财政部门在中国人民银行开设的国库单一账户、财政部门在商业银行开设的零余额账户、财政部门在商业银行为预算单位开设的零余额账户（简称“预算单位零余额账户”）、财政部门在商业银行开设的预算外资金财政专户和经国务院和省级人民政府批准或授权财政部门批准在商业银行开设的特殊专户。

其中：**预算单位零余额账户用于财政授权支付和清算**。预算单位零余额账户可以办理转账、提取现金等结算业务，可以向本单位按账户管理规定保留的相应账户划拨工会经费、住房公积金及提租补贴，以及经财政部门批准的特殊款项，不得违反规定向本单位其他账户和上级主管单位、所属下级单位账户划拨资金。预算单位零余额账户在行政单位和事业单位会计中使用。

2. 预算单位相关国库集中收付账户的设立。

预算单位使用财政性资金，应当按照规定的程序和要求，向财政部门提出设立零余额账户、特设专户等银行账户的申请，财政部门审核同意后，书面通知代理银行，为预算单位开设预算单位零余额账户。一个基层预算单位开设一个预算单位零余额账户。

【知识点二】财政收入收缴方式、程序与财政支出类型、支付方式

（一）财政收入收缴方式、程序

1. 收缴方式。

财政收入的收缴分为直接缴库和集中汇缴两种方式。

2. 收缴程序。

直接缴库程序。直接缴库的税收收入，由纳税人或税务代理人提出纳税申报，经征收

机关审核无误后，由纳税人通过开户银行将税款缴入国库单一账户。

集中汇缴程序。小额零散税收和法律另有规定的应缴收入，由征收机关于收缴收入的当日汇总缴入国库单一账户。

（二）财政支出类型、支付方式

1. 支出类型。

财政支出总体上分为购买性支出和转移性支出。

根据支付管理需要，具体分为：

（1）工资支出，即预算单位的工资性支出；

（2）购买支出，即预算单位除工资支出、零星支出之外购买服务、货物、工程项目等的支出；

（3）零星支出，即预算单位购买支出中的日常小额部分，除《政府采购品目分类表》所列品目以外的支出，或虽列入《政府采购品目分类表》所列品目，但未达到规定数额的支出；

（4）转移支出，即拨付给预算单位或下级财政部门，未指明具体用途的支出，包括拨付企业补贴和未指明具体用途的资金、中央对地方的一般性转移支付等。

2. 支付方式。

（1）财政直接支付，是指由财政部门向中国人民银行和代理银行签发支付指令，代理银行根据支付指令通过国库单一账户体系将资金直接支付到收款人（即商品或劳务的供应商等，下同）或用款单位（即具体申请和使用财政性资金的预算单位，下同）账户。

实行财政直接支付的支出包括：①工资支出、购买支出以及中央对地方的专项转移支付，拨付企业大型工程项目或大型设备采购的资金等，直接支付到收款人账户；②转移支出（中央对地方专项转移支出除外），包括中央对地方的一般性转移支付中的税收返还、原体制补助、过渡期转移支付、结算补助等支出，对企业的补贴和未指明购买内容的某些专项支出等，支付到用款单位（包括下级财政部门和预算单位，下同）账户。

（2）财政授权支付，是指预算单位按照财政部门的授权，自行向代理银行签发支付指令，代理银行根据支付指令，在财政部门批准的预算单位的用款额度内，通过国库单一账户体系将资金支付到收款人账户。实行财政授权支付的支出包括未实行财政直接支付的购买支出和零星支出。

第九章

✲【知识点三】公务卡管理制度

（一）银行授信额度

1. 公务卡为信用卡，持卡人不需要事先存入资金。

2. 公务卡的信用额度，由预算单位根据银行卡管理规定和业务需要，与发卡行协商设定。原则上每张公务卡的信用额度不超过5万元、不少于2万元。

（二）个人持卡支付

1. 公务卡主要用于公务支出的支付结算。公务支出发生后，由持卡人及时向所在单位财务部门申请办理报销手续。

2. 公务卡也可用于个人支付结算业务，但不得办理财务报销手续，单位不承担私人消费行为引致的一切责任。

3. 持卡人在执行公务中原则上不允许通过公务卡提取现金。确有特殊需要，应当事前经过单位财务部门批准，未经批准的提现业务，提现手续费等费用由持卡人承担。

（三）下列四种情况可暂不使用公务卡结算

1. 在不具备刷卡条件的场所发生的单笔消费在200元以下的公务支出；
2. 在县级以下（不包括县级）地区发生的公务支出；
3. 按规定支付给非本单位个人的支出；
4. 签证费、快递费、出租车费、停车费等目前只能使用现金结算的支出。

应注意：因向供应商退货等原因导致已报销资金退回公务卡的，持卡人应及时将相应款项退回所在单位财务部门，并由单位财务部门及时退回零余额账户。

【知识点四】严格控制向实有资金账户划转资金

财政部《关于中央预算单位2019年预算执行管理有关问题的通知》规定，**除下列支出外，中央预算单位不得违规从本单位零余额账户向本单位或本部门其他预算单位实有资金账户划转资金**：

（1）依照《财政部 民政部 工商总局关于印发〈政府购买服务管理办法（暂行）〉的通知》等制度规定，按合同约定需向本部门所属事业单位支付的政府购买服务支出；

（2）确需划转的工会经费、住房改革支出、应缴或代扣代缴的税金，以及符合相关制度规定的工资中的代扣事项；

（3）暂不能通过零余额账户委托收款的社会保险缴费、职业年金缴费、水费、电费、取暖费等；

（4）报经财政部审核批准的归垫资金和其他资金。

各部门各单位要从严控制从上级预算单位零余额账户向基层预算单位实有资金账户划转资金，年初原则上应将全部预算细化到基层用款单位，确实无法细化到基层用款单位的，应在执行中按照预算调整程序对预算进行细化，并依据细化调整后的预算进行资金支付。

【知识点五】预算管理一体化内容和一体化系统（新）

2020年2月财政部印发了《预算管理一体化规范（试行）》，用系统化思维全流程整合预算管理各环节业务规范，通过将规则嵌入系统强化预算管理制度执行力，为完善标准科学、规范透明、约束有力的预算管理制度提供了管理规范、技术规范、监管要求。为增强预算统筹和保障能力，预算支出全部以项目形式纳入项目库并进行项目全生命周期管理；探索推进预算管理一体化就是要以统一预算管理规则为核心，将统一的管理规则嵌入信息系统，提高预算项目储备、预算项目编审、预算项目调整和调剂、资金支付、会计核算、决算和报告等工作的标准化、自动化水平，实现对预算管理全流程的动态反映和有效控制，保证各级预算管理规范高效。

（一）预算管理一体化的主要内容

表9-7 预算管理一体化

主要内容	含义
基础信息管理	规范单位信息、人员信息、资产信息、政府债务信息、支出标准、绩效指标、政府收支分类科目、会计科目、政府非税收入项目信息、政府采购基础信息等

续表

主要内容	含义
项目库管理	明确项目库管理框架，规范预算项目的分类，以及各类项目的管理流程、管理规则和管理要素等
预算编制	规范政府预算、部门预算、单位预算的编制原则、编制内容、管理流程和规则
预算批复	规范政府预算批准、转移支付预算下达、部门预算批复、政府和部门预算公开的管理流程和规则
预算调整和调剂	规范预算执行中预算调整和调剂管理流程和规则
预算执行	规范政府和部门收支预算执行的管理流程和规则
会计核算	规范总预算会计核算、单位会计核算、预算指标会计核算的管理流程和规则
决算和报告	规范财政总决算、部门决算、部门财务报告、政府综合财务报告、行政事业国有资产报告的管理流程和规则

（二）预算管理一体化系统

预算管理一体化系统，一般应具有预算项目管理、预算编制管理、预算指标管理、预算执行、账户管理、资金动态监控、绩效管理等功能，应涵盖预算管理全部业务的管理功能，从而支撑从财政预算项目登记入账、预算安排、预算执行到滚动管理及绩效评价的完整预算项目管理流程。预算管理一体化系统构建完成后，应是一套多用户共享共用、实时在线运行的预算管理可视化系统。

第三节　政府会计

【知识点一】政府会计准则制度概况

党的十八届三中全会《关于全面深化改革若干重大问题的决定》提出“建立权责发生制的政府综合财务报告制度”的重要战略部署，确立了政府会计改革的指导思想。

政府会计规范包括政府会计准则和政府会计制度。

（一）政府会计准则

2015 年财政部发布了《政府会计准则——基本准则》（以下简称《基本准则》），其后又发布了存货、固定资产、无形资产、投资、公共基础设施、政府储备物资、会计调整、负债、财务报表编制和列报、政府和社会资本合作项目合同等具体准则。《基本准则》是多年来我国政府会计理论研究和改革成果的重要体现，其重大制度理论创新见表 9－8。

表 9－8　　政府会计准则——基本准则的理论创新

创新点	具体内容
构建了政府预算会计和财务会计适度分离并相互衔接的政府会计核算体系	政府会计由预算会计和财务会计构成，前者一般实行收付实现制，后者实行权责发生制。通过预算会计核算形成决算报告，通过财务会计核算形成财务报告，全面、清晰反映政府预算执行信息和财务信息

第九章

续表

创新点	具体内容
确立了"3+5要素"的会计核算模式	《基本准则》规定预算收入、预算支出和预算结余3个预算会计要素和资产、负债、净资产、收入和费用5个财务会计要素
科学界定了会计要素的定义和确认标准	《基本准则》针对每个会计要素，规范了其定义和确认标准，为在政府会计具体准则和政府会计制度层面规范政府发生的经济业务或事项的会计处理提供了基本原则，保证了政府会计标准体系的内在一致性
明确了资产和负债的计量属性及其应用原则	《基本准则》提出，资产的计量属性主要包括历史成本、重置成本、现值、公允价值和名义金额，负债的计量属性主要包括历史成本、现值和公允价值。同时，《基本准则》强调了历史成本计量原则，即政府会计主体对资产和负债进行计量时，一般应当采用历史成本
构建了政府财务报告体系	《基本准则》要求政府会计主体除按财政部要求编制决算报表外，至少还应编制资产负债表、收入费用表和现金流量表，并按规定编制合并财务报表

（二）政府会计制度

2017年10月财政部发布了《政府会计制度——行政事业单位会计科目和报表》（以下简称《政府会计制度》），要求从2019年1月1日起实施。《政府会计制度》确立了新的行政事业单位会计处理标准，其重大变化有下面七点。

1. 重构了政府会计核算模式。

政府会计制度构建了"财务会计和预算会计适度分离并相互衔接"的会计核算模式。

适度分离：适度分离政府预算会计和财务会计功能，全面反映政府会计主体的预算执行信息和财务信息。适度分离体现在：一是"**双功能**"，在同一会计核算系统中实现财务会计和预算会计双重功能，通过资产、负债、净资产、收入、费用五个要素进行财务会计核算，通过预算收入、预算支出和预算结余三个要素进行预算会计核算；二是"**双基础**"，财务会计采用权责发生制，预算会计采用收付实现制；三是"**双报告**"，通过财务会计核算形成财务报告，通过预算会计核算形成决算报告。

相互衔接：在同一会计核算系统中政府预算会计要素和相关财务会计要素相互协调，决算报告和财务报告相互补充，共同反映政府会计主体的预算执行信息和财务信息。相互衔接体现在：一是对**纳入部门预算管理的现金收支**进行"**平行记账**"。对于纳入部门预算管理的现金收支业务，在进行财务会计核算的同时也应当进行预算会计核算。对于其他业务，仅需要进行财务会计核算；二是财务报表与预算会计报表之间存在**勾稽关系**。通过编制"本期预算结余与本期盈余差异调节表"并在附注中进行披露，反映单位财务会计和预算会计因核算基础和核算范围不同所产生的本年盈余数与本年预算结余数之间的差异。

2. 统一了现行各项单位会计制度。

政府会计制度有机**整合了**《行政单位会计制度》《事业单位会计制度》和医院、基层医疗卫生机构、高等学校、中小学校、科学事业单位、彩票机构、地勘单位、测绘单位、林业（苗圃）等行业事业单位会计制度的内容。

3. 强化了财务会计功能。

政府会计制度在财务会计核算中全面引入了**权责发生制**，在会计科目设置和账务处理说明中着力强化财务会计功能，如增加了收入和费用两个财务会计要素的核算内容，并原则上要求按照权责发生制进行核算；增加了应收款项和应付款项的核算内容，对长期股权投资采用权益法核算，确认自行开发形成的无形资产的成本，要求对固定资产、公共基础设施、保障性住房和无形资产计提折旧或摊销，引入坏账准备等减值概念，确认预计负债、待摊费用和预提费用等。

4. 扩大了政府资产负债核算范围。

政府会计扩大了资产负债的核算范围。除按照权责发生制核算原则增加有关往来账款的核算内容，在资产方面，增加了公共基础设施、政府储备物资、文物文化资产、保障性住房和受托代理资产的核算内容，以全面核算单位控制的各类资产；增加了“研发支出”科目，以准确反映单位自行开发无形资产的成本。在负债方面，增加了预计负债、受托代理负债等核算内容，以全面反映单位所承担的现时义务。

5. 改进了预算会计功能。

政府会计制度对预算会计科目及其核算内容进行了优化，在核算内容上，预算会计仅需核算预算收入、预算支出和预算结余。在核算基础上，预算会计除按《预算法》要求的权责发生制核算的事项外，均采用收付实现制核算，有利于避免现在制度下存在的虚列预算收支的问题。在核算范围上，为了体现新《预算法》的精神和部门综合预算的要求，政府会计制度将依法纳入部门预算管理的现金收支均纳入预算会计核算范围，如增设了债务预算收入、债务还本支出、投资支出等。

6. 整合了基建会计核算。

单位对基本建设投资按照政府会计制度规定统一进行会计核算，不再单独建账，简化了单位基本建设业务的会计核算，有利于提高单位会计信息的完整性。

7. 完善了报表体系和结构。

政府会计制度将报表分为预算会计报表和财务报表两大类。预算会计报表由预算收入表、预算结转结余变动表和财政拨款预算收入支出表组成，是编制部门决算报表的基础。财务报表由会计报表和附注构成，会计报表由资产负债表、收入费用表、净资产变动表和现金流量表组成。

第九章

表 9-9　　政府会计科目一览表（77+26）

财务会计科目（77个）			预算会计科目（26个）		
序号	科目编号	科目名称	序号	科目编号	科目名称
（一）资产类			（一）预算收入类		
1	1001	库存现金	1	6001	财政拨款预算收入
2	1002	银行存款	2	6101	事业预算收入
3	1011	零余额账户用款额度	3	6201	上级补助预算收入
4	1021	其他货币资金	4	6301	附属单位上缴预算收入
5	1101	短期投资	5	6401	经营预算收入
6	1201	财政应返还额度	6	6501	债务预算收入
7	1211	应收票据	7	6601	非同级财政拨款预算收入
8	1212	应收账款	8	6602	投资预算收益

续表

财务会计科目（77个）			预算会计科目（26个）		
序号	科目编号	科目名称	序号	科目编号	科目名称
9	1214	预付账款	9	6609	其他预算收入
10	1215	应收股利	（二）预算支出类		
11	1216	应收利息	10	7101	行政支出
12	1218	其他应收款	11	7201	事业支出
13	1219	坏账准备	12	7301	经营支出
14	1301	在途物品	13	7401	上缴上级支出
15	1302	库存物品	14	7501	对附属单位补助支出
16	1303	加工物品	15	7601	投资支出
17	1401	待摊费用	16	7701	债务还本支出
18	1501	长期股权投资	17	7901	其他支出
19	1502	长期债券投资	（三）预算结余类		
20	1601	固定资产	18	8001	资金结存
21	1602	固定资产累计折旧	19	8101	财政拨款结转
22	1611	工程物资	20	8102	财政拨款结余
23	1613	在建工程	21	8201	非财政拨款结转
24	1701	无形资产	22	8202	非财政拨款结余
25	1702	无形资产累计摊销	23	8301	专用结余
26	1703	研发支出	24	8401	经营结余
27	1801	公共基础设施	25	8501	其他结余
28	1802	公共基础设施累计折旧（摊销）	26	8701	非财政拨款结余分配
29	1811	政府储备物资			
30	1821	文物文化资产			
31	1831	保障性住房			
32	1832	保障性住房累计折旧			
33	1891	受托代理资产			
34	1901	长期待摊费用			
35	1902	待处理财产损溢			
（二）负债类			（四）收入类		
36	2001	短期借款	59	4001	财政拨款收入
37	2101	应交增值税	60	4101	事业收入
38	2102	其他应交税费	61	4201	上级补助收入
39	2103	应缴财政款	62	4301	附属单位上缴收入

续表

财务会计科目（77个）			预算会计科目（26个）		
序号	科目编号	科目名称	序号	科目编号	科目名称
40	2201	应付职工薪酬	63	4401	经营收入
41	2301	应付票据	64	4601	非同级财政拨款收入
42	2302	应付账款	65	4602	投资收益
43	2303	应付政府补贴款	66	4603	捐赠收入
44	2304	应付利息	67	4604	利息收入
45	2305	预收账款	68	4605	租金收入
46	2307	其他应付款	69	4609	其他收入
47	2401	预提费用			
48	2501	长期借款	（五）费用类		
49	2502	长期应付款	70	5001	业务活动费用
50	2601	预计负债	71	5101	单位管理费用
51	2901	受托代理负债	72	5201	经营费用
（三）净资产类			73	5301	资产处置费用
52	3001	累计盈余	74	5401	上缴上级费用
53	3101	专用基金	75	5501	对附属单位补助费用
54	3201	权益法调整	76	5801	所得税费用
55	3301	本期盈余	77	5901	其他费用
56	3302	本年盈余分配			
57	3401	无偿调拨净资产			
58	3501	以前年度盈余调整			

✲【知识点二】行政事业单位财务会计要素核算★★

行政事业单位财务会计包括资产、负债、净资产、收入、费用五要素。下面分别说明其核算。

（一）资产

行政事业单位资产包括流动资产和非流动资产。

流动资产：包括货币资金、短期投资、应收及预付款项、存货等。

非流动资产：包括固定资产、在建工程、无形资产、长期投资、公共基础设施、政府储备资产、文物文化资产、保障性住房和自然资源资产等。

行政事业单位资产的计量属性主要包括历史成本、重置成本、现值、公允价值和名义金额（人民币1元）。下面阐述应收及预付款项、存货、对外投资、固定资产、在建工程、无形资产、公共基础设施、政府储备物资、受托代理资产等的核算。具体核算如下：

1. 应收及预付款项。

（1）行政事业单位的应收及预付款项主要包括应收账款、预付账款、其他应收款等。

（2）行政事业单位应当于每年年末，对**预付账款**进行全面检查。如果有确凿证据表明预付账款不再符合预付款项性质，或者因供应单位破产、撤销等原因可能无法收到所购货物、服务的，应当先将其转入其他应收款，再按照规定进行处理。

（3）行政单位应当于每年年末，对**其他应收款**进行全面检查。对于超过规定年限、确认无法收回的其他应收款，应当按照有关规定报经批准后予以核销，按照核销金额，计入资产处置费用。已核销的其他应收款在以后期间又收回的，按照收回金额，计入其他收入。

（4）事业单位应当于每年年末，对收回后不需上缴财政的应收账款和其他应收款进行全面检查，分析其可收回性，对预计可能产生的坏账损失**计提坏账准备**，计入其他费用。

2. 存货。

存货是指行政事业单位在开展业务活动及其他活动中为耗用或出售而储存的资产，如材料、产品、包装物和低值易耗品等，以及未达到固定资产标准的用具、装具、动植物等。存货主要通过“在途物品”“库存物品”和“加工物品”三个科目进行核算。

表9－10　存货的相关内容

项目		具体内容
取得	购入	其**成本**包括购买价款、相关税费、运输费、装卸费、保险费以及使得存货达到目前场所和状态所发生的归属于存货成本的其他支出
	自行加工	其成本包括耗用的直接材料费用、发生的直接人工费用和按照一定方法分配的与存货加工有关的间接费用
	委托加工	其成本包括委托加工前存货成本、委托加工的成本（如委托加工费以及按规定应计入委托加工存货成本的相关税费等）以及使存货达到目前场所和状态所发生的归属于存货成本的其他支出
	置换取得	其成本按照换出资产的评估价值，加上支付的补价或减去收到的补价，加上为换入存货发生的其他相关支出确定
	接受捐赠	其成本按照有关凭据注明的金额加上相关税费、运输费等确定；没有相关凭据可供取得，但按规定经过资产评估的，其成本按照评估价值加上相关税费、运输费等确定；没有相关凭据可供取得、也未经资产评估的，其成本比照同类或类似资产的市场价格加上相关税费、运输费等确定；没有相关凭据且未经资产评估、同类或类似资产的市场价格也无法可靠取得的，按照名义金额入账，相关税费、运输费等计入当期费用
	无偿调入	其成本按照调出方账面价值加上相关税费、运输费等确定。盘盈的存货，按规定经过资产评估的，其成本按照评估价值确定；未经资产评估的，其成本按照重置成本确定
减少	发出	行政事业单位应当根据实际情况采用先进先出法、加权平均法或者个别计价法确定发出存货的实际成本。对于不能替代使用的存货、为特定项目专门购入或加工的存货，通常采用个别计价法确定发出存货的成本。 对于已发出的存货，行政事业单位应当将其成本结转为当期费用或者计入相关资产成本
	摊销	行政事业单位应当采用一次转销法或者五五摊销法对低值易耗品、包装物进行摊销，将其成本计入当期费用或者相关资产成本
	捐赠、调出	按规定报经批准对外捐赠、无偿调出的存货，应当将其账面余额予以转销，对外捐赠、无偿调出中发生的归属于捐出方、调出方的相关费用应当计入当期费用
	毁损	对于发生的存货毁损，应当将存货账面余额转销计入当期费用，并将毁损存货处置收入扣除相关处置税费后的差额按规定作应缴款项处理（差额为净收益时）或计入当期费用（差额为净损失时）
	盘亏	存货盘亏造成的损失，按规定报经批准后应当计入当期费用

3. 对外投资。

对外投资分为短期投资和长期投资（债权、股权）。

表 9－11 对外投资的相关内容

项目		具体内容
短期投资	取得时	应当按照**实际成本**（包括购买价款和相关税费）作为初始投资成本。实际支付价款中包含的已到付息期但尚未领取的利息，应当于收到时冲减短期投资成本
	持有期间	短期投资持有期间的利息，应当于实际收到时确认为投资收益。期末，短期投资应当按照账面余额计量
	收回	按规定出售或到期收回短期投资，应当将收到的价款扣除短期投资账面余额和相关税费后的差额计入投资损益
长期债券投资	取得时	应当按照实际成本（包括购买价款和相关税费）作为初始投资成本。实际支付价款中包含的已到付息期但尚未领取的债券利息，应当单独确认为应收利息，不计入长期债券投资初始投资成本
	持有期间	应当按期以票面金额与票面利率计算确认利息收入。对于分期付息、一次还本的长期债券投资，应当将计算确定的应收未收利息确认为应收利息，计入投资收益；对于一次还本付息的长期债券投资，应当将计算确定的应收未收利息计入投资收益，并增加长期债券投资的账面余额
	收回	按规定出售或到期收回长期债券投资，应当将实际收到的价款扣除长期债券投资账面余额和相关税费后的差额计入投资损益
长期股权投资	成本法	（1）事业单位无权决定被投资单位的财务和经营政策或无权参与被投资单位的财务和经营政策决策的，应当采用成本法进行核算。 （2）取得时，应当按照实际成本（包括购买价款和相关税费）作为初始投资成本。 （3）持有期间，长期股权投资的账面余额通常保持不变，但追加或收回投资时，应当相应调整其账面余额。持有期间被投资单位宣告分派的现金股利或利润，单位应当按照宣告分派的现金股利或利润中属于其应享有的份额确认为投资收益
	权益法	（1）对被投资单位能够控制、共同控制和重大影响的股权投资，通常应当采用权益法进行核算。 （2）取得时，应当按照实际成本（包括购买价款和相关税费）作为初始投资成本。 （3）持有期间，对于被投资单位所有者权益的变动，应当按照下列规定进行处理： ①按照应享有或应分担的被投资单位实现的净损益的份额，确认为投资损益，同时调整长期股权投资的账面余额。如果被投资单位发生的净亏损，应当以长期股权投资的账面余额减记至零为限，但事业单位负有承担额外损失义务的除外。 ②按照被投资单位宣告分派的现金股利或利润计算应享有的份额，确认为应收股利，同时减少长期股权投资的账面余额。 ③按照被投资单位除净损益和利润分配以外的所有者权益变动的份额，确认为净资产，同时调整长期股权投资的账面余额。 ④事业单位因处置部分长期股权投资等原因无权再决定被投资单位的财务和经营政策或者参与被投资单位的财务和经营政策决策的，应当对处置后的剩余股权投资改按成本法核算，并以该剩余股权投资在权益法下的账面余额作为按照成本法核算的初始投资成本

4. 固定资产。

固定资产核算应注意以下问题：

（1）固定资产的各组成部分具有不同使用年限或者以不同方式为行政事业单位实现服

务潜力或提供经济利益，适用不同折旧率或折旧方法且可以分别确定各自原价的，应当分别将各组成部分确认为单项固定资产。

（2）应用软件构成相关硬件不可缺少的组成部分的，应当将该软件的价值包括在所属的硬件价值中，一并确认为固定资产；不构成相关硬件不可缺少的组成部分的，应当将该软件确认为无形资产。

（3）购建房屋及构筑物时，不能分清购建成本中的房屋及构筑物部分与土地使用权部分的，应当全部确认为固定资产；能够分清购建成本中的房屋及构筑物部分与土地使用权部分的，应当将其中的房屋及构筑物部分确认为固定资产，将其中的土地使用权部分确认为无形资产。

（4）行政事业单位购入需要安装的固定资产，应当先通过在建工程核算，安装完毕交付使用时再转入固定资产。

（5）固定资产在**取得时**应当按照成本进行初始计量。不同来源的固定资产，成本构成不同：

①**外购的固定资产，其成本包括**购买价款、相关税费以及固定资产交付使用前所发生的可归属于该项资产的运输费、装卸费、安装费和专业人员服务费等。

②以一笔款项购入多项没有单独标价的固定资产，应当按照各项固定资产同类或类似资产市场价格比例对总成本进行分配，分别确定各项固定资产的成本。

③自行建造的固定资产，其成本包括该项资产至交付使用前所发生的全部必要支出。

④在原有固定资产基础上进行改建、扩建、修缮后的固定资产，其成本按照原固定资产账面价值加上改建、扩建、修缮发生的支出，再扣除固定资产被替换部分的账面价值后的金额确定。

⑤为建造固定资产借入的专门借款的利息，属于建设期间发生的，计入在建工程成本；不属于建设期间发生的，计入当期费用。

⑥已交付使用但尚未办理竣工决算手续的固定资产，应当按照估计价值入账，待办理竣工决算后再按实际成本调整原来的暂估价值。

⑦通过置换取得的固定资产，其成本按照换出资产的评估价值加上支付的补价或减去收到的补价，加上换入固定资产发生的其他相关支出确定。

⑧接受捐赠的固定资产，其成本按照有关凭据注明的金额加上相关税费、运输费等确定；没有相关凭据可供取得，但按规定经过资产评估的，其成本按照评估价值加上相关税费、运输费等确定；没有相关凭据可供取得、也未经资产评估的，其成本比照同类或类似资产的市场价格加上相关税费、运输费等确定；没有相关凭据且未经资产评估、同类或类似资产的市场价格也无法可靠取得的，按照名义金额入账，相关税费、运输费等计入当期费用。

⑨无偿调入的固定资产，其成本按照调出方账面价值加上相关税费、运输费等确定。

⑩盘盈的固定资产，按规定经过资产评估的，其成本按照评估价值确定；未经资产评估的，其成本按照重置成本确定。

（6）行政事业单位应当对除文物和陈列品、动植物、图书、档案、单独计价入账的土地以及以名义金额计量的固定资产以外的固定资产**计提折旧**，固定资产应计的折旧额为其成本，计提固定资产折旧时不考虑预计净残值。

行政事业单位应当根据相关规定以及固定资产的性质和使用情况，合理确定固定资产的使用年限。固定资产的使用年限一经确定，不得随意变更。

一般应当采用年限平均法或者工作量法计提固定资产折旧。在确定固定资产的折旧方法时，应当考虑与固定资产相关的服务潜力或经济利益的预期实现方式。固定资产折旧方法一经确定，不得随意变更。

固定资产应当按月计提折旧，当月增加的固定资产，当月开始计提折旧；当月减少的固定资产，当月不再计提折旧，并根据用途计入当期费用或者相关资产成本。固定资产提足折旧后，无论能否继续使用，均不再计提折旧；提前报废的固定资产，也不再补提折旧。固定资产因改建、扩建或修缮等原因而延长其使用年限的，应当按照重新确定的固定资产的成本以及重新确定的折旧年限计算折旧额。

（7）行政事业单位发生与固定资产有关的后续支出，分别按以下情况处理：

①为增加固定资产使用效能或延长其使用年限而发生的改建、扩建或修缮等后续支出，应当计入固定资产成本。

②为维护固定资产的正常使用而发生的日常修理等后续支出，应当计入当期费用。

（8）行政事业单位按规定报经批准出售、转让固定资产或固定资产报废、毁损的，应当将固定资产账面价值转销计入当期费用，并将处置收入扣除相关处置税费后的差额按规定作应缴款项处理（差额为净收益时）或计入当期费用（差额为净损失时）。

（9）行政事业单位按规定报经批准对外捐赠、无偿调出固定资产的，应当将固定资产的账面价值予以转销，对外捐赠、无偿调出中发生的归属于捐出方、调出方的相关费用应当计入当期费用。

（10）行政事业单位按规定报经批准以固定资产对外投资的，应当将该固定资产的账面价值予以转销，并将固定资产在对外投资时的评估价值与其账面价值的差额计入当期收入或费用。

（11）固定资产盘亏造成的损失，按规定报经批准后应当计入当期费用。

5. 在建工程。

行政事业单位在建工程是指已经发生必要成本支出，但尚未完工交付使用的各种建筑（包括新建、改建、扩建、修缮等）工程、设备安装工程、信息系统项目工程、公共基础设施项目工程、保障性住房项目工程等。应注意：

（1）行政事业单位将固定资产转入改扩建或修缮、发生建筑工程成本、购入需要安装设备、发生安装费用等时，应当增加在建工程，据实归集在建的建设项目的实际成本；行政事业单位对于应付未付的建设项目工程价款，应当确认应付账款。

（2）事业单位为建造固定资产、公共基础设施等借入的专门借款应支付的利息，属于工程项目建设期间发生的，计入在建工程成本；属于工程项目完工交付使用后发生的，计入当期费用。

（3）行政事业单位在建工程完工交付使用时，应当在增加固定资产的同时减少在建工程。

6. 无形资产。

无形资产核算应注意以下问题：

（1）行政事业单位的无形资产在取得时应当按照其实际成本进行入账。不同来源的无形资产成本构成不同。

（2）行政事业单位外购的无形资产，其成本包括购买价款、相关税费以及可归属于该项资产达到预定用途前所发生的其他支出。行政事业单位委托软件公司开发的软件，视同外购无形资产确定其成本。

(3) 行政事业单位通过置换取得的无形资产，其成本按照换出资产的评估价值加上支付的补价或减去收到的补价，加上换入无形资产发生的其他相关支出确定。

(4) 行政事业单位接受捐赠的无形资产，其成本按照有关凭据注明的金额加上相关税费确定；没有相关凭据可供取得，但按规定经过资产评估的，其成本按照评估价值加上相关税费确定；没有相关凭据可供取得、也未经资产评估的，其成本比照同类或类似资产的市场价格加上相关税费确定；没有相关凭据且未经资产评估、同类或类似资产的市场价格也无法可靠取得的，按照名义金额入账，相关税费计入当期费用。

(5) 无偿调入的无形资产，其成本按照调出方账面价值加上相关税费确定。

(6) 行政事业单位自行开发的无形资产，其成本包括自该项目进入开发阶段后至达到预定用途前所发生的支出总额。

行政事业单位自行研究开发项目的支出，应当区分研究阶段支出与开发阶段支出。自行研究开发项目研究阶段的支出，应当于发生时计入当期费用。自行研究开发项目开发阶段的支出，先按合理方法进行归集，如果最终形成无形资产的，应当确认为无形资产；如果最终未形成无形资产的，应当计入当期费用。自行研究开发项目尚未进入开发阶段，或者确实无法区分研究阶段支出和开发阶段支出，但按法律程序已申请取得无形资产的，应当将依法取得时发生的注册费、聘请律师费等费用确认为无形资产。

行政事业单位应当于取得或形成无形资产时合理确定其使用年限，使用年限不确定的无形资产不应摊销，使用年限有限的无形资产应摊销（已摊销完毕仍继续使用的无形资产和以名义金额计量的无形资产除外）。摊销规定是：

(1) 应当按照以下原则确定无形资产的摊销年限：法律规定了有效年限的，按照法律规定的有效年限作为摊销年限；法律没有规定有效年限的，按照相关合同或单位申请书中的受益年限作为摊销年限；法律没有规定有效年限、相关合同或单位申请书也没有规定受益年限的，应当根据无形资产为行政事业单位带来服务潜力或经济利益的实际情况，预计其使用年限；非大批量购入、单价小于1 000元的无形资产，可以于购买的当期将其成本一次性全部转销。

(2) 应当按月对使用年限有限的无形资产进行摊销，并根据用途计入当期费用或者相关资产成本。

(3) 应当采用年限平均法或者工作量法对无形资产进行摊销，应摊销金额为其成本，不考虑预计残值。

(4) 因发生后续支出而增加无形资产成本的，对于使用年限有限的无形资产，应当按照重新确定的无形资产成本以及重新确定的摊销年限计算摊销额。

按规定报经批准**出售**无形资产，应当将无形资产账面价值转销计入当期费用，并将处置收入大于相关处置税费后的差额按规定计入当期收入或者作应缴款项处理，将处置收入小于相关处置税费后的差额计入当期费用。

按规定报经批准对外捐赠、无偿调出无形资产的，应当将无形资产的账面价值予以转销，对外捐赠、无偿调出中发生的归属于捐出方、调出方的相关费用应当计入当期费用。

行政事业单位按规定报经批准以无形资产**对外投资**的，应当将该无形资产的账面价值予以转销，并将无形资产在对外投资时的评估价值与其账面价值的差额计入当期收入或费用。

7. 公共基础设施。

（1）公共基础设施，是指行政事业单位为满足社会公共需求而控制的，同时具有以下特征的有形资产：是一个有形资产系统或网络的组成部分；具有特定用途；一般不可移动。

（2）公共基础设施在取得时应当按照成本进行初始计量。行政事业单位自行建造的公共基础设施，其成本包括完成批准的建设内容所发生的全部必要支出，包括建筑安装工程投资支出、设备投资支出、待摊投资支出和其他投资支出。行政事业单位外购的公共基础设施，其成本包括购买价款、相关税费以及公共基础设施交付使用前所发生的可归属于该项资产的运输费、装卸费、安装费和专业人员服务费等。

（3）行政事业单位应当对公共基础设施计提折旧，但行政事业单位持续进行良好的维护使得其性能得到永久维持的公共基础设施和确认为公共基础设施的单独计价入账的土地使用权除外。

（4）行政事业单位按规定报经批准无偿调出、对外捐赠公共基础设施的，应当将公共基础设施的账面价值予以转销，无偿调出、对外捐赠中发生的归属于调出方、捐出方的相关费用应当计入当期费用。

8. 政府储备物资。

（1）政府储备物资，是指为满足实施国家安全与发展战略、进行抗灾救灾、应对公共突发事件等特定公共需求而控制的，同时具有下列特征的有形资产：在应对可能发生的特定事件或情形时动用；其购入、存储保管、更新（轮换）、动用等由政府及相关部门发布的专门管理制度规范。政府储备物资包括战略及能源物资、抢险抗灾救灾物资、农产品、医药物资和其他重要商品物资，通常情况下由行政事业单位委托承储单位存储。

（2）政府储备物资在取得时应当按照成本进行初始计量。行政事业单位购入的政府储备物资，其成本包括购买价款和行政事业单位承担的相关税费、运输费、装卸费、保险费、检测费以及使政府储备物资达到目前场所和状态所发生的归属于政府储备物资成本的其他支出。

（3）行政事业单位应当根据实际情况采用先进先出法、加权平均法或者个别计价法确定政府储备物资发出的成本。因动用而发出无须收回的政府储备物资的，行政事业单位应当在发出物资时将其账面余额予以转销，计入当期费用。

（4）政府储备物资报废、毁损的，行政事业单位应当按规定报经批准后将报废、毁损的政府储备物资的账面余额予以转销，确认应收款项（确定追究相关赔偿责任的）或计入当期费用（因储存年限到期报废或非人为因素致使报废、毁损的）；同时，将报废、毁损过程中取得的残值变价收入扣除行政事业单位承担的相关费用后的差额按规定作应缴款项处理（差额为净收益时）或计入当期费用（差额为净损失时）。

9. 受托代理资产。

（1）行政事业单位受托代理资产是指接受委托方委托管理的各项资产，包括受托指定转赠的物资、受托存储保管的物资等。行政事业单位管理的罚没物资也应当通过受托代理资产核算。

（2）接受委托人委托存储保管或需要转赠给受赠人的物资，其成本按照有关凭据注明的金额确定。受托协议约定由受托方承担的相关税费、运输费等计入其他费用。转赠物资的委托人取消了对捐赠物资的转赠要求，且不再收回捐赠物资的，应当将转赠物资转为单位的存货、固定资产等，增加其他收入。

（二）负债

1. 负债的内容。

（1）负债是指行政事业单位过去的经济业务或者事项形成的，预期会导致经济资源流出的现时义务。行政事业单位的负债包括偿还时间与金额基本确定的负债和由或有事项形成的预计负债。

（2）行政事业单位的负债按照流动性，分为流动负债和非流动负债。

流动负债是指预计在1年内（含1年）偿还的负债，包括短期借款、应付短期政府债券、应付职工薪酬、应付账款、预收款项、应交税费、应付国库集中支付结余、其他应付未付款项、应缴款项等。

非流动负债是指流动负债以外的负债，包括长期借款、长期应付款、应付长期政府债券等。

2. 负债的核算。

行政事业单位在对负债进行计量时，一般应当采用历史成本；采用现值、公允价值计量的，应当保证所确定的负债金额能够持续、可靠计量。负债核算应注意以下问题：

（1）对于事业单位借入款项，初始确认为负债时应当按照借款本金计量；借款本金与取得的借款资金的差额应当计入当期费用。

（2）对于行政事业单位在职工为其提供服务的会计期间，计算确认的当期应付职工薪酬，从事专业及其辅助活动人员的职工薪酬，计入业务活动费用、单位管理费用；应由在建工程、加工物品、自行研发无形资产负担的职工薪酬，分别计入在建工程、加工物品、研发支出；从事专业及其辅助活动之外的经营活动人员的职工薪酬，计入经营费用；因解除与职工的劳动关系而给予的补偿，计入单位管理费用。

（3）行政事业单位预先提取的已经发生但尚未支付的费用，以及事业单位按规定从科研项目收入中提取的项目间接费用或管理费，应在增加当期费用的同时确认负债，增加**预提费用**、应付利息等。

（4）行政事业单位对因或有事项所产生的现时义务确认的负债应通过**预计负债**核算，确认预计负债时，按照预计的金额，计入当期费用。

或有事项，是指由过去的经济业务或者事项形成的，其结果须由某些未来事项的发生或不发生才能决定的不确定事项，主要包括：未决诉讼或未决仲裁、对外国政府或国际经济组织的贷款担保、承诺（补贴、代偿）、自然灾害或公共事件的救助等。

（三）净资产★★

表9-12　　净资产的相关内容

项目		具体内容
净资产	概念	行政事业单位净资产是指行政事业单位资产扣除负债后的净额
	内容	行政单位的**净资产**包括累计盈余、无偿调拨净资产、本期盈余等。事业单位的净资产包括累计盈余、专用基金、无偿调拨净资产、权益法调整、本期盈余等。其中：权益法调整是指事业单位期末在被投资单位除净损益和利润分配以外的所有者权益变动中累积享有的份额

续表

项目		具体内容
净资产的核算	累计盈余	**累计盈余**是指行政事业单位期末未分配盈余（或未弥补亏损）以及无偿调拨净资产变动的累计数。年末，行政事业单位将本年盈余分配、无偿调拨净资产、以前年度盈余调整的余额转入累计盈余。按照规定上缴财政拨款结转结余、缴回非财政拨款结转资金、向其他单位调出财政拨款结转资金时，按照实际上缴、缴回、调出金额，减少累计盈余。按照规定从其他单位调入财政拨款结转资金时，按照实际调入金额，增加累计盈余
	专用基金	**专用基金**是指事业单位期末累计提取或设置但尚未使用的专用基金余额。事业单位按照规定提取或设置的具有专门用途的职工福利基金、科技成果转换基金等时，增加专用基金。按照规定使用提取的专用基金时，减少专用基金。使用提取的专用基金购置固定资产、无形资产的，还应当增加累计盈余
	无偿调拨净资产	**无偿调拨净资产**是指行政事业单位本年度截至报告期期末无偿调入的非现金资产价值扣减无偿调出的非现金资产价值后的净值。行政事业单位按照规定取得无偿调入的非现金资产，按照调入非现金资产确定的入账成本，扣除调入过程中发生的归属于调入方的相关费用，差额转入无偿调拨净资产。按照规定经批准无偿调出的非现金资产，将调出资产的账面余额或账面价值，计入无偿调拨净资产。年末，将无偿调入的非现金资产价值扣减无偿调出的非现金资产价值后的净值转入累计盈余
	本期盈余	期末，行政事业单位将各类收入的本期发生额转入本期盈余，将各类费用本期发生额转入本期盈余。收入费用结转后余额，反映行政事业单位自年初至当期期末累计实现的盈余或累计发生的亏损。年末，行政事业单位将本期盈余结转后余额转入本年盈余分配

（四）收入★★

表 9－13　收入的相关内容

项目		具体内容
收入	概念	行政事业单位收入是指报告期内导致行政事业单位净资产增加的、含有服务潜力或者经济利益的经济资源的流入
	内容	（1）行政单位收入主要包括财政拨款收入、非同级财政拨款收入、捐赠收入、利息收入和其他收入。 （2）**事业单位收入**主要包括财政拨款收入、事业收入、上级补助收入、附属单位上缴收入、经营收入、非同级财政拨款收入、投资收益、捐赠收入、利息收入、租金收入和其他收入
收入的核算	财政拨款收入	**财政拨款收入**是指行政事业单位从同级政府财政部门取得的各类财政拨款，一般应当在收到款项时予以确认，并按照实际收到的金额进行计量。但同级政府财政部门预拨的下期预算款和没有纳入预算的暂付款项，以及采用实拨资金方式通过本单位转拨给下属单位的财政拨款，在收到款项时不作为财政拨款收入核算。年末，根据本年度财政直接支付预算指标数与当年财政直接支付实际支付数的差额，以及本年度财政授权支付预算指标数大于零余额账户用款额度下达数的未下达用款额度，计入财政拨款收入
	事业收入	**事业收入**是指事业单位开展专业业务活动及其辅助活动实现的收入，不包括从同级政府财政部门取得的各类财政拨款。事业单位取得的事业收入一般应按权责发生制进行收入确认。收到从财政专户返还的事业收入时，按照实际收到的返还金额，计入事业收入。以合同完成进度确认事业收入时，按照基于合同完成进度计算的金额，计入事业收入
	非同级财政拨款收入	**非同级财政拨款收入**是指行政事业单位从非同级政府财政部门取得的经费拨款，包括从同级政府其他部门取得的横向转拨财政款、从上级或下级政府财政部门取得的经费拨款等。但事业单位因开展科研及其辅助活动从非同级政府财政部门取得的经费拨款，应计入事业收入，不作为非同级财政拨款收入核算。确认非同级财政拨款收入时，按照应收或实际收到的金额，计入非同级财政拨款收入

（五）费用★★

1. 费用的概念和内容。

费用是指报告期内导致行政事业单位净资产减少的、含有服务潜力或者经济利益的经济资源的流出。

行政单位的费用主要包括业务活动费用、资产处置费用和其他费用。

事业单位的费用主要包括业务活动费用、单位管理费用、经营费用、资产处置费用、上缴上级费用、对附属单位补助费用、所得税费用和其他费用。

2. 费用的核算。

（1）业务活动费用。

业务活动费用是指行政事业单位为实现其职能目标，依法履职或开展专业业务活动及其辅助活动所发生的各项费用。行政事业单位发生的业务活动费用应按权责发生制进行确认，并按以下规定进行计量：为履职或开展业务活动人员计提的薪酬、外部人员劳务费，按照计算确定的金额，计入业务活动费用；为履职或开展业务活动领用库存物品，以及动用发出相关政府储备物资，按照领用库存物品或发出相关政府储备物资的账面余额，计入业务活动费用；为履职或开展业务活动所使用的固定资产、无形资产以及为所控制的公共基础设施、保障性住房计提的折旧、摊销，按照计提金额，计入业务活动费用；为履职或开展业务活动发生的城市维护建设税、教育费附加、地方教育费附加、车船税、房产税、城镇土地使用税等，按照计算确定应交纳的金额，计入业务活动费用；为履职或开展业务活动发生其他各项费用时，包括从收入中提取专用基金并计入费用的，按照费用确认金额，计入业务活动费用；发生当年购货退回等业务，对于已计入本年业务活动费用的，按照收回或应收的金额，冲减业务活动费用。

（2）单位管理费用。

单位管理费用是指事业单位本级行政及后勤管理部门开展管理活动发生的各项费用，包括单位行政及后勤管理部门发生的人员经费、公用经费、资产折旧（摊销）等费用，以及由单位统一负担的离退休人员经费、工会经费、诉讼费、中介费等。事业单位发生的单位管理费用应按权责发生制进行确认，并按以下规定进行计量：为开展管理活动人员计提的薪酬、外部人员劳务费，按照计算确定的金额，计入单位管理费用；开展管理活动内部领用库存物品，按照领用物品实际成本，计入单位管理费用；为管理活动所使用固定资产、无形资产计提的折旧、摊销，按照应提折旧、摊销额，计入单位管理费用；为开展管理活动发生城市维护建设税、教育费附加、地方教育费附加、车船税、房产税、城镇土地使用税等，按照计算确定应交纳的金额，计入单位管理费用；为开展管理活动发生的其他各项费用，按照费用确认金额，计入单位管理费用；发生当年购货退回等业务，对于已计入本年单位管理费用的，按照收回或应收的金额，冲减单位管理费用。

❇【知识点三】行政事业单位预算会计要素核算

行政事业单位预算会计包括预算收入、预算支出和预算结余三个要素，具体核算如下：

（一）预算收入★★

1. 预算收入的概念和内容。

预算收入是指行政事业单位在预算年度内依法取得的并纳入预算管理的现金流入。

行政单位预算收入主要包括财政拨款预算收入、非同级财政拨款预算收入、其他预算收入等。

事业单位预算收入主要包括财政拨款预算收入、事业预算收入、上级补助预算收入、附属单位上缴预算收入、经营预算收入、债务预算收入、非同级财政拨款预算收入、投资预算收益、其他预算收入等。

2. 收入的核算。

（1）财政拨款预算收入。

财政拨款预算收入是指行政事业单位从同级政府财政部门取得的各类财政拨款，包括上个预算期收到的本期预算拨款。财政拨款预算收入一般在实际收到时予以确认，并按照实际收到的金额进行计量。在财政直接支付方式下，单位根据收到的“财政直接支付入账通知书”及相关原始凭证，按照通知书中的直接支付金额，计入财政拨款预算收入。财政授权支付方式下，单位根据收到的“财政授权支付额度到账通知书”，按照通知书中的授权支付额度，计入财政拨款预算收入。其他方式下，单位按照本期预算收到财政拨款预算收入时，按照实际收到的金额，计入财政拨款预算收入。年末，根据本年度财政直接支付预算指标数与当年财政直接支付实际支付数的差额，以及本年度财政授权支付预算指标数大于零余额账户用款额度下达数的未下达用款额度，计入财政拨款预算收入。

（2）事业收入。

事业预算收入是指事业单位开展专业业务活动及其辅助活动取得的现金流入。事业预算收入一般在实际收到时予以确认，并按照实际收到的金额进行计量。采用财政专户返还方式管理的事业预算收入，收到从财政专户返还的事业预算收入时，按照实际收到的返还金额，计入事业预算收入。

（3）非同级财政拨款预算收入。

非同级财政拨款预算收入是指行政事业单位从非同级政府财政部门取得的财政拨款，包括本级横向转拨财政款和非本级财政拨款。但事业单位因开展科研及其辅助活动从非同级政府财政部门取得的经费拨款，不作为非同级财政拨款预算收入核算。非同级财政拨款预算收入一般在实际收到时予以确认，并按照实际收到的金额进行计量。确认非同级财政拨款预算收入时，按照实际收到的金额，计入非同级财政拨款预算收入。

（二）预算支出★★

表9－14　　预算支出相关内容

项目		具体内容
概念和内容	概念	预算支出是指行政事业单位在预算年度内依法发生并纳入预算管理的现金流出
	内容	（1）行政单位的预算支出主要包括行政支出和其他支出。 （2）事业单位的预算支出主要包括事业支出、经营支出、上缴上级支出、对附属单位补助支出、投资支出、债务还本支出和其他支出
预算支出的核算	行政支出	**行政支出**是指行政单位履行其职责实际发生的各项现金流出，一般在实际支付时予以确认，并以实际支付的金额计量。向单位职工个人支付薪酬、向外部人员支付劳务费、为购买资产以及在建工程支付相关款项时，按照实际支付的金额，计入行政支出。发生预付账款及其他各项支出时，按照实际支付的金额，计入行政支出
	事业支出	**事业支出**是指事业单位开展专业业务活动及其辅助活动实际发生的各项现金流出，一般在实际支付时予以确认，以实际支付的金额计量。事业单位向单位职工个人支付薪酬（经营部门职工除外）、因开展专业业务活动及其辅助活动支付外部人员劳务费、开展专业业务活动及其辅助活动过程中为购买存货、固定资产、无形资产等以及在建工程支付相关款项时，按照实际支付的金额，计入事业支出。事业单位开展专业业务活动及其辅助活动过程中缴纳的相关税费以及发生的其他各项支出，按照实际支付的金额，计入事业支出

第九章

（三）预算结余★★

表 9－15　预算结余的相关内容

<table>
<tr><th colspan="2">项目</th><th>具体内容</th></tr>
<tr><td colspan="2">概念</td><td>预算结余是指行政事业单位预算年度内预算收入扣除预算支出后的资金余额，以及历年滚存的资金余额</td></tr>
<tr><td colspan="2">内容</td><td>预算结余包括结余资金和结转资金。结余资金是指年度预算执行终了，预算收入实际完成数扣除预算支出和结转资金后剩余的资金。结转资金是指预算安排项目的支出年终尚未执行完毕或者因故未执行，且下年需要按原用途继续使用的资金</td></tr>
<tr><td rowspan="4">预算结余的核算</td><td>资金结存</td><td>资金结存是指行政事业单位纳入部门预算管理的资金的流入、流出、调整和滚存数额，是各项结转结余所对应的资金数额之和。取得预算收入时，按照实际收到的金额，增加资金结存；发生预算支出时，按照实际支付的金额，减少资金结存</td></tr>
<tr><td>财政拨款结转和财政拨款结余</td><td>（1）财政拨款结转是指行政事业单位当年预算已执行但尚未完成，或因故未执行，下一年度需要按照原定用途继续使用的财政拨款滚存资金。
（2）财政拨款结余是指行政事业单位当年预算工作目标已完成，或因故终止，剩余的财政拨款滚存资金。
（3）行政事业单位应当于年末将财政拨款预算收入、行政支出（事业支出）和其他支出中的财政拨款支出的本年发生额，结转入财政拨款结转，并于年末将财政拨款结转余额中符合财政拨款结余性质的部分转入财政拨款结余。行政事业单位从其他单位调入财政拨款结余资金或额度，或者上缴财政拨款结转结余资金或额度的，相应增加或减少财政拨款结转、财政拨款结余</td></tr>
<tr><td>非财政拨款结转和非财政拨款结余</td><td>（1）非财政拨款结转是指行政事业单位当年预算已执行但尚未完成，或因故未执行，下一年度需要按照原定用途继续使用的非经营的非同级财政拨款专项滚存资金。
（2）非财政拨款结余是指行政事业单位当年预算工作目标已完成，或因故终止，剩余的非限定用途的非同级财政拨款滚存资金。
（3）行政事业单位应当于年末将非财政拨款预算收入、非经营预算收入、行政支出（事业支出）和其他支出中的非财政拨款专项资金支出的本年发生额，结转入非财政拨款结转，并于年末将非财政拨款结转余额中符合非财政拨款结余性质的部分转入非财政拨款结余</td></tr>
<tr><td>经营结余和其他结余</td><td>（1）经营结余是指事业单位年度经营活动收支相抵后余额弥补以前年度经营亏损后的余额。年末，经营预算收支相抵后如有贷方结余，则将其余额转入非财政拨款结余，如为借方结余（亏损），则不予结转。
（2）其他结余是指行政事业单位年度除财政拨款收支、非同级财政专项资金收支和经营收支以外各项收支相抵后的余额。年末，行政单位将其他结余转入非财政拨款结余，事业单位将其他结余转入非财政拨款结余分配</td></tr>
</table>

【知识点四】行政事业单位年末暂收暂付款的会计处理

单位年末暂收暂付款分两种情况：非财政资金和财政资金，应分别处理。

表 9－16　行政事业单位年末暂收暂付款的会计处理

<table>
<tr><th>项目</th><th colspan="2">具体内容</th></tr>
<tr><td>非财政资金</td><td>纳入本年度部门预算管理</td><td>对于纳入本年度部门预算管理的暂付款项，单位在支付款项时可不作预算会计处理，待结算或报销时，按照结算或报销的金额，借记相关预算支出科目，贷记“资金结存”科目。但是，在年末结账前，对于尚未结算或报销的暂付款项，单位应当按照暂付的金额，借记相关预算支出科目，贷记“资金结存”科目。以后年度，实际结算或报销金额与已计入预算支出的金额不一致的，单位应当通过相关预算结转结余科目“年初余额调整”明细科目进行处理</td></tr>
</table>

续表

项目		具体内容
非财政资金	纳入下年度预算管理	**对于应当纳入下一年度部门预算管理的暂收款项**，单位在收到款项时，借记“银行存款”等科目，贷记“其他应付款”科目；本年度不作预算会计处理。待下一年年初，单位应当按照上年暂收的款项金额，借记“其他应付款”科目，贷记有关收入科目；同时在预算会计中，按照暂收款项的金额，借记“资金结存”科目，贷记有关预算收入科目
	不纳入部门预算管理	**对于不纳入部门预算管理的暂收暂付款项**（如应上缴、应转拨或应退回的资金），单位应当按照《政府会计制度》规定，仅作财务会计处理，不作预算会计处理
财政资金		行政事业单位**收到同级财政部门以实拨资金形式预拨的下期预算款**，财务会计计入“其他应付款”，预算会计不作处理；待到下个预算期时，财务会计将“其他应付款”转入“财政拨款收入”，同时预算会计增加“资金结存”和“财政拨款预算收入”

【知识点五】行政事业单位财务报表和预算报表

财务报表：

（1）财务报表是反映行政事业单位某一特定日期的财务状况和某一会计期间的运行情况和现金流量等信息的文件。财务报表的编制主要以权责发生制为基础，以财务会计核算生成的数据为准。

（2）财务报表由会计报表及其附注构成；财务会计报表一般包括资产负债表、收入费用表和现金流量表。

预算会计报表：

（1）预算会计报表是综合反映行政事业单位年度预算收支执行结果的文件。预算会计报表的编制主要以收付实现制为基础，以预算会计核算生成的数据为准。

（2）预算会计报表至少应当包括预算收入支出表、预算结转结余变动表和财政拨款预算收入支出表。

【知识点六】行政事业单位会计调整

会计调整，是指行政事业单位因按照法律、行政法规和政府会计准则制度的要求，或者在特定情况下对其原采用的会计政策、会计估计，以及发现的会计差错、发生的报告日后事项等所作的调整。

表 9－17　　行政事业单位会计调整

项目		具体内容
会计政策及其变更	概念	会计政策，是指行政事业单位在会计核算时所遵循的特定原则、基础以及所采用的具体会计处理方法
	会计处理方法	行政事业单位应当按照政府会计准则制度规定对会计政策变更进行处理。政府会计准则制度对会计政策变更未作出规定的，通常情况下，行政事业单位应当采用追溯调整法进行处理

续表

项目		具体内容
会计估计及其变更	概念	会计估计，是指行政事业单位对结果不确定的经济业务或者事项以最近可利用的信息为基础所作的判断，如固定资产、无形资产的预计使用年限等
	会计处理方法	行政事业单位应当对会计估计变更采用未来适用法处理；行政事业单位对某项变更难以区分为会计政策变更或者会计估计变更的，应当按照会计估计变更的处理方法进行处理
会计差错及其更正	概念	会计差错，是指行政事业单位在会计核算时，在确认、计量、记录、报告等方面出现的错误，通常包括计算或记录错误、应用会计政策错误、疏忽或曲解事实产生的错误、财务舞弊等
	会计处理方法	（1）本期发现的与本期相关的会计差错，应当调整本期报表相关项目。 （2）**本期发现的与前期相关的重大会计差错**：①影响收入、费用或者预算收支的，应当将其对收入、费用或者预算收支的影响或者累积影响调整发现当期期初的相关净资产项目或者预算结转结余，并调整其他相关项目的期初数；②不影响收入、费用或者预算收支的，应当调整发现当期相关项目的期初数。 （3）本期发现的与前期相关的非重大会计差错，应当将其影响数调整相关项目的本期数
报告日后事项	概念	报告日后事项，是指自报告日（年度报告日通常为12月31日）至报告批准报出日之间发生的需要调整或说明的事项，包括调整事项和非调整事项两类： （1）报告日以后获得新的或者进一步的证据，有助于对报告日存在状况的有关金额作出重新估计，应当作为调整事项，包括已证实资产发生了减损、已确定获得或者支付的赔偿、财务舞弊或者差错等。 （2）报告日以后才发生或者存在的事项，不影响报告日的存在状况，但如不加以说明，将会影响报告使用者作出正确估计和决策，这类事项应当作为非调整事项，如自然灾害导致的资产损失、外汇汇率发生重大变化等
	会计处理方法	（1）报告日以后发生的调整事项，应当如同报告所属期间发生的事项一样进行会计处理，对报告日已编制的报表相关项目的期末数或者本期数作相应的调整，并对当期编制的报表相关项目的期初数或者上期数进行调整。 （2）非调整事项，应在财务报表附注中予以披露

【知识点七】政府财务报告

政府财务报告以权责发生制为基础编制，包括政府部门财务报告和政府综合财务报告。现将政府财务报告的内容和编制要点归纳如下表所示。

表9－18　政府财务报告

项目	具体内容
政府部门财务报告的构成及内容	政府部门财务报告应当包括会计报表、报表附注、财务分析等。会计报表主要包括资产负债表、收入费用表及当期盈余与预算结余差异表等。当期盈余与预算结余差异表重点反映政府部门权责发生制基础当期盈余与现行会计制度下当期预算结余之间的差异
政府综合财务报告的构成及内容	政府综合财务报告应当包括会计报表、报表附注、财政经济分析、政府财政财务管理情况等。会计报表主要包括资产负债表、收入费用表及当期盈余与预算结余差异表等。当期盈余与预算结余差异表反映政府整体权责发生制基础当期盈余与现行会计制度下当期预算结余之间的差异

续表

项目	具体内容
政府部门财务报告编制	政府部门财务报告由本部门所属单位逐级编制。政府各部门应当对所属各单位财务报表进行合并编制本部门财务报表
政府综合财务报告编制	政府财政部门应当以财政总预算会计报表、农业综合开发资金会计报表、部门财务报表、土地储备资金财务报表、物资储备资金会计报表等为基础编制政府综合财务报表。对于未在财政总预算会计报表中反映的政府股权投资、投资收益等，暂按权益法从国有企业财务会计决算报表中取得相关数据纳入政府综合财务报表

第四节　政府采购制度

【知识点一】政府采购制度概念、当事人、资金范围与政府采购对象

概念：政府采购是指各级国家机关、事业单位和团体组织，使用财政性资金采购依法制定的集中采购目录以内的或者采购限额标准以上的货物、工程和服务的行为。

政府采购当事人：政府采购当事人包括采购人、供应商和采购代理机构等。政府采购代理机构包括以下两类：（1）设区的市、自治州以上人民政府根据本级政府采购项目组织集中采购的需要设立的集中采购机构（属于非营利事业法人）。（2）取得省级以上财政部门认定资格，依法接受采购人委托，从事政府采购代理业务的社会中介机构。任何单位和个人不得以摇号、抽签、遴选等方式干预采购人自行选择代理机构。代理费用由中标、成交供应商支付的，供应商报价应当包含代理费用。

政府采购的资金范围：政府采购资金是指财政性资金。这里的财政性资金包括财政预算资金以及与财政预算资金相配套的单位自筹资金。

政府采购对象：政府采购的对象包括货物、工程和服务。

【知识点二】政府采购的执行模式、政府采购的方式★

（一）政府采购的执行模式

政府采购实行集中采购和分散采购相结合的模式，参见下表。

表 9－19　政府采购的执行模式

集中采购	分散采购
采购人采购纳入集中采购目录的政府采购项目，应当实行集中采购。 集中采购目录由省级以上人民政府确定并公布。属于中央预算的政府采购项目，其集中采购目录由国务院确定并公布；属于地方预算的政府采购项目，其集中采购目录由省级人民政府或者其授权的机构确定并公布	采购人采购集中采购目录之外且达到限额标准以上的采购项目，应当实行分散采购。 政府采购限额标准由省级以上人民政府确定并公布。属于中央预算的政府采购项目，其政府采购限额标准由国务院确定并公布；属于地方预算的政府采购项目，其政府采购限额标准由省级人民政府或者其授权的机构确定并公布

注意：采购人采购纳入集中采购目录的政府采购项目，**必须委托集中采购机构代理采**

购。采购未纳入集中采购目录的政府采购项目，可以自行采购，也可以委托集中采购机构在委托的范围内代理采购。

纳入集中采购目录属于通用政府采购项目的，应当委托集中采购机构代理采购；属于本部门、本系统有特殊要求的项目，应当实行部门集中采购；属于本单位有特殊要求的项目，经省级以上人民政府批准，可以自行采购。

（二）政府采购的方式★

政府采购采用公开招标、邀请招标、竞争性谈判、单一来源采购、询价以及国务院政府采购监督管理部门认定的其他采购方式。其中，**公开招标应作为政府采购的主要采购方式**。各种采购方式的内容、要求及适用范围见下表。

表9-20　　政府采购方式的相关内容

方式	含义	适用范围
公开招标	采购人或其委托的政府采购代理机构以招标公告的方式邀请不特定的供应商参加投标竞争，从中择优选择中标供应商的采购方式	采购人在采购货物或者服务应当采用公开招标方式，其具体数额标准，属于中央预算的政府采购项目，由国务院规定；属于地方预算的政府采购项目，由省、自治区、直辖市人民政府规定
邀请招标	采购人或其委托的政府采购代理机构以投标邀请书的方式邀请三家或三家以上特定的供应商参与投标的采购方式	符合下列情形之一的货物或者服务，可以采用邀请招标方式采购：（1）**具有特殊性**，只能从有限范围的供应商处采购的；（2）采用公开招标方式的费用占政府采购项目总价值的比例过大的
竞争性谈判	采购人或其委托的政府采购代理机构通过与多家供应商就采购事宜进行谈判，经分析比较后从中确定中标供应商的采购方式	符合下列情形之一的货物或者服务，**可以采用竞争性谈判方式采购**：（1）招标后没有供应商投标或者没有合格标的或者重新招标未能成立的；（2）技术复杂或者性质特殊，不能确定详细规格或者具体要求的；（3）非采购人所能预见的原因或者非采购人拖延造成采用招标所需时间不能满足用户紧急需要的；（4）因艺术品采购、专利、专有技术或者服务时间、数量事先不能确定等原因不能事先计算出价格总额的
单一来源采购	采购人采购不具备竞争条件的物品，只能从唯一的供应商处取得采购货物或服务的情况下，直接向该供应商协商采购的采购方式	符合下列情形之一的货物或者服务，**可以采用单一来源方式采购**：（1）只能从唯一供应商处采购的；（2）发生了不可预见的紧急情况不能从其他供应商处采购的；（3）必须保证原有采购项目一致性或者服务配套的要求，需要继续从原供应商处添购，且添购资金总额不超过原合同采购金额10%的
询价	采购人向3家以上潜在的供应商发出询价单，对各供应商一次性报出的价格进行分析比较，按照符合采购需求、质量和服务相等且报价最低的原则确定中标供应商的采购方式	采购的货物规格、标准统一，现货货源充足且价格变化幅度小的政府采购项目，可以采用询价方式采购

【知识点三】政府采购程序和政府采购合同

（一）编制和批准政府采购预算

负有编制部门预算职责的部门在编制下一财政年度部门预算时，应当将该财政年度政府采购的项目及资金预算列出，报本级财政部门汇总。部门预算的审批，按预算管理权限和程序进行。

（二）选择采购方式、适用程序与合同签订

1. 货物或者服务项目采取邀请招标方式采购的，采购人应当从符合相应资格条件的供应商中，通过随机方式选择三家以上的供应商，并向其发出投标邀请书。

2. 货物和服务项目实行招标方式采购的，自招标文件开始发出之日起至投标人提交投标文件截止之日止，不得少于二十日。在招标采购中，出现下列情形之一的，应予废标：（1）符合专业条件的供应商或者对招标文件作实质响应的供应商不足三家的；（2）出现影响采购公正的违法、违规行为的；（3）投标人的报价均超过了采购预算，采购人不能支付的；（4）因重大变故，采购任务取消的。

评标委员会由采购人代表和评审专家组成，成员人数应当为5人以上单数，其中评审专家不得少于成员总数的三分之二。采购项目符合下列情形之一的，评标委员会成员人数应当为7人以上单数：（1）采购预算金额在1 000万元以上；（2）技术复杂；（3）社会影响较大。

3. 竞争性谈判或询价的程序：（1）竞争性谈判小组或者询价小组由采购人代表和评审专家共3人以上单数组成，其中评审专家人数不得少于竞争性谈判小组或者询价小组成员总数的2/3。采购人不得以评审专家身份参加本部门或本单位采购项目的评审。采购代理机构人员不得参加本机构代理的采购项目的评审。达到公开招标数额标准的货物或者服务采购项目，或者达到招标规模标准的政府采购工程，竞争性谈判小组或者询价小组应当由5人以上单数组成。采用竞争性谈判、询价方式采购的政府采购项目，评审专家应当从政府采购评审专家库内相关专业的专家名单中随机抽取。技术复杂、专业性强的竞争性谈判采购项目，通过随机方式难以确定合适的评审专家的，经主管预算单位同意，可以自行选定评审专家。技术复杂、专业性强的竞争性谈判采购项目，评审专家中应当包含1名法律专家。（2）谈判文件、询价通知书不得要求或者标明供应商名称或者特定货物的品牌，不得含有指向特定供应商的技术、服务等条件。（3）采购人、采购代理机构应当通过发布公告、从省级以上财政部门建立的供应商库中随机抽取或者采购人和评审专家分别书面推荐的方式邀请不少于3家符合相应资格条件的供应商参与竞争性谈判或者询价采购活动。（4）采取采购人和评审专家书面推荐方式选择供应商的，采购人和评审专家应当各自出具书面推荐意见。采购人推荐供应商的比例不得高于推荐供应商总数的50%。（5）采购人与成交供应商应当在成交通知书发出之日起30日内签订政府采购合同。

招标文件要求投标人提交保证金的，**投标保证金不得超过采购项目预算金额的2%**；采购文件要求中标或成交供应商提交履约保证金的，**履约保证金的数额不得超过政府采购合同金额的10%**。

✲【知识点四】加强政府采购需求管理、执行管理

（一）加强政府采购需求管理

1. 关于政府采购需求管理。

政府采购需求管理，是指采购人组织确定采购需求和编制采购实施计划，并实施相关风险控制管理的活动。采购人对采购需求管理负有主体责任，对采购需求和采购实施计划的合法性、合规性、合理性负责。

2. 关于政府采购需求。

（1）采购需求是指采购人为实现项目目标，拟采购的标的及其需要满足的技术、商务

要求。确定采购需求应当明确实现项目目标的所有技术、商务要求，功能和质量指标的设置要充分考虑可能影响供应商报价和项目实施风险的因素。

（2）采购人可以在确定采购需求前，通过咨询、论证、问卷调查等方式开展需求调查。面向市场主体开展需求调查时，选择的调查对象一般不少于3个，并应当具有代表性。对于下列采购项目，应当开展需求调查：①1 000万元以上的货物、服务采购项目，3 000万元以上工程采购项目；②涉及公共利益、社会关注度较高的采购项目，包括政府向社会公众提供的公共服务项目等；③技术复杂、专业性较强的项目，包括需定制开发的信息化建设项目、采购进口产品的项目等。

3. 关于政府采购实施计划。

采购实施计划是指采购人围绕实现采购需求，对合同的订立和管理所做的安排。采购人应当通过确定供应商资格条件、设定评审规则等措施，落实支持创新、绿色发展、中小企业发展等政府采购功能。业绩情况作为资格条件时，要求供应商提供的同类业务合同一般不超过2个。涉及政府采购政策支持的创新产品采购的，不得提出同类业务合同、生产台数、使用时长等业绩要求。参与评分的指标应当是采购需求中的量化指标，价格因素应当按照相关规定确定分值和权重。

4. 关于风险控制。

采购人应当建立健全采购需求管理制度，加强对采购需求的形成和实现过程的内部控制和风险管理。采购人应当建立审查工作机制，在采购活动开始前，针对采购需求管理中的重点风险事项，对采购需求和采购实施计划进行审查，包括一般性审查（审查是否按照规定的程序和内容确定采购需求、编制采购实施计划）和重点审查（如非歧视性审查、竞争性审查、采购政策审查、履约风险审查等）。

（二）加强政府采购执行管理

表9-21　　加强政府采购执行管理的相关内容

项目	具体内容
优化采购活动办事程序	对于采购人、采购代理机构可以通过互联网或者相关信息系统查到的信息，不得要求供应商提供
细化采购活动执行要求	采购人允许采用分包方式履行合同的，应当在采购文件中明确可以分包履行的具体内容、金额或者比例
规范保证金收取和退回	收取履约保证金的，应当在采购合同中约定履约保证金退还的方式、时间、条件和不退还的情形
及时支付采购资金	对于满足合同约定支付条件的，采购人应当自收到发票后**30日内**将资金支付到合同约定的供应商账户
完善对供应商的利益损害赔偿和补偿机制	对于因采购人原因导致变更、中止或者终止政府采购合同的，采购人应当依据合同约定对供应商受到的损失予以赔偿或者补偿

✻【知识点五】政府采购的基本政策、特殊规定★

（一）政府采购的基本政策要求

1. 除需要采购的货物、工程或服务在中国境内无法获取或者无法以合理的商业条件获取、为在中国境外使用而进行采购、法律法规另有规定的情况外，政府采购应当采购本国货物、工程和服务。

2. 政府采购的信息应当在政府采购监督管理部门指定的媒体上及时向社会公开发布，但涉及商业秘密的除外。

3. 政府采购活动中，采购人员及相关人员与供应商**有利害关系的，必须回避**。供应商认为采购人员及相关人员与其他供应商有利害关系的，可以申请其回避。这里的相关人员，包括招标采购中评标委员会的组成人员、竞争性谈判采购中谈判小组的组成人员、询价采购中询价小组的组成人员等。

4. 采购人可以委托经国务院有关部门或者省级人民政府有关部门认定资格的采购代理机构，在委托的范围内办理政府采购事宜。采购人有权自行选择采购代理机构，任何单位和个人不得以任何方式为采购人指定采购代理机构。

（二）政府购买服务与服务项目政府采购的政策要求

政府购买服务（包括政府自身需要的服务和政府向社会公众提供的公共服务）属于政府采购的范畴，应当遵循政府采购法律法规和有关制度的规定。

1. 服务项目分类。

第一类为保障政府部门自身正常运转需要向社会购买的服务。

第二类为政府部门为履行宏观调控、市场监管等职能需要向社会购买的服务。

第三类为增加国民福利、受益对象特定，政府向社会公众提供的公共服务。

2. 加强政府采购服务项目采购需求管理。

（1）第一类中列入政府集中采购目录的服务项目，采购需求标准由集中采购机构提出。其他服务项目的采购需求标准由采购人（购买主体）提出。

（2）对于第三类服务项目，还应当征求社会公众的意见。

（三）政府采购的特殊规定

1. 采购人在政府采购活动中，应当优先购买自主创新产品，按照《政府采购自主创新产品目录》中的货物和服务编制自主创新产品政府采购预算。采购人在预算执行过程中因购买自主创新产品确需超出采购预算的，可按规定程序申请调整预算。

2. 采购人用财政性资金进行采购的，应当**优先采购节能产品**，逐步淘汰低能效产品。

3. 采购人用财政性资金进行采购的，应当**优先采购环境标志产品**，不得采购危害环境及人体健康的产品。

4. 采购人采购进口产品时，应当坚持有利于本国企业自主创新或消化吸收核心技术的原则，优先购买向我方转让技术、提供培训服务及其他补偿贸易措施的产品。

第五节　国有资产管理

✻【知识点一】行政事业单位国有资产配置、使用和处置★★★

行政事业单位国有资产，是指行政事业单位占有、使用的，依法确认为国家所有，能以货币计量的各种经济资源的总称。行政事业单位国有资产实行国家统一所有，政府分级监管，单位占有、使用的管理体制。

1. 行政单位国有资产管理规定。

（1）资产配置。

除国家另有规定外，购置有规定配备标准的资产，应当按规定程序报同级财政部门审批。

（2）资产使用。

①行政单位不得用国有资产对外担保，法律另有规定的除外。

②行政单位不得以任何形式用占有、使用的国有资产举办经济实体。

③行政单位拟将占有、使用的国有资产对外出租、出借的，须事先上报同级财政部门审核批准。

④行政单位出租、出借的国有资产，其所有权性质不变，仍归国家所有；所形成的收入，按照政府非税收入管理的规定，实行“收支两条线”管理。

（3）资产处置。

①行政单位处置国有资产应当严格履行审批手续，未经批准不得处置。

②行政单位国有资产处置的变价收入和残值收入，按照政府非税收入管理的规定，实行“收支两条线”管理。

2. 事业单位国有资产管理规定。

（1）资产配置。

①用财政性资金购置规定限额以上资产的，除国家另有规定外，**应当报经主管部门审核，主管部门审核后报同级财政部门审批**。

②用其他资金购置规定限额以上资产的，须报主管部门审批，主管部门应当将审批结果定期报同级财政部门备案。

（2）资产使用。

①事业单位以国有资产对外投资、出租、出借和担保等，应当进行必要的可行性论证，并**经主管部门审核同意后，报同级财政部门审批**；法律、行政法规另有规定的，依照其规定。事业单位应严格控制出租出借国有资产行为，原则上实行公开竞价招租，必要时可以采取评审或资产评估等方式确定出租价格。国家设立的研发机构、高校对其持有的科研成果，可以自主决定转让、许可或作价投资，不需报主管部门、财政部门审批或备案。

②事业单位对外投资收益以及利用国有资产出租、出借和担保等取得的收入，应当纳入单位预算，统一核算、统一管理；国家另有规定的除外（如中央级的要上缴）。

③国家设立的研发机构、高校转化科研成果所获得的收入全部留归本单位。

（3）资产处置。

①**事业单位处置国有资产，应当严格履行审批手续，未经批准不得自行处置。**

②事业单位占有、使用的房屋建筑物、土地和车辆的处置，货币性资产损失的核销，以及单位价值或者批量价值在规定限额以上的资产的处置，须经主管部门审核后报同级财政部门审批；规定限额以下的资产的处置，应当报主管部门审批，主管部门将审批结果定期报同级财政部门备案。法律、行政法规另有规定的，依照其规定。

③事业单位出售、出让、转让、变卖资产数量较多或者价值较高的，应当通过拍卖等市场竞价方式公开处置。

④**事业单位国有资产处置收入属于国家所有，应当按照政府非税收入管理的规定，实行“收支两条线”管理**。但国家设立的研发机构、高校转化科研成果所获得的收入全部留归本单位。

【知识点二】行政事业单位国有资产评估、清查及登记★

（一）资产评估

行政单位有以下情形之一的，应当对相关国有资产进行评估：（1）行政单位取得的没有原始价格凭证的资产；（2）拍卖、有偿转让、置换国有资产；（3）依照国家有关规定需要进行资产评估的其他情形。

事业单位有下列情形之一的，应当对相关国有资产进行评估：（1）整体或者部分改制为企业；（2）以非货币性资产对外投资；（3）合并、分立、清算；（4）资产拍卖、转让、置换；（5）整体或者部分资产租赁给非国有单位；（6）确定涉讼资产价值；（7）法律、行政法规规定的其他需要进行评估的事项。

（二）资产清查

1. 行政事业单位进行资产清查，应当向主管部门提出申请，按规定程序报同级财政部门批准立项后组织实施，但根据各级政府及其财政部门专项工作要求进行的资产清查除外。

2. 行政事业单位资产损益经过规定程序和方法进行确认后，按照以下原则进行账务处理：

（1）财政部门批复、备案前的资产（含账外资产）盘盈可以按照财务、会计制度的有关规定暂行入账，待财政部门批复、备案后，再进行相应账务调整和处理。

（2）财政部门批复、备案前的资产损失和资金挂账，单位不得自行进行账务处理，待财政部门批复、备案后，进行账务处理。

（3）资产盘盈、资产损失和资金挂账按规定权限审批后，按国家统一的会计制度进行账务处理。

【知识点三】行政事业单位国有资产报告

表 9－22　行政事业单位国有资产报告的相关内容

项目	具体内容
概念	行政事业单位国有资产报告，是指行政事业单位年度终了，根据资产管理、预算管理等工作需要，在日常管理基础上编制报送的反映行政事业单位年度资产占有、使用、变动等情况的文件，包括行政事业单位资产报表、填报说明和分析报告
内容	国有资产报告由行政事业单位资产报表（单户报表、汇总报表）、填报说明和分析报告三部分构成
编报	行政事业单位应当在做好财务管理、会计核算的基础上，全面盘点资产情况，完善资产卡片数据，编制资产报告，并按照财务隶属关系逐级上报
审核	各级财政部门、主管部门应当对本地区、本部门所属行政事业单位报送的资产报告进行审核

【知识点四】中央级行政事业单位国有资产管理的特殊规定★★

（一）中央级行政单位国有资产管理的特殊规定

1. 中央行政单位国有资产处置收入上缴中央国库，纳入预算；出租出借收入上缴中央财政专户，支出从中央财政专户中拨付。

2. 国有资产收入原来用于发放津贴补贴的部分，上缴中央财政后，由财政部统筹安排，作为规范后中央行政单位统一发放津贴补贴的资金来源。除此之外，国有资产收入不得再用于人员经费支出。

（二）中央级事业单位国有资产管理的特殊规定

1. 中央级事业单位国有资产处置应按以下权限予以审批：

（1）**中央级事业单位一次性处置单位价值或批量价值（账面原值，下同）在800万元人民币（以下简称规定限额）以上（含800万元）的国有资产，经主管部门审核后报财政部审批**；

（2）中央级事业单位一次性处置单位价值或批量价值在规定限额以下的国有资产，由财政部授权主管部门进行审批。

2. 中央级事业单位国有资产处置收入，在扣除相关税金、评估费、拍卖佣金等费用后，按照政府非税收入管理和财政国库收缴管理的规定**上缴中央国库**，实行“收支两条线”管理。

3. **中央级事业单位国有资产出租、出借，资产单项或批量价值在800万元人民币以上（含800万元）的，经主管部门审核后报财政部审批**；资产单项或批量价值在800万元以下的，由主管部门按照有关规定进行审批，并于15个工作日内将审批结果（一式三份）报财政部备案。

4. 中央级事业单位利用国有资产对外投资形成的股权的出售、出让、转让收入，按以下规定处理：

（1）利用现金对外投资形成的股权的出售、出让、转让，属于中央级事业单位收回对外投资，股权出售、出让、转让收入纳入单位预算，统一核算，统一管理。

（2）利用实物资产、无形资产对外投资形成的股权的出售、出让、转让收入，按以下情形分别处理：收入形式为现金的，扣除投资收益，以及税金、评估费等相关费用后，**上缴中央国库**，实行“收支两条线”管理；**投资收益纳入单位预算，统一核算，统一管理**。

第六节　预算绩效管理

✲【知识点一】预算绩效管理概念、绩效评价原则与实施

2018年9月中共中央、国务院下发了《关于全面实施预算绩效管理的意见》，明确指出，全面实施预算绩效管理是推进国家治理体系和治理能力现代化的内在要求，表明预算绩效管理已从部门推动上升到国家层面。

（一）预算绩效及预算绩效管理的概念

预算绩效是指预算资金所达到的产出和结果。**预算绩效管理**是指在预算管理中引入绩效理念，在关注预算投入的同时重视预算产出，将绩效目标设定、绩效跟踪、绩效评价及结果应用纳入预算编制、执行、考核全过程，以提高政府资金配置的经济性、效率性和效益性为目的的一系列管理活动。

（二）绩效评价的原则与组织实施

1. 预算绩效管理的原则有：目标管理原则；绩效导向原则；责任追究原则；信息公开原则。

2. 预算绩效管理的组织实施应按照“统一领导，分级管理”的基本原则进行。

✲【知识点二】中央部门预算绩效管理的内容

中央部门预算绩效管理是指财政部门和中央部门及其所属单位以绩效目标为对象，以绩效目标的设定、审核、批复以及绩效监控、绩效自评和绩效评价等为主要内容所开展的预算管理活动。

表 9－23　　中央部门预算绩效管理的相关内容

项目	具体内容
绩效目标及其分类	绩效目标包括基本支出绩效目标、项目支出绩效目标和部门整体支出绩效目标；绩效目标包括中长期绩效目标和年度绩效目标
绩效目标与绩效指标的设定	**未按要求设定绩效目标的项目，不得纳入项目库管理**，也不得申请部门预算资金。设定的绩效目标应符合以下要求：(1) 指向明确；(2) 细化量化；(3) 合理可行；(4) 相应匹配
绩效目标的审核	按照 **"谁分配资金，谁审核目标"** 的原则，绩效目标由财政部或中央部门按照预算管理级次进行审核
绩效目标的批复与调整	绩效目标确定之后，一般不予调整，预算执行中因特殊原因确需调整的，应按照绩效目标管理要求和预算调整流程报批
绩效监控、绩效自评和绩效评价	中央部门及所属单位应按照批复的绩效目标组织预算执行，并根据设定的绩效目标开展绩效监控、绩效自评和绩效评价

✲【知识点三】全面实施预算绩效管理的思路

全面实施预算绩效管理的思路是：(1) 构建全方位预算绩效管理体系；(2) 绩效管理深度融入预算管理全过程；(3) 绩效管理覆盖各级政府和所有财政资金；(4) 加强预算绩效管理制度建设；(5) 硬化预算绩效责任约束。

第九章

第七节　内 部 控 制

✲【知识点一】行政事业单位内部控制的定义、目标、原则

定义：行政事业单位内部控制是指单位为实现控制目标，通过制定制度、实施措施和执行程序，对经济活动的风险进行防范和管控。

目标：行政事业单位内部控制的目标主要包括：合理保证单位经济活动合法合规（合规）、资产安全和使用有效（安全）、财务信息真实完整（准确），有效防范舞弊和预防腐败（防弊），提高公共服务的效率和效果（效率）。

原则：内部控制原则包括全面性原则、重要性原则、制衡性原则、适应性原则四项（对比企业内部控制，少了成本效益原则）。

【知识点二】行政事业单位内部控制建设的组织与实施

表 9－24　行政事业单位内部控制建设的组织与实施

项目	具体内容	
内部控制建设组织	单位负责人	单位负责人应对本单位内部控制的建立健全和有效实施负责
	内部控制部门（或牵头部门）	职责包括：负责组织协调单位内部控制日常工作；研究提出单位内控体系建设方案；研究提出单位内部跨部门的重大决策、重大风险、重大事件和重要业务流程的内部控制工作；组织协调单位内部跨部门的重大风险评估工作；研究提出风险管理策略和跨部门的重大风险管理解决方案；组织协调相关部门落实内控整改措施
内控建设实施	梳理单位各类经济活动的业务流程	组织相关人员对单位预算业务、收支业务、政府采购业务、资产管理、建设项目管理、合同管理等进行调研，对各项业务特点进行总结和归纳，明确各项业务的目标、范围和内容
	明确业务环节	按照业务实现的时间顺序和逻辑顺序，将各个业务中的决策机制、执行机制和监督机制融入业务流程中的各个业务环节
	系统分析经济活动风险	从各个业务面临的内外部环境入手，讨论环境对单位内控的负面作用，运用多种手段进行风险的定性和定量评估
	确定风险点	从业务环节角度评估特定风险，找出可能造成单位经济利益流出的风险点
	选择风险应对策略	行政事业单位的风险主要是业务中的低效、浪费和舞弊，应将这些风险控制在可承受范围内
	建立健全单位各项内部管理制度	按照不同的风险应对策略，制定单位有针对性的各项内部控制管理制度
	督促相关工作人员认真执行	单位应明确各个部门、各个岗位和相关工作人员分工和责任，设立相关部门和岗位对相关工作人员执行内部控制管理制度的结果进行奖惩

【知识点三】行政事业单位风险评估和控制方法

行政事业单位内部控制建设的主要内容就是分析经济业务活动的风险，识别风险点，然后因地制宜设置控制方法并监督执行。

（一）风险评估工作机制

风险评估是单位及时识别、系统分析经济活动中与实现内部控制目标相关的风险，合理确定风险应对策略。

单位开展经济活动风险评估应当成立风险评估工作小组，通常由单位分管财务工作的领导担任组长。风险评估工作小组可以设置在内控部门或者牵头部门。

为及时发现风险，单位应当建立经济活动风险定期评估机制，对经济活动存在的风险进行全面、系统和客观评估。经济活动风险评估至少每年进行一次；外部环境、经济活动或管理要求等发生重大变化的，应及时对经济活动风险进行重估。经济活动风险评估结果应当形成书面报告并及时提交单位领导班子，作为完善内部控制的依据。

（二）风险评估程序

风险评估可分为目标设定、风险识别、风险分析和风险应对四个步骤。

表 9－25　风险评估的步骤

步骤	内容
目标设定	目标设定是指单位采取恰当的程序去设定对于控制对象的控制目标，确认所选定的目标支持和切合单位的职责使命
风险识别	风险识别是对单位面临的各种不确定因素进行确认，如单位层面应关注经济活动的决策、执行、监督是否实现有效分离；权责是否对等；是否建立健全议事决策机制、岗位责任制、内部监督等机制等；业务层面应关注预算管理情况、收支情况、政府采购情况、资产管理情况、建设项目管理情况、合同管理情况等
风险分析	风险分析是在风险识别的基础之上，运用定量和定性方法进一步分析风险发生的可能性和对单位目标实现的影响程度，并对风险的状况进行综合评价，以便为制定风险应对策略、选择应对措施提供依据
风险应对	风险应对是指在风险分析的基础之上，针对单位所存在的风险，提出各种风险解决方案，经过分析论证与评价从中选择最优方案并予以实施的过程。风险应对的策略一般有风险规避、风险降低、风险分担和风险承受四种

（三）风险控制方法

在风险评估之后，单位应当采取相应的控制方法将风险控制在可承受程度之内。单位内部控制的控制方法一般包括八种，具体见下表：

表 9－26　单位内部控制的控制方法

控制方法	具体内容
不相容岗位相互分离	合理设置内部控制关键岗位，明确划分职责权限，实施相应的分离措施，形成相互制约、相互监督的工作机制
内部授权审批控制	明确各岗位办理业务和事项的权限范围、审批程序和相关责任，建立重大事项集体决策和会签制度。相关工作人员应当在授权范围内行使职权、办理业务
归口管理	根据本单位实际情况，按照权责对等的原则，采取成立联合工作小组并确定牵头部门或牵头人员等方式，对有关经济活动实行统一管理
预算控制	强化对经济活动的预算约束，使预算管理贯穿于单位经济活动全过程
财产保护控制	建立资产日常管理制度和定期清查机制，采取资产记录、实物保管、定期盘点、账实核对等措施，确保资产安全完整
会计控制	建立健全本单位财会管理制度，加强会计机构建设，提高会计人员业务水平，强化会计人员岗位责任制，规范会计基础工作，加强会计档案管理，明确会计凭证、会计账簿和财务会计报告处理程序
单据控制	要求单位根据国家有关规定和单位的经济活动业务流程，在内部管理制度中明确界定各项经济活动所涉及的表单和票据，要求相关工作人员按照规定填制、审核、归档、保管单据
信息内部公开	建立健全经济活动相关信息内部公开制度，根据国家有关规定和单位的实际情况，确定信息内部公开的内容、范围、方式和程序

【知识点四】行政事业单位单位层面内部控制

单位层面的内部控制为业务层面内部控制提供环境基础。单位层面控制建设包括以下五个方面：

（一）建立内部控制的组织架构

单位应当单独设置内部控制职能部门或确定内部控制牵头部门，负责组织协调内控工作。

（二）建立内部控制的工作机制

1. 建立单位经济活动的决策、执行和监督相互分离的机制。

2. 建立健全议事决策机制。

（1）建立健全议事决策制度，特别应当明确实行单位领导班子集体决策的重大经济事项的范围，如大额资金使用、大宗资产采购、基本建设项目、重大外包业务、对外投资融资业务等。

（2）集体研究与专家论证、技术咨询相结合。

（3）做好决策纪要的记录工作。

（4）加强对决策执行的追踪问效。

3. 建立健全内部控制关键岗位责任制。

（三）对内部控制关键岗位工作人员的要求

将职业道德修养和专业胜任能力作为选拔和任用员工的重要标准。

（四）编报财务信息的要求

严格按照法律规定进行会计机构设置和人员配备，落实岗位责任制，确保不相容岗位相互分离，按法定要求编制财务信息。

（五）运用现代科技手段加强内部控制

积极推进信息化建设，对信息系统建设实施归口管理，将经济活动及其内部控制的流程嵌入单位信息系统中，减少或消除人为操纵的因素。

【知识点五】行政事业单位业务层面内部控制★

行政事业单位业务层面内部控制主要包括预算业务控制、收支业务控制、政府采购业务控制、资产控制、建设项目控制和合同控制，这些业务涵盖了行政事业单位主要的经济活动内容。

（一）预算业务控制

1. 主要风险。

（1）预算编制的过程短，时间紧张，准备不充分，可能导致预算编制质量低；财务部门与其他职能部门之间缺乏有效沟通，可能导致预算编制与预算执行，预算管理与资产管理、政府采购和基建管理等经济活动脱节；预算项目不细、编制粗糙，随意性大，可能导致预算约束不够。

（2）单位内部预算指标分解批复不合理，可能导致内部各部门财权与事权不匹配，影响部门职责的履行和资金使用效率；预算调整缺乏严格控制，可能导致预算约束力不够。

（3）不严格按照批复的预算安排各项收支，存在无预算、超预算支出等问题，可能会影响预算的严肃性；不对预算执行进行分析，沟通不畅，可能导致预算执行进度偏快或偏慢。

（4）决算与预算存在相互脱节、口径不一、反映不及时、不完整、不真实、不准确，可能导致预算管理的效率低下；评价机制不完善，可能导致预算管理缺乏监督。

2. 关键控制措施。

（1）预算编制环节。

①建立完善预算编制的组织管理体制，做好预算编制的各项准备工作；

②规范预算编制程序，明确审批要求；

③完善编制方法，细化预算编制；

④重大预算项目采取立项评审方式。

（2）预算批复环节。

①明确预算批复的责任；

②合理进行内部预算指标分解；

③合理采用内部预算批复方法；

④严格控制内部预算追加调整。

（3）预算执行环节。

①预算执行申请控制：执行申请应当按规定的审批权限进行审批，审批通过以后，财务部门才能办理资金支付业务；

②资金支付控制：业务部门借款申请或报销申请按规定的审批权限和程序审批完成后，办理具体的资金支付业务；

③预算执行分析控制：单位应当建立预算执行分析机制，定期通报各部门预算执行情况。单位可以通过定期召开预算执行分析会议的形式，开展预算执行分析，研究解决预算执行中存在的问题，提出改进措施。

（4）决算与评价环节。

①决算控制：加强决算管理，确保决算真实、完整、准确、及时；

②绩效评价控制：加强预算绩效管理，建立“预算编制有目标、预算执行有监控、预算完成有评价、评价结果有反馈、反馈结果有应用”的全过程预算绩效管理机制。

（二）收支业务控制

1. 收入业务控制。

表9－27　收入业务控制的相关内容

项目	具体内容
主要风险	（1）各项收入未按照法定项目和标准征收，或者收费许可证未经有关部门年检，可能导致收费不规范或乱收费的风险； （2）未由财务部门统一办理收入业务，其他部门和个人未经批准办理收款业务，可能导致贪污舞弊或者私设“小金库”的风险； （3）违反“收支两条线”管理规定，截留、挪用、私分应缴财政的收入，或者各项收入不入账或设立账外账，可能导致私设“小金库”或者资金体外循环的风险； （4）执收部门和财务部门沟通不够，单位没有掌握所有收入项目的金额和时限，造成应收未收，可能导致单位利益受损的风险； （5）没有加强对各类票据的管控和落实保管责任，可能导致票据丢失、相关人员发生错误或舞弊的风险

续表

项目	具体内容
关键控制措施	(1) 对收入业务实施归口管理，明确由财务部门归口管理各项收入并进行会计核算，严禁设立账外账； (2) 严格执行“收支两条线”管理规定，有政府非税收入收缴职能的单位，应当按照规定项目和标准征收政府非税收入，按照规定开具财政票据，做到收缴分离、票款一致，并及时、足额上缴国库或财政专户，不得以任何形式截留、挪用或者私分； (3) 建立收入分析和对账制度，对收入征收情况的合理性进行分析，判断有无异常情况； (4) 建立健全票据管理制度，财政票据、发票等各类票据的申领、启用、核销、销毁均应履行规定手续

2. 支出业务控制。

表 9－28　　支出业务控制的相关内容

项目	具体内容
主要风险	(1) 支出申请不符合预算管理要求，支出范围及开支标准不符合相关规定，基本支出与项目支出之间相互挤占，可能导致单位预算失控或者经费控制目标难以实现的风险； (2) 支出未经适当的审批，重大支出未经单位领导班子集体研究决定，可能导致错误或舞弊的风险； (3) 支出不符合国库集中支付、政府采购、公务卡结算等国家有关政策规定，可能导致支出业务违法违规的风险； (4) 采用虚假或不符合要求的票据报销，可能导致虚假发票套取资金等支出业务违法违规的风险； (5) 对各项支出缺乏定期的分析与监控，对重大问题缺乏应对措施，可能导致单位支出失控的风险
关键控制措施	(1) 明确各支出事项的开支范围和开支标准； (2) 加强支出审批控制，各项支出都应经过规定的审批才能向财务部门申请资金支付或者办理报销手续，审批人应当在授权范围内审批，不得越权审批； (3) 加强支出审核控制，重点审核单据来源是否合法，内容是否真实、完整，使用是否准确，是否符合预算，审批手续是否齐全； (4) 加强资金支付和会计核算控制，财务部门应当按照规定办理资金支付业务，签发的支付凭证应当进行登记； (5) 加强支出业务分析控制，单位应定期编制支出业务预算执行情况分析报告，对于支出业务中发现的异常情况，应及时采取有效措施

3. 债务业务控制。

根据国家规定可以举借债务的单位应当建立健全债务内部管理制度，加强对债务的管理，债务业务控制内容见下表：

表 9－29　　债务业务控制的相关内容

项目	具体内容
主要风险	(1) 未经充分论证或者未经集体决策，擅自对外举借大额债务，可能导致不能按期还本付息、单位利益受损的风险； (2) 债务管理和监控不严，债务的详细情况不清，没有做好还本付息的相关安排，可能导致单位利益受损或者财务风险

续表

项目	具体内容
关键控制措施	(1) 不相容岗位分离控制，指定专门部门或者岗位负责债务管理，明确相关岗位的职责权限，实施不相容岗位相互分离，确保债务管理与资金收付、债务管理与债务会计核算、债务会计核算与资金收付等不相容岗位相互分离，不得由一人办理债务业务的全过程； (2) 授权审批控制，建立举借和偿还债务的审批程序，大额债务的举借和偿还属于重大经济事项，应当进行充分论证，并由单位领导班子集体研究决定后，按国家有关规定履行报批手续； (3) 日常管理控制，单位应当做好债务的会计核算和档案保管工作，加强债务的对账和检查控制，定期与债权人核对债务余额，进行债务清理，防范和控制财务风险

（三）政府采购业务控制

表 9－30　政府采购业务控制的相关内容

项目	具体内容
主要风险	(1) 没有编制采购预算，采购计划安排不合理，可能导致采购失败或者资金、资产浪费的风险； (2) 没有采用恰当的采购方式，或者在招投标中存在不规范甚至违法行为，可能导致采购的产品价高质次等风险； (3) 采购验收不规范，付款审核不严格，可能导致实际接收产品与采购合同约定有差异、资金损失或单位信用受损等风险； (4) 采购业务相关档案保管不善，可能导致采购业务无效、责任不清等风险
关键控制措施	(1) 采购预算与计划管理：按照“先预算、后计划、再采购”的工作流程，先填报集中采购预算，经批复同意并录入采购计划后，方可实施采购； (2) 采购活动管理：对政府采购活动实施归口管理，在政府采购活动中建立政府采购、资产管理、财务、内部审计、纪检监察等部门或岗位相互协调、相互制约的机制； (3) 采购项目验收管理：根据规定的验收制度和政府采购文件，由指定部门或专人对所购物品的品种、规格、数量、质量和其他相关内容进行验收，并出具验收证明； (4) 质疑投诉答复管理：指定牵头部门负责、相关部门参加，按照国家有关规定做好政府采购业务质疑投诉答复工作； (5) 采购业务记录控制：妥善保管政府采购预算与计划、各类批复文件、招标文件、投标文件、评标文件、合同文本、验收证明等政府采购业务相关资料； (6) 涉密采购项目管理：规范涉密项目的认定标准和程序。对于涉密政府采购项目，单位应当与相关供应商或采购中介机构签订保密协议或者在合同中设定保密条款

（四）资产控制

1. 货币资金控制。

表 9－31　货币资金控制的相关内容

项目	具体内容
主要风险	(1) 财务部门未实现不相容岗位相互分离，出纳人员既办理资金支付又经管账务处理，由一个人保管收付款项所需的全部印章，可能导致货币资金被贪污挪用的风险； (2) 对资金支付申请没有严格审核把关，支付申请缺乏必要的审批手续，大额资金支付没有实行集体决策和审批，可能导致资金被非法套取或者被挪用的风险； (3) 货币资金的核查控制不严，未建立定期、不定期抽查核对库存现金和银行存款余额的制度，可能导致货币资金被贪污挪用的风险； (4) 未按照有关规定加强银行账户管理，出租、出借账户，可能导致单位违法违规或者利益受损的风险

续表

项目	具体内容
关键控制措施	(1) 不相容岗位分离控制：**不得由一人办理货币资金业务的全过程，确保不相容岗位相互分离，出纳不得兼管稽核、会计档案保管和收入、支出、债权、债务账目的登记工作，严禁一人保管收付款项所需的全部印章**，严格履行签字或盖章手续； (2) 授权审批控制：建立货币资金授权制度和审核批准制度，审批人应当根据货币资金授权批准制度的规定，在授权范围内进行审批，不得超越权限审批，**大额资金支付审批应当实行集体决策**； (3) 银行账户控制：严格按照规定的审批权限和程序开立、变更和撤销银行账户，禁止出租、出借银行账户； (4) 货币资金核查控制：**指定不办理货币资金业务的会计人员定期和不定期抽查盘点库存现金**，核对银行存款余额，抽查银行对账单、银行日记账及银行存款余额调节表，核对是否账实相符、账账相符

2. 实物资产和无形资产控制。

表 9-32　　实物资产和无形资产控制的相关内容

项目	具体内容
主要风险	(1) 资产管理职责不清，没有明确归口管理部门，没有明确资产的使用和保管责任，可能导致资产毁损、流失或被盗的风险； (2) 未按照国有资产管理相关规定办理资产的调剂、租借、对外投资、处置等业务，可能导致资产配备超标、资源浪费、资产流失、投资遭受损失等风险； (3) 资产管理不严，没有建立资产台账和定期盘点制度，可能导致资产流失、资产信息失真、账实不符等风险
关键控制措施	(1) 明确各种资产的归口管理部门； (2) 明确资产使用和保管责任人； (3) 按照国有资产管理相关规定，明确资产的调剂、租借、对外投资、处置的程序、审批权限和责任； (4) 建立资产台账，加强资产的实物管理； (5) 建立资产信息管理系统，做好资产的统计、报告、分析工作，实现对资产的动态管理

3. 对外投资控制。

表 9-33　　对外投资控制的相关内容

项目	具体内容
主要风险	(1) 对外投资可行性没有进行充分论证，超过单位的资金实力进行投资，可能导致投资失败和财务风险； (2) 对外投资没有经过集体决策，由个人擅自决定对外投资，可能导致对外投资失控、国有资产重大损失甚至舞弊； (3) 没有明确管理责任、建立科学有效的资产保管制度，没有加强对投资项目的追踪管理，可能导致对外投资被侵吞或者严重亏损
关键控制措施	(1) 投资立项控制：对项目可行性要进行严格周密论证； (2) 投资决策控制：**单位由单位领导班子集体研究决定后，按国家有关规定履行报批手续**； (3) 投资实施控制：编制投资计划，严格按照计划确定的项目、进度、时间、金额和方式投出资产； (4) 追踪管理控制：对于股权投资，单位应当指定部门或岗位对投资项目进行跟踪管理； (5) 建立责任追究制度：对在对外投资中出现重大决策失误、未履行集体决策程序和不按规定执行对外投资业务的部门及人员，应当追究相应的责任

（五）建设项目控制

表 9－34　　建设项目控制的主要内容

项目	具体内容
主要风险	（1）立项缺乏可行性研究或者可行性研究流于形式、决策不当、审批不严、盲目上马，可能导致建设项目难以实现预期目标甚至导致项目失败；违规或超标建设楼、堂、馆、所，可能导致财政资金极大浪费或者单位违纪。 （2）项目设计方案不合理，设计深度不足，概预算脱离实际，技术方案未能有效落实，可能导致建设项目质量存在隐患、投资失控以及项目建成后运行成本过高等风险。 （3）招投标过程中存在串通、暗箱操作或商业贿赂等舞弊行为，可能导致中标价格不实、中标人实际难以胜任等风险。 （4）项目变更审核不严格、工程变更频繁，可能导致费用超支、工期延误等风险。 （5）建设项目价款结算管理不严格，价款结算不及时，项目资金不落实、使用管理混乱，可能导致工程进度延迟或中断、资金损失等风险。 （6）竣工验收不规范、最终把关不严，可能导致工程交付使用后存在重大隐患；虚报项目投资完成额、虚列建设成本或者隐匿结余资金，未经竣工财务决算审计，可能导致竣工决算失真等风险
关键控制措施	（1）立项、设计与概预算控制：①对项目建议和可行性研究报告的编制、项目决策程序等做出明确规定，确保项目决策科学、合理。**建设项目应当经单位领导班子集体研究决定**，严禁任何个人单独决策或者擅自改变集体决策意见。②择优选取具有相应资质的设计单位，并签订合同。③建立与建设项目相关的审核机制，项目建议书、可行性研究报告、设计方案、概预算等应当由单位内部的规划、技术、财会、法律等相关工作人员或者根据国家有关规定委托具有相应资质的中介机构进行审核，出具评审意见。 （2）招标控制：依据国家有关规定组织建设项目招标工作。 （3）工程价款支付控制：按照审批单位下达的投资计划和预算对建设项目资金实行专款专用。 （4）工程变更控制：经批准的投资概算是工程投资的最高限额，未经批准，不得调整和突破。如需调整投资概算，应当按国家有关规定报经批准。 （5）项目记录控制：加强对建设项目档案的管理。 （6）竣工验收控制：按照规定的时限及时办理竣工决算

（六）合同控制

表 9－35　　合同控制的相关内容

项目	具体内容
主要风险	（1）应签订合同的经济活动未订立合同，违规签订担保、投资和借贷合同，可能导致单位经济利益受损； （2）未经授权对外订立合同，合同对方主体资格未达要求、合同内容存在重大疏漏和欺诈，可能导致单位经济利益受损； （3）合同未全面履行或监控不当，可能导致单位诉讼失败、经济利益受损； （4）合同纠纷处理不当，可能导致单位利益、信誉和形象受损
关键控制措施	（1）合同订立控制：明确合同订立的范围和条件，严禁未经授权擅自以单位名义对外签订合同； （2）合同履行控制：对合同履行情况实施有效监控； （3）合同登记控制：定期对合同进行统计、分类和归档，详细登记合同的订立、履行和变更情况，实行对合同的全过程管理； （4）合同纠纷控制：合同发生纠纷的，单位应当在规定时效内与对方协商谈判

【知识点六】行政事业单位内部控制的评价与监督

内部控制的评价与监督是确保内部控制建设不断完善并有效实施的重要环节。行政事业单位内部控制评价与监督包括自我评价、内部监督和外部监督三个层次。具体内容见下表。

表 9-36　行政事业单位内部控制的评价与监督

项目		具体内容
自我评价	定义	内部控制自我评价是指由行政事业单位自行组织的，对单位内部控制的有效性进行评价，形成评价结论，出具评价报告的过程
	实施主体	**单位负责人**应当指定专门部门或专人负责对单位内部控制的有效性进行评价，并出具单位内部控制自我评价报告
	评价内容	内部控制自我评价是对单位内部控制有效性发表意见，内部控制有效性包括内部控制设计的有效性和内部控制执行的有效性
	评价报告	评价报告应当对单位内部控制的有效性发表意见，指出内部控制存在的缺陷，并提出整改建议。评价报告应当提交单位负责人，单位负责人应当对评价报告所列示的内部控制缺陷及其整改建议作出回应并监督落实
内部监督	定义	内部控制的内部监督是单位对其自身内部控制的建立与实施情况进行监督检查
	实施主体	内部控制内部监督应当与内部控制的建立和实施保持相对独立，内部控制内部监督不能由具体组织实施和日常管理的工作部门承担。对于设立了独立内部审计部门或者专职内审岗位的单位，应当指定**内审部门或者岗位作为内部监督的实施主体**；对于没有内审部门或岗位的单位，单位内部控制建设领导小组应当指定部门或岗位作为实施监督的责任主体；对于将所有下属单位纳入内部控制建设实施范围统一开展内部控制建设的上级单位，其内部监督实施主体同时也可以作为下属单位内部监督的实施主体
	内容和要求	负责内部监督的部门或岗位应当定期或不定期检查单位内部管理制度和机制的建立与执行情况，以及内部控制关键岗位及人员的设置情况等，及时发现内部控制存在的问题并提出改进建议。单位应当根据本单位实际情况确定内部监督检查的方法、范围和频率，通常不能少于一年一次
外部监督	财政部门的外部监督	国务院财政部门及其派出机构和县级以上地方各级人民政府财政部门应当对单位内部控制的建立和实施情况进行监督检查，有针对性地提出检查意见和建议，并督促单位进行整改
	审计部门的外部监督	国务院审计机关及其派出机构和县级以上地方各级人民政府审计机关对单位进行审计时，应当调查了解单位内部控制建立和实施的有效性，揭示相关内部控制的缺陷，有针对性地提出审计处理意见和建议，并督促单位进行整改

【知识点七】行政事业单位内部控制报告

表 9-37　行政事业单位内部控制报告的相关内容

项目	具体内容
概念	内部控制报告，是指行政事业单位在年度终了，结合本单位实际情况，依据相关规定编制的能够综合反映本单位内部控制建立与实施情况的总结性文件
编制原则	全面性原则；重要性原则；客观性原则；规范性原则

续表

项目	具体内容
内部控制报告的编制与报送	(1) 行政事业单位报送：年度终了，行政事业单位应当按照本制度的有关要求，根据本单位当年内部控制建设工作的实际情况及取得的成效，以能够反映内部控制工作基本事实的相关材料为支撑，按照财政部发布的统一报告格式编制内部控制报告，**经本单位主要负责人审批后对外报送**。 (2) 部门行政事业单位报送：各部门应当在所属行政事业单位上报的内部控制报告和部门本级内部控制报告的基础上，汇总形成本部门行政事业单位内部控制报告。 (3) 地区行政事业单位报送：地方各级财政部门应当在下级财政部门上报的内部控制报告和本地区部门内部控制报告的基础上，汇总形成本地区行政事业单位内部控制报告
行政事业单位内部控制报告的使用	行政事业单位应当加强对本单位内部控制报告的使用，通过对内部控制报告中反映的信息进行分析，及时发现内部控制建设工作中存在的问题，进一步健全制度，提高执行力，完善监督措施，确保内部控制有效实施
行政事业单位内部控制报告的监督检查	各地区、各部门汇总的内部控制报告报送后，各级财政部门、各部门应当组织开展对所报送的内部控制报告内容的真实性、完整性和规范性进行监督检查

第十章　金融工具会计

本章概述

教材变化：

1. 把“第八章”调整为“第十章”。

2. 对金融资产和金融负债的分类，删除了如何进行具体分类的大量内容。

3. 对金融资产和金融负债的计量，删除了初始计量和后续计量的大量细节内容。

4. 删除了金融资产减值中应该注意的问题等细节内容和所有例子。

5. 改写了金融资产转移中符合终止确认条件的判断和不符合终止确认条件的判断，并增加了例子。

6. 增加了对套期的会计处理的例子。

这些变化对考试的影响是：对金融资产分类、计量和减值考试的要求降低了；对金融资产转移、套期会计、股权激励的要求有所提高。

本章要求：

掌握：金融负债与权益工具的区分，金融资产转移是否终止确认的分析和判断及其相应的会计处理，套期保值的原则、方式和实际操作，各类套期的会计处理，股权激励计划的拟订、审批和实施程序，股权激励业务的会计处理；

熟悉：金融资产和金融负债的分类，以及各类金融工具后续计量的会计处理，金融资产减值的会计处理；

了解：金融资产转移的类型、股权激励的方式和实施股权激励的条件。

真题回顾：

本章考试分值一般在 10 分左右，考核的具体内容如下表所示。

年度	真题考核
2021	套期保值方式、分类、现金流量套期的确认计量；金融资产终止确认；其他权益工具投资的会计处理
2020	金融资产初始计量、终止确认、其他权益工具投资；股票期权激励对象、行权价格确定、会计处理
2019	金融资产分类和计量；金融负债与权益工具区分；套期有效性和套期的分类
2018	金融资产的分类；金融资产减值；套期工具的确定
2017	将企业合并与金融工具结合考了 20 分，本章考核了金融负债与权益工具的区分、套期会计、股权激励

本章主要内容

- 金融工具会计
  - 金融资产和金融负债的概述
    - 金融工具的概念和类型★
    - 金融资产的分类★★
    - 金融资产的确认★★
    - 金融资产的计量★★★
    - 金融工具的减值★★
    - 金融负债的分类与计量★★
    - 金融负债和权益工具区分★★
  - 金融资产转移
    - 金融资产转移的类型★★
    - 金融资产转移的会计处理★★★
  - 套期保值
    - 套期保值的概念和作用★★
    - 套期保值的原则与方式★★
    - 套期保值的操作★★
    - 套期的分类★★
    - 套期工具及被套期项目的认定★★
    - 运用套期保值会计的条件★★
    - 套期保值的确认和计量★★
  - 股权激励
    - 股权激励的概念、方式和条件★★
    - 股权激励计划的拟订、审批★★
    - 权益结算股份支付的会计处理★
    - 现金结算股份支付的会计处理★
    - 可行权条件修改的会计处理★★
    - 集团股份支付的会计处理★★

第一节 金融资产和金融负债的概述

✲【知识点一】金融工具的概念和类型★

（一）金融工具的概念

金融工具是指形成一个企业的金融资产，并形成其他单位的金融负债或权益工具的合同。金融工具包括金融资产、金融负债和权益工具（见图 10－1）。

- 金融工具
  - 一方：金融资产
    - 债权
    - 股权
  - 另一方
    - 金融负债：还本付息、财务风险
    - 夹层工具：优先股、永续债、可转债
    - 权益工具：无须归还、稀释股权

图 10－1 金融工具的概念

在复习中，应注意以下四点：

（1）金融资产主要考核金融资产的初始分类（三分类）、金融资产减值（债权类计提、股权类不计提）和金融资产转移（是否终止确认）。

（2）对于金融负债和权益工具主要考核金融负债和权益工具的区分，因为其影响资产负债率，涉及财务风险的衡量。

（3）套期保值主要考核套期中的财务问题（原则、方式）和套期中的会计问题（分类、确认计量）。

（4）股权激励主要考核股权激励中的财务问题（激励方式、计划拟定）和股权激励中的会计问题（权益结算、现金结算、条件修改）。

（二）金融工具的类型

金融工具可以分为基础金融工具和衍生工具：

1. 基础金融工具。

基础金融工具包括企业持有的现金、存放于金融机构的款项、普通股以及代表在未来期间收取或支付金融资产的合同权利或义务等，如应收账款、应付账款等。

2. 衍生工具。

衍生工具包括远期合约、期货、期权和互换等。衍生工具具有下列特征的金融工具或其他合同：

（1）其价值随着特定利率、金融工具价格、商品价格、汇率、价格指数、费率指数、信用等级、信用指数或其他类似变量的变动而变动；

（2）不要求初始净投资，或与对市场情况变动有类似反应的其他类型合同相比，要求很少的初始净投资；

（3）在未来某一日期结算。

【知识点二】金融资产的分类★★

金融资产分类包括初始分类和重分类。

1. 金融资产初始分类。

（1）金融资产三分类的名称。

金融资产的分类是其确认和计量的基础。企业除非在某金融资产初始确认时，就将其直接指定为以公允价值计量且其变动计入当期损益或其他综合收益的金融资产，否则，根据企业管理金融资产的业务模式和金融资产的合同现金流量特征，将金融资产划分为以下三类：①以摊余成本计量的金融资产（简称第Ⅰ类）；②以公允价值计量且其变动计入其他综合收益的金融资产（简称第Ⅱ类）；③以公允价值计量且其变动计入当期损益的金融资产（简称第Ⅲ类）。

（2）金融资产分类（见表10－1）。

表10－1　金融资产的分类

分类	相关规定
第Ⅰ类	金融资产同时符合下列条件的，分类为以摊余成本计量的金融资产：①企业管理该金融资产的业务模式是以收取合同现金流量为目标；②该金融资产的合同条款规定，在特定日期产生的现金流量，仅为对本金和以未偿付本金金额为基础的利息的支付（简称SPPI）。第Ⅰ类只能是普通债权类（如贷款、普通债权、应收款等），不能是股权类和混合证券类。该类金融资产采用“应收账款”“债权投资”等科目核算

续表

分类	相关规定
第Ⅱ类	金融资产同时符合下列条件的，应当分类为以公允价值计量且其变动计入其他综合收益的金融资产：①企业管理该金融资产的业务模式既以收取合同现金流量为目标又以出售该金融资产为目标；②该金融资产的合同条款规定，在特定日期产生的现金流量，仅为对本金和以未偿付本金金额为基础的利息的支付（SPPI）。第Ⅱ类可以是债权类，也可以是股权类。该类金融资产采用“其他债权投资”和“其他权益工具投资”等科目核算
第Ⅲ类	对于分类为以摊余成本计量的金融资产和分类为以公允价值计量且其变动计入其他综合收益的金融资产之外的金融资产，企业将其分类为以公允价值计量且其变动计入当期损益的金融资产。第Ⅲ类可以是债权类，也可以是股权类，而且不具有重大影响的股权类，一般都分类为第Ⅲ类。该类金融资产采用“交易性金融资产”科目核算

①为何金融资产三分类表面看只有对债权的分类？

这是由本次金融工具类准则修订的背景决定的，主要原因是要把银行的贷款“看住”，重点关注债权类金融资产的分类（业务模式 + 现金流量）。

②实务中金融资产的具体分类（见图 10 - 2）。

债权类金融资产：
- Ⅰ→应收账款、应收票据、债权投资、贷款
- Ⅱ→其他债权投资
- Ⅲ→交易性金融资产

股权类金融资产：
- Ⅰ→无
- Ⅱ→其他权益工具投资（非交易性、指定）
- Ⅲ→交易性金融资产

图 10 - 2　实务中金融资产的具体分类

（3）金融资产分类流程（见图 10 - 3）。

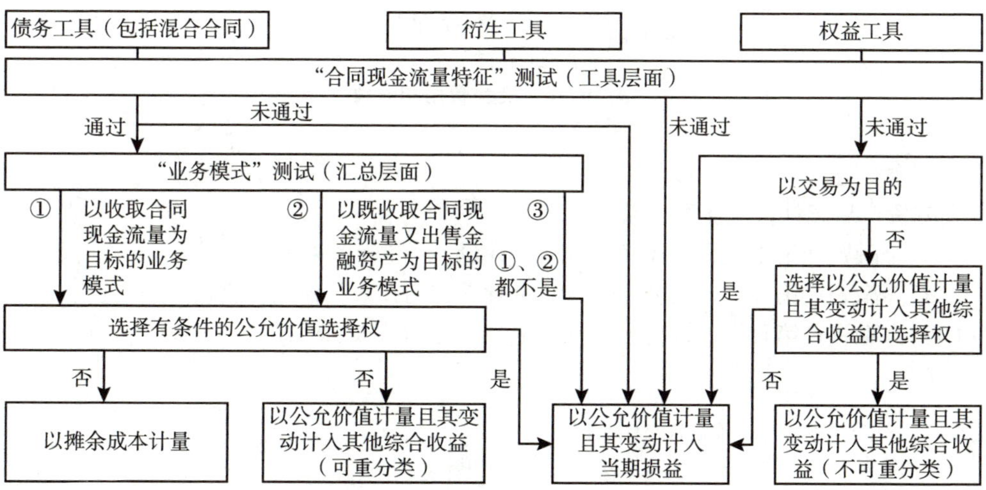

图 10 - 3　金融资产分类流程

2. 金融资产重分类。

企业初始确认某金融资产时对其进行分类后，重分类是允许的，但须符合严格的条件，即企业改变其管理金融资产的业务模式时，应当按照规定对所有受影响的相关金融资产进

行重分类。

注意：在考试中对于重分类不要求掌握。

✻【知识点三】金融资产的确认★★

当企业成为金融工具合同的一方时，就应确认一项金融资产或金融负债，对于发行权益工具的交易，在初始确认该交易时，发行方确认一项权益工具。

注意：考试中对金融资产确认不会直接出题。

✻【知识点四】金融资产的计量★★★

金融资产计量包括初始计量和后续计量。

1. 初始计量。

企业在初始确认金融资产时，应按公允价值计量。对于以公允价值计量且其变动计入当期损益的金融资产，相关交易费用直接计入当期损益；对于其他类别的金融资产，相关交易费用计入初始确认金额。应注意的是，考试中主要是考查交易费用何时资本化，何时费用化。

金融资产
- 第Ⅰ类入账成本 = a + b − c
- 第Ⅱ类入账成本 = a + b − c
- 第Ⅲ类入账成本 = a − c

图 10－4 金融资产初始计量

图 10－4 中的符号含义：a 为买价、b 为交易费用、c 为已到付息期尚未领取的利息或已宣告尚未领取的现金股利。

强调：交易费用的处理。

交易费用
- 资本化←金融资产第Ⅰ类、第Ⅱ类
- 费用化←金融资产第Ⅲ类

图 10－5 交易费用的处理

2. 后续计量。

金融资产后续计量应注意三点：

（1）金融资产第Ⅰ类，按摊余成本后续计量。

（2）金融资产第Ⅱ类，按公允价值计量且其变动计入其他综合收益。

（3）金融资产第Ⅲ类，按公允价值计量且其变动计入当期损益。

金融资产后续计量
- 摊余成本
- 公允价值
  - 变动→其他综合收益
  - 变动→当期损益

图 10－6 金融资产后续计量

✻【知识点五】金融工具的减值★★

金融工具减值应注意三个问题：减值范围、减值确认、减值计量。

（一）金融工具减值的范围

1. 计提减值理念和方法的变化。

2017 年修订后的金融工具准则的最大变化，是将减值方法从修订前的“已发生信用损失法”改为“预期信用损失法”，以便及时、足额计提减值，有效防范金融风险。应注意：计提减值是风险应对策略的一种（风险降低：风险补偿），本处考试时有可能与第三章相结合。

2. 金融工具减值的范围。

金融工具减值具体包括以下各项：

（1）以摊余成本计量的金融资产（含应收款项）；

（2）以公允价值计量且其变动计入其他综合收益的金融资产（仅债权类）；

（3）租赁应收款；

（4）合同资产；

（5）企业作出的贷款承诺（以公允价值计量且其变动计入当期损益的金融负债除外）；

（6）符合规定的财务担保合同。

注意：股权类金融资产不计提减值。

（二）金融工具减值损失的确认

金融工具减值损失的确认分为三种情形：“一般”方法、“特定”方法和“简化”方法。

1. “一般”方法。

“一般”方法主要适用于金融机构：

①如果该金融工具的信用风险自初始确认后已显著增加，企业应当按照相当于该金融工具整个存续期内预期信用损失的金额计量其损失准备，计入当期损益（信用减值损失）。

②如果该金融工具的信用风险自初始确认后并未显著增加，企业应当按照相当于该金融工具未来 12 个月内预期信用损失的金额计量其损失准备，计入当期损益（信用减值损失）。

其中，未来 12 个月内预期信用损失，是指因资产负债表日后 12 个月内可能发生的金融工具违约事件而导致的预期信用损失。

2. “特定”方法。

“特定”方法针对购买或源生的已发生信用减值的金融资产。对于购买或源生的已发生信用减值的金融资产，企业应当在资产负债表日仅将自初始确认后整个存续期内预期信用损失的累计变动确认为损失准备，本期变动金额计入当期损益。

3. “简化”方法。

简化方法针对应收款项、合同资产和租赁应收款等金融资产。对于应收款项、合同资产和租赁应收款等，企业应当始终按照相当于整个存续期内预期信用损失的金额计量其损失准备，计入当期损益。

注意：无须判断是否风险显著增加。

（三）预期信用损失计量

1. 对于金融资产，信用损失应为企业应收取的合同现金流量与预期收取的现金流量之间差额的现值。

2. 对于资产负债表日已发生信用减值但并非购买或源生已发生信用减值的金融资产，信用损失应为该金融资产账面余额与按原实际利率折现的估计未来现金流量的现值之间的差额。

小结：金融资产减值损失相关会计处理如图 10－7 所示。

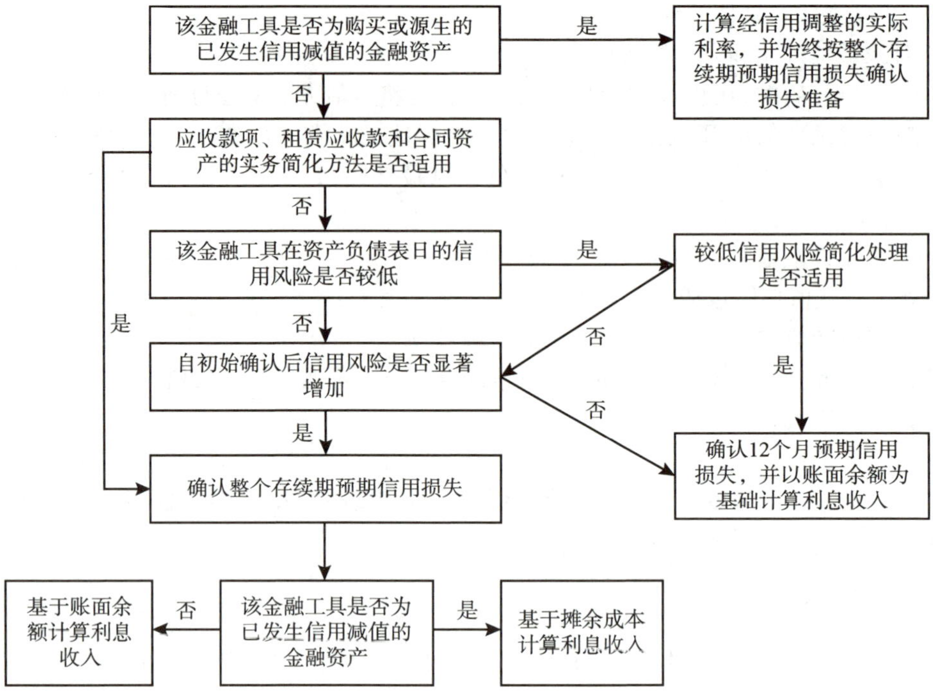

图 10－7　金融资产减值损失会计处理

【知识点六】金融负债的分类与计量★★

本部分应掌握金融负债的分类和计量。

（一）金融负债的分类

金融负债可分为三类：公允价值计量、摊余成本计量和其他方法计量，而且金融负债不允许在初始确认后进行重分类。金融负债的具体分类见表 10－2。

表 10－2　金融负债的分类

分类	具体规定
公允价值计量	以公允价值计量且其变动计入当期损益的金融负债，包括交易性金融负债和指定为以公允价值计量且其变动计入当期损益的金融负债。在初始确认时，企业可以将金融负债指定为以公允价值计量且其变动计入当期损益的金融负债，但该指定应当满足下列条件之一：（1）能够消除或显著减少会计错配；（2）根据正式书面文件载明的企业风险管理或投资策略，以公允价值为基础对金融负债组合或金融资产和金融负债组合进行管理和绩效考核，并在企业内部以此为基础向关键管理人员报告。该指定一经作出，不得撤销
摊余成本计量	一般金融负债均按照摊余成本计量，如长期借款、应付债券等
其他方法计量	（1）对于金融资产转移不符合终止确认条件或继续涉入被转移金融资产所形成的金融负债，企业应当按照《企业会计准则第 23 号——金融资产转移》相关规定进行计量。 （2）对于财务担保合同以及以低于市场利率贷款的贷款承诺，企业作为此类金融负债发行方的，应当在初始确认后按照依据金融工具会计准则确定的损失准备金额以及初始确认金额扣除依据《企业会计准则第 14 号——收入》相关规定所确定的累计摊销额后的余额孰高进行计量

(二) 金融负债的计量

金融负债计量包括初始计量和后续计量，有关规定见表 10－3。

表 10－3 金融负债的计量

分类	相关规定
初始计量	企业初始确认金融负债时，按照公允价值计量。对于以公允价值计量且其变动计入当期损益的金融负债，相关交易费用直接计入当期损益；对于其他类别的金融负债，相关交易费用计入初始确认金额
后续计量	金融负债应当分别以摊余成本、以公允价值计量且其变动计入当期损益或其他适当方法进行后续计量；金融负债被指定为被套期项目的，应当根据套期会计准则规定进行后续计量。应注意： (1) 以摊余成本计量且不属于任何套期关系的一部分的金融负债所产生的利得或损失，应当在终止确认时计入当期损益或在按照实际利率法摊销时计入相关期间损益。以摊余成本计量的金融负债期末应计算应付利息和利息费用： ①应付利息＝金融负债面值×票面利率×期限 ②利息费用＝金融负债期初摊余成本×实际利率×期限 (2) 对于按照公允价值进行后续计量的金融负债，其公允价值变动形成的利得或损失，计入当期损益。但以下情况除外： ①属于套期会计准则规定的套期关系的一部分。 ②是一项被指定为以公允价值计量且其变动计入当期损益的金融负债，且该负债由企业自身信用风险变动引起的其公允价值变动应当计入其他综合收益；该金融负债的其他公允价值变动计入当期损益
处置	金融负债终止确认的，企业应当将其账面价值与支付的对价之间的差额，计入当期损益

【知识点七】金融负债和权益工具区分★★

1. 一般规定。

企业应当按照金融工具准则的规定，根据所发行金融工具的合同条款及其所反映的经济实质而非仅以法律形式，结合金融资产、金融负债和权益工具的定义，在初始确认时将该金融工具或其组成部分分类为金融资产、金融负债或权益工具。现将金融负债和权益工具的考点归纳见表 10－4。

表 10－4 金融负债和权益工具的相关内容

项目	具体内容
金融负债的定义	金融负债是指企业符合下列条件之一的负债：(1) 向其他方交付现金或其他金融资产的合同义务；(2) 在潜在不利条件下，与其他方交换金融资产或金融负债的合同义务；(3) 将来需用或可用企业自身权益工具进行结算的非衍生工具合同，且企业根据该合同将交付可变数量的自身权益工具；(4) 将来需用或可用企业自身权益工具进行结算的衍生工具合同，但以固定数量的自身权益工具交换固定金额的现金或其他金融资产的衍生工具合同除外
权益工具的定义	权益工具是指能证明拥有某个企业在扣除所有负债后的资产中剩余权益的合同。同时满足下列条件的，发行方应当将发行的金融工具分类为权益工具：(1) 该金融工具不包括交付现金或其他金融资产给其他方，或在潜在不利条件下与其他方交换金融资产或金融负债的合同义务。(2) 将来需用或可用企业自身权益工具结算该金融工具的，如该金融工具为非衍生工具，不包括交付可变数量的自身权益工具进行结算的合同义务；如为衍生工具，企业只能通过以固定数量的自身权益工具交换固定金额的现金或其他金融资产结算该金融工具

续表

项目	具体内容
金融负债和权益工具的区分	(1) 通过交付现金、其他金融资产结算：发行方对于发行的金融工具应当归类为金融负债。(2) 通过自身权益工具结算：发行的金融工具需用或可用企业自身权益工具结算，如果是作为现金或其他金融资产的替代品，则该工具是发行方的金融负债；如果是为了使该工具持有人享有在发行方扣除所有负债后的资产中的剩余权益，则该工具是发行方的权益工具
或有结算条款和结算选择权	(1) 或有结算条款：除下列情况外，对于附或有结算条款的金融工具，发行方应将其归类为金融负债：①要求以现金、其他金融资产或以其他导致该工具成为金融负债的方式进行结算的或有结算条款几乎不具有可能性，即相关情形极端罕见、显著异常或几乎不可能发生。②只有在发行方清算时，才需以现金、其他金融资产或以其他导致该工具成为金融负债的方式进行结算。③按照本规定分类为权益工具的可回售工具。 (2) 结算选择权：对于存在结算选择权的衍生工具（例如，合同规定发行方或持有方能选择以现金净额或以发行股份交换现金等方式进行结算的衍生工具），发行方应当将其确认为金融资产或金融负债。如果合同条款中所有可能的结算方式均表明该衍生工具应当确认为权益工具的，则应当确认为权益工具
可回售工具或仅在清算时才有义务按比例交付净资产的工具	(1) 可回售工具：如果发行方发行的金融工具合同条款中约定，持有方有权将该工具回售给发行方以获取现金或其他金融资产，或者在未来某一不确定事项发生或者持有方死亡或退休时，自动回售给发行方的，则为可回售工具。在这种情况下，符合金融负债定义但同时具有下列特征的可回售金融工具，应当分类为权益工具：①赋予持有方在企业清算时按比例份额获得该企业净资产的权利。②该工具所属的类别次于其他所有工具类别。③该类别的所有工具具有相同的特征（例如它们必须都具有可回售特征，并且用于计算回购或赎回价格的公式或其他方法都相同）。④除了发行方应当以现金或其他金融资产回购或赎回该工具的合同义务外，该工具不满足金融负债定义中的任何其他特征。⑤该工具在存续期内的预计现金流量总额，应当实质上基于该工具存续期内企业的损益、已确认净资产的变动、已确认和未确认净资产的公允价值变动（不包括该工具的任何影响）。 (2) 仅在清算时才有义务按比例交付净资产的工具：对于发行方仅在清算时才有义务向另一方按比例交付其净资产的金融工具，符合金融负债定义但同时具有下列特征的，应当分类为权益工具：①赋予持有方在企业清算时按比例份额获得该企业净资产的权利。②该工具所属的类别次于其他所有工具类别。该工具在归属于该类别前无须转换为另一种工具，且在清算时对企业资产没有优先于其他工具的要求权。③在次于其他所有类别的工具类别中，发行方对该类别中所有工具都应当在清算时承担按比例份额交付其净资产的同等合同义务
处理要求	(1) 对于归类为权益工具的金融工具，无论其名称中是否包含"债"，其利息支出或股利分配都应作为发行企业的利润分配，其回购、注销等作为权益变动处理；对于归类为金融负债的金融工具，无论其名称中是否包含"股"，其利息支出或股利分配原则上按借款费用进行处理，其回购或赎回产生的利得或损失等计入当期损益。 (2) 发行方发行金融工具，其发生的手续费、佣金等交易费用，如分类为债务工具且以摊余成本计量的，应当计入所发行工具的初始计量金额；如分类为权益工具的，应当从权益中扣除，冲减资本公积或留存收益

2. 永续债补充规定。

永续债，即信用债（如短融、中期票据、企业债、公司债、定向工具）中期限含"N"的债券，又称无期债券，是非金融企业（发行人）在银行间债券市场注册发行的"无固定期限、内含发行人赎回权"的债券。永续债的每个付息日，发行人可以自行选择将当期利息以及已经递延的所有利息，推迟至下一个付息日支付，且不受到任何递延支付利息次数的限制。截至 2019 年 2 月 10 日，我国存量永续债共 1 153 只，余额总计为 16 454. 46 亿元，涉及 484 个发债主体。

2019 年 1 月 28 日，财政部发布了《永续债相关会计处理的规定》，对永续债发行方和持有方的会计处理做了补充规定。

永续债发行方在确定永续债的会计分类是权益工具还是金融负债时，应当根据《企业会计准则第 37 号——金融工具列报》规定同时考虑下列因素：

（1）关于到期日。

永续债发行方在确定永续债会计分类时，应当以合同到期日等条款内含的经济实质为基础，谨慎判断是否能无条件地避免交付现金或其他金融资产的合同义务。当永续债合同其他条款未导致发行方承担交付现金或其他金融资产的合同义务时，发行方应当区分下列情况处理：

①永续债合同明确规定无固定到期日且持有方在任何情况下均无权要求发行方赎回该永续债或清算的，通常表明发行方没有交付现金或其他金融资产的合同义务。

②永续债合同未规定固定到期日且同时规定了未来赎回时间（初始期限）的：

a. 当该初始期限仅约定为发行方清算日时，通常表明发行方没有交付现金或其他金融资产的合同义务。但清算确定将会发生且不受发行方控制，或者清算发生与否取决于该永续债持有方的，发行方仍具有交付现金或其他金融资产的合同义务。

b. 当该初始期限不是发行方清算日且发行方能自主决定是否赎回永续债时，发行方应当谨慎分析自身是否能无条件地自主决定不行使赎回权。如不能，通常表明发行方有交付现金或其他金融资产的合同义务。

（2）关于清偿顺序。

永续债发行方在确定永续债会计分类时，应当考虑合同中关于清偿顺序的条款。当永续债合同其他条款未导致发行方承担交付现金或其他金融资产的合同义务时，发行方应当区分下列情况处理：

①合同规定发行方清算时永续债劣后于发行方发行的普通债券和其他债务的，通常表明发行方没有交付现金或其他金融资产的合同义务。

②合同规定发行方清算时永续债与发行方发行的普通债券和其他债务处于相同清偿顺序的，应当审慎考虑此清偿顺序是否会导致持有方对发行方承担交付现金或其他金融资产合同义务的预期，并据此确定其会计分类。

（3）关于利率跳升和间接义务。

永续债发行方在确定永续债会计分类时，应当考虑《企业会计准则第 37 号——金融工具列报》第十条规定的“间接义务”。永续债合同规定没有固定到期日，同时规定了未来赎回时间、发行方有权自主决定未来是否赎回且如果发行方决定不赎回则永续债票息率上浮（即“利率跳升”或“票息递增”）的，发行方应当结合所处实际环境考虑该利率跳升条款是否构成交付现金或其他金融资产的合同义务。

如果跳升次数有限、有最高票息限制（即“封顶”）且封顶利率未超过同期同行业同类型工具平均的利率水平，或者跳升总幅度较小且封顶利率未超过同期同行业同类型工具平均的利率水平，可能不构成间接义务。

如果永续债合同条款虽然规定了票息封顶，但该封顶票息水平超过同期同行业同类型工具平均的利率水平，通常构成间接义务。

第二节 金融资产转移

【知识点一】金融资产转移的类型★★

企业将持有的股权投资、债权投资、基金投资等金融资产出售给其他企业，是金融资产转移的常见表现形式。本章涉及的金融资产转移包括应收账款保理、应收票据贴现、应收票据背书转让和金融资产证券化四种特殊形式。

（1）应收账款保理是指将应收账款出售给银行，进行贸易融资。

（2）金融资产证券化是指发起机构将其缺乏即期流动性，但具有可预期的稳定未来现金流量的金融资产转移给受托机构设立的特定目的主体，由特定目的主体以资产支持证券的形式向投资机构发行资产支持证券，以该金融资产所产生的现金流量支付资产支持证券收益的结构性融资活动（见图10－8）。

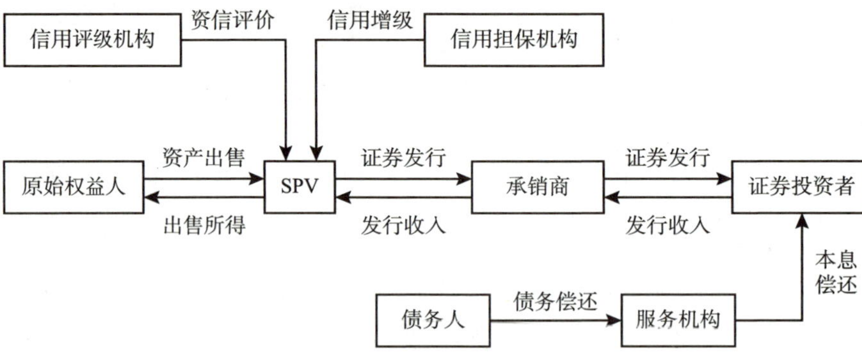

图10－8 金融资产证券化

【知识点二】金融资产转移的会计处理★★★

金融资产转移的会计处理的核心问题是能否终止确认金融资产，包括终止确认、不终止确认和继续涉入三种情形。

1. 符合终止确认条件的金融资产转移。

（1）符合终止确认条件的判断（2022年改写）。

存在下列情形之一的，表明企业已将金融资产所有权上几乎所有的风险和报酬转移给转入方，应终止确认金融资产：

①企业无条件出售金融资产（不附追溯权）。

②企业出售金融资产，同时约定按回购日该金融资产的公允价值回购。

③企业出售金融资产，同时与转入方签订看跌或看涨期权合约，且该看跌或看涨期权为深度价外期权（到期日之前不太可能变为价内期权），此时可以认定企业已经转移了该项金融资产所有权上几乎所有的风险和报酬，应当终止确认该金融资产。

（2）符合终止确认条件时的计量。

金融资产整体转移满足终止确认条件的，应当将下列两项金额的差额计入当期损益：①所转移金融资产的账面价值；②因转移而收到的对价，与原计入其他综合收益的公允价值变动累计额（涉及转移的金融资产为其他债权投资）之和。

金融资产第Ⅱ类产生的其他综合收益的转归情况见图10－9。

其他综合收益｛债权类→转入当期损益；股权类→转入当期损益｝

图10－9 金融资产第Ⅱ类产生的其他综合收益的转归情况

2. 不符合终止确认条件的金融资产转移

（1）不符合终止确认条件的判断（2022 年改写）。

以下情形通常就表明企业保留了金融资产所有权上几乎所有的风险和报酬，不应当终止确认相关金融资产：

①附回购协议的金融资产出售，转出方将予回购的资产与售出的金融资产相同或实质上相同、回购价格固定或是原售价加上合理回报。

②企业融出证券。

③企业出售金融资产并附有将市场风险敞口转回给企业的总回报互换。

④企业出售短期应收款项或信贷资产，并且全额补偿转入方可能因被转移金融资产发生的信用损失。

⑤企业出售金融资产，同时与转入方签订看跌或看涨期权合约，且该看跌期权或看涨期权为一项价内期权。

⑥采用附追索权方式出售金融资产。

（2）不符合终止确认时的计量。

企业应当继续确认所转移金融资产整体，并将收到的对价确认为一项金融负债。此类金融资产转移实质上具有融资性质，不能将金融资产与所确认的金融负债相互抵销。在随后的会计期间，企业应当继续确认该金融资产产生的收入和该金融负债产生的费用。

3. 继续涉入条件下的金融资产转移。

（1）继续涉入条件下金融资产转移的判断。

企业既没有转移也没有保留金融资产所有权上几乎所有的风险和报酬，但未放弃对该金融资产控制的，应当按照其继续涉入所转移金融资产的程度确认有关金融资产，并相应确认有关金融负债。继续涉入的方式主要有：享有继续服务权、签订回购协议、签发或持有期权以及提供担保等。

（2）继续涉入条件下金融资产转移的计量。

①企业应当按照其继续涉入所转移金融资产的程度，在充分反映保留的权利和承担的义务的基础上，确认有关金融资产和金融负债。企业应当对因继续涉入所转移金融资产形成的有关资产确认相关收入，对继续涉入形成的有关负债确认相关费用。

②继续涉入所形成的相关资产和负债不应当相互抵销。

③通过对所转移金融资产提供财务担保方式继续涉入的情形。

金融资产入账金额 = 转移日金融资产的账面价值和财务担保金额两者之中的较低者

金融负债入账金额 = 财务担保金额 + 财务担保合同的公允价值

第三节　套期保值

✽【知识点一】套期保值的概念和作用★★

1. 套期保值概念。

套期保值，是指企业为管理外汇风险、利率风险、商品价格风险、股票价格风险、信用风险等引起的风险敞口，指定一项或一项以上套期工具，使套期工具的公允价值或现金流量变动，预期抵销被套期项目全部或部分公允价值或现金流量变动。

2. 套期保值的作用。

套期保值是风险管理的工具，其作用主要体现在：有效规避风险、参与资源配置、实现成本战略、提升核心竞争力。

注意：本处可能与第三章结合出题。

【知识点二】套期保值的原则与方式★★

1. 套期保值的原则。

套期保值的原则基于对冲而产生，包括：种类相同或相关原则；数量相等或相当原则；交易方向相反原则；月份相同或相近原则。

2. 套期保值的方式。

回避价格上涨→买入套期（将来购进资产）

回避价格下跌→卖出套期（将来购进资产）

【知识点三】套期保值的操作★★

套期保值的操作归纳见表10－5。

表10－5 套期保值的操作

操作	具体内容
做好套期保值前的准备	了解期货市场的基本运行特点；重视相关交易制度及规则
识别和评估被套期风险	识别和评估价格波动风险、汇率风险、利率风险
制定套期保值策略与计划	确定是否进行套期保值；确定套期保值方式；确定套期保值比例（进行套期保值的现货数量占总现货数量的比例）；选择套期保值工具（包括远期合约、期货、期权、互换以及各种组合型衍生品）；确定套期保值比率（套保金额占现货总金额的比率）；选择套期保值期限；确定合理的套期保值目标价位
优化套期保值方案	制定切实可行的套期保值策略；科学选择建仓时机；不断完善操作策略；做好配套工作
套期保值跟踪与控制	正确评价保值效果；建立应急处理机制

【知识点四】套期的分类★★

按套期关系可将套期划分为公允价值套期、现金流量套期和境外经营净投资套期。

1. 公允价值套期。

公允价值套期是指对已确认资产或负债、尚未确认的确定承诺，或上述项目组成部分的公允价值变动风险敞口进行的套期。该公允价值变动源于特定风险，且将影响企业的损益或其他综合收益。其中，影响其他综合收益的情形，仅限于企业对指定为以公允价值计量且其变动计入其他综合收益的非交易性权益工具投资的公允价值变动风险敞口进行的套期。

2. 现金流量套期。

现金流量套期是指对现金流量变动风险敞口进行的套期。该现金流量变动源于与已确认资产或负债、极可能发生的预期交易，或与上述项目组成部分有关的特定风险，且将影响企业的损益。

3. 境外经营净投资套期。

境外经营净投资套期是指对境外经营净投资外汇风险敞口进行的套期。境外经营净投资，是指企业在境外经营净资产中的权益份额。

【知识点五】套期工具及被套期项目的认定★★

套期业务应确定被套期项目和套期工具。通俗地说，风险从哪来，将进行风险管理的项目就是被套期项目；采用的风险管理的工具就是套期工具。有关套期工具和被套期项目的规定详见表10－6。

表10－6　套期工具和被套期项目的认定

项目	具体内容
套期工具	套期工具，是指企业为进行套期而指定的、其公允价值或现金流量变动预期可抵销被套期项目的公允价值或现金流量变动的金融工具，包括：①以公允价值计量且其变动计入当期损益的衍生工具，但签出期权除外。企业只有在对购入期权（包括嵌入在混合合同中的购入期权）进行套期时，签出期权才可以作为套期工具。嵌入在混合合同中但未分拆的衍生工具不能作为单独的套期工具。②以公允价值计量且其变动计入当期损益的非衍生金融资产或非衍生金融负债，但指定为以公允价值计量且其变动计入当期损益、且其自身信用风险变动引起的公允价值变动计入其他综合收益的金融负债除外。企业自身权益工具不属于企业的金融资产或金融负债，不能作为套期工具
被套期项目	被套期项目，是指使企业面临公允价值或现金流量变动风险，且被指定为被套期对象的、能够可靠计量的项目。企业可以将下列单个项目、项目组合或其组成部分指定为被套期项目：①已确认资产或负债；②尚未确认的确定承诺；③极可能发生的预期交易；④境外经营净投资

【知识点六】运用套期保值会计的条件★★

1. 套期会计方法。

针对套期保值业务所规定的会计方法，就是套期会计方法。套期会计方法是指企业将套期工具和被套期项目产生的利得或损失在相同会计期间计入当期损益（或其他综合收益），以反映风险管理活动影响的方法。

2. 运用套期保值会计的条件。

公允价值套期、现金流量套期或境外经营净投资套期同时满足下列条件的，才能运用套期会计准则规定的套期会计方法进行处理：

（1）套期关系仅由符合条件的套期工具和被套期项目组成。

（2）在套期开始时，企业正式指定了套期工具和被套期项目，并准备了关于套期关系和企业从事套期的风险管理策略和风险管理目标的书面文件。

（3）套期关系符合套期有效性要求。套期同时满足下列条件的，企业应当认定套期关系符合套期有效性要求：

①被套期项目和套期工具之间存在经济关系。该经济关系使得套期工具和被套期项目的价值因面临相同的被套期风险而发生方向相反的变动。

②被套期项目和套期工具经济关系产生的价值变动中，信用风险的影响不占主导地位。

③套期关系的套期比率，应当等于企业实际套期的被套期项目数量与对其进行套期的套期工具实际数量之比，但不应当反映被套期项目和套期工具相对权重的失衡，这种失衡会导致套期无效，并可能产生与套期会计目标不一致的会计结果。

✲【知识点七】套期保值的确认和计量★★

套期保值可以分为公允价值套期、现金流量套期和境外经营净投资套期，下面分别说明其会计处理。

1. 公允价值套期的会计处理。

公允价值套期满足运用套期会计方法条件的，应当按照下列规定处理：

（1）套期工具产生的利得或损失应当计入当期损益。如果套期工具是对选择以公允价值计量且其变动计入其他综合收益的非交易性权益工具投资（或其组成部分）进行套期的，套期工具产生的利得或损失应当计入其他综合收益。

（2）被套期项目因被套期风险敞口形成的利得或损失应当计入当期损益，同时调整未以公允价值计量的已确认被套期项目的账面价值。

2. 现金流量套期的会计处理。

现金流量套期满足运用套期会计方法条件的，应当按照下列规定处理：

（1）套期工具产生的利得或损失中属于套期有效的部分，作为现金流量套期储备，应当计入其他综合收益。现金流量套期储备的金额，应当按照下列两项的绝对额中较低者确定：①套期工具自套期开始的累计利得或损失；②被套期项目自套期开始的预计未来现金流量现值的累计变动额。每期计入其他综合收益的现金流量套期储备的金额应当为当期现金流量套期储备的变动额。

应注意：被套期项目为预期交易，且该预期交易使企业随后确认一项非金融资产或非金融负债的，或者非金融资产或非金融负债的预期交易形成一项适用于公允价值套期会计的确定承诺时，企业应当将原在其他综合收益中确认的现金流量套期储备金额转出，计入该资产或负债的初始确认金额。

（2）套期工具产生的利得或损失中属于套期无效的部分（即扣除计入其他综合收益后的其他利得或损失），应当计入当期损益。

3. 境外经营净投资的会计处理。

对境外经营净投资的套期，应当按照类似于现金流量套期会计的规定处理：

（1）套期工具形成的利得或损失中属于套期有效的部分，应当计入其他综合收益。全部或部分处置境外经营时，上述计入其他综合收益的套期工具利得或损失应当相应转出，计入当期损益。

（2）套期工具形成的利得或损失中属于套期无效的部分，应当计入当期损益。

4. 其他应注意事项。

（1）企业对套期关系作出再平衡的，应当在调整套期关系之前确定套期关系的套期无效部分，并将相关利得或损失计入当期损益。

（2）对于被套期项目为风险净敞口的套期，被套期风险影响利润表不同列报项目的，企业应当将相关套期利得或损失单独列报（净敞口套期收益）。

第四节 股权激励

✲【知识点一】股权激励的概念、方式和条件★★

1. 股权激励的概念。

股权激励主要是指上市公司以本公司股票为标的，对其董事、高级管理人员以及其他员工进行的长期性激励。

职工薪酬 {短期激励→工资薪金；长期激励→股权激励}

图 10－10 短期激励和长期激励

2. 股权激励方式。

表 10－7 **股权激励方式**

激励方式	特点
股票期权	股票期权是指公司授予激励对象在未来期限内以预先确定的价格和条件购买公司一定数量股票的权利，其特点是高风险高回报，适合处于成长初期或扩张期的企业
限制性股票	限制性股票是指激励对象按照股权激励计划规定的条件获得的，转让等部分权利受到限制的本公司股票。适用于成熟型企业或者对资金投入要求不是非常高的企业
业绩股票	业绩股票是指年初确定一个合理的业绩目标和一个科学的绩效评估体系，如果激励对象经过努力后实现了该目标，则公司授予其一定数量的股票。业绩股票激励模式适合于业绩稳定并持续增长、现金流充裕的企业
股票增值权	股票增值权是指公司授予激励对象在未来一定时期和约定条件下，获得规定数量的股票价格上升所带来收益的权利，适用于现金流充裕且发展稳定的公司
虚拟股票	虚拟股票是指公司授予激励对象一种虚拟的股票，激励对象可以根据被授予虚拟股票的数量参与公司的分红并享受股价升值收益，但没有所有权和表决权，本质上是将奖金延期支付，其资金来源于公司的奖励基金

3. 实施股权激励的条件。

上市公司具有下列情形之一的，不得实行股权激励：

（1）最近一个会计年度财务会计报告被注册会计师出具否定意见或者无法表示意见的审计报告；

（2）最近一个会计年度财务报告内部控制被注册会计师出具否定意见或无法表示意见的审计报告；

（3）上市后最近36个月内出现过未按法律法规、公司章程、公开承诺进行利润分配的情形；

（4）法律法规规定不得实行股权激励的；

（5）中国证监会认定的其他情形。

✲【知识点二】股权激励计划的拟订、审批★★

股权激励计划的拟订、审批见下表。

表 10－8 股权激励计划的拟订、审批

事项		有关规定
股权激励计划的拟订	激励对象的确定	激励对象可以包括上市公司的董事、高级管理人员、核心技术人员或者核心业务人员，以及公司认为应当激励的对公司经营业绩和未来发展有直接影响的其他员工，但不应当包括独立董事和监事。在境内工作的外籍员工任职上市公司董事、高级管理人员、核心技术人员或者核心业务人员，可以成为激励对象。 单独或合计持有上市公司5%以上股份的股东或实际控制人及其配偶、父母、子女，不得成为激励对象（但科创板上市公司除外）。下列人员也不得成为激励对象：（1）最近12个月内被证券交易所认定为不适当人选；（2）最近12个月内被中国证监会及其派出机构认定为不适当人选；（3）最近12个月内因重大违法违规行为被中国证监会及其派出机构行政处罚或者采取市场禁入措施；（4）具有《公司法》规定的不得担任公司董事、高级管理人员情形的；（5）法律法规规定不得参与上市公司股权激励的；（6）中国证监会认定的其他情形
	标的股票来源和数量	（1）向激励对象发行股份。（2）回购公司自己的股份。上市公司可以回购不超过公司已发行股份总额的5%用于奖励公司员工。（3）对于一般上市公司，全部有效的股权激励计划所涉及的标的股权总量累计不得超过股本总额的10%，其中个人获授部分不得超过股本总额的1%，超过1%的需要获得股东大会的特别决议批准；科创板上市公司全部在有效期内的股权激励计划所涉及的标的股票总数，累计不得超过公司股本总额的20%。（4）国有控股上市公司首次授权授予数量应控制在上市公司发行总股本的1%以内。国有控股境外上市公司在股权激励计划有效期内任何12个月期间授予任一人员的股权（包括已行使和未行使的股权）超过上市公司发行总股本的1%的，上市公司不再授予其股权。中小市值中央企业控股上市公司，首次实施股权激励计划授予的权益数量占公司股本总额的比重，最高可以由1%上浮至3%。对于国有控股境内上市公司的高管人员，股权授予的具体数量应从严把握。在股权激励计划有效期内，实施股权激励的高管人员预期中长期激励收入应控制在薪酬总水平的30%以内。对于国有控股境外上市公司这个限制比例为40%
	激励计划的时间要素	（1）股权激励计划的有效期从首次授予权益日起不得超过10年。上市公司在推出股权激励计划时，可以设置预留权益，预留比例不得超过本次股权激励计划拟授予权益数量的20%。上市公司应当在股权激励计划经股东大会审议通过后12个月内明确预留权益的授予对象；超过12个月未明确激励对象的，预留权益失效。上市公司不得为激励对象依股权激励计划获取有关权益提供贷款以及其他任何形式的财务资助，包括为其贷款提供担保。（2）股票期权行权限制期为股权自授予日至可行权日止的期限，原则上不得少于2年，在限制期内不可以行权；行权有效期为期权生效日至股权失效日止的期限，不得低于3年。股票期权授予日与获授股票期权首次可行权日之间的间隔不得少于12个月。在股权期权有效期内，上市公司应当规定激励对象分期行权，每期期限不得少于12个月，后一行权期的起算日不得早于前一行权期的届满日。每期可行权的股票期权比例不得超过激励对象获授股票期权总额的50%。股票期权各行权期结束后，激励对象未行权的当期股票期权应当终止行权，上市公司应当及时注销。（3）限制性股票授予日与首次解除限售日之间的间隔不得少于12个月。在限制性股票有效期内，上市公司应当规定分期解除限售，每期时限不得少于12个月，各期解除限售的比例不得超过激励对象获授限制性股票总额的50%。对于科创板中央控股上市公司，以限制性股票方式实施股权激励的，若授予价格低于公平市场价格的50%，公司应当适当延长限制性股票的禁售期及解锁期

续表

<table>
<tr><th colspan="2">事项</th><th>有关规定</th></tr>
<tr><td>股权激励计划的拟订</td><td>股权授予价格的确定</td><td>（1）上市公司在授予激励对象限制性股票时，授予价格不得低于股票票面金额，且原则上不得低于下列价格较高者：①股权激励计划草案公布前1个交易日的公司股票交易均价的50%；②股权激励计划草案公布前20个交易日、60个交易日或者120个交易日的公司股票交易均价之一的50%。对于科创板上市公司，其授予激励对象限制性股票的价格，低于股权激励计划草案公布前1个交易日、20个交易日、60个交易日或者120个交易日公司股票交易均价的50%的，应当说明定价依据及定价方式。对于尚未盈利的科创板中央企业控股上市公司，限制性股票授予价格按照不低于公平市价的60%确定。
（2）上市公司在授予激励对象股票期权时，行权价格不得低于股票票面金额，且原则上不得低于下列价格较高者：①股权激励计划草案公布前1个交易日的公司股票交易均价；②股权激励计划草案公布前20个交易日、60个交易日或者120个交易日的公司股票交易均价之一</td></tr>
<tr><td colspan="2">激励计划的审批</td><td>上市公司董事会下设的薪酬与考核委员会负责拟订股权激励计划草案。上市公司实行股权激励，董事会应当依法对股权激励计划草案作出表决，拟作为激励对象的董事或与其存在关联关系的董事应当回避表决。上市公司应当在召开股东大会前公示激励对象的姓名和职务，公示期不少于10天。上市公司应当在股东大会审议股权激励计划前5日披露监事会对激励名单审核及公示情况的说明。股东大会应当对股权激励计划内容进行表决，并经出席会议的股东所持表决权的2/3以上通过</td></tr>
</table>

【知识点三】权益结算股份支付的会计处理★

股份支付的会计处理包括权益结算股份支付的会计处理、现金结算股份支付的会计处理、可行权条件修改的会计处理和集团股份支付的会计处理。表10－9介绍了权益结算股份支付的会计处理。

表10－9　　权益结算股份支付的会计处理

时点	具体内容
授予日	除了立即可行权的股份支付外（如限制性股票），企业在授予日均不作会计处理。因为尚未提供服务，企业不确认费用
等待期内每个资产负债表日	对于权益结算的涉及职工的股份支付，企业应当在等待期内的每个资产负债表日，按照授予日权益工具的公允价值计入成本费用（按照受益原则处理）和资本公积（其他资本公积），不确认其后续公允价值变动
可行权日之后	对于权益结算的股份支付，在可行权日之后不再对已确认的成本费用和所有者权益总额进行调整
行权日	行权日的处理分两种情况：（1）发行新股：企业应在行权日根据行权情况，确认股本和股本溢价，同时结转等待期内确认的资本公积（其他资本公积）。（2）回购股份：企业回购股份时，应按回购股份的全部支出作为库存股处理，在职工行权购买本企业股份时，企业应转销交付职工的库存股成本和等待期内资本公积（其他资本公积）累计金额，同时，按照其差额调整资本公积（股本溢价）

【知识点四】现金结算股份支付的会计处理★

现金结算股份支付的会计处理见表10－10。

表 10－10　　现金结算股份支付的会计处理

时点	具体内容
授予日	除了立即可行权的股份支付外（如虚拟股票），企业在授予日均不作会计处理
等待期内每个资产负债表日	对于现金结算的股份支付，应当按照每个资产负债表日权益工具的公允价值重新计量，确定成本费用和应付职工薪酬
可行权日之后	对于现金结算的股份支付，企业在可行权日之后，应当按照每个资产负债表日权益工具的公允价值重新计量，其公允价值变动不计入成本费用，而是计入公允价值变动损益，即等待期内按受益原则处理，等待期后不按受益原则处理
行权日	行权日应该冲减应付职工薪酬，同时减少银行存款

✲【知识点五】可行权条件修改的会计处理★★

通常情况下，股份支付协议生效后，不应对其条款和条件随意修改。但在某些情况下，可能需要修改授予权益工具的股份支付协议中的条款和条件。例如，股票除权、除息或其他原因需要调整行权价格或股票期权数量。因为派发股票股利后，股票数量增加了，每股市价将降低，如果不调低行权价格，则对激励对象不公平。

在会计核算上，无论已授予的权益工具的条款和条件如何修改，甚至取消权益工具的授予或结算该权益工具，企业都应至少确认按照所授予的权益工具在授予日的公允价值来计量获取的相应服务，除非因不能满足权益工具的可行权条件（除市场条件外）而无法可行权。

表 10－11　　可行权条件修改的会计处理

<table>
<tr><th colspan="2">项目</th><th>具体内容</th></tr>
<tr><td rowspan="2">条款和条件的修改</td><td>对员工有利修改</td><td>（1）如果修改增加了所授予的权益工具的公允价值，企业应按照权益工具公允价值的增加相应地确认取得服务的增加。例如，对于授予的股票期权，如果行权价降低，则内在价值增加，期权公允价值将增加。
（2）如果修改增加了所授予的权益工具的数量，企业应将增加的权益工具的公允价值相应地确认为取得服务的增加。例如，授予期权的数量增加，则期权公允价值总额将增加。
（3）如果企业按照有利于职工的方式修改可行权条件，如缩短等待期、变更或取消业绩条件（非市场条件），企业在处理可行权条件时，应当考虑修改后的可行权条件</td></tr>
<tr><td>对员工不利修改</td><td>如果企业以减少股份支付公允价值总额的方式或其他不利于职工的方式修改条款和条件，企业仍应继续对取得的服务进行会计处理，如同该变更从未发生，除非企业取消了部分或全部已授予的权益工具。具体包括如下几种情况：
（1）如果修改减少了授予的权益工具的公允价值（如调高了行权价），企业应当继续以权益工具在授予日的公允价值为基础，确认取得服务的金额，而不应考虑权益工具公允价值的减少。
（2）如果修改减少了授予的权益工具的数量，企业应当将减少部分作为已授予的权益工具的取消来进行处理。
（3）如果企业以不利于职工的方式修改了可行权条件，如延长等待期、增加或变更业绩条件（非市场条件），企业在处理可行权条件时，不应考虑修改后的可行权条件</td></tr>
<tr><td>取消或结算</td><td colspan="2">如果企业在等待期内取消了所授予的权益工具或结算了所授予的权益工具（因未满足可行权条件而被取消的除外），企业应当：
（1）将取消或结算作为加速可行权处理，立即确认原本应在剩余等待期内确认的金额，即将剩余等待期应确认的费用全部确认。
（2）在取消或结算时支付给职工的所有款项均应作为权益的回购处理，回购支付的金额高于该权益工具在回购日公允价值的部分，计入当期费用</td></tr>
</table>

【知识点六】集团股份支付的会计处理★★

在一些企业集团中，母公司已上市但子公司未上市，为了激励子公司员工，可以以母公司股票为标的进行股权激励，这就导致结算企业与接受服务的企业不一致，此外还有其他各种情形，其有关会计处理见下表。

表 10－12　集团股份支付的会计处理

企业	具体内容
结算企业	(1) 结算企业是以其本身权益工具结算的，应当将该股份支付交易作为权益结算的股份支付进行会计处理：结算企业是接受服务的母公司，结算企业（母公司）由于承担了向接受服务企业（子公司）的职工结算股份支付的义务，因而视为对该接受服务企业（子公司）的投入，应当按照授予日该权益工具的公允价值增加对该接受服务企业（子公司）的长期股权投资成本，同时确认资本公积（其他资本公积）。 (2) 结算企业不是以其本身权益工具而是以集团内其他企业的权益工具结算的，应当将该股份支付交易作为现金结算的股份支付进行会计处理：结算企业是接受服务的母公司，结算企业（母公司）由于承担了向接受服务企业（子公司）的职工结算股份支付的义务，因而视为对该接受服务企业（子公司）的投入，应当按照应承担负债的公允价值增加对该接受服务企业（子公司）的长期股权投资成本，同时确认一项负债（应付职工薪酬）
接受服务企业	(1) 接受服务企业没有结算义务（如由母公司直接向该子公司的高管人员授予股份），或者虽然有结算业务但授予本企业职工的是其本身权益工具的，应当将该股份支付交易作为权益结算的股份支付进行会计处理，确认所接受服务的成本费用，同时确认资本公积（其他资本公积）。 (2) 接受服务企业具有结算义务，且授予本企业职工的是企业集团内其他企业权益工具的，应当将该股份支付交易作为现金结算的股份支付进行会计处理，确认所接受服务的成本费用，同时确认一项负债

第二编

高级会计师评审部分

第十一章　评审概述及政策解读

第一节　高级会计师概述

一、概述

（一）高级会计师简介

高级会计师，是指我国会计专业技术职称中的高级会计专业技术资格。高级会计师须遵守《中华人民共和国宪法》和法律，具有良好的职业道德，业务能力上应具有坚实的专业理论知识，掌握国内外现代的经济管理科学方法并了解发展趋势。有较高的政策理论水平和丰富的经济工作实践经验，能够解决重要经济活动中的实际问题，提出有价值的政策性意见，在加强经济管理和提高经济效益、社会效益方面贡献显著。

（二）高级会计师考评方式

申请参加高级会计师资格评审的人员，首先必须参加全国统一的《高级会计实务》考试。考试合格后（须持有高级会计师资格考试成绩合格证或本地区当年参评使用标准的成绩单或成绩证明），由参评人本人申请，单位推荐，经所在单位、省直主管部门、地市财政部门或基层职称评委会进行考核评议，报省/自治区/直辖市财政部门会计专业高级职务评审委员会评审通过，省级人社部门备案批准。

（三）高级会计师实务成绩有效期

高级会计师实务考试成绩分数，国家线规定为 60 分，成绩 3 年之内有效，一般有 3 次评审机会。另外，全国大部分省市有省级合格线，一般为 50～59 分不等（具体以当地发布的通知为准），省线成绩有效时间为 1 年，即考试后能获取 1 次评审机会。如果评审没有通过，则成绩作废。通过理论考试，并顺利通过评审后，方可领取高级会计师合格证书。

二、高级会计师评审简介

申请参加高级会计师资格评审的人员，须持有全国高级会计师资格考试成绩合格证（全国线 3 年有效、省线 1 年有效）。各地区的评审工作由各省（自治区、直辖市）组织进行。中央单位的评审工作，由经人力资源社会保障部（或原人事部）备案、具有高级会计师职务任职资格评审权的部门组织进行；没有高级会计师职务任职资格评审权的中央单位，可按规定委托经人力资源和社会保障部（或原人事部）备案、具有高级会计师职务任职资格评审权的其他中央单位或所在地省级高级会计师职务任职资格评审委员会进行。

（一）高会评审条件

1. 实务成绩。

高级会计实务考试国家合格线为 60 分，成绩有效期 3 年，有效期内未通过评审成绩作废。部分省市 50～59 分为省合格线，成绩有效期 1 年。

2. 工作年限。

具备博士学位，取得会计师职称后，从事与会计师职责相关工作满 2 年；或具备大学本科学历或学士学位，取得会计师职称后，从事与会计师职责相关工作满 5 年；或具备大学专科学历，取得会计师职称后，从事与会计师职责相关工作满 10 年。

3. 业绩成果。

能独立负责某领域或一个单位的财务会计管理工作，工作业绩较为突出，有效提高了会计管理水平或经济效益；或有较强的科研能力，取得一定的会计相关理论研究成果；或主持完成会计相关研究课题、调研报告、管理方法或制度创新等。

4. 论文水平。

任现职以来公开发表的与所从事专业技术工作相关的论文和著作、解决专业技术问题专题研究报告等个人代表作。

（二）高会评审流程

1. 评审文件下发，材料准备。

各省的评审文件内容虽要求不一，但是大同小异，评审材料的准备基本上分为三大块，分别是业绩材料、论文材料、其他附件材料。

2. 系统申报。

大部分省份的评审申报工作，会采取线上系统申报的方式来进行，系统申报的内容包含个人的基础信息、工作经历、业绩情况、论文情况等。

3. 纸质材料提交。

部分省份会要求提交纸质材料给当地的职称部门进行审核，此部分材料包含评审表格类、证件类、荣誉证书类、业绩和论文类等。

4. 答辩。

答辩是继前面步骤的最后一个评审环节，纸质材料提交之后需等待当地相关部门的答辩安排通知文件。

5. 公示。

评委会对收到的材料进行初审通过后，再由市人社局等相关部门统一进行复审，最后将结果在相应网站上进行公示，无异议者即通过评审。

6. 取证。

大部分省市全面启用电子职称证书，不再发放纸质职称证书，电子证书与纸质证书具有同等效力。通过高会评审人员可在职称管理信息系统直接打印电子职称证书。

（三）高会评审材料要求

1. 业绩。

业绩主要指取得中级会计职称证书后的相关工作成果，内容侧重制定和完善本单位会计核算办法、制定和完善本单位财务管理制度、让单位盈利或促进单位扭亏或者少亏、降低成本费用、投融资工作；重点突出在会计准则、税务管理、内部控制、投资融资、合并分立、战略管理方面的业绩；经历的重大财税事件越多，工作业绩就越有深度和广度。

【提示】突出个人业绩，尽量用数据呈现。

2. 论文。

提前准备好论文是评审中不可或缺的一部分，首先应该确定要发表在哪一类期刊杂志上，必须查清楚期刊正式的刊号，可以到国家新闻出版署查询，确认是否是中国知网或其他网站收录。对于高级会计师职称论文的发表数量，大部分省份要求2～3篇，3篇为宜。

【写作技巧】立意高（大处着眼）、落笔实（小处着手）、结构严（逻辑严谨）。

3. 其他材料。

（1）申报人的身份证，学历、学位证书，职务聘任书（或聘用合同、聘用证明），《高级会计实务》考试合格证书原件及复印件。

（2）评审表、业绩总结、其他相关表格。

（3）大部分省份需要准备近3～5年年终考核登记表盖章复印件。

（4）会计师等专业技术资格证书、继续教育证书。

（5）取得中级会计师职称以来正式发表、出版的代表性论文、著作原件和符合要求的检测报告以及检索页。

（6）取得中级会计师职称以来，获奖证书、专利证书、成果鉴定证书及经济、社会效益等证书原件。

【提示】具体的要求以本省的评审文件为准。

第二节　评审政策解读

【案例一　山西省】

山西省财政厅山西省人力资源和社会保障厅
关于做好2021年度全省会计系列高级职称评审工作的通知

各市财政局、人力资源和社会保障局，省直有关单位职称管理部门、有关企事业单位：

根据《关于深化会计人员职称制度改革的指导意见》（人社部发〔2019〕8号）改革精神，按照省人力资源和社会保障厅《关于印发〈职称评审管理实施细则〉的通知》（晋人社厅发〔2021〕28号）和《关于做好2021年度全省职称评审工作的通知》（晋人社厅函〔2021〕548号）要求，现就做好2021年度全省会计系列高级职称评审工作有关事宜通知如下。

一、组织管理

2021年度全省会计系列高级职称评审工作，在省人力资源和社会保障厅的管理和指导下，由山西省会计系列高级职称评审委员会具体组织实施。高级会计师职称实行考试与评审相结合方式。

二、评审范围

我省各类企事业单位、非公经济组织和社会组织中，从事会计工作并符合申报条件的在职在岗专业技术人员。下列人员不得申报：

1. 国家公务员（含参照公务员法管理单位工作人员）。

2. 退休人员（已办理退休手续或达到国家法定退休年龄的人员，以评审委员会办事机构开始收受申报评审材料之日为界）。

3. 事业单位专业技术人员受到记过以上处分，且在受处分期间的。

三、申报条件

（一）基本标准条件

坚持习近平新时代中国特色社会主义思想，贯彻落实党的基本路线和各项方针政策；遵守中华人民共和国宪法和法律法规，热爱本职工作，认真履职尽责，为推动本单位和本行业会计事业发展作出贡献；具备良好的会计职业道德和敬业精神，能系统掌握会计相关政策法规和会计专业理论、方法。

1. 具备大学本科及以上学历，按规定取得会计师职称后，任会计师满 5 年，即 2016 年底前任会计师；或具备博士学位，按规定取得会计师职称后，任会计师满 2 年，即 2019 年底前任现职。对长期在基层乡镇、社区（农村）从事会计专业技术工作满 20 年业绩突出的，任会计师满 10 年及以上，学历可放宽到大专，非公经济组织的会计专业技术人员，任职时间从按规定取得会计师任职资格之日算起。

2. 申报 2021 年度高级会计师，须同时取得 2019 年度、2020 年度、2021 年度任一年度高级会计师资格考试合格证书。

3. 申报高级会计师须参加年度考核。任期内年度考核合格以上累计不低于 5 次（获得博士学位不低于 2 次、获得硕士学位不低于 4 次），评审当年或上一年度须为合格及以上等次。年度考核确定为不合格等次的，当年任职年限不作计算，考核合格年限可累计计算。破格申报人员近三年须有一次年度考核结果为优秀。

4. 根据财政部、人力资源和社会保障部印发的《会计专业技术人员继续教育规定》（财会〔2018〕10 号）有关要求，会计专业技术人员应每年参加继续教育并取得规定学分。申报评审人员任职期间参加继续教育情况将作为申报职称评审的重要条件。

（二）具体标准条件

1. 工作经历（能力）条件。

任会计师以来，系统掌握和应用经济与管理理论、财务会计理论与实务；具有较高的政策水平和丰富的会计工作经验，能独立负责某领域或一个单位的财务会计管理工作，具有解决会计实务工作中复杂业务问题的能力。工作业绩较为突出，有效提高了会计管理水平或经济效益。在执行会计准则、实施内部控制制度、推进会计信息化、加强财务管理、运用现代会计管理方法等方面发挥了重要作用。有较强的科研能力，取得一定的会计相关理论研究成果或主持完成会计相关研究课题、调研报告、管理方法或制度创新等。

2. 业绩成果条件。

任会计师以来，工作业绩成果须具备下列条件之一：

（1）在财务、会计领域某个方面有前瞻性研究成果，对解决本专业疑难问题发挥了关键性作用，经同行专家鉴定具有较大影响力并取得了明显效益，得到市级以上行业主管部门或大中型企业的书面认可。

（2）主持一个行业或一个大中型企业会计工作期间，有过会计方法创新或先进经验总结，被市级以上行业主管部门或大中型企业认可并予以推广。

（3）作为主要执笔人参与制定行业或大中型企业的会计核算制度、财务管理制度、会计操作规程或发展规划，经市级以上行业主管部门或大中型企业批准实施。须有市级以上行业主管部门或大中型企业的书面认可。

（4）在单位会计核算、财务管理、内部审计、内控制度建立、会计信息化工作中起到关键作用和具有创新性，通过起草会计方面文件、具体办法、管理建议书等提出建设性意见，被本单位采纳并实施，效果显著。须有本单位书面认可或提供证明显著效果的鉴定材料。

（5）在管理会计建设和推广中发挥重要作用，取得显著成绩，并得到省级财政部门认可。

（6）在本专业取得显著成绩，获山西省劳动竞赛委员会授予的个人一等功，或获部、省、市财政部门授予的“先进会计工作者”称号，或取得“山西省会计领军人才”证书。

3. 学术理论条件。

任会计师以来，公开发表、出版过有较高水平的本专业学术论文、著作，并符合下列条件之一：

（1）作为主编或主要编写人员在正规出版社出版发行本专业学术著作、译著 1 部，本人撰写部分不少于 2 万字，同时须提交 1 篇公开发表的本专业学术论文。

（2）作为主编或主要编写人员编写一部在正规出版社出版发行的本专业教材，本人独立撰写部分不少于 5 万字，同时须提交 1 篇公开发表的本专业学术论文。

（3）在公开发行的会计专业学术刊物或综合大报的理论版面发表本专业学术论文 3 篇以上。

本专业学术论文须是独立或以第一作者，在有国内（CN）和国际（ISSN）统一刊号公开出版发行的财经类专业期刊和综合大报的理论版面、财经类专业大报的理论学术版面上发表的会计专业学术论文，每篇 2 000 字以上。提交的论文或著作，须附在万方数据资源系统、重庆维普中文科技期刊数据库、清华同方中国知网之一的检索页，著作须附在国家新闻出版署网站“CIP 数据核字号验证”的检索页，同时加盖本单位人事（职称）管理部门公章。

（三）破格条件

符合下列条件可破格申报高级会计师职称评审：

1. 基本条件。

对不达规定学历或不满任会计师年限，业绩、贡献特别突出的人员，可破格申报评审，但不得学历和任职年限双重破格，破任职年限晋升者，最多只允许比正常晋升的规定任职时间提前 2 年。

2. 具体条件。

（1）须符合高级会计师职称评审申报条件中的除学历或资历条件外的各项要求。

（2）《高级会计实务》考试成绩达到国家合格标准。

（3）任会计师期间，公开发表、出版过有较高水平的会计专业学术论文、著作，并符合下列条件之一：

①作为主编或主要编写人员在正规出版社出版发行会计专业学术著作、译著 1 部，本人撰写部分不少于 5 万字，同时须提交 1 篇公开发表的会计专业学术论文。

②作为主编或主要编写人员编写 1 部在正规出版社出版发行的会计专业教材，本人独立撰写部分不少于 8 万字，同时须提交 1 篇公开发表的会计专业学术论文。

③在公开发行的会计专业学术刊物或综合大报的理论版面发表会计专业学术论文 4 篇

以上，其中国家级论文至少1篇。

国家级论文是指在国家一级学会（协会）、有博士学位授予权的本科院校或科研院所主办的学报或国家综合大报理论版面、专业版面上发表的会计专业学术论文，或被中文社会科学引文索引、中文核心期刊要目总览收录的会计专业学术论文。

（4）任会计师期间，工作业绩须符合下列条件中的两条：

①在本专业取得显著成绩，获山西省劳动竞赛委员会授予的个人一等功；或获部、省、市财政部门授予的“先进会计工作者”称号；或取得“山西省会计领军人才”证书。

②参加财会专业竞技活动中获得国家级前十名、省级前六名、市级或全省行业系统前三名的成绩。

③在大型企业担任财会部门负责人或在中型企业担任总会计师3年以上（须附任命文件原件），工作成绩突出。

四、申报程序

（1）个人自主申报。专业技术人员不受单位岗位职数限制，符合条件即可申报。从机关流动到企事业单位从事会计技术工作1年以上并符合业绩条件的，可比照本单位同等学历、同等资历人员，直接申报。

（2）单位民主评议。用人单位成立由群众代表、同行专家、单位领导等共同组成的评议组，对申报人员提交的材料真实性进行审核把关，对申报人员的职业道德、学术技术水平、工作能力和业绩贡献等进行综合评议，用人单位根据评议组意见，出具鉴定意见。鉴定意见须注明申报人的学历、资历、工作能力、业绩成果、学术技术等是否符合申报条件，并由主要负责人签字、用人单位盖章。

（3）逐级审核申报。申报材料由省主管部门、各市人社局审核后报送山西省会计系列高级职称评审委员会。非公有制经济组织和社会组织中专业技术人员按属地原则进行申报。人事档案由公共就业和人才服务机构代理的，由用人单位出具鉴定意见，由公共就业和人才服务机构报当地人社部门审核后，逐级报送山西省会计系列高级职称评审委员会；未办理人事档案代理的，由用人单位出具鉴定意见，经当地人社部门审核后，逐级报送山西省会计系列高级职称评审委员会。

五、工作要求

（1）严格履行推荐程序。各单位要按照有关要求，认真组织好本单位专业技术人员的申报推荐工作，实行“三公示”制度，即评审条件、评议程序公示，个人申报材料公示，单位鉴定意见公示。公示期不少于5个工作日，公示无异议的方可推荐。

（2）严肃申报工作纪律。要严格执行个人申报诚信制和用人单位首审负责制，实行“双承诺”制，申报人及所在单位要在评审表中相应栏目内，对申报人材料真实性、合法性作出承诺，本着“谁审核、谁签字、谁负责”的原则进行签字确认。申报人员提供虚假材料的，一经查实，取消当年申报参评或评审通过资格，记入职称评审诚信档案，并视情节轻重，给予取消今后1~3年申报资格的处分，对有关责任单位和责任人进行通报批评。

（3）按时完成申报和材料报送工作。各单位要在规定时间内安排专人报送申报材料。报送材料时，须交验相应原件，审核通过后退回。申报方式、时间及具体评审安排，请及时关注“会计之星”网站。

山西省财政厅山西省人力资源和社会保障厅

山西省评审系统填报解读

一、山西省高级会计师评审申报系统简介

（一）项目名称：山西省高级及正高级会计师评审申报系统

（二）项目应用范围

项目应用于省内高级及正高级会计师职称评审申报、审核等操作。

（三）系统要求

系统浏览器要求360极速模式、谷歌、火狐、IE8及以上主流浏览器，且该系统是在电脑PC端操作，不能用手机登录进行相关操作。

二、申报人员网上填报

（一）注册

认真填写个人注册信息、申报类型以及验证码。请注意密码大小写，并牢记密码。

（二）登录

根据注册账号信息，登录系统。

（三）填写个人信息

1. 身份证件类型和证件号码默认为信息注册时的信息，无须重新填写。

2. 照片上传需要注意上传条件，并且需要经过照片处理工具处理后方可上传。

3. 现任专业技术职务聘任的佐证资料上传需包含自中级职务聘任至今的全部单位聘任文件或聘书。

4. 事业单位申报人员需上传近2年相应工资审批表。

（四）填写学历及经历信息

根据实际情况填写学历及经历信息，从中专开始填写，无中专以上学历从初中开始填写。学历情况、学习及培训经历、工作经历为必填项。

（五）填写个人总结

个人总结：任现职以来的品德、知识、能力、业绩等表现。注意：字数限制在1 000字以内（此处个人总结无须按模板格式）。

（六）填写任现职前主要专业技术工作业绩

添加任现职前的主要专业技术工作业绩。

（七）填写任现职后主要专业技术工作业绩

任现职后的主要专业技术工作业绩包括：获奖情况；完成项目、课题情况；获专利情况；取得的其他专业技术工作业绩成果。

（八）填写发表的论文、著作及技术报告等情况

需按系统要求的顺序，上传公开发表（出版）的论文、著作、译著等佐证资料（论文正文须上传杂志原版）。专业技术分析报告没有可不填。

（九）填写考试成绩

考试成绩应上传高级会计师考试成绩合格（证）单（非成绩查询单）。除高级会计师考试成绩合格单外，其余考试成绩无须上传。

（十）填写考核信息

考核信息中应上传完整的（从首页至末页）近5年年度考核表和任职期满考核表原件

（PDF 扫描件）。

（十一）“三公示”执行情况报告及主管部门推荐函等资料上传

此处需上传的资料有：

1. 单位“三公示”制度执行情况报告、主管部门出具的推荐函及其余参考资料需合成一个 PDF 上传。

其余参考资料指：

（1）参加全国或全省、市、县学术团体组织的学术交流活动中本人的经验介绍材料（附组织单位证明）或论文。

（2）在系统行业或专业培训中讲授课程讲稿（附组织单位证明）等代表本人学识水平的材料。

（3）入选全国高端会计人才培养证明材料。

2. 答辩论文。

（1）答辩论文内容中不能体现申报人的姓名、单位等特征信息，且不要盖章，答辩论文以 PDF 上传。

（2）答辩辩论文报送格式见本通知附件 5“山西省 2021 年度高级会计师申报资料模板”中附表 4。

3. 专业技术个人工作总结。

（1）专业技术个人工作总结内容中不能体现申报人的姓名、单位等特征信息，且不要盖章，专业技术个人工作总结以 PDF 上传。

（2）专业技术工作总结报送格式见本通知附件 5“山西省 2021 年度高级会计师申报资料模板”中附表 5。

【申报注意事项】

1. 申报人员及推荐单位对所提交材料的真实性负全责，申报人员及所在单位要在评审表中相应栏目内，对申报人员材料真实性、合法性作出承诺，本着“谁审核、谁签字、谁负责”的原则进行签字确认。

2. 上传的资料须清晰真实。申报人员将材料上传至系统后，须对所有材料进行检查审核，确保附件打开清晰无误。因申报人员个人上传材料不清晰或出现漏报、错报、未放指定位置导致的后果，由申报人员个人承担。上传材料为 PDF 格式，若上传的单个文件是多个有序的图片，须将这些图片转换为一个 PDF 文件上传。

3. 填报信息须准确真实。评审通过后，评委会将根据填报信息下达高级会计师任职资格文件并制作高级会计师任职资格电子证书。填报的工作单位及主管部门名称必须与加盖的公章名称一致。

【案例二　青海省】

青海省财政厅关于开展 2021 年度会计系列高级职称评审工作的通知

各市、自治州财政局、人力资源和社会保障局，各相关单位：

根据青海省人力资源和社会保障厅《关于做好 2021 年度职称评审工作的通知》（青人社厅发〔2021〕99 号）要求，现就我省 2021 年度高级、正高级会计师职称评审相关事项通知如下：

一、评审方式

2021 年度会计系列高级职称评审采用网上评审方式。申报人员、用人单位、主管部门、人社部门和评委会均使用“职称评审系统”（http：//rst. qinghai. gov. cn/rsrc/ggfw）实行职称线上申报、审核、评审、发证、查询等业务全流程网上办理，相关系统操作、申报程序等按照《关于开展 2021 年网上职称评审线上培训工作的通知》（青人社厅便函〔2021〕1153 号）和《关于做好 2021 年度职称评审工作的通知》（青人社厅发〔2021〕99 号）要求执行援青博士服务团成员纳入援青会计人员职称评审范围，援青会计人员职称评审工作与全省 2021 年职称评审工作同步安排，采用线下申报方式。

二、评价标准

继续按照《青海省人力资源和社会保障厅 青海省财政厅关于印发〈青海省深化会计人员职称制度改革实施方案〉和〈青海省会计专业人员职称评价标准（试行）〉的通知》（青人社厅发〔2019〕121 号）执行的同时，将相关标准进一步明确如下：

（一）关于申报正高级会计师的学历资历条件。申报正高级会计师，一般应具有大学本科以上学历或学士以上学位，取得高级会计师资格并受聘高级会计师职务满 5 年；对于在行业作出突出贡献的会计人员，需具备大专学历，且取得高级会计师资格并受聘高级会计师职务满 7 年。

（二）关于申报正高级、高级会计师职称继续教育相关问题。一是中央驻青单位委托参加我省会计系列高级或正高级职称评审的会计人员，根据继续教育政策制定权限，可参加单位内部继续教育，但培训年限和学时不得低于青海省会计专业技术人员继续教育的相关规定。二是根据《关于 2021 年度青海省会计专业技术人员继续教育学习学时（学分）及以往年度补学等事项的公告》要求，2018 年度和 2019 年度继续教育学时（学分）分别不少于 90 学时，其中：公需科目不少于 30 学时，专业科目不少于 60 学时；2020 年度和 2021 年度继续教育总学时（学分）不少于 135 学时，其中：公需科目不少于 45 学时，专业科目不少于 90 学时。

三、考试合格标准

（一）合格标准。根据全国会计专业技术资格考试领导小组办公室《关于 2021 年度高级会计师资格考试合格标准等有关问题的通知》（会考〔2021〕5 号）、《关于公布 2021 年度高级会计师资格考试合格人员名单及相关事宜的通知》（青人社厅函〔2021〕630 号）相关规定，2021 年度高级会计师资格考试全国合格标准为 60 分，省级合格标准为 55 分，合格成绩在我省范围内长期有效；省内“三区三州”合格标准为 50 分，其高级会计师评审资格自颁发之日起在省内“三区三州”3 年内有效。

（二）证书打印及领取。2021 年度考试成绩达到全国合格标准以上的考生，请直接在青海省会计信息服务平台自行下载打印成绩合格证书。考试成绩达到省级合格标准及“三区三州”合格标准以上的考生，请到省财政厅会计处领取成绩合格证书。

四、申报范围

（一）高级会计师申报参评人员范围。我省范围内从事会计工作，取得高级会计师资格考试全国或省级合格证书，或 2019 年以来（含 2019 年）我省“三区三州”合格证书，符合高级会计师任职资格申报条件的在职在岗专业技术人员。

（二）正高级会计师申报参评人员范围。我省范围内从事会计工作，取得高级会计师资格并受聘担任高级会计师职务，符合正高级会计师任职资格申报条件的在职在岗专业技术人员。符合条件的援青会计人员，可根据人力资源社会保障部、青海省人力资源和社会保障厅相关规定，参加我省2021年会计系列职称评审。公务员（含参照《中华人民共和国公务员法》管理的事业单位工作人员）、离退休人员不参加职称评审。

五、申报注意事项

（一）按照相关规定，我省全面实行岗位管理的事业单位在推荐申报会计系列正高级、高级会计师职称评审前须填报《2021年青海省事业单位专业技术岗位聘任情况年度审核表》（见附件1），并按照岗位设置管理权限到同级人社部门审核备案本单位正高级、高级会计师职称申报数额，在经过审核备案的职称申报数额内进行本单位的职称申报推荐工作。未进行审核备案的，不予受理职称申报材料。

（二）乡村振兴一线会计人员在职称申报、评审工作时，以会计人员投身脱贫攻坚一线，深入基层服务“三农”，解决农技难题、推广转化科技成果、发展特色农牧业产业，切实改善农村人居环境，提高基层医疗服务能力、带领农民增收脱贫等实际工作业绩和取得成效作为申报评审的重要依据。对受组织选派担任驻村第一书记和工作队队员的会计人员，连续驻村满2年以上（实年），其在驻村期间工作取得显著成效且有一个年度考核优秀的，可提前1年申报高一层级职称。驻村第一书记和工作队队员驻村期间工作年限视同会计工作（任职）年限，所撰写的能反映其专业技术水平和能力的重大调研报告（得到县级党委、县政府主要领导肯定性批示）或本人执笔撰写并在县级部门已实施的政策、规章、规划、操作规程等工作成果，可作为评审的业绩材料。以上人员申报时须附相关印证资料，由本人所在单位（派出单位）严把审核关，并对其工作成果和材料的真实性负全部责任。

（三）根据《职称评审管理暂行规定》（人力资源和社会保障部令第40号），在专业技术人员资格考试中严重违规违纪的、在申报过程中存在弄虚作假或学术不端行为的，从认定之日起延期3年申报。受党纪、政务处分的专业技术人员，本人所在单位可参照《中国共产党纪律处分条例》《中华人民共和国公职人员政务处分法》有关规定，自处分之日起，在规定的期限内延期申报。

（四）2002届以后毕业且取得国家承认的各类高等教育毕业学历（学位）证书的人员，申报职称时提交学历（学位）证书原件和教育部学籍在线验证报告。2002届以前毕业以及在中国高等教育学生信息网无法准确查询学历（学位）的，仍须提交证书原件和单位证明。

（五）申报人员提供的期刊、学术著作，须有国家新闻出版署批准的正规发行刊号。申报人员提交学术期刊时，需附学术期刊的检索页，并由所在单位审核盖章。用人单位应登录中外文核心期刊查阅，对申报人员提交的核心期刊及论文进行检索，并在打印的检索页审核盖章。

（六）申报人员业绩从取得现专业技术资格次年起算。申报人员提交的载有论文的期刊（专著）以及业绩材料、科研成果证书、获奖证书、毕业证书等，取得时间截止日期均为2021年12月底。

六、申报资料

（一）网上申报

1. 申报人员和用人单位签字盖章的《诚信承诺书》。

2. 申报人学历、学位证书原件及相应的教育部学籍在线验证报告或单位证明。

3. 现任专业技术职务任职资格证书、聘任证书原件。

4. 任现职以来正式发表、出版的代表性论文、著作原件和符合要求的检索页（单位盖章）。

5. 任现职以来获奖证书、专利证书、成果鉴定证书及经济、社会效益等主要业绩材料（单位盖章）原件。

6. 评审条件中所要求的材料、证明，包括高级会计师考试合格成绩单、继续教育线下审验证明及反映申报人学术、技术水平的材料（单位盖章）原件等。

7. 近五年（2017～2021 年）年度考核登记表原件或加盖单位人事部门公章的复印件；非公有制单位未进行年度考核的，由单位提供书面证明。

8. 用人单位公示材料及加盖单位公章的公示结果。

9. 省属企事业单位申报人员须提交单位出具的委托评审函；中央直属部门、各驻青单位申报人员须提交主管部门出具的委托评审函。

（二）纸质申报

符合条件的援青会计人员，认真参照网上申报材料填报规范及注意事项（附件 2），提交以下纸质申报资料。

1. 《专业技术人员考核登记表》一式 2 份。

2. 《专业技术职务任职资格评审表》一式 3 份。

3. 《职务任职资格评审简表》一式 20 份，A3 纸打印。

4. 申报人员和用人单位签字盖章的《诚信承诺书》（附件 3）一式 2 份。

5. 申报材料目录（清单）。

6. 有关证书原件及附件：

（1）申报人学历、学位证书原件及相应的教育部学籍在线验证报告或单位证明。

（2）现任专业技术职务任职资格证书、聘任证书原件。

（3）任现职以来正式发表、出版的代表性论文、著作原件和符合要求的检索页（单位盖章）。

（4）任现职以来获奖证书、专利证书、成果鉴定证书及经济、社会效益等主要业绩材料（单位盖章）原件。

（5）评审条件中所要求的材料、证明，包括高级会计师考试合格成绩单、继续教育线下审验证明及反映申报人学术、技术水平的材料原件（单位盖章）等。

7. 近五年年度考核登记表原件或加盖单位人事部门公章的复印件。非公有制单位未进行年度考核的，由单位提供书面证明。

8. 用人单位公示材料及加盖单位公章的公示结果。

9. 在县（市、区、行委）、市州直属部门工作的援青人才，须提交由市州人社部门出具的推荐信；在省直部门工作的援青人才，须提交由受援单位及主管部门出具的推荐信。

以上 5～9 项申报材料均以 A4 纸复印，并装订成册。

七、申报时间

申报截止时间为 2022 年 2 月 25 日。在该时间期限内，符合条件的会计人员（除援青会计人员外）须完成网上申报，援青会计人员须将符合申报要求的纸质材料报送至省财政厅会计处（西宁市黄河路 30 号省财政厅 604 室）。

八、其他事项

（一）援青会计人员申报所需表格及附件均从省人力资源和社会保障厅门户网站下载，路径为：网站首页—下载专栏—职称用表/诚信承诺书。

（二）根据相关规定，正高级会计师评审采取现场答辩评价方式（答辩时间和地点另行通知，不参加答辩的，按弃权处理），答辩时应提交本人有效身份证明。

（三）各申报人员务必将自己真实有效的个人手机号填入评审简表相应栏中，以便工作联系。

（四）未尽事宜，按照国家和我省职称工作有关政策规定执行。

青海省财政厅办公室

2021年度青海高级会计师评审系统填报解读

开展网上申报前，申报者必须阅读了解网上申报系统操作使用流程和方法。系统相关技术层面问题（操作使用过程中的页面或者数据错误、无法登录等）请直接联系技术支持。

【细节】上传佐证材料总体要求：4页（含4页）以内的佐证材料，必须以图片格式上传，图片必须清晰、大小适中好辨认。5页以上佐证材料，必须将多张佐证材料图片制作成1个PDF文件上传。确实由于页面内容太多，单个上传文件受限制，无法制作成1个PDF文件上传的，可以制作多个PDF文件上传。上传佐证材料应精简准确，能充分证明相关事项即可，杜绝一切连篇累牍的无关材料。

【申报方式】申报职称认定和晋升者一般应选择“正常评审”，确实符合评审条件中破格条件的可选择“破格评审”。

【申报系列和申报专业】申报人员要严格按照相关专业选择所申报职称，否则将不能选择正确的对应评委会。

一、个人信息

（一）学历、学位

填写符合申报职称条件的最高学历、学位，并在学信网上（https：//www.chsi.com.cn/）对学历进行验证，将学信网验证码填写到对应位置。必须上传相应学历、学位证书和学信网验证页等3张图片（2000年度以前毕业在学信网无法验证的，必须提交所在单位证明）。此处上传文件必须为图片格式，严禁以PDF文件形式上传。

（二）现任专业资格

专业技术资格证书（职业资格证书）：按照职称证书填写相应内容，扫描照片仅上传含本人照片和信息盖章的一页即可，其他封面页无须上传，此处上传文件必须为图片格式，严禁以PDF文件形式上传。

（三）取得现任专业资格年月

指现取得职称资格经人社厅审批后，审批文件所规定的任职资格取得时间，该时间一般和职称证书中“初任时间”一致。

（四）起聘年月

指现职称资格取得后，单位按照岗位管理，聘任到相应级别专业技术岗位的时间。事业单位副高级一般对应5级至7级专业技术岗，中级一般对应8级至10级专业技术岗。同一职称级别对应的各岗位级别聘任时间累计计算。企业按照单位下发的聘任文件或聘任证明计算。

（五）证件照

须上传本人近期免冠、清晰、像素较好、蓝底的正面照片，将用于制作职称证书。

二、考核情况

按照职称评审条件所规定的申报职称认定、晋升所应具备的最低任职年限，提供近5年度考核情况（2017～2021年度），并上传各年度考核登记表。企业单位可由单位统一出具各年度考核情况证明。

三、资历证明

（一）专业技术职务聘用证明

各类企业单位专业技术人员、事业单位临聘人员申报职称时，需提交聘任证书或聘任证明材料；事业单位人员按照岗位管理，提交聘任到相应专业技术岗位的聘任证书、聘任文件和《事业单位岗位聘用人员备案表》（《事业单位岗位聘用人员备案表》须有省人社厅盖章，若无省人社厅盖章则须提供《事业单位工作人员岗位变更审核表》）。此处上传文件必须为图片格式，严禁以PDF文件形式上传。

（二）相关上传材料证明

委托评审函、承诺书、最高学历及检索页、考试合格证（视申报者个人情况选择上传）、继续教育证明、年度考核情况、公式内容及公式结果（公式内容：姓名、最高学历及毕业时间、中级或高级会计师取得时间、中级或高级会计师聘任时间××年××月至××年××月、公式不少于5个工作日）、个人社保参保缴费证明（企业单位须上传，事业单位无须上传）、近几年获得的荣誉及奖励证书（优秀会计工作、优秀共产党员、优秀扶贫工作者）。以上证书类材料，仅需上传信息登记页，无须上传证书封面。此处上传文件必须为图片格式，严禁以PDF文件形式上传。

其中继续教育证明材料，须严格按照申报各层级职称所需最低学时年限要求，分年度分别上传2018～2021年所完成的继续教育学时证明。2018～2021年学时证明，为“青海省专业技术人员继续教育信息管理服务平台”出具的“青海省专业技术人员继续教育学习档案”。2018年公需课学时未完成学时的，按要求在2020年度完成基础上补学完成，经财政厅会计处核验盖章后上传。此处上传文件必须为图片格式，严禁PDF文件形式上传。

（三）工作履历

填写个人工作履历即可。

（四）参加学术团体（社会兼职）经历

根据个人情况填写参加与专业技术相关的学术团体、社会兼职经历，须同时上传受聘证书或文件等佐证材料。

四、工作经历

指从事会计专业技术工作，承担相关项目并担任项目负责、技术负责等经历或者担任单位总会计师、副总会计师、一般会计专业技术人员等技术职务的经历。此部分需要上传自己在项目中具体担任的角色，如项目负责、技术负责、报告编写人等相关信息页，无须上传关于项目的其他相关材料。

五、业绩成果

（一）论文

按评审要求上传论文，严禁上传非第一作者或不符合评审条件规定的论文。上传期刊封面、目录、本人论文页及检索业（检索业单位盖章）。期刊版权页或检索页必须为图片格式，严禁PDF文件形式上传。其中：核心期刊必须上传“中外核心期刊查询系统”检索页截图，并在填报信息页“备注”栏中填写核心期刊类型，如中国科技期刊、中文核心期刊。

其他期刊上传国家新闻出版署出版物检索页或中国知网、万方检索页。

（二）论著

各层级职称申报者按照评审条件规定论著要求填报上传。其中，论著封面及版权页必须为图片格式。

（三）课题（项目）

按照评审条件规定，填报上传承担相关课题、项目报告等一系列专业技术工作业绩材料。此处应填报上传较为完整的佐证材料，应具有项目说明或概要、审查报告、评审意见、验收结果、采纳或推广意见、审批文件等完整的从立项到实施，再到审核验收通过全流程证明材料。

（四）奖励和荣誉

按照评审条件规定，仅填报上传和专业技术相关的奖励和荣誉情况，严禁上传与专业技术工作无关的奖励情况。

（五）专利或标准

专利和标准按照评审条件规定填报上传相关材料即可。

（六）其他业绩

按照评审条件规定，无法将该业绩归类于课题、项目类的相关工作业绩，在此处进行补充填报上传，并提供所在单位业绩证明。

六、工作总结

对本人现专业技术职务以来专业技术水平、能力、业绩等情况进行简要总结，字数限制为800字左右。

【温馨提示】各省评审环节流程复杂，需要准备的资料繁多，一定要认真对待、提前筹备。

若有其他疑问，请扫码进行免费咨询！

第十二章　业绩简介及润色

第一节　业绩简介

一、简介

业绩，主要是指会计人员在过往业务工作中（特指取得中级资格以来）积累的财会项目、业务等工作成果，重点是这些工作的完成情况和效果，即是否能够给任职单位增加效益、减少支出、控制风险，是对个人发现财会问题、分析财会问题、解决财会问题能力的综合展示。

二、业绩重要性

高级会计师评审，是一个综合性的考评，对于会计人员的要求较高。而业绩部分，则是评委判定个人是否具备高级会计师任职资格的重要依据之一。业绩准备是否完善、内容是否全面、效果是否突出，直接会影响评审结果。因此，需要重点关注个人业绩挖掘及撰写工作。

三、业绩方向

（一）常见方向

财务会计制度编制、预决算编制、财务信息系统建设、资金管理、资产管理、绩效考核、财务人才培养等。

（二）特殊方向

投融资、IPO 审计、股权转让、上市、尽职调查、资产重组、小金库自查、清产核资、企业改制、招投标管理、破产清算等。

四、不同性质单位业绩类别

（一）企业单位财务人员主要业绩范围

1. 负责执笔拟制、修订有关的法规、规章、制度、规划、专业技术标准、操作规程、会计监督检查方案等，实施效果明显。

2. 主持（参与）单位经营决策与内部管理工作，提出解决单位经营管理中疑难问题和关键性问题的建议，或主持（参与）企业上市、并购重组、资本运作、重大投融资等项目决策分析等工作发挥了重要作用，显著提高了单位的管理水平，取得了良好的经济效益。

3. 在规范会计基础管理、预算管理、成本管理，提高会计工作质量（会计信息真实性）等方面，发挥主要作用，取得显著成绩。

4. 主动研究并提出改进企业财务会计管理的合理化意见和建议，被所在企业采纳，为推动企业增收节支，提高经济效益作出积极贡献。

（二）事业单位财务人员主要业绩范围

1. 主持或指导单位财务会计核算和财务管理工作，在规范会计基础管理、预算管理、成本管理，提高会计工作质量（会计信息真实性）等方面发挥了主要作用，取得了显著成绩，并能提供相关佐证材料。

2. 主持（参与）单位内部财务管理制度、预算管理、资金管控等体系和方法与技术等建设工作有重要贡献，成效显著。

3. 参与本单位、本系统的经营决策和内部管理改革并发挥积极作用，提出的书面财会管理建议获得认可，实施后取得明显效果；设计的内部控制、风险控制、信息管理等行之有效。

4. 在改进财务和会计管理，完善单位内部管理制度，促进经济发展，增加财政收入等方面成绩突出。

（三）中介机构（会计师事务所、财务咨询公司）财务人员主要业绩范围

1. 担任会计师事务所（含分所）等中介机构合伙人（股东）或高级项目经理以上职务。

2. 具有较强的社会审计财务咨询等能力，在会计服务机构工作期间，能够在大中型企事业单位财务会计审计、专项审计、项目策划等工作中发挥重要作用。

3. 担任企业股份制改制、大型国有企业改制、组建集团公司、重点工程基建审价项目负责人并签署业务报告，承办注册会计师业务的项目负责人和二级、三级复核人员坚持准则、规范执业，所经办的审计、评估、基建审价等业务报告，具有较高的公信力，成绩显著。

4. 担任大中型企业会计顾问，为企业提供会计、财务、税务、经济管理咨询服务，使企业取得盈利。

五、不同省份业绩总结写作要求

由于各地高会评审情况不同，实际的业绩总结称呼及写作格式、字数要求均不一样，因此需要严格按照所在地要求，进行针对性写作。重点省市举例如下（实际要求请以当年评审文件为准）：

（一）北京市

专业技术工作概述（1 000 字以内）；专业技术工作（项数不限）；工作（项目）内容：需概括描述工作项目的具体情况，包括该项目的任务、目标、规模、特点、合作部门以及完成情况等，150 ~ 250 字；本人职责与工作情况：应重点表述本人在该项目工作中担任的技术职务，承担的具体工作内容和工作量，起到的作用以及解决问题的思路、方案、措施、技术手段等，200 ~ 300 字。

（二）福建省

履行职责情况（主要内容包括，受聘中级会计师资格前后履行职责情况，重点突出专业理论、工作能力和业绩成果，1 500 字以上）。

（三）浙江省

取得会计师职务任职资格以来的会计专业工作总结（主要内容包括，本人基本情况——含从事财会专业工作岗位的具体工作职责描述，所在单位基本情况及规模，重点反映体现本人的专业技术理论水平、工作经历与能力、工作业绩与成果等情况，5 000 字左右）。

（四）海南省

个人综述材料（主要内容包括，取得会计师资格以来所从事会计及相关专业工作的专业技术能力、业绩情况总结，3 000 字以上）。

（五）黑龙江省

单位综合推荐材料（主要内容包括，主要工作经历和能力、学识水平和专业理论知识、任现职以来取得的主要工作业绩与学术成果、单位意见，字数不限）。

（六）南京市

工作总结（主要内容包括，思想品德、职业道德、专业技术能力、工作成绩、履行职责情况等，以专业技术能力、工作业绩和成果为主，2 000 字以内）。

（七）上海市

工作业绩（主要要求详细阐述所参与项目过程，突出个人所起作用，遇到何种技术问题，如何解决，应用的技术手段以及所涉及的理论原理，5 000 字以内）。

（八）四川省

任现职以来的业务自述（主要内容包括专业学识水平、专业工作经历、业绩成果、获奖情况以及其他成果等，字数不限）。

（九）广西壮族自治区

专业技术工作总结（主要内容包括个人情况简介、思想道德表现、学术成就、工作能力及业绩成果，6 000 ~ 8 000 字）。

第二节 业绩润色案例

【案例一】

业绩方向：企业财务管理制度编制。

润色点拨：××年度，针对某私营公司财务工作中出现的流程不规范、制度不健全的情况，我结合《新企业会计准则》及企业发展战略安排，牵头汇编了《财务管理制度》，内容涉及资金管理、差旅费报销管理、固定资产管理等多个方面，并通过做好在公司内部的制度宣贯工作，取得了显著的制度实施效果，促使公司不规范经济行为得到有效控制。

【案例二】

业绩方向：集团财务共享中心建设。

润色点拨：某集团下辖多家控股子公司，兼跨房地产业、交通运输业、进出口贸易等多个行业，各项业务管理混乱。为了实现财务集中管理，决策层计划搭建集团财务共享中心。其间，我重点负责落实顶层设计，为共享中心建设创造条件；推行并建设财务信息系统，减少人为失误、提高效率；统一中心财务会计制度，明确财务处理规范要求；组织开展内部培训，确保中心财务人员能够及时、高效处理集团财务问题；对财务共享中心服务范围、项目进行整合优化等工作。财务共享中心建设完成后，促使集团财务实现统一流程、统一口径、统一标准核算、统一付款安排，推动集团由核算型财务转变为管理型财务，为企业创造了不小的经济价值。

【案例三】

业绩方向：固定资产清查。

润色点拨：为全面保障资产使用安全，某事业单位依据系统要求开展固定资产清查。清查前，我按照上级对于资产清查的要求，制定了科学的清查方案，规范实施资产清查工作；清查中，我认真、仔细、全面地清理和查实各项资产，分清权属，列清长期不使用已大大超出报废期限的资产等，做好结果汇总；清查后，我依据清查结果全面整改未入账的固定资产，调整分类错误的固定资产，修改系统内卡片的错误，此外，我又组织将固定资产重新贴标签、分类管理、整改固定资产领用表等。清查工作的圆满完成，进一步纠正了长期不规范的资产管控行为，为单位后续实现高效资产管理及使用夯实了基础。

【案例四】

业绩方向：应收账款清理。

润色点拨：为加快某公司资金循环，提高经济效益，我积极采取措施，相继牵头从应收账款管理基础出发，组织完善《应收账款管理办法》，进一步明确并规范了账款管理流程；加强债权债务核算，及时与往来单位进行账目核对，全面把控账款情况；及时开展应收账款清理工作，优化账款清欠措施，如对仍有可能收回的款项采取上门催收、法律诉讼等手段进行催收，并在此过程中配合催收人员和律师，提供相关凭证、合同和庭审证据等。经不懈努力，促使公司应收账款回收率提升至××%，总体回收××万元，大大降低了企业的坏账风险。

【案例五】

业绩方向：财务系统（SAP）上线。

润色点拨：××年度，我根据某企业的财会处理需要，主导引进专业财务（SAP）软件。首先，我会同软件顾问，做好报销系统和银行对账系统的开发测试，科学处理日常财务管理和会计核算总账，并协助 SAP 顾问对固定资产折旧方法和长期待摊费用摊销方式反复进行逻辑测试和调整；其次，我在系统上线初期，严格按照顾问要求，对系统当中的与本部门有关的基础数据进行提前修改与调整，尽量保证新系统上线的数据质量（如上线期初科目的数据处理，固定资产新旧系统的数据衔接，其他应收/应付款科目下每一个客户和供应商的清理和结转）；最后，我牵头编写软件操作培训资料，组织做好对相关人员的培训及使用考核工作。该软件的上线，促使公司顺利建立一个从销售管理、采购管理、仓储管理、人事管理到财务管理实现全面集成的 SAP 系统，不仅提高了企业的日常财务管理和会计核算效率，确保财务预算管理和财务分析工作能够有序推进，还进一步规范了公司的采购流程，增强了采购风险防控能力。

【案例六】

业绩方向：财务集中管理机制建立健全。

润色点拨：基于多种因素影响，某公司近10年会计电算化工作仅停留在基础的会计核算层面，导致实际的财会工作较为被动。为此，我牵头在公司内部多次进行调研、沟通、协调，及时汇总并向公司领导汇报问题，开展业务可行性分析，随后提出了“财务集中化管理”的发展思路和指导方案。其间，我又作为负责人，组织全面协调“财务集中化管理”建设工作，包括统一各公司会计政策与核算体系，实行财务人员的定期轮岗和重要岗位委派制度，健全集团公司的内部审计机制等，成功解决了信息沟通不畅、矛盾集中、管理脱节、效率低下、服务不实等财务部门横纵向、内外部矛盾，大大提升了集团上下的财务工作效率，促使企业业务拓展能力得到显著增强，年度经营收益得到有效增长，未来效益可观。

【案例七】

业绩方向：合同管理。

润色点拨：为避免某建筑公司业务往来出现财务风险，我通过认真分析企业经营范围，着手加强工程项目合同管理。主要包括组织完善《合同管理制度》，合理划分岗位职责，做好对合同签订之前的选商谈判、在签订中的审查授权等过程的严格监管；严格做好重大合同签约前的调查、谈判、决策，以及合同涉财条款的订立等工作；认真审核合同金额、结算条款、涉税事项，从条款上规范合同管理要求；加强企业合同履行的监控等，进一步完善了企业的合同管控体系，避免出现舞弊行为，为保障项目工作的合规开展奠定良好基础，有助于全面维护企业的合法权益。

【案例八】

业绩方向：绩效考核管理。

润色点拨：随着某公司运营规模扩大、公司间交易频繁、业务类型多样化，对于各部门的工作积极性提出了更高的要求。为此，我积极配合人力资源部设置以KPI为核心的绩效管理体系。主要包括：确定财务部部门级的KPI指标和岗位的KPI指标，明确部门人员的业绩衡量指标，使业绩考评建立在量化的基础之上。且在执行过程中，我又不断完善实际KPI数据的取值逻辑，每月定期出具公司经营指标的完成情况及分析报告，持续为公司价值管理提供决策支持。随着公司绩效考核体系的逐步健全，进一步保障了广大职工的合法权益，激发了广大职工参与公司经营的积极性和主动性，推动公司实现可持续发展，为公司在行业占据有利竞争地位奠定良好基础。

【案例九】

业绩方向：会计核算流程优化。

润色点拨：某公司作为生产型企业，以往会计核算工作较为单一，从而相当大程度上影响企业的正常运转。为此，我主导全面梳理公司经营情况，并积极做好优化工作。一方面，我负责拟定企业核算会计政策，根据公司两条生产线并行生产的现状设定“两线”独立内部核算，分别管理，最后归口总部统一汇总。且“两线”由总部制定统一的核算标准进行指导和监督，各自核算其生产、销售经营效益，各自管理其往来和资产等，实现了有效“放权”，增强了企业的经营活力。另一方面，我又按部门对成本、收入、费用等明细核算。对直接收入和成本核算到所归属生产线，对于可以直接归属的费用，按部门核算明细；

对于间接费用，采用相应分摊比率进行分摊，明确费用支出路径等。通过对会计核算流程的优化，进一步简化了企业的业务流程、提高了工作效率，显著增强成本效益分析、发展规划制定等能力，促使企业年度经营效益涨幅提升××%。

【案例十】

业绩方向：新三板挂牌。

润色点拨：××年度，某公司委托某会计师事务所帮助其做好新三板挂牌筹备工作。其间，我针对该公司存在财务根基薄弱、风险意识不强等问题，重点加强对采购、生产、销售、合同等方面的内控管理，同时，我又结合该公司的销售模式、渠道及收款方式，相继确认收入的真实性与完整性；做好实地盘点，核实数量，原材料、低耗品、包装物按最近购入单价计价，半成品、产成品根据账面价值，并参考技术人员测算的定额单价进行调整确定；按一致性原则确认收入、存货成本结转；清理资产，优化资产结构等，为该公司新三板挂牌工作顺利推进扫清了“障碍”。

【温馨提示】业绩，作为通过高会评审的重要条件之一，需要认真对待。而如何在评审时呈现高质量的业绩内容，则需要做好全方位把控，有针对性撰写润色。且因各省市业绩写作要求不一，需要及早准备，妥善安排！

若有其他疑问，请扫码进行免费咨询！

第十三章　论文筹备常见问题及案例解析

第一节　论文筹备常见问题

一、常见问题

1. 论文一定要发表吗？发表几篇合适？

论文一般至少需要发表 1 ~ 2 篇以上。个别省份除外，如北京、湖南、四川。具体篇数需要看参评当地的评审文件要求。

2. 论文发表的时间如何安排？

一般情况下，论文最好不要同月份发表多篇，如果时间允许，月份最好能隔开，但是有些省市明确要求三篇论文必须分两到三年发表，这样的话是绝对不可以集中到一年发表三篇论文的。发表论文前，一定要提前了解各省份要求。

3. 如何选择期刊发表？

（1）选择的刊物必须是正规期刊（含 CN/ISSN 刊号）。判断期刊是否为正规期刊，可以在国家新闻出版署查询，能查到的即为正规期刊。

（2）如果所在省份没有要求必须发表某一网址收录的期刊，正常情况下，中国知网、万方刊物都可发表，具体需看各省份文件要求。如所在省份对期刊类别没有明确要求，一般建议优先选择经济类（F 类）期刊。

4. 是先发表论文再考试，还是先考试再发表论文？

建议提前准备论文更稳妥。评审所需资料一般都是从取得中级职称以后开始起算，所以取得中级职称以后发表的论文，都是长期有效的。例如，高级会计师考试成绩有效期为三年。参考 2021 年，考试于 5 月份举行，成绩在 6 月份公布后，8 ~ 9 月各省集中开始评审。论文一般从发表到收到刊物，再到网上检索，大约需要 4 ~ 6 个月，所以要是等考试结束后再准备，时间是来不及的。且如果论文没有发表成功，部分省份会错过当年评审，从而浪费一次参评机会。

5. 论文字数要求。

大部分省份要求 3 000 字以上即可，但也存在特殊情况，比如北京市往年明确要求论文中包含摘要 400 ~ 500 字，正文 5 000 字，建议全文按照 6 000 字符左右准备。但 2022 年，由于各大期刊改版，目前刊物基本都是3版起发，字数在5 000字符左右。所以，除特殊省份外，其他省份一般按刊物字数要求准备即可。

6. 论文写作格式要求。

（1）题目：开题立意不宜过大、过高，拟题字数不宜过长。

（2）摘要：总结凝练论文要点、突出重点。

（3）关键词：概括表达论文主体的词和短句。

（4）引言：介绍背景并引出正文（根据发表期刊的要求，有些可不写引言）。

（5）正文：围绕论文题目展开论述，要分层描述、逻辑清晰。

（6）结束语：对论文进行简单总结、首尾呼应。

（7）参考文献：注明引用文章题目、发表时间、引用页码。

（8）文中所引用的表格及相关数据原则上需做好相关注释。

二、各省份论文要求

（一）北京

1. 专业论文：本人独立撰写（唯一作者），是否公开发表不限，须结合本人专业技术工作实践撰写一篇论文作为答辩论文。必须紧密结合自己取得中级会计师资格以后，所从事的会计管理工作及专业特点，论文必须是工作研究类的论文，要紧密结合实际工作。论点正确，论据充分，对本专业的理论问题和发展趋势有独到见解，对实际工作有指导意义，字数在5 000字左右。

2. 答辩代表作类型不是论文的，需提交答辩代表作说明，详细说明代表作中自己承担部分的技术特点、难点、效果等加以阐述，字数在5 000字左右。

（二）上海

申报人员应能较为系统地掌握财务会计理论和专业知识，在申报前5年内，取得的科研成果应满足以下条件之一：

1. 正式出版（独著或合著）财务会计专业有价值的学术论著或译著1部（含）以上（本人撰写或翻译字数不少于5万字）。

2. 本科（含）以上学历的申报人员，须提交2篇（含）以上独立撰写专业文章（其中1篇须在公开发行的会计或相关专业刊物上发表），大专学历的申报人员，须提交3篇（含）以上独立撰写专业文章（其中2篇须在公开发行的会计或相关专业刊物上发表），每篇字数不少于3 000字。

3. 主持省部级立项的会计学科相关专业科研课题1项（含）以上，并已结题的。

【提示】论文鉴定及面试答辩。由上海市高级会计师评委会办公室组织专家进行论文鉴定和面试答辩，对申报人员的职业道德素养、业绩能力贡献、专业理论水平等进行考察。

（三）广东

系统掌握和应用经济与管理理论、财务会计理论与实务；有较强的科研能力，取得一定的会计相关理论研究成果，或主持完成会计相关研究课题、调研报告、管理方法或制度创新项目等。任现职期间，应符合下列条件之一：

1. 主持（参与）完成供单位或政府相关部门参考的专题研究报告、专业调研报告、分析报告、工作规划与发展报告、咨询报告等代表本人专业实务工作实践的具有创造性的成果等2项以上。

2. 主编（著）或参编（著）公开出版的会计或相关专业的专著、教材、案例集等1部以上，申报者撰写的总字数不少于2万字。

3. 以独立或第一作者身份在公开出版的专业刊物发表会计或相关专业论文2篇以上，或在核心期刊上发表会计或相关专业论文1篇以上。

4. 独立或参与撰写、被省级以上专业学会（协会）相关会议接受并纳入会议论文集的会计或相关专业研究论文和报告2项以上。

5. 主持（参与）完成省级以上会计或相关专业研究课题1项以上，或者主持（参与）完成省级以上行业主管部门、省级以上专业学会（协会）会计或相关专业研究课题2项以上。

【提示】

1. 论文，是指本专业研究性学术文章。凡对事业或业务工作现象进行一般描述、介绍、报道的文章，不能视为论文。所有的清样稿、论文录用通知不能作为已发表论文的依据。

2. 公开出版，是指有国内标准书号（ISBN号），或国内统一刊号（CN号）或国际统一刊号（ISSN号）的学术出版物；或省级以上业务主管部门、学术机构主办的定期出版的财会类专业刊物。

3. 核心期刊，包括北京大学图书馆“中文核心期刊”、南京大学“中文社会科学引文索引（CSSCI）来源期刊”、中国社会科学院文献信息中心“中国人文社会科学核心期刊”。

（四）深圳

“学术成果——论文、著作、技术分析报告等”填报论文情况时需注意：不符合要求的论文不可提交（包括文字复制比超过30%的）。若所提交论文被“中国知网”（www.cnki.net）、万方数据知识服务平台（www.wanfangdata.com.cn）、中国期刊网（www.qikanchina.com）、龙源期刊网（www.qikan.com.cn）等网站收录的，需填写论文网址。

“学术成果——论文及专著、译著、编著”附件上传时，论文需扫描上传期刊封面、版权页、目录、正文全文、封底以及期刊是否属于核心期刊的凭证（建议通过知网获取期刊是否属于核心期刊的信息，提交查询结果截图），并用彩笔在目录中勾出本人所著论文。著作需扫描上传封面、核心成果（包括个人编著或撰写的主要内容。全书都为个人编著或撰写的，上传目录及最能体现自己专业水平的两个章节全部内容）、体现申报人排名、申报人所做工作等材料。单个成果（一篇论文、一部著作等）需扫描为一份PDF材料。

（五）广州

1. 学术成果材料，包括取得会计师资格以来公开发表的与所从事专业技术工作相关的论文和著作、解决专业技术问题专题研究报告等个人代表作复印件1份（包括期刊封面、版权页、目录、正文全文和封底），需提供原件查验。提交的公开发表论文应代表申报人的最高水平，论文篇数不得超过5篇（发表于国外专业期刊的论文或外国语言类论文，需提供全文中文译文），论文原则上应能够在“中国知网”检索到。

2. 广州市会计系列高级职称评审委员会办公室将使用“中国知网文献检测系统”对申报人提交的论文进行学术相似性检测，具体文字复制比要求在30%（含）以下，不符合要求的论文不可提交。对论文文字复制比超过30%的，在职称评价中实行“一票否决制”。

3. 论文和刊物的检索截图要求：公开发表在具有CN刊号、ISSN刊号的专业期刊上的论文，须在清华同方“中国知网”（www.cnki.net）、万方数据知识服务平台（www.wanfangdata.com.cn）、中国期刊网（www.qikanchina.com）、龙源期刊网（www.qikan.com.cn）或在其他合法的、普及性广的期刊网上检索本人论文信息；提供论文检索页面截图（包含网站、刊物名称、论文标题、作者姓名及排名、期刊刊号等信息的截图），并附上网址；同时，刊物须在国家新闻出版署网站进行合法性查询，提供刊物的查询截图。

（六）山东

系统掌握和应用经济与管理理论、会计理论与实务，取得会计师职称后，具备下列条件之一：

1. 在公开发行的期刊上发表有较高学术价值的会计类论文2篇以上。

2. 在公开出版的有较高学术价值的会计类书籍中，本人撰写部分不少于50 000字。

3. 作为主要完成人，承担市级以上会计相关的课题或研究成果1项以上，并已结项。

4. 省级以上管理会计、内控等案例评选中获奖案例的主要完成人。

5. 长期（5年以上）在乡镇单位（不含城区街道办事处和派出机构）从事会计工作的人员，其岗位实践性、操作性强的，可提交2份本人撰写的与本区域、本单位会计工作相关的较高水平的专题方案、会计案例分析报告等。

【提示】

1. 评审需提供论文相关收录网址检索页。

2. 作为第一作者或独立完成发表的论文；论文字数指正文字数，不包括摘要、关键词、参考文献。

3. 期刊是指具有ISSN刊号和（或）CN刊号，公开并定期出版发行的刊物，不含增刊、专刊、临刊、电子期刊等。

4. 出版书籍指具有ISBN国际标准书号，公开出版发行的专业研究性合法书籍，不包括一个单位、一个系统统一出版的论文集、讲话集、报告集等。

（七）山西

任现职期间，公开发表、出版过有较高水平的会计专业学术论文、著作，并符合下列条件之一：

1. 作为主编或主要编写人员在正规出版社出版发行会计专业学术著作、译著一部，本人撰写部分不少于2万字，同时须提交1篇公开发表的会计专业学术论文（每篇不少于2 000字，下同）。

2. 作为主编或主要编写人员编写一部在正规出版社出版发行的会计专业教材，本人独立撰写部分不少于5万字，同时须提交1篇公开发表的会计专业学术论文。

3. 在公开发行的会计专业学术刊物或综合大报的理论版面发表会计专业学术论文3篇以上。

申报条件所要求的论文，均须是任现职期间以独立或以第一作者身份，在有国内（CN）和国际（ISSN）统一刊号公开出版发行的专业期刊和综合大报的理论版面、专业大报的理论学术版面上发表的会计专业学术论文（每篇不少于2 000字）。国家级论文是指，在国家一级学会（协会）、有博士学位授予权的本科院校或科研院所主办的学报或国家综合大报理论版面、专业版面上发表的会计专业学术论文，或被中文社会科学引文索引、中文核心期刊要目总览收录的会计专业学术论文。申报材料中所提交的论文或著作，均须附国内主流科技文献数据库网站下载的验证检索网页。学术论文通过“中国知网”（www.cnki.net）、万方数据资源系统（www.wanfangdata.com.cn）、重庆维普中文科技期刊数据（www.cqvip.com）检索、验证；著作通过“中国新闻出版信息网”（www.capub.cn）

进入 CIP 数据中心检索。为了确保检索的真实性，申报者在上报评审材料时将学术刊物、著作（封面、目录、刊号和内文）与网上检索一同附上，并加盖单位人事（职称）部门印章。

破格申报论文，包括以下要求：

任现职期间，公开发表、出版过有较高水平的会计专业学术论文、著作，并符合下列条件之一：

1. 作为主编或主要编写人员在正规出版社出版发行会计专业学术著作、译著一部，本人撰写部分不少于 5 万字，同时须提交 1 篇公开发表的会计专业学术论文。

2. 作为主编或主要编写人员编写一部在正规出版社出版发行的会计专业教材，本人独立撰写部分不少于 8 万字，同时须提交 1 篇公开发表的会计专业学术论文。

3. 在公开发行的会计专业学术刊物或综合大报的理论版面发表会计专业学术论文 4 篇以上，其中国家级论文至少 1 篇。

（八）福建

1. 论文或著作 1 篇及以上。发表期限应在取得中级会计师资格后，到 2021 年 12 月 31 日止。论文应是公开发表在具有 CN 刊号的省级以上刊物（不含报纸）以及《福建财会研究》或《福建财政》财会天地栏目上的本专业学术文章，限独著或第一作者，每篇论文字数不少于 1 500 字。发表在增刊、套刊、电子刊、一号多刊、假刊等刊物上的论文及稿件刊用证明均不予认可。对论文和案例（调研报告）实行“文献复制检测”，由评审委员会确定文献复制比率最高线，高于最高线的实行一票否决。

2. 有多篇论文的应选定 1 篇论文作为代表作，提供刊物原件 1 份，复印件（含封面、目录和正文）2 份。以专著为代表作的，除原件 1 份外，还需提供内容简介（500 字左右）和专著中的重要观点（特别是有创新的观点）及所在章节页复印件 2 份。

（九）江西

1. 论文论著各限填报 5 篇（部），内容要与本人申报专业相关，按质量高低填报。

2. 论文须在“中国知网”（www. cnkinet）、万方数据（www. wanfangdata. com. cn）或维普网（www. cqvip. com）上进行检索验证，并将检索到的网页地址复制到评审系统“检验验证地址”栏目。检索不到或未填检索验证地址的视为无效论文，不作为评审依据。

3. 论文要分项上传刊物的封面、主办单位页、目录页、正文等，外文须上传中文译文。论著要分项上传封面、版权页、目录（摘录）页、编委会名单页、标有著作字数页。

4. 专题研究报告、专业调研报告、行业标准与制度设计文件、咨询报告、分析报告等会计专业类工作实践成果，须经有关单位认定并加盖公章。

【提示】 江西论文需要在评审前一年度 12 月 31 日之前完成发表。

（十）吉林

有较强的科研能力，取得一定的会计相关理论研究成果，或主持完成会计相关研究课题、调研报告、管理方法或制度创新等。取得会计师职称后，具备下列条件之一：

1. 作为第一作者，公开出版会计相关专业著作或译著。

2. 作为第一作者，在公开发行的经济管理类期刊发表会计及相关专业论文。

3. 主持完成会计及相关专业科研课题研究并完成结项。

4. 在艰苦边远地区或乡镇从事财务会计工作 10 年以上，本人负责主持并实施与会计职责相关的有价值的方案、案例、分析报告等。

【提示】专著、译著是指取得 ISBN 统一书号，公开出版发行的财务会计专业学术著作、译著。文中“公开发行”是指定期出版发行的，具有 ISSN（国际标准刊号）或 CN（国内统一刊号）刊号的刊物。不包括编入手册、增刊、临刊、电子期刊、论文集、讲话集、报告集的文章。

（十一）四川

1. 作为主要撰写人，撰写经实践证明有重要指导意义或创造显著社会、经济效益，且被市（州）以上行业管理部门采纳的会计政策制度性文件或专项调查分析报告 2 篇以上。

2. 独著或作为第一作者，在国内外公开发行的具有 CN、ISSN 刊号的经济类、学术类专业期刊（不含增刊、论文集）上发表具有较高学术价值的会计类专业学术论文 2 篇以上。

3. 公开出版 1 部以上会计专业著作或者译著，本人独立完成的著作在 3 万字以上，译著在 6 万字以上；或作为主要作者，编写过 1 部以上会计专业教材，被大专院校选用。

4. 作为主持人员或主研人员参与完成省部级以上 1 项、市州级 2 项会计专业课题研究（报告）。

5. 艰苦边远地区人员，可提交被本单位采纳，由本人主持并实施，具有一定学术价值，与会计岗位相关的分析报告、专题方案、财务案例等 2 篇以上。

（十二）湖南

申报人参评高级会计师职称，对其著作、论文不作限制性要求，但为鼓励申报人加强学习，提高理论素养，下列条件（之一）作为评价内容：

1. 近 5 年来撰写发表财务会计方向学术专（编）著（署名要求：著、编著、主编）或论文（独著或第一作者）1 部（篇）以上。

以上专（编）著每部不得少于 10 万字，论文每篇不得少于 3 000 字。

2. 近 5 年来参与市厅级资助项目（课题）1 项以上（以结项结题报告为准，署名限前 5 名），并通过市厅级以上主管部门组织的成果鉴定、结项验收（结项证书）或获得正式批复。

3. 近 5 年来主持完成省财政厅、省会计学会会计科研课题 1 项以上，并通过结题验收。

三、论文提纲示例

【案例一】

1. 题目：基于风险导向的 × 行政事业单位内部控制研究

2. 摘要

3. 关键词：× 行政事业单位　风险导向　内部控制

4. 正文：

（1）风险导向下 × 行政事业单位内部控制的相关概念。

（2）风险导向下 × 行政事业单位内部控制存在的不足。

（3）风险导向下 × 行政事业单位改善内部控制的措施。

（4）结束语。

（5）参考文献。

解析：题目以 × 行政事业单位为选择研究对象，对行政事业单位从定义、问题，再到改善对策进行了分析。文中素材相对容易获取，具有事业单位的普遍性意义，写起来比较容易上手。论文在涉及事业单位工作情况时，尽量少写一些事业单位普遍发生的问题，多写一些针对所在事业单位的专有问题，写问题的时候尽量以定量为主，把具体问题落实在数字上，强调通过运用科学改进措施，降低了事业单位的收支或管理等风险。

【案例二】

1. 题目：关于融资租赁服务租金收入税会认定的探讨
2. 摘要
3. 关键词：融资租赁　租金收入　税目性质认定
4. 正文：

（1）会计核算对融资租赁服务租金收入的认定。

（2）增值税下对融资租赁服务租金收入性质的认定。

（3）企业所得税下对融资租赁服务租金收入性质的认定。

（4）关于融资租赁服务租金收入认定差异的探讨。

（5）关于融资租赁服务租金收入认定的建议。

5. 结束语
6. 参考文献

解析：本文以融资租赁为主，探讨了税务认定、会计认定两方面的区别与联系，着重从会计核算、增值税、所得税等方向进行讨论分析，并出具了相应的建议。结尾开放性较强，较适用于答辩。融资租赁属于债务筹资的范围，而且资本成本比较高，写作时如果能够从为什么不选择直接购买而选择融资租赁角度进行对比分析，效果会更佳。

【案例三】

1. 题目：关于加强应收账款管理的措施/制度探讨——以×集团/×行业为例
2. 摘要
3. 关键词：应收账款管理措施　×集团/×行业
4. 正文：

（1）引言——应收账款管理越发重要。

（2）应收账款主要问题分析/加强应收账款管理措施的意义。

（3）应收账款管理应对措施探讨——×集团/×行业。

（制度建设/应用、系统、沟通、催收举措）

（4）补充：结合营运资本管理。

5. 结束语
6. 参考文献

解析：本文以×单位为背景，结合行业或者单位具体情况，范围相对较小，能凸显出论文研究的目的和意义，写起来素材丰富，容易落笔。也可适当结合营运资本管理进行补充完善。应收账款是很容易滋生舞弊的，如果能写出如何做好应收账款舞弊防范，或如何增加企业现金流，会有更加突出的研究效果。

【案例四】

1. 题目：×事业单位整合/转企后财务问题研究
2. 摘要

3. 关键词：事业单位　业财融合

4. 正文：

（1）当前事业单位财务管理存在的问题。

（2）事业单位整合转企后财务管理的思路。

（3）事业单位整合转企后财务管理的措施。

5. 结束语

6. 参考文献

解析：本文研究事业单位改革的财务问题，综合性较强。文中对整合前后，进行了问题分析，并列举了相应对策，结构简单明了。本提纲具有一定的延伸性，例如其他单位的业务调整/企业改制/资产重组，也可以与财务不同的侧重专题相结合（如可以结合业务变化给财务带来的调整，也可以联系具体制度、人员职责分工，或是结合信息系统变革等），话题性会更强。

【案例五】

1. 题目：由××研发费用所得税加计扣除引发的思考

2. 摘要

3. 关键词：××企业/行业　研发费用　加计扣除

4. 正文：

（1）委托研发模式特点、所得税影响。

（2）自主研发模式特点、所得税影响。

（3）二者区别与联系/优劣势对比、思考及应对建议。

5. 结束语

6. 参考文献

解析：本文先分析了不同模式所得税的影响，再对比其优劣势，最后联系实际工作提出相应建议，循序渐进，逻辑清晰。此题目适用于科研单位，笔者能更好地和单位实际情况紧密结合起来，对实务工作也更具指导意义。

【案例六】

1. 题目：×传统行业互联网转型中的财务变革——××公司为例

2. 摘要：互联网转型带来的财务变更

3. 关键词：财务管理变革　互联网转型

4. 正文：

（1）×传统行业互联网转型的背景分析。

（2）原有财务管理体系中存在的问题及原因分析。

（3）互联网转型中具体财务管理应对举措及实施效果。

（4）结论及建议。

5. 结束语

6. 参考文献

解析：由于传统财务弊端较多，财务转型变革已经是目前大经济下的趋势之一，本文选题紧跟当下经济形势，文中通过分析为什么转型（背景），转型遇到的财务管理中的问题，再对问题进行分析，针对性应对举措，并列出了实施效果。文章整体结构缜密，论文较为完整，选题开放，延展性较强。

第二节　论文案例解析

【案例一】

汽车4S店成本费用控制的现状及完善措施

摘要：汽车4S店作为汽车销售的主要模式，新建店的数量也越来越多，市场竞争的环境也相继严峻，巨大的经营成本、下滑的销量和利润的不断下降，都加大了汽车4S店的经营困难。为了实现汽车4S店的经济利益最大化，提升汽车4S店的营业能力和最大化的保障汽车4S店的资金需求，加强财务管理，做好成本费用的管控工作，已然成为各个汽车4S店的重要课题。本文主要针对汽车4S店成本费用控制的意义、现状及完善措施进行阐述，希望能为同行带来一些帮助。

关键词：汽车4S店；成本费用控制；措施

成本费用的管控是汽车4S店财务管理的重要内容之一，加强成本费用的管控，是促进汽车4S店经济可持续发展的重要举措。4S店普遍存在构建成本高、成本费用开支大，利润薄弱的问题，管理者对成本费用管控的意识也极其薄弱。为了改变现状，提高4S店经营能力、市场竞争力、经济效益和社会效益，采取必要措施，加强对4S店成本费用的管控是非常有必要的。

一、汽车4S店成本费用控制的意义

汽车4S店的成本费用主要包括构建成本、采购成本、融资成本、人工费用、日常经营中产生的营销费用、办公费用等半固定费用，以及土地租金、房屋租金、固定资产折旧、水电费等固定费用。在汽车4S店的发展过程中，成本费用对于汽车4S店的经营可持续发展产生很大的影响，加强财务管理，对成本费用进行有效的控制，对于汽车4S店的健康发展具有重要意义。

（一）促使汽车4S店盈利能力及市场竞争力得到提升

汽车4S店为了提高服务档次，增加客户吸引力，一般装潢都很精美，甚至在厂家高标准的要求下，还会额外增加具有各自特色的装饰装潢，因此，单靠精美的装修吸引客户显然是不够的。再则，汽车4S店为了增加线上集客，吸引客户到店，一般都会开通如“汽车之家”“易车网”等知名度较高的汽车网络平台，还会根据厂家要求投放各种广告，开展各种市场活动，参加各类区域车展等，这些高额的成本和相似的模式已然不能成为汽车4S店的市场竞争优势。汽车4S店成本费用的高低，决定了汽车4S店新车销售的价格空间以及售后维修、保养等业务的利润空间。在这种激烈的市场竞争环境下，如果汽车4S店能够加强财务管理，增加对成本费用的管控意识，能够有效地降低成本费用的开支，汽车4S店可操作的价格空间就会更大，就更具有竞争优势，能够促使汽车4S店盈利能力及市场竞争力得到提升。

（二）促使汽车4S店经济效益及社会效益得到提升

成本费用的高低直接关系到汽车4S店的利润空间大小，汽车4S店通过财务管理手段，将成本费用管控在合理的范围内，提高汽车4S店的生存能力和发展能力，不仅有助于社会经济的可持续发展，也符合当下建设节约型社会政策提出的节能减排的要求，促使汽车4S店经济效益及社会效益得到进一步提升。

二、汽车4S店成本费用控制的现状

（一）构建成本高、成本费用开支大，管控不严

汽车4S店除了构建成本之外，从新车的采购成本到售后维修、保养需要的零配件、精品等成本，再到人工费用、日常经营的营销费用、车辆融资费用、房屋租金、土地租金、水电费等，日常经营的成本费用也是极大的。很多汽车4S店在新车及零配件等批售环节没有严格进行管理，导致采购成本和融资费用高；对日常费用的开支管控不严，没有费用预算管理，或者对费用预算的执行不严，导致费用开支无度，造成汽车4S店成本费用的增加。

（二）缺乏健全的财务管理系统，成本费用的管控得不到保障

很多汽车4S店目前采用的管理模式还是业务端口以厂家DMS系统为主，财务核算以“用友”或者“金蝶”等独立的财务软件为主，业务数据和财务数据没有形成统一端口，没有实现业务系统与财务系统相互转化，在成本费用的核算中很容易因为人为操作上的失误导致数据不及时、不准确，造成数据失真，不能很好地为成本费用的分析提供保障。在费用管控方面，也缺乏系统管理，不能及时掌控费用的开支情况，无法准确地预估费用是否控制在预算范围之内，造成日常费用开支得不到有效的管控。

三、汽车4S店成本费用控制的完善措施

（一）优化批车资源，降低采购成本及融资成本

采购成本方面，由于汽车4S店的新车价格是由厂家制定，单车成本价格是汽车4S店无法掌控的，只有通过优化批车资源，增加畅销车辆的采购，减少滞销车辆的采购，提高库存周转率，减少库存积压，以达到降低采购成本的目的。融资成本方面，汽车4S店批售模式大致可以分为两种：一种是以厂家金融与银行三方承兑汇票相结合的模式；另一种是单方面使用多家银行下的银行承兑汇票模式。厂家金融公司的融资利率一般较高，而银行三方承兑汇票的融资利率会更具有优势。汽车4S店在日常批车时，需要刻意追求融资利率和融资天数，充分了解不同融资方式下的融资利率是多少，还需要结合不同车型下的库存周转天数的历史数据进行分析，优化批售资源，计算出合适的融资天数，避免因选择的融资天数过短，导致因融资到期无法偿还的资金风险，也要避免因选择的融资天数过长，导致融资成本的浪费。在日常管理方面，需要建立完整的库存管理台账，执行先进先出的原则对车辆进行出库，避免提前出库导致融资天数过剩或者因没有及时出库形成长库龄车辆，造成融资成本的增加。

（二）加强精品、零配件采购及领用的管控，降低售后业务成本

在降低采购成本方面，首先，汽车4S店要做到货比三家，将需要采购的精品、零配件的供应价格与多家供应商进行询价，或者通过竞标的方式，找到价格最优的供应商进行合作。其次，以区域为单位，一般集团式4S店在同一个城市，甚至同一条汽车街或者同一个汽车园，都会拥有不同品牌的多家4S店，可以利用区域优势，以集团的名义与供应商进行谈判，争取获得最大的折扣力度，以最低的价格进行采购，以达到降低采购成本的目的。

再次，集团式汽车4S店，还可以利用集团优势，以集团为名义，单独成立汽车用品公司，以最优惠的价格直接与各精品、零配件厂家进行合作，对集团旗下的各个4S店提供精品、零配件的供应，从而达到降低4S店成本费用的目的。降低售后业务成本，不仅要从采购方面着手，还要加强领用方面的管控。汽车4S店必须要有一套完整的精品、零配件领用流程，业务人员需填写领料单，并签字确认，库管见领料单上的项目进行出库，财务人员在结算时，结算工单上的精品、零配件项目必须要与领料单上的内容逐项进行核实，确保无误后方可结算出库。汽车4S店的财务人员还需加强对精品、零配件的盘库工作，采用周度抽盘、月度全盘的模式，以周度为单位进行抽盘，抽盘的精品、零配件库存必须大于总库存的40%，月底最后一天再次对精品、零配件进行全部盘点，保证账实相符，以确保精品、零配件不被盗用，减少人员道德风险带来的损失。

（三）做好费用预算管理，加强日常费用开支的管控

汽车4S店成本费用的开支必须要以健全的年度预算作为保障。汽车4S店的预算可以按变动费用、人工费用、半固定费用及固定费用四个方面做成本费用的预算管理。只有制定了合理的费用预算，才能对日后的费用管控提供依据，找到可管控的方向。汽车4S店可以单独设置费用会计岗位，针对费用模块进行核算、监督和管理，并以周度为单位，将日常费用开支统计在周度费用管控表中，实时跟进费用开支情况，重点关注超预算部分的费用，深挖超预算的原因，如有不合理的超预算费用，应及时提出，不予以报销。如变动费用超支，可以通过业绩达成情况和绩效方案是否合理等方面去检核，业绩未超额达成或绩效方案存在不合理，则不予以审批通过。人工费用如果出现超预算的情况，则要对全店的人员编制进行复盘，通过对人员效率进行分析，看是否存在超编现象，造成人员虚增导致费用的增加。半固定费用如果超标，需要逐笔进行分析，看到底是营销费用超支，还是车辆融资费用超支，或是其他什么费用超支，按费用的性质和费用发生的背景去深挖超预算的原因，并针对性制定费用管控措施，逐笔进行费用控制。而固定费用相对固定，理应百分百控制在预算范围内。分模块，分项目，逐一进行管控，才能使汽车4S店的成本费用得到控制。

（四）利用大数据时代的优势，加强信息化财务管理

大数据时代下，汽车4S店的财务管理工作也应合理利用大数据时代的优势，利用适合财务核算和费用管控方面的软件对成本费用管控起到良好的督促作用。在成本核算方面，通过使用如“用友”“金蝶”等财务管理软件与厂家DMS系统软件相结合，实现业务软件与财务软件相互转化，财务软件可以通过业务软件直接提取数据，快速生成财务相关数据，准确、高效地获取汽车4S店各种成本费用相关数据，大大提高财务人员的核算效率及数据准确性，从而为成本费用的管控提供保障。在费用管控方面，建立健全费用的超预算审批流程，利用现代化工具，如OA系统对日常费用的报销进行系统化管理，所有的费用报销必须要通过OA进行审批，提前将费用预算金额录入OA系统，通过系统自动识别，超预算的费用必须要单独走超预算审批流程，待超预算审批流程走完之后，必须将审批通过的超预算审批单进行关联才能报销相关费用。

四、结束语

成本费用管控的目的不是尽可能地压缩成本、减少开支，汽车4S店的成本费用管控，需要关注每一个业务的细节，实现财务与业务相结合，预算与实际开支相结合，集团化管理与单店管理相结合的原则，在保证业务增长需求的同时，对相关成本费用进行合理的控

制，才能保障汽车4S店的健康可持续发展。

参考文献

[1] 刘景芬. 论汽车4S店成本费用的控制 [J]. 财会学习，2019 (16)：103－104.

[2] 林新量. 汽车4S店成本核算中存在的不足及改善对策 [J]. 财会学习，2019 (10)：149－151.

[3] 陈洁. 探讨汽车4S店成本管理重要性分析与控制对策 [J]. 财会学习，2020 (25)：151－152.

[4] 包巧香. 探讨大数据时代下汽车4S店财务管理问题 [J]. 商讯，2020 (33)：52－53.

[5] 傅利勇. 论汽车4S店的成本费用控制 [J]. 财会学习，2016 (18)：137.

(本文选自《大众投资指南》2021年第17期)

【论文解析】

1. 背景。

简要描述当今汽车4S店竞争激烈的大环境，引出要写的主题。

2. 概要。

第一部分“汽车4S店成本费用控制的意义”，其实是在讲汽车4S店的成本费用控制到底是哪些内容，主要有哪些方面。同时提升一下重要性，实际上是在解释为什么要“控制成本费用”。这部分通用性相对较高，不仅可以写这个行业的也可以写其他行业、其他公司的成本费用的内容。读者可以结合自身熟悉的行业/公司进行思考。

(1) 汽车4S店成本费用控制的现状，这一部分又分了（一）和（二）两个层面，一个是说费用高、控制不严，同时还从“财务系统”的角度来阐述到底为什么说“控制不严”，这两层之间的关系实际上是在提出问题、分析问题。内部逻辑清晰，因果关系明显。

(2) 第三部分“汽车4S店成本费用控制的完善措施”是本文的核心，可分为四个部分，承载上一段分析问题之后，从“解决问题”的逻辑提出了四点笔者自己的建议：

①标题（一）主要是两个角度：主要产品汽车的“批车”资源，也就是在汽车4S店没有车辆采购定价权的弱势地位中，怎样利用金融的力量优化车辆采购，进而实现“减少滞销、提高周转率”这一效果的。同时作者还提出要把工作做得更细致，要注意“融资利率和天数”，避免成本的浪费。正所谓细节决定成败，笔者这个细节一出，立即给读者以专业、清晰的感觉。

②标题（二）作者是从零配件的采购及管控出发，目的是降低“售后”业务成本。比如利用“集团优势”集采、多家供应商询价、竞标等手段来进行控制。同时对于财务人员结算的注意事项、如何通过盘点控制、降低库存损耗等也提出了切实可行的建议。

③标题（三）作者是从财务视角出发，以预算管理为工具提出的建议。尤其是将“绩效管理”与预算工具结合，具体从费用超支怎么做、绩效没有达成如何处理等方面给出了建议。此处有个细节，笔者将“变动费用”与“固定费用”分开讨论，丰富了细节。注意：高级会计师实务考试第七章“企业绩效评价”中就讲了企业绩效目标、指标选取时如何和预算进行联系，笔者在此处是“理论和实际”结合的典型。

④标题（四）作者将眼光放得更远，从“大数据、信息化”角度来给出解决建议。比如利用财务管理系统、OA系统等。数据的收集质量及审批环节的系统化，也能对整个成本控制起到一定的正向作用。

3. 总结。

本文总体目标清晰、逻辑严谨，紧密沿着“发现问题、分析问题、解决问题”的逻辑进行编写，字数合理，主题突出，重点明确。对于汽车4S店乃至零售企业财务从业人员的成本控制相关专题有着一定的借鉴意义。

【案例二】

平衡计分卡在中小城市公立技工院校绩效管理中的应用

摘要：国内中小城市技工院校的战略目标具有双重性，有着公益与盈利这两个看似矛盾的目标，技工院校要在确保生存的基础上为社会培养技能型人才，所以寻求目标的平衡变得异常重要。无论如何，改变为了考核而考核的绩效管理理念，引入先进绩效管理工具，使院校的发展进入良性循环，平衡计分卡是不错的选择。本文从中小城市公立技工院校的角度出发，分析技工院校绩效管理存在的若干问题，从财务、客户、内部业务流程、学习和成长四个维度，提出系列考核指标以供选择参考，从而构建科学合理的指标体系，促进战略目标的实现。

关键词：平衡计分卡；技工院校；绩效评价

一、平衡计分卡的简述

平衡计分卡是罗伯特·卡普兰与大卫·诺顿两位教授提出的风靡全球的绩效管理工具，是一种化战略为行动的可行方案。基于战略目标，从财务、客户、内部业务流程、学习与成长四个维度，对战略目标逐层分解转化为具体的、相互平衡的具有因果关系的绩效评价指标。单位组织可通过战略地图的绘制，清晰实现战略目标的路径，以确保设置的指标的有效性。平衡计分卡绩效评价指标体系既保存了传统的财务指标的历史评价，也引入了未来发展指标，更适应现有环境。

二、平衡计分卡在中小城市公立技工院校绩效管理中的应用现状

平衡计分卡的提出最初是为了解决企业的绩效管理问题，但随着时间的推进，它被引入到所有类型的组织机构，只要一个组织有它要实现的目标，即使在非营利的组织，例如行政事业单位，也同样非常适合使用平衡计分卡。随着绩效管理越来越被重视，平衡计分卡也越来越被熟知。平衡计分卡在技工院校的绩效管理中，得到了一定范围的应用与重视，但在中小城市的技工院校中应用率还很低，如对学生就业部门的绩效考核中，虽然意识到与企业合作的重要性，但在指标设置方面，合作企业的数量成为主角，而企业满意度则被忽视；在专业院系的考核中，日常工作指标过多，教师教学能力的考核指标则鲜见，这可能跟中小城市技工院校的生存状态与管理水平有关。

三、平衡计分卡在中小城市公立技工院校绩效管理中的问题

平衡计分卡的绩效考评优势广为人知，但想要在中小城市公立技工院校的绩效管理中很好地应用与执行，确实存在一些问题：

（一）疲于创收，与技工院校的公益目标背道而驰

技工院校的资金来源：一是财政拨款；二是事业收入。由于中小城市政府财政收入较低，用于支持技工院校的运行与发展的资金预算较少，不少中小城市的公办技工院校属于财政补助单位，财政往往只拨付一小部分的人员经费，导致技工院校入不敷出，为了院校

能够正常运转，开拓增加事业收入的来源是唯一的方法，这样很大程度分散了院校管理者的目光聚集点，不利于公益目标的实现。

（二）部门设置过多

部门设置过多，个别部门形同虚设、个别部门职权重叠，这加大了绩效考核指标体系构建的难度；由于历史遗留的问题与管理者创新力度的不足，个别部门职权被取代，应取消未取消，部分专业院校设置过细，可合并未合并，导致部门多，这给绩效管理体系的创新增加了不少难度。

（三）流于形式，无实质意义

绩效考核指标体系的构建者能力不足甚至照搬照抄其他单位的绩效考核方案，导致绩效考核指标体系不合理，指标与指标之间独立无联系甚至脱离院校实际情况，这让参与者觉得毫无意义，没有参与动力，从而让绩效考核只停留在文件中；而且绩效考评结果无后续应用。为了考核而考核，对于考核结果，只作为奖励依据，缺乏利用考核结果回到实际工作中，从而改善工作的理念。

（四）信息系统建设的投入不足

信息系统的构建，少则几百万元，多则上千万元，这对于保生存的技工院校而言，是很难去实现的。信息系统陈旧、功能滞后，这也是做好绩效管理的一个大的绊脚石。

四、平衡计分卡在中小城市公立技工院校绩效管理中应用的一些建议

公立技工院校的主要职责是培养社会所需的技能型人才，具有公益性质，但同时公立技工院校部分属于财政补助单位，在不违反公益性质的前提下，注重盈利结果也无可厚非，找到两者之间的平衡点很重要。公立技工院校的绩效管理中平衡计分卡指标体系的设计应围绕以上目标，下面从平衡计分卡四个维度来看这一目标的实现路径，即战略地图。

（一）财务维度

财务维度是平衡计分卡非常重要的一部分，虽传统但不应被撇弃，应充分发挥其作为驱动因素的作用。财务指标往往是滞后指标，是对过去已经发生的业务的事后统计与评价，是上个期间的运营结果可视化，对过去可审视，对未来可指导。公立技工院校性质的特殊性，在财务层面存在着寻找公益性与营利性平衡点的问题。公益性的社会服务职能肯定不能丢，这关系到技工教育领域的根基问题。这要求院校管理层在运营过程中秉持为社会服务的理念，多从社会人才需求与学生的角度去考虑问题，在不提高学生收费的基础上增加更多适时的服务项目，使培养出来的学生能够满足现时用工环境的需求。生均培养经费增长率、专用材料耗费增长率、设备更新周期、设备支出占总支出比率等指标都可以反映出院校在技能人才培养方面的投入力度；同时，为确保院校的正常运营，盈利性也要兼顾，财政拨款增长率、学费与学杂费的及时到账率、事业收入增长率、收入支出比率、办公支出比率、资产负债率等财务指标则可以反映开源节流的成果。财务指标起着承上启下的作用，上承院校目标的实现，下是指标体系因果关系的终点，是其他维度各种因的果，不可忽视但权重也不宜过大。

（二）客户维度

客户维度对绩效考评体系而言是至关重要的，可以说是整个考评体系的核心所在。技工院校的直接客户，不再单方面着眼于学生与其父母，从人才输出方面考虑，企业单位也应是技工院校的直接客户群体范围。在当前的招生竞争市场中，学生与其父母关心的是能否学到真本领与能否找到满意工作，因此，在客户维度的设计中可以以此作为切入口，针对这些客户，相关的指标可以选择设置学生满意度、学生流失比率、旧生介绍新生比率、毕业生就业率、专业对口率、毕业生工资水平等指标；针对企业客户，企业选择合作技工院校的关键是学生的实操能力与上岗后员工的保持率，因此，企业满意度等可以作为企业与院校合作效果的衡量指标。当然，客户维度所提供的可选择指标大多也是滞后指标，大多是技工院校服务能力与口碑建立的体现，总体而言，以上所提指标都可作为客户维度的指标体系并给予相应的权重。

（三）内部业务流程维度

内部业务流程，涉及技工院校的方方面面，涉及所有科室部门与人员，是整个院校运行效率与效果的关键。针对内部业务流程，我们可以从两个辐射区域来分析：一是技能人才培养方面，这一方面的内部业务流程需要分析出支持客户维度指标的关键流程；二是院校内部的管理流程方面，这一方面的内部业务流程应当对院校的既定目标有紧密的支持作用，是院校运营效率与效果的体现。如教学实操平均时长、专业课比重、学生教师比率等指标均可作为衡量技能人才培养方面的内部业务流程指标；如管理层次与管理幅度的适应性、信息化程度、安全指数或发生安全事故次数、部门间的沟通次数、解决事情的平均时长等指标是可以作为内部运营效率与效果的衡量。内部业务流程指标体系是从院校内部出发所设置的领先指标，改善内部业务流程指标体系的指数，不但有利于过去业绩的评价，更是未来持续发展的铺垫。作为事业单位的技工院校，对于原来的业务流程应该带着审视的目光去评价，局部的改善虽然对于指标的提高有所帮助，但必要时还是需要对整个内部业务流程进行重新设计。

（四）学习与成长维度

不进则退，这四个字用于现有竞争环境再适合不过，对于事业单位的技工院校也是合适的。在不同的阶段，“进”的含义会有所不同。针对现有的情况，“进”更多指的是人的进步、信息的获取、系统的更新等无形资产的迭代。现有企业智能化的飞速发展，对于技能人才的需求变化很快。为社会培养技能型人才的技工院校，一线教师的专业知识更新是必要的，可以设置培训周期、培训时长、人均培训费、中高级职称教师比重、教师本科率等指标来衡量评价；企业的需求在变化，也就是说技工院校避免不了设置新专业，淘汰旧专业，这要求一线教师进行专业知识与技术的再造，可以设置专业教师转化率与转化培训总支出等指标来衡量。人力资源的成本投入，更多的是考虑院校未来的持续发展，教师的满意度、教师的工资待遇水平等指标可以衡量这一方面。当然，除了人的进步，院校的信息获取渠道的更新、信息系统的更新和组织流程的优化也是非常重要的。平衡计分卡对信息系统的要求很高，包括数据的汇总、筛选、统计归纳和反馈等步骤都需要信息技术的支持。对外部环境的认知与判断，对自身能力的觉知，对自有资源的整合与利用，内部信息的传递与管理能力的提升，对于院校的健康可持续发展具有关键性影响。

以上四个维度缺一不可，是财务指标与非财务指标的平衡，是领先指标与滞后指标的平衡，是历史评价与未来持续发展的平衡。绩效评价体系的指标不是随性而定的，它们的选择是有着内在联系的，是为了实现同一目标而设置的，具有内在的因果关系，学习与成长指标体系是核心、内部业务流程指标是关键、客户指标是最终目标、财务指标是基础。当然，指标体系的指标个数不是越多越好，而是要根据院校本身的具体情况，选择适合的指标，在数量上不宜过多，避免造成考评混乱与过于复杂的情况。构建高代表性的指标体系，并赋予适合的权重，充分发挥平衡计分卡的优势，使院校进入良性循环，从而获得可持续发展。

五、结束语

为了更好地实现办学愿景与目标，中小城市公立技工院校可以引入平衡计分卡这一绩效管理工具，把绩效考核“嵌入”院校管理中。通过建立绩效考核理念，学习科学、有效、系统的绩效考核方法，克服存在的困难，利用平衡计分卡四个维度的内在联系，构建一套科学的指标体系，推进院校绩效管理工作，同时合理利用绩效考评结果，不断改善院校的管理，从而实现中小城市公立技工院校可持续、平衡发展，进而推动整个技工教育的进步。

参考文献

［1］汤晓盼．平衡计分卡在公立医院绩效管理中的应用［J］．财经界，2020（25）：81－82.

［2］罗伯特·卡普兰，大卫·诺顿．战略中心型组织（经典版）［M］．北京：北京联合出版社，2017.

［3］李作伟．基于平衡计分卡的地方高校绩效评价指标体系构建研究［J］．中国管理信息化，2020，23（19）：56－57.

（本文选自《大众投资指南》2021 年第 18 期）

【论文解析】

1. 选题。

（1）作者选题的基础是自己在技工学校积累的工作经验，选择自己熟悉的主题作为基础本身较为稳妥。同时，通过题目可以看出作者其实是将企业绩效评价中一个重要的方法及工具——“平衡计分卡”作为论文核心，将高级会计师实务教材第七章的理论知识与实际案例进行了结合。理论联系实际，比较能体现高级会计师应具备的综合素质。

（2）文章定位具体，也是选题的显著特点，应用的对象是“技工学校”，首先是圈定了“中小城市”总体环境背景，同时还是“公立”性质，这一定位十分重要，毕竟公立属性一出，考虑的点就肯定不仅仅是简单的经济效益问题。选题的专项聚焦就会让具体落笔更加容易，所以选好题目尤其是精准地使用定语，将题目总体框在较为窄的区域，是高级会计师职称评审相关论文的一个特点。

2. 结构。

（1）摘要先明确中小城市技工学校的战略目标有“公益与盈利的双重性”，直接将总体背景予以高度凝练。同时把因为这个双重性带来的矛盾及问题进行总体阐述，并且结合平衡计分卡的“四个维度”提出具体考核指标作为参考选择。摘要言简意赅，逻辑紧凑。

（2）第一部分平衡计分卡概述，作者用非常简要的笔墨描述了平衡计分卡的历史及定义。

（3）第二部分主要把平衡计分卡在中小城市公立技工学院绩效管理中的应用现状进行简要描述，这段为下一部分“提出问题”做好铺垫，在结构上起到了典型的“引”的作用。

（4）第三部分非常具体地提出了平衡计分卡在上述环境中应用的问题，分别是疲于创收与公益目标背道而驰、部门过多合作效率低下、指标流于形式无法起到理想绩效评价效果、信息化程度低/投入不足。

（5）第四部分从应用平衡计分卡的四个维度分别给出了自己的改进建议。一是财务维度将之后指标与领先指标结合，不能只重视结果，同时权重不能过大，否则导向完全偏向盈利，会忽视过程中对学生培养的重视，进而会使得公益性质很难实现；二是在客户维度把目光进行了拓展，不再是盯着学生的父母，而是从人才输出的方面考虑，将用工单位也作为直接客户群体，将招生与学生就业尤其是企业方的用工需求结合起来，出具相应的指标予以单独权重考虑。从这点建议也可以看出作者对于绩效评价的深入思考。三是业务流程维度，着重强调了管理层次与幅度，尤其是领先指标的应用，有着更加细化的需求。四是学习与成长维度，笔者着眼于整个教职管理体系的培养、现有教师新知识的更新以及新的教职工引入标准等一系列具体指标细节。

（6）第五部分结束语，汇总凝练了将平衡计分卡与实际工作的结合中遇到的问题及解决思路。

3. 总结。

总的来说，该篇文章依旧遵循着“定义/聚焦核心”理念，然后理论结合实际分析问题、研究问题原因、给出对应解决方案的整体思路。较为出彩的是，只是笔者很巧妙地以平衡计分卡这一绩效管理工具作为突破口，将理论与实际进行了结合。这种思路方法具有一定的论文写作指导意义。毕竟除了平衡计分卡，还有关键绩效指标法（KPI）、目标与关键成果（OKR）等其他的管理工具及方法。而且我们不同从业背景的人对不同行业的理解也有着各自的看法，只要能发现问题并对问题背后的原因进行分析，再结合一定理论工具加以指引，写出一篇有一定理论水平，又对现实某项工作或是某个细分行业有一定指导意义的论文难度也不会太大。

【案例三】

论财务环境对企业融资的影响

摘要：在全球经济飞速发展的当下，不管是国有企业还是中小民营企业，企业的发展壮大都离不开资金，高资金周转率，带来高经济效益，因此，融资活动是企业经营和发展的重要财务活动，但是大多数企业都存在融资困难，而企业埋怨融资有难度，却忽视了财务环境对融资活动的重要程度。因此，本文首先阐述财务环境，财务环境对企业融资决策的重要性，其次分析企业在融资过程中忽视财务环境对融资决策的影响，最后提出利用财务环境进行融资决策的对策，为企业成功融资提供建议，实现企业可持续发展目标。

关键词：财务环境；企业融资；影响；对策

融资是指企业根据其生产经营活动对企业资金的需求数量，采用适当的融资渠道和融资方式，当今经济全球化进程加快，我国市场经济高速发展，企业成为“自主经营、自负盈亏”的独立经济个体，为了能在市场中发展壮大，企业需要更多的资金发展业务，所以要自主筹集资金，保持合理的资金结构，创造更大的经济效益。企业面临筹集资金困难，往往是对影响融资的重要因素之一“财务环境”，理解和分析的不够。企业在融集资金过程中，金融机构的要求高，企业融资往往受阻，这就阻碍了企业顺利融资，因此，重视财务环境是所有企业都要面对的。企业在进行融资活动中，要考虑融资规模、融资形式、融资成本，企业的管理水平、管理体制、运营状况都会影响财务环境的质量，本文将详细阐述影响财务环境的内外部因素，财务环境对融资决策的重要性，分析忽视财务环境给融资过程带来的影响，给出合理进行融资决策的建议。

一、财务环境概述

财务环境是指影响企业融资活动的内外部各种因素的总称，既包括宏观的外部因素，也包括微观的内部因素。

（一）外部财务环境

1. 经济环境。

经济环境是影响财务环境的主导因素，主要有经济周期、通货膨胀、市场季节性、经济体制等，这些因素对企业的生产经营有重大影响，进一步影响企业的融资量及成本，影响融资决策活动。

2. 市场环境。

市场环境是企业在融资决策时所面临的市场因素，主要有商品市场、人才市场、信息市场等，各种市场从不同程度影响着企业融资活动，市场环境间接影响企业融资计划能否实现。

3. 金融环境。

金融环境是企业经营过程中面临的来自金融市场的影响因素，金融市场按照不同标准有不同的划分，按照时间长短可分为货币市场和资本市场，按照范围可分为国际和国内金融市场，等等。不同金融市场对企业的作用也不同，金融市场的好坏决定企业未来收益的高低，因此，企业面临不同的金融市场，应采取不同的融资方式。

4. 法律环境。

法律环境是企业与外部发生经济关系时所应该遵守的法律、法规和规章制度，主要包括企业的组织法规、税务法规和财经法规等。法律从一定程度上限制了经营活动，也为企业经营活动提供了法律保障，保护企业的合法权益，为融资决策提供法律保护。

（二）内部财务环境

1. 企业的组织形式。

企业的组织形式包括个人独资企业、合伙企业以及公司制企业。个人独资企业的经营规模小、人员少、资金少，而合伙企业的规模、人员、资金需求量都比个人独资企业有所增长，公司制企业的管理模式最复杂，进行融资决策时，要考虑多方因素。

2. 企业的管理体制。

企业的管理体制是指企业对各项工作管理权限的划分，管理体制决定着企业内部环境的好坏，对融资起着决定作用，而现代企业制度的建立，明确了企业作为市场主体，企业可以自行筹集资金，自己寻找投资项目。

3. 企业的管理水平。

企业的管理水平是高层对企业的经营活动进行计划、组织、指挥、协调、控制，提高经济效益，从而实现利润最大化目标，企业管理水平高低影响财务环境。如果高层盲目追求收益，不考虑潜在资金成本，出现成本大于收益，那这样的融资活动是失败的。如果财务管理混乱，不能出具准确的财务报告，也不利于企业进行融资决策。

4. 企业的经营状况。

企业的经营状况是指企业生产、经营的成果，企业的盈利能力会影响筹集资金量的大小，经营状况也会影响金融机构对其信任度，好的经营状况有利于融资目标的实现。

二、财务环境对企业融资决策的重要性

影响企业融资决策活动的众多因素中，良好的财务环境是企业融集资金的关键，企业

应该明确财务环境的重要性，分析影响财务环境因素，企业才能在日益复杂的市场经济体制下合规经营，为企业融资创造更多机会，充分利用融资方式促进企业发展，提高适应财务环境变化的综合能力，实现企业财务管理目标，创造更多的经济效益。企业在做融资决策时，应该考虑融资规模、融资形式以及融资时间点，这三点是融资决策必须考虑的三因素，融资规模是企业的融资量，融资量多少决定融资成本大小，融资成本的准确性对融资量的计算起着重大作用，融资形式与企业的经营风险及财务风险有关，企业在不同的发展阶段、不同的企业组织形式，融资形式也不一样，融资规模、形式、时间点都离不开良好的财务环境，企业具备良好的财务环境，才能准确计算融资规模、明确融资形式、预估资金成本，明确企业发展所面临的财务风险、经营风险。企业的经营状况好坏会影响金融机构向其发放贷款的资金量，企业财务核算的准确性有利于高层作出合理的融资决策，如果财务管理杂乱、财务报表有误，既不利于融资活动决策，也不利于企业计算对外投资的回报率，企业在融资前就应当有明确的投资项目，合理使用融资资金收益最大化。融资活动多少会带来财务风险及经营风险，企业是否能承担起融资成本，融资成本是否能覆盖，能否按时偿还贷款，这都是风险所在，企业应当在合规的法律环境下，遵守法律规章制度，充分利用国家优惠政策，为企业融资活动做好充分准备。因此，良好的财务环境对企业融资决策起着关键作用。

三、企业融资过程中忽视财务环境造成的影响

（一）对国家各项政策的掌握不够

国家各项政策包括财政政策、金融政策、税收政策等，这些政策会帮助企业解决棘手的问题，这些政策也是影响企业财务环境的重要因素，影响企业融资。如果企业对国家各项政策不了解，对外部政策关注不够，对影响融资的外部财务环境不理解，信息闭塞，就会导致融资困难。如果企业只忙于搞研发、增生产、顾销售，不关注国家经济、法律、金融市场环境，就会错失机会，耽误企业发展壮大的良好时机。另外，财务人员对国家税收政策理解不到位，专业知识无法满足企业的长远发展，更没有积极参与到业务发展的全过程，与税务部门沟通不够，无法及时掌握最新优惠政策。企业对各项政策掌握不全面、理解不到位，导致企业缺乏完善的财务管理制度。长期以来，由于企业与政府沟通不够，错过利用优惠政策机会，这样政府也不知道企业面临的发展问题。政府听取企业的意见，才能制定更有利于经济发展的政策。

（二）与银行等金融机构合作不顺畅

不管企业是处于初创期还是发展成熟期，都需要资金来支持发展，与银行等金融机构合作，向银行贷款融资是我国传统的一种融资渠道，相对于其他融资方式，银行贷款的资金成本较低、贷款弹性相对灵活。但是银行作为一种特殊的金融机构，由于资本保全和降低风险的需要，往往不贷款给风险较大的企业，并且会提出一些限制性条款，造成银行贷款的保护性条款与限制条款太多，对企业的约束也更多，从而增加了融资的难度。如果企业与银行前期缺乏顺畅的沟通，企业忽视财务环境建设，企业与银行就会处于两难的局面，从而不利于企业顺利地融资。

（三）财务管理水平对融资的不利影响

目前有不少企业的财务管理水平较低，中小型企业也没有设置专门的融资部门或融资专岗，而是由财务部会计或出纳兼融资岗，由于企业没有设置专门的融资人员，财务部门兼顾着融资，从而加大了融资难度，财务人员融资大多数是根据简单的判断，也没有具体的融资计划，更没有提前去了解什么样的融资方式更适合企业，没有准确合理地计算资金需求量，也没有去了解如何控制风险，这样导致资金量不足或者融到过多资金，拥有过多资金导致无法按期还贷，最后企业与银行出现分歧，沟通不畅，关系变差，如此循环，最终影响企业再次到银行融资。再者，有些企业的财务管理制度不完善，对企业资金管理不严格，缺少相关制度规定。企业不能准确计算融资成本，忽视资金占用成本，影响企业盈利。

（四）对资金需求预测不准

企业融资过程是很复杂的，良好的财务环境能促进企业良性发展，由于大多数企业缺乏专业融资人才，不能合理确定融资数量，使融资数量与投资数量达到平衡，也没有通过财务分析确定资金需求量，企业管理层对资本市场缺乏宏观的认识，如果企业只是主观判断以后的资金需求量，这样就会误判资金量，不管是预测过少或过多，都会给企业创造更大利润带来影响。例如，某企业融资的工作交由出纳负责，融资量由高层“拍脑袋”决定，所以，企业科学、合理地预测资金需求量是融资活动的关键，企业要树立全员预测的意识，高度重视预测资金需求量。

（五）融资方式选择不恰当

企业融资方式是指企业取得资金所使用的形式，即企业取得资金的具体形式，企业持续经营与不断扩张必须以融资活动作为先决条件。主要的融资方式有股票融资、发行债券、银行贷款、商业信用融资等，与发行债券等方式相比，发行股票的融资风险相对较小，而债券融资的资本成本较低，债券利息可以税前支付，可享受税收优惠，等等。企业如果对各种融资方式不做对比分析，不根据自身优劣势来合理选择融资方式，就会影响内部财务环境，最终加大企业融资难度。

四、企业根据财务环境合理进行融资决策对策建议

（一）建立健全企业内部制度及注重人才培养

如果企业需要保持良好发展状态，就应该完善内部财务环境，建立健全符合企业发展需求的内部控制制度、财务管理制度、信息化技术管理制度等。企业还应加强人才培养，根据需要设置专门的融资岗，融资专岗人员分析国内外经济形势、研究国家各项优惠政策。除了融资专岗人员，企业的高层、财务负责人也必须放眼未来，打破闭塞的局面，站高看远，及时学习财政政策、金融政策、税收政策，尤其是与企业自身发展相关的政策，充分利用国家各项优惠扶持政策，制订符合企业发展的融资计划。

（二）与银行等金融机构建立良好关系

金融机构包括银行、证券公司、保险公司、信托投资公司和基金管理公司等，向金融机构借款，需要企业申请，然后由金融机构审批，金融机构会对企业进行调查，需要企业提供有关企业现状、财务状况、现金流、盈利能力、偿债能力等方面的材料，在融资过程中，企业与金融机构保持良好关系，提升自身的沟通谈判能力，有利于了解最新贷款政策，加快融资进度，建立与金融机构长期合作关系，有利于融资顺利进行。

（三）提升财务管理水平

大多数企业都比较重视财务管理建设，财务管理质量也有所提升，但离高质量的财务管理水平还有一定距离，企业在财务管理建设方面还有提升的空间。企业的高层和财务工作者要重视财务环境对融资决策的影响，企业要鼓励财务人员从处理会计核算上升到管理会计层次，抽出更多时间关注最新政策。财务工作者应该不断提升专业能力，为高层管理人员提供企业各项财务数据、分析报告等，为企业管理层作出决策提供准确依据。财务工作者也应不断提升财务管理水平，与各部门保持良好沟通，参与业务经营过程，及时掌控资金动态，及时发现经营过程中的风险问题，作出准确分析，并加以控制，做到事前、事中、事后及时控制，改善企业的内部财务环境，为以后融资计划做好充分准备。

（四）合理预测资金需求量

企业应当科学合理地预测资金需求量，并不是融到越多资金越好，企业应根据投资及经营目标计算资金需求量，不管何种预测方法都应该和企业发展需求匹配，融集到过多资金，产生的收益无法覆盖融资成本，反而不利于企业利润成果。企业应根据经营状况编制资金需求计划、还款计划，避免过多或过少资金给企业经营带来不利后果，融集过多资金导致企业无法正常还款，企业与金融机构良好关系破坏，造成融资困难，影响企业可持续发展。

（五）合理选择融资方式

企业在面临多种融资渠道与方式时，应该选择多元化的，融资方式和渠道单一化，多少会存在一定的风险，不能把鸡蛋放一个篮子里。企业应当选择合适的融资方式，还应根据不同发展阶段，合理选择融资方式，在企业高速发展阶段，我认为这个时期没有必要向外举债，可以新增投资创造更高的价值。在企业低速发展阶段，可以考虑债务融资方式，筹集资金投入到企业的生产经营中，创造更大的价值和效益。因此，良好的财务环境有利于企业优化资本机构，降低融资成本。

五、结束语

资金是企业的血脉，大多数企业都想在资本市场中表现优异，因此需要更多资金发展创新业务，而企业在融资决策过程中，财务环境直接影响融资决策，良好的财务环境会促进企业可持续发展，因此，企业应重视财务环境对融资决策的影响，正确认识财务环境的内外部因素对融资决策的作用，企业应根据自身需要合理优化财务环境，实时关注内外部财务环境。企业在提升财务管理水平的同时，还应加强内部制度建设，培养融资专岗人才，提升整体财务管理水平，合理预测资金需求量，尽量使融资与投资保持平衡，企业还应选择恰当的融资方式，与银行等金融机构保持良好合作关系，全面提升融资质量，降低融资成本，从而实现企业价值最大化、利润最大化，实现企业整体战略目标。

参考文献

［1］汤礼华．论财务环境对企业融资的影响［J］．中国集体经济，2021（8）：139－140.

［2］周颖．基于财务环境的企业融资问题及对策研究［J］．中国乡镇企业会计，2020（12）：10－11.

［3］杜君．浅谈财务环境对中小企业融资的影响［J］．中国集体经济，2020（32）：99－101.

［4］郭振庆．论财务环境对企业融资的影响［J］．商讯，2020（29）：41－42.

［5］唐海燕．财务环境对企业融资的影响研究［J］．企业改革与管理，2020（18）：135－136.

［6］屠春燕．论财务环境对企业融资的影响［J］．现代商业，2020（26）：137－138.

（本文选自《投资与金融》2021 年第 11 期）

【论文解析】

1. 本文总篇幅较长，大约 5 000 字，具体分为五个部分，整体结构清晰、内部逻辑严密。

（1）首先概述了财务环境，主要分为外部财务环境（经济、市场、金融、法律）、内部财务环境（组织形式、管理体制、管理水平、经营状况），分别进行阐述，让读者对什么是财务环境有了基本认识。

（2）指出财务环境对企业融资决策影响的重要性，这部分相当于在建立分析对象（企业融资行为）与影响因素（财务环境）之间的联系，这一步非常重要，目的是为了引出下一步需要着重论述的“存在的问题”。

（3）第三部分内容，作者提出一个具备普遍性的问题“忽视财务环境造成的问题”并进行了分析。从多个细节展开，包括政策掌握不足、金融机构合作不顺畅、财务管理水平低对于融资的不利影响、资金需求预测不准的弊端以及企业选择融资方式的不恰当。这五个方面任意单独分析都有很多可以扩展的内容，属于比较容易引申、扩展的论据。

（4）针对第三部分内容，作者在第四部分给出了“对策建议”，分别从人才培养（总体应对）、良好的金融机构关系（对应第2点）、提升财务管理水平（对应第3点）、合理预测需求（对应第4点）、合理选择融资方式（对应第5点）。可以说作者非常有针对性地对第三部分内容进行了详尽的回复，做到了提出问题、分析问题并给出对应的解决策略这样的整体逻辑对应。

2. 改进。

本文立意较高，但是受限于篇幅（大约5 000字），很多可以具体深入展开的内容作者只是“点到为止”，并没有进一步地剖析及延展，这也让读者意犹未尽。因此，作者可以运用“发展性眼光”，深入探讨结合自身特点选择适合自己的融资方式等内容，让文章内容更加充实，让研究意义更加显著。

【案例四】

作业成本法在我国企业的应用研究

摘要：作业成本法是应经济发展而产生，与传统成本计算方法相比具有一定的优势，但其还是具有一定的适用条件。本文主要通过研究作业成本法的适用条件，探讨了作业成本法在我国应用的有利条件和不利条件。

关键词：作业成本法；有利条件；不利条件

一、作业成本法的比较优势

（一）反映的成本信息更加准确

传统成本计算法由于制造费用比重较大、计算笼统，成本信息可利用价值相对较差；作业成本法拓宽了成本计算的范围，不但提供了产品成本，还提供了作业成本、动因成本信息，为成本控制和相关决策提供了价值资料。此外，作业成本法还能对所有作业活动进行追踪动态反映，体现成本管理的范畴。

（二）提高产品的竞争力

我国传统的成本管理模式只注重商品投产后与生产过程相关的成本管理，忽视了投产前商品开发与设计的成本管理。作业成本法从一开始就特别重视商品设计、研究开发和质量成本管理，力求按照技术与经济相统一的原则，科学合理地配置相对有限的企业资源，不断改进商品设计、工艺设计以及企业价值链的构成，从而提高企业商品的市场竞争能力。

（三）便于企业绩效考核

在作业成本观念下，按作业设立责任中心，使用更为合理的分配基础，易于区分责任，减少成本的主观动因。作业成本法将成本控制的焦点更多地集中于作业的发生、产品的设计，而不是产品的产量。以产品的各项作业作为责任和控制中心，能促进成本分配的精细化，有助于成本的管理和控制。通过各作业层所提供有价值的成本信息，能明确增值作业与非增值作业、高效作业与低效作业，评价个人或作业中心的责任履行情况。

二、作业成本法的适用条件

作业成本法的产生是由于企业的制造环境发生了改变，因而在考虑采用作业成本法时，必须考虑企业所面临的各种环境，对于企业规模小、产品范围窄、间接费用低、作业类型不稳定的企业，则不宜采用。一般来讲，企业在存在下述条件时，可以考虑采用作业成本法：

（一）企业规模大及产品种类繁多

首先，在企业规模较大的情况下，可以有效地实行劳动分工和机器设备的专业化，从而大大提高工人和机器设备完成作业的质量和效率，降低原材料和活劳动的消耗，提高产品质量，使单位产品的成本大大降低；同时，大规模的材料采购和大量产品销售，使得单位采购成本和销售费用大大降低，降低了单位产品负担的研究开发费用和一般的管理费用。其次，在产品种类繁多，各种产品耗用作业量不同的情况下，采用作业成本计算方法，先将制造费用按作业中心归集，然后根据各种产品消耗作业量的不同比例向产品进行分配，才能使计算的产品成本比较正确，从而帮助决策者作出正确的决策。

（二）制造费用比重大

作业成本计算法主要是为了解决制造费用传统分配方法的不合理而产生的，随着科技和经济的发展，产品成本中间接费用的比重大幅提高，且与产品的生产工时的直接相关性大幅降低，并不随其增减而增减，采用传统成本计算方法，必然造成成本计算不正确，进而影响决策的效果。

三、作业成本法在我国应用的有利条件

（一）企业有提高决策水平、降低产品成本的内在需要

在作业成本法下，可用成本动因来解释成本性态，以避免在决策时只考虑短期变动成本而忽视长期变动成本，从而更好地衡量不同方案间的差别，有利于提高决策的准确性。运用作业成本法对作业的增值性进行分析，去除其中的“无效作业”，尽可能消除“不增值作业”，可以降低企业的耗费，减少产品的成本。在降低产品成本的同时，作业成本法还可以促进企业改善高资源消耗、高废品率等问题，促进企业解决由于资源浪费而对环境造成的污染问题。

（二）企业管理水平逐步提高

随着我国市场经济体制的不断完善，企业生存意识、效益意识和管理意识日益增强。很多企业吸收了全面质量管理、适时制生产方式等先进的管理方法，内部管理制度的设计和执行实现了质的飞跃，并进一步建立健全了成本控制和核算制度，对管理会计等先进的管理理念和方法也进行了深入研究和应用，与我国实际相结合的企业管理模式已经在逐步建立、完善。这一切均利于企业接受作业成本观念，积极主动地采取作业成本管理。

四、作业成本法在我国应用的不利条件

（一）间接费用所占比重不大

目前，我国企业类型仍以劳动密集型为主，企业产品成本的结构仍以直接成本为主。

企业的间接费用以折旧费用为主，在产品成本中所占比重不大。

（二）生产管理水平仍不高

中国式生产管理模式以“产品为中心”组织生产，以“生产调度为中心”控制整个生产，带来了成本意识差、生产管理观念和理论落后、企业管理人员素质不高、生产管理范围窄、生产控制弱、生产准备和组织不够合理等问题。

（三）领导重视不够

我国大部分企业单位领导对作业成本法知之甚少，还谈不上重视。

（四）人员素质参差不齐

会计人员是实施作业成本法的核心，所有员工的积极参与是作业成本法成功的基础。一些会计人员认为作业成本法可能对他们已经建立起来的工作构成威胁。

（五）与现行会计准则和会计制度相冲突

目前，我国实务中的成本计算方法采用的是制造成本法，作业成本法虽具有科学性和合理性，但尚未获得我国有关会计准则和现行会计制度的认可。

参考文献

［1］丁金斌．作业成本法为何难以实施［J］．财会月刊（会计），2005（9）．

［2］孟焰．西方现代管理会计的发展对我国的启示［M］．北京：经济科学出版社，1997．

［3］李继军．作业成本法的应用障碍分析［J］．特区经济，2005（8）．

［4］朱霞．作业成本法对企业成本管理的影响［J］．科技创业月刊，2005（10）．

（本文选自《管理观察》2009 年第 28 期）

【论文解析】

1．选题。

管理会计中作业成本法是高会中比较小众的一个题目，成本管理对企业来说是非常重要的。作者选择用管理会计作业成本法和传统的成本法进行比较，更突出了管理会计在企业中的重要性；同时还写出了作业成本法的有利和不利的条件，能更客观地分析作业成本法。但是作者选的这个题目很大，并没有把作业成本法与企业的实际情形相结合，有种作业成本法高高在上的感觉。

2．思路。

论文中全面介绍了作业成本法的优势、适用条件，有利条件和不利条件，这些都是一些概念性的问题，并没有真正表明作业成本法在企业中如何应用这一核心问题。作业成本法和传统的成本核算相比，最大的优势是对成本核算更准确，由此对资源的分配也会更严格。作为财务人员要了解生产过程的重要流程，作业成本法没有固有的模型，是根据企业的情况量身定做的，如果用通用的模型来套用作业成本法，那么作业成本法就失去了它的意义，无法准确地核算出商品的成本。

3．改进。

作为财务人员，我们要从办公室里面走出去，真正融入到业务中去。了解生产车间的每一个生产工序，了解车间员工的工作流程，然后根据资源分配到作业中，再根据作业分配到成本中。作业成本法会随着商品工艺的改进而进行调整，这样计算出来的成本才会更接近真实的成本。作业成本法还要了解每个环节哪些是增值作业，哪些是非增值作业，针对非增值作业还要进一步分析，哪些是可以减少或降低的，作业成本法最终的目的是帮助企业降低成本，如果成本控制在合理范围内，会大大提升企业在市场的竞争优势。

这些在论文中都是没有体现的，作为财务人员，如果能够把作业成本法从定性分析改成用数字说话就会更具意义。比如企业未使用作业成本法时商品的成本是 80 元/件，改用作业成本法时商品的成本是 60 元/件，总的来说，能够帮助企业降低 20 元的单件成本，提高了 100 万元的利润，增加了 70 万元的现金流。

【案例五】

企业如何加强固定资产管理

摘要：“谨慎终初始，则无败事”，指的是一些人在做事情的时候，总是不注意细节，认为自己即将大功告成，不再像刚开始那样谨慎做事，小心前行，结果导致功亏一篑，失败而归。企业的固定资产管理要以史为鉴，管理上有始有终，讲究方法，不断完善管理措施，为企业的资产管理打牢基础。文章分析了企业固定资产的内涵，探讨了固定资产管理中存在的问题，并对如何慎终如始，从一而终，坚守底线思维，兢兢业业，脚踏实地地做好企业固定资产的管理工作提出了相关建议。

关键词：企业；固定资产管理；问题；对策

改革开放 40 年来，我国经济社会取得了突飞猛进的发展，企业的固定资产也以数倍、数十倍甚至数百倍地增长，因此，加强固定资产管理已经成为企业一项十分重要的工作，必须利用“互联网 +”、大数据、云计算等高科技手段进行严格管理，才能确保固定资产管理水平跟上时代的发展。

一、关于企业固定资产的内涵分析

企业的固定资产是企业生产经营中所需要的主要资产和企业的劳动手段，一般是指在生产、劳务、出租抑或是经营管理所持有的，价值达到一定标准，同时使用时间在 12 个月以上的非货币性资产。其包括建筑物、房屋、运输工具、机械、机器抑或是其他的工具、器具、设备等。

从会计层面上讲，固定资产分为生产用、非生产用、融资租赁、租出、未使用、不需用、接收捐资捐赠等类型。从税务层面来看，固定资产确认则是指：（1）使用年限超过了一个会计年度的与生产相关的器具、设备、工具，如机器、机械、运输工具等；（2）使用年限超过 2 年的不属于生产经营主要设备的物品；（3）使用期限较长；（4）单位价值大。

二、目前企业固定资产管理中存在的一些问题

（一）相关领导重视不够，员工固定资产管理意识淡薄

首先，一些企业领导往往认为只要工作需要，就应该具备，该买的就去买，该添置的就一定要添置。特别是在一些经济效益好的单位抑或是经济发展形势快的企业，这种现象更为突出，只要相关车间、科室、工段提出生产或者工作需要，领导大笔一挥，就批准去购置。固定资产的特点是单位价值高，使用周期长，并且涉及到许多环节，比如预算、资金、购置、库存、使用、维护、保养以及投资、处置、报废等，但是领导往往只关注眼下是否能用得上，至于之后的环节抑或是利用价值等，全都可以不闻不问。在很大程度上影响了固定资产使用的效率和资金利用。其次，员工对固定资产不珍惜，认识不到爱护和保养固定资产的意义，一般都认为不是某一个部门或者单位在使用，更不是自己一个人在使

用。因此，此一时彼一时，只要当下我可以使用，不影响我的工作开展就可以了，至于下次是否还可以再用，就不是我关心的问题了。这样的状态下，固定资产的状况可想而知。最后，各职能部门管理脱节，互相推诿。一些企业往往认为固定资产的管理是财务、设备、资产管理部门的事，与其他单位无关。采取“事不关己，高高挂起”的态度，对自己有利了就来争一块蛋糕，需要自己出钱出力或者承担责任了，就互相扯皮，互相推卸责任。结果导致国有资产损耗严重，管理混乱。

（二）缺乏必要的固定资产管理制度和管理手段

固定资产涉及预算、购置、投资、使用、维护、处置等多个方面，具有非常复杂的流程，同时需要财务、审计、国有资产、物流、招投标、人力资源等各方面的企业职能管理部门大力协助、积极配合方可落实。但是，目前的现实状况是，许多企业没有一个完善的固定资产管理制度和有效的管理手段，造成政出多门，谁都说了算，谁说了也不算。各行其是，各管一段；需要时大家都伸手，不需要时一推了之。结果出现固定资产盲目构建，盘盈不入账，资本性支出挤占了生产成本，维修费用支出虚列，以及固定资产闲置严重、处理不及时等问题。

（三）管理人员素质不高，业务水平低，难以适应新时代发展的要求

固定资产管理涉及诸多方面的知识，特别是随着时代的发展，固定资产越来越体现出高科技含量，对管理人员的知识结构提出了计算机、财务、审计、工程技术、验收、资产盘查、投资预算等各方面的要求，但是由于历史的原因，企业的固定资产管理人员队伍往往只能应付登记、入账等传统的保管模式，工作条件不佳，也没有外出学习、提高的机会。同时，由于编制有限，许多企业的固定资产管理部门，管理人员大都是“一个萝卜顶好几个坑”，一人多岗，互不钳制，由于关系复杂、责任不清等问题，结果导致管理混乱、账实不符。因此，现有的固定资产管理人员已远远不能适应新时代、高科技对其知识结构所提出的要求。这种问题在中小企业表现得更为突出。

（四）在固定资产内控方面，存在着比较大的隐患

在固定资产管理中，有许多职务分离的要求与规定，例如，涉及使用部门的提出购置申请的必须是使用部门，不能是建设部门或者采购部门；审批人要与请购抑或是建造者相分离；资产使用人不能既使用又记账；资产盘查工作必须由保管、使用人员之外的第三方人员担任；资产报废的审批人不能是资产报废通知单的编制者，等等。但是在实际工作中，由于各种原因，缺乏钳制、管理混乱的现象很多，岗位不分离，一人兼职多个岗位，既是领用人，又是保管者；既能做账，又能审核；账账不符、账实不符等问题严重，造成大量的国有资产流失。

三、如何采取有效措施确保固定资产安全

“靡不有初，鲜克有终”，慎初而未能慎终，往往容易酿成憾事。随着经济社会的快速发展，企业的经济总量也逐日剧增，对固定资产能否安全、有效地进行管理，已经成为企业管理层日益关注的问题。“攻城容易守城难”，稍有不慎，就会将企业在市场大潮中搏风斩浪取得的成效付之东流。因此，如何建立科学的固定资产管理制度和严格的管理规范，是摆在我们企业管理者面前的一个重要的问题。

（一）企业领导要高度重视固定资产管理

企业越是快速发展，越是要“两手抓，两手都要硬”，一方面，抓好生产，增加经济效益；另一方面，要告诫全体干部和员工，“其兴也勃焉，其亡也忽焉”的道理，必须从小做

起，从身边做起，坚守底线思维、红线意识，珍惜企业的“每一滴水、每一度电、每一个螺丝钉”，严格按章办事，对固定资产的每一个环节，都要把好关，做好账，杜绝一切可能产生的风险。要成立固定资产领导小组，由分管财务、固定资产管理的企业领导担任固定资产领导小组负责人，由财务、固定资产管理、纪检、审计、人力资源管理等部门负责人担任组员，定期抑或不定期地对企业的二级单位和科室开展检查，详细了解固定资产的库存、使用、报废情况，发现问题，及时解决，杜绝可能存在的风险苗头。

（二）要建立健全科学、有效的固定资产管理制度和管理手段

建立严格的规章制度，一切工作以制度为准，就会减少固定资产管理混乱的现象。首先，把好固定资产的验收、资本支出预算以及固定资产的入账控制，将固定资产分门别类是指建立各种账户，逐一记录。其次，利用单独的卡片，将各种资料，如购入时间、资产价值、计量单位、估计残值以及使用与保养情况等都要进行详细的记录，方便日后的维修与处置。第三，要在一定的时间内及时核对控制账户，盘点账实情况，如有差异要及时提示有关部门并上报分管领导，避免风险发生。第四，固定资产要由专门的维修人员进行日常保养，及时作出预算，定期开展维护；同时，对在使用中发现的问题采取维修或大修，并进行记录。第五，固定资产的折旧与处置，要根据税务部门的相关规定，聘请具有专业资质的技术人员与财务、审计等方面的人员进行评定后再做处理，从而保证固定资产使用年限有残值估计的科学、合理性。

（三）利用各种学习方法和手段，切实提高固定资产管理人员的整体素质

“打铁先得自身硬”，做好固定资产管理最重要的一个环节，就是管理人员自身必须具备比较高的素质，不能是什么也不懂的“门外汉”。因此，要采取各种学习方法与手段，尽快提高管理人员的内涵，要组织他们认真学习计算机、财务、审计、验收、预算、工程技术、房屋建筑、评估等方面的知识，掌握更多的技能。不是让每一位管理人员都成为专家，但是要让他们成为综合素质比较高的内行，从而适应新时代发展的要求。

（四）要将现代化的计算机大数据技术手段引入固定资产管理，提防风险

在做好账目、卡片等传统的管理模式的同时，要利用现代化的高科技手段，与企业的大数据、云计算平台联网，将固定资产的详细数据输入电脑，从购置申请、审批、采购、入库、使用、维护、盘查，直至报废、处置等每一个环节、每一个流程，都要尽可能详细地逐一录入，从而使每一个相关责任人、每一个部门和企业高管都能够对相关的信息开展实时监控，从而能够及时发现问题，采取防控，杜绝风险发生。

四、结语

无数事实证明，成功往往得来很不容易，但是丧失好不容易取得的成果，却是一夜之间的事情。固定资产管理也是这个道理，君不见，在我们身边，大笔资金买回来的设备、机械、工具，运回来扔在路边，风吹日晒，多少年无人过问，有许多甚至还没有开包，就直接报废了。做事如不慎终，必然会功亏一篑。因此，我们必须将做好固定资产管理放在对企业负责、对社会负责、对人民负责的高度来抓，坚持不懈地抓小、抓细、抓长，始终兢兢业业，脚踏实地，做好固定资产管理中的每一个环节、每一道工序，真正解决“最后一公里”的问题，从而确保企业闯关夺隘，行稳致远。

参考文献

［1］张辉．加强企业固定资产管理工作的思路研究［J］．财会学习，2018（31）．

［2］杨巍．企业固定资产管理问题探究［J］．中国商论，2018（30）．

（本文选自《中国集体经济》2019 年第 23 期）

【论文解析】

作者选择了固定资产这个主题是很好的，固定资产是由企业的投融资决定的，固定资产管理得好可以提高企业的经营效率，降低企业的固定成本，固定成本降低了，存货的单位成本也会随之下降。不仅能降低经营风险，还能减少公司的现金流出，减少融资金额。如果作者选题的时候能够说明企业为什么管理固定资产，核心的目的是什么，帮助企业解决什么问题，该文的研究效果就会更加突出了。

【案例六】

广电行业应收账款管理存在的问题及对策

应收账款指的是企业在正常经营过程中从销售单位收取的销售商品、产品和劳务的款项，包括购买单位或服务单位应缴纳的税款和各种运输工具买方支付的杂费等，其实就是客户的应付款项。对于广电行业来说，发票开具时增值税等税金于当月上缴，广告投入完成时其相应成本及税金已经支出，而广告款却没有同步进账的话，就会形成应收账款，虚增账面上的广告收入，从而虚增账面上的利润。应收账款作为流动资产，如果不能及时追回，就失去了流动性，由流动资金变成了较长期固定性资金，降低资金使用效率，影响企业的正常运营。

关键词：广电行业；应收账款；存在问题；对策

一、广电行业应收账款管理存在的问题

（一）广告合同的管理不够完善

广电行业中很多企业往往为了增加广告业务量，对客户的赊销条件太过宽泛，审批权力不集中，在对客户的资产状况、还款能力、财务情况、信用等级并不了解的情况下，业务人员根据自己的主观判断，事前口头请示部门领导，事后不办理审批手续，对经常往来的客户只达成口头协议，并没有在合同中予以体现，导致了应收账款逾期的发生，还有一些信用等级较低的客户也很容易就获得赊销，加大了坏账风险，甚至会因找不到债务人而无法追讨，造成损失后不好划分责任。所以业务部门在和客户签订广告合同时要有书面的合同协议，在合同中设置保护性条款，才能保障自身的合法权益。

（二）对应收账款的财务分析不够

广电行业中有些是自收自支事业单位，业务人员根据客户需要到财务部门开具发票，财务部门按照已经开具的发票进行广告收入和应收账款的账务处理，但对应收账款缺乏分析，没有向业务部门及时提供有关客户的应收账款收回情况，越拖越久，收回难度越来越大，就会造成企业拥有高广告收入额但是低利润的局面，导致企业资金短缺，影响企业的资金循环以及正常运营。

（三）相关部门的考核制度不合理

广电行业由于受广告竞争激烈的影响，一味注重广告收入额的增长，而忽视了能否及时收回所欠的广告款，对业务部门的考核主要是将业务员的业务提成与当期广告收入挂钩，使得业务人员为完成广告任务，按照客户要求开具发票，并没有及时催款。这样的考核制度并不合理，业务人员在事先没有认真对客户信用情况进行全面调查的情况下，盲目对外赊销，进而企业应收账款越来越多，再加上对长期不能收回的广告款缺乏相应约束制度，

追款责任不明确，业务人员调离或转岗时不追究其追款责任，导致大量应收账款不能及时收回，甚至变成坏账，这也使得一些业务人员有机会利用工作上的漏洞侵占广告回款，从而侵害企业利益。

二、加强应收账款管理的对策

（一）建立专门的监管部门，加强广告合同管理

要想减少坏账损失，从源头上也就是签订合同时就要做好风险防范工作，建立专门的监管部门，加强对广告合同的管理。监管部门在业务人员选择客户、签订合同以及客户回款的全过程中加强对客户的信用监管，事先调查分析客户的信用情况并做详细记录，根据客户的社会信用度和偿债能力高低，关注客户的运营状态，确定客户方是否盈利，对客户的信用风险情况进行合理的评价，及时反馈给业务人员，业务人员在同客户签订合同时，要保持严谨的态度，尽可能在合同中设置保护性条款，这样企业可以根据合同的规定享有自身的权利，防止发生信用欺诈。应收账款的管理需要建立专门的监管部门来加强对广告合同的管理，并且和业务部门之间互相合作，相互提供信息，做到事前对应收账款加强风险防范工作。

（二）加强应收账款分析

财务部门应该对应收账款加强管理，采取账龄分析法来定时分析应收账款的结构、账龄等情况，及时反馈给业务部门，以方便其及时和客户对账并催收。账龄分析法，是根据应收账款账龄的长短来催收账款的方法，账龄从债权发生日起计算，即发票开具之日。账龄指的是应收账款的持有时间，它是评估应收账款的风险和时间价值损失的主要依据之一，也是坏账准备的计提基础。通常来说，应收账款的账龄越长，变成损失的可能性也随之增加。广电行业中很多企业没有意识到应收账款账龄分析的重要性，导致账面上应收账款余额较大，尤其是一些由于原业务人员离岗、客户的经营状况变化等导致长期挂账的呆账死账没有及时处理，所以要对应收账款进行全面梳理，按照账龄长短进行分组分析，采取分级管理的方法，将逾期或者快要逾期的账款整理出来，确定需要催收账款的轻重缓急，明确重点清收目标，使收不回账的损失降至最低。应收账款可以分四级管理：（1）对于在信用期内的应收账款由业务部门对客户进行沟通、礼节性催收等策略；（2）对于逾期180天以内的应收账款由监管部门严厉催收；（3）对于逾期180～360天内的应收账款通过诉讼等法律手段进行最终清收；（4）对于超过360天的应收账款就由财务部门作为坏账准备处理。

（三）完善应收账款回收考核制度

广电行业中有些企业对业务部门的考核制度不完善，导致企业内部责任不清、奖惩不明的局面，一定程度上助长了大量应收账款的形成，加大了企业的经营风险。为了防止业务人员片面追求完成广告任务而盲目销售，要制定严格的应收账款回收考核制度，业务人员的业务提成要和应收账款的最终回收数额以及回收时间挂钩。对以后年度的应收账款实行应收账款回收考核制度，对应收账款努力回收作出贡献的人员进行相应的奖励，对应收账款的追回不负责任的适当惩罚，以提高相关人员对于应收账款催收的积极性，减少应收账款坏账的可能性。

三、结束语

综上所述，对广电行业来说，要适应市场经济大环境，提升自身竞争力，就要加强应收账款管理，合理利用应收账款能够增加广告业务量以及促进利润增长，但如果不及时回收而形成坏账，就会给企业带来经济损失，所以应收账款管理是一项很重要的工作，它的管理是否完善直接影响着企业的发展。应收账款的管理需要各个部门相互配合，事前监管

部门要对基础的合同协议以及客户的信用进行监督，事中财务部门应该定期及时地对应收账款进行账龄分析，并反馈给相关业务部门，事后完善应收账款回收考核制度促使业务部门及时催收。只有加强应收账款的管理，才能加快资金的回收，减少应收账款的资金占用，增加企业的效益。

参考文献

金航宇. 企业应收账款管理相关问题及对策［J］. 时代金融，2018（29）：143.

（本文选自《财经界》2020 年第 13 期）

【论文解析】

作者选择了应收账款进行分析，应收账款对企业来说非常重要，是资金循环的最后一个环节。如果应收账款在账上挂的时间太长，会降低收入的质量导致企业实际的利润和账上的现金差距很大，如果应收账款太少，表明企业赊销条件比较苛刻，会影响企业的销量，增加经营风险，进而失去市场机会。应收账款的多少主要在于财务人员对“尺度”的把握，既要提高资金使用效率，降低机会成本，也要保障公司正常的销量，防范经营风险。

【案例七】

在管理会计理念下促进业财融合的措施

摘要：随着计算机信息技术应用的发展、财务管理软件的优化与提升以及现代化管理的需求，传统的会计工作也在发生着质的变化，传统会计工作的价值在企业价值链中的增值份额有待提升，业财融合的需求越来越明显。本文通过分析传统会计与管理会计工作内容及产生价值的不同，业务和财务的基本困惑等内容说明业财融合的必要性，并最终给出在管理会计理念下推行业财融合的措施。在当今的危机时代下，企业在解决危险处境的过程中要及时推进业财融合，把握机会，创造更高的企业价值。

关键词：管理会计；业财融合；价值

一、引言

（一）传统会计与管理会计的区别

传统会计以事后核算为主要工作方向，起到数据统计和报表整理的作用，隔离于其他兄弟部门，不能及时沟通了解其他部门的需求，有时候还会拖累其他部门的进度，无法有效应用财务部门拥有庞大而准确的一线基础数据这一优势，不能从庞大历史数据中快速整理出预算数据，对决策层支撑力不够。

管理会计拥有强大的专业财务能力，同时又具有扎实的业务根底，充分了解财务工作的规范条例和业务工作中的灵活多变的个性需求。明确知道财务、业务双方的痛点，并能在项目中及时提出调和性方案，能在项目实施的每个阶段为业务部门提供专业的支持和指导，帮助业务部门实现成本最优化和效益最大化。整个管理会计团队，能以自身强大的数据统筹能力为公司决策层提供准确的数据支撑。

（二）管理会计在企业工作中的定位和功能

管理会计在企业中更多地偏向于企业的管理和决策，就企业现有情况提供战略建议和规划，并对各部门提供详细的数据支撑和有力的配合与管控。

管理会计以专业的财务能力，事前测算项目所需资源和重点难点，并提供项目实施大纲和操作细则，提前预知并警示可能出现的危机，让业务人员在业务过程中做到胸有成竹。实施过程中及时发现与预期的偏差，并给出相应的建议解决方案，为公司平稳发展保驾护航。在项目结束后，及时对整个项目进行审核，分析项目过程中问题出现的原因，预防下次类似事件的再次发生，分析当时应对措施中有效部分及需改进方面，并对项目整体出具总结报告，为公司持续发展提供数据支撑。

（三）业财融合的必要性

随着经济的快速发展，企业内财务和业务部门之间的相互独立的管理模式已不能满足企业发展的需要，制约着企业各部门的工作效率和产出。为了改善这种情况，就需要同时拥有专业的财务能力和扎实的业务能力的人和组织出现，从而推动了业财融合的产生。业财融合，要求财务部门了解业务部门的基本业务工作，同时业务部门也需要知道财务工作的基本要求，双方彼此了解，多沟通，通过财务部门有力的数据支撑来提前预知和解决业务部门已有或者可能遇到的问题，以此来节约资源，提升效率，为企业价值最大化贡献应有力量。

二、在管理会计理念下推行业财融合的原因

（一）当前情况下，业务人员对财务工作的认知是基础、无价值、挑刺

之前很长一段时间，在业务人员认知里，财务人员就是简单的记账、报销，并不具备其他功能。业务人员大多是专攻业务技能，极少涉猎财务知识，甚至是对最基本的财务知识都不了解。再加上各企业财务人员的工作重心也都放在记账、核算、整理报表等基本财务工作上，对财务部门管理会计原有的企业增值功能和决策支持功能不够重视，使得财务人员在工作中过分依赖和遵照财务方面的各项准则，忽视了业务工作中的灵活性要求，不能很好地理解业务工作中出现的难点、痛点，更是无法为之提供有力的数据支持，甚至是因为坚持财务条例的规定，间接阻碍了业务工作的进展，导致业务部门对财务工作不理解。

（二）当前情况下，财务人员对业务人员的抱怨是无流程、不合规

现有情况下，财务部门的从业人员多是财务专业毕业，常年从事专业的财务工作，极少有业务从业经验的财务人员存在，至于对业务工作非常熟练的财务人员，更是凤毛麟角。同时，业务人员在工作中，自由化和盲目化严重，不了解财务方面的各项准则，忽视了业务工作中的规范性要求，使得相应的财务工作展开极为困难。再加上业务工作中重结果、轻过程、疏于管控原因，极易造成业务成本的急剧增加甚至是严重超标，在最终审核之时，因为成本控制和价值产出的原因，多会出现财务和业务部门的争执之声，业务人员满腹委屈，财务人员抱怨连连。

（三）管理会计工作对业务产生的价值

业财双方工作上缺乏沟通、各自为政，心态上的自我主义和互不理解，极大地消耗了公司资源，严重阻碍了公司发展。而这些，是由于现有公司管理会计功能的缺失，导致业财融合迟迟不能推进而产生的。

管理会计的目标，就是运用管理会计的相关工具，调用自身具有的财务和业务方面的详细数据资料，以战略规划为导向，以引导和管控为手段，不断地创造财务增值，其过程要深度结合业务工作的相关流程，不断以财务工具和方法，将财务业务有机结合，实现业财融合，共同推进，最终实现公司整体价值的提升和战略的发展，其价值创造能力是传统

型会计欠缺的。

三、在管理会计理念下推行业财融合的措施

（一）管理会计要有坚定的信念来推进业财融合

思想决定行动，要实现业财融合，首先要求管理会计自身要有坚定的业财融合信念。思想观念的转变最为艰难，而管理会计又是公司业财融合最有力的手段和推力，只有管理会计切实地认识到了业财融合的必要性，树立了坚定的业财融合信念，跳出传统财务的局限，从公司全局甚至全行业来考虑问题，才能真正用心地进行业财融合的工作，促使业财融合工作的快速落地。

（二）管理会计要充分运用现有财务优势来推进业财融合

财务部门的基础工作包含公司的各个环节，无论是原料采购、生产管理、产品销售，还是员工管理等，财务部门都有详细准确的数据。管理会计应该充分利用财务部门这一优势，积极调用各项数据，充分了解并掌握公司各环节步骤的需求，以此为基础，制作完整实用的相关制度和守则，在各项工作推进过程中，实施严密实用的过程管控，依托众多一线业务人员的手，将管理会计的工作落实在一线的每个环节中，切实做到一线的业财融合。

（三）管理会计要学会运用新的手段来推进业财融合

计算机信息技术的快速发展，大数据时代的来临，为业财融合工作提供了新的方法和手段。管理会计人员，可以利用先进的信息技术工具，更加快速地将管理会计工作深入到业务人员之中，并将财务分析数据及时地反馈给业务人员，实时帮助业务人员提供有力的数据支持和协助其做好过程管控。管理会计要及时将业务人员的最终业务结果数据与系统中抓取到的相关数据进行对比分析，发现过程中的不足，使用行业先进方法和技术，促使本公司财务、业务尽快形成大融合，建立本公司现代化的业财融合数据库，并不断地补充修正，使业财融合形成良性循环，同时也反哺管理会计的共同进步，并为决策层提供决策的数据支持和决策建议，促进公司的持续健康发展。

（四）管理会计依据其财务和业务能力，带动业财人员互相深入学习，推进业财融合

要实现业财融合，必须促进业财双方相互了解彼此的工作难点和需求，而要促进双方的互相学习，要求管理会计自身要有过硬的财务功底和业务能力，同时要求管理会计要具有强大的沟通协调能力，能听取和吸收各方面的不同意见，协调和调用公司各项资源，优化配置，解决公司各部门之间的摩擦和各部门遇见的困难，成为公司业财融合工作的“引领者”和“润滑剂”，这样在工作过程中才能真正做到查漏补缺，游刃有余。

公司的业财融合如果仅靠管理会计，不但工作量大，而且见效慢。业财融合，需要的是全公司所有人整体联动，只有这样，才能促进业财快速融合。管理会计人员，本身具有业务和财务双能力，在公司业财融合过程中，要及时运用自身技能手段，带动其他人员，学习相关的财务或者业务知识，要有计划地对各部门进行财务知识培训，提升大家的基础财务能力，更要把各部门的业务工作需求及时反馈到财务部门每个成员手里，让财务部门真正了解业务的需求和难处，以此培养每个人的业财融合能力，切实地将业财融合落实到公司每一个成员身上。

（五）管理会计参与到决策和战略制定工作中，来提升公司整体效益

公司的战略制定和高层决策，决定着公司的方向，影响着公司的前途。当前企业的高层，由于缺乏强有力的数据支撑，在战略和决策制定时，往往有“有力无处使，眼前一抹黑”的感觉。管理会计掌握着公司的大量翔实数据，不应该将数据仅仅是作为数字留档，

更多的是要积极地参与到公司的决策和战略之中，要拥有数字敏感度和行业嗅觉，能从庞大的内部数据和网络信息中，整理分析出公司决策层需要的数据资料，从而为公司的高层决策提供有力支持。

业财融合前，公司现有的运转模式下往往导致了很多潜在的价值被埋没，管理会计要能在业财融合过程中，发现隐藏的潜在价值点，深度挖掘，找出蓝海业务的存在，为公司创造新的价值增长模块。

四、结束语

业财融合，是一个持续进行且不断优化的过程，建立一个符合本企业需求的业财融合体系，不是一朝一夕的事情，前期融合完成之后，还需要后期的不断调整和持续优化。若是仅仅满足于初期的融合结果，必然会导致后期不断出现新的问题而将成果打破。管理会计要想真正建立业财融合体系，必须紧跟时代发展，运用先进的大数据、云计算的技术，结合自身企业的优势和特点，将企业的业财融合打造成可持续自动优化的业财融合生态链，以现有业财融合结果，结合不断出现的新技术，持续推进业财融合向更深层次发展，如此生生不息，方可屹立不倒。

当下时代，是最好的时代，也是危机时代，有危机的同时也存在巨大机会。当代企业要谋求更好的发展，企业决策层和管理会计人员必须树立危机意识，紧跟时代脚步，调用各项资源，促进业财融合尽快完成和不断优化，从而才能不断地降低成本，规避风险，创造企业价值。

参考文献

[1] 陈红英. 业财融合下的管理会计技能应用 [J]. 时代金融，2019（3）：57 +62.

[2] 王诗贻. 业财融合趋势下管理会计转型研究与发展前景 [J]. 知识经济，2019（9）：87 –88.

[3] 丁华，廉宏达. 基于业财融合的管理会计转型研究 [J]. 北方论丛，2018（6）：141 –145.

[4] 杨忠海. 业财融合充分发挥管理会计在企业价值链中的增值作用 [J]. 中国总会计师，2018（12）：68 –69.

（本文选自《大众投资指南》2021 年第 19 期）

【论文解析】

1. 题目。

（1）作者的选题题目中，“管理会计”及“业财融合”都是当下的热点财务话题，比较新潮。管理会计目前是国家会计理论及财务行业提倡大力发展的一个方向，也是目前及未来传统会计转型的必然趋势。而“业财融合”也是随着市场经济发展、企业为适应外部发展需要，企业内部需要管理创新及优化的必然结果。这不仅给读者启发——评审论文写作要紧跟“热点选题”，也是体现高级会计师综合水平的重要方面。

（2）理论联系实际。如果将题目主旨进行抽离只看结果的话，可以把题目理解成：“在××理念下促进××”，设定好了依据基础，在这个基础上对某项实际工作的指导，一目了然，这是高级会计师论文选题的常见思路。

2. 结构。

（1）摘要。描述了现在企业发展内部软件的落后及变革的紧迫需求，紧扣标题，为后面正文的详细展开作铺垫。

（2）引言。通过三个部分描述了现在企业内部发展的现状。一是传统会计与管理会计的区别，先简要分析了传统会计的落后及不足，无法支撑现代化企业的发展。然后对管理会计的优势及作用做了简要概述；二是管理会计在企业工作中的定位和功能，对管理会计是做什么的，针对在企业业务及发展流程中的哪一个环节发挥着作用，并在这些环节中是怎样发挥它的优势，以及起到分析问题、预防及改进的总体性作用；三是业财融合的必要性，传统的旧模式下已无法满足企业的需要，实施业财融合的优势。这部分内容都可以看成是对核心主旨思想的铺垫，为引出后续主要观点打下扎实基础。

（3）正文第二部分，是在管理会计理念下推行业财融合的原因，这部分其实已经是在表述作者自己的主旨观点了。一是当前情况下，业务人员对财务工作的认知是基础、无价值、挑刺，站在业务人员的角度，描述对传统财务人员的定位及看法，业务人员自身缺乏财务知识，对财务人员的认识有偏差；二是当前情况下，财务人员对业务人员的抱怨是无流程、不合规，作者站在现在财务人员的角度，描述业务人员无章法、不遵守规则，造成财务工作的负担及成本；三是管理会计工作对业务产生的价值，简要描述了管理会计因为功能缺失推动受阻以及管理会计在企业未来战略发展中的不可或缺。

（4）正文第三部分，作者又进一步阐述了自己的核心观点，也就是在管理会计理念下推行业财融合的措施。此部分紧扣标题，从五方面来阐述。一是要有坚定的信念，从思想上要有变革的信心，坚定变革的信心；二是运用财务优势，充分利用财务在业务流程中的参与度制定更为合理的制度，调动业务人员；三是运用新的手段，利用大数据开展财务、业务分析，借用财务数据为业务提供决策支持；四是业财人员相互学习，整个企业中各个部门都需要参与到业财融合的变革中，需要全体员工的共同配合，而不仅仅依赖财务人员；五是管理会计参与企业的战略决策，充分调动管理会计自身的价值，为企业的战略发展决策提供强有力的数据支持及决策建议。总的来看，这一段的内容是在前面两部分的基础上进行了进一步的展开论述。

（5）结束语。简要总结业财融合的推进不是一蹴而就，而是需要一步一步地推进，步步稳扎稳打，是一个可持续发展的状态。

3. 总结。

本文整体逻辑清晰，引言中充分铺垫，然后部分展开分析原因，之后给出更为具体的建议或举措。这种结构给人以明显的“层层递进”的逻辑结构，这也是论文写作比较常见的一种方法，尤其是在论述“××促进××”或“××对××的影响”这种结构的选题时，值得我们借鉴。

【温馨提示】论文由于其特殊性，各省要求不一样，发表到出刊也需要一定时间，建议大家至少提前一年做准备。在安排时，尽量错开时间发表，选刊务必认准正规期刊，不要耽误评审。

若有其他疑问，请扫码进行免费咨询！

第十四章　面试概述及注意事项

第一节　面试概述

一、概述

高级会计师考试采用“考评结合”的方式，其中“评”就突出了整个评审过程的综合性特点。有些地区不仅需要编写业绩、发表论文，还有“现场答辩”这一临场性很强的面试环节，这就使很多想取得高级会计师职称的同学有了一定的畏难情绪。本部分内容大部分是从诸多高会评审面试经验中凝练总结得出的一些面试细节及应对技巧，希望读者能通过本部分知识的学习，充分调整心态，做好应对，顺利通过答辩。

从评审总体流程上看，在考生准备好相关评审资料后，需要将资料按级别报送到省人力资源与社会保障厅和省财政厅指定的经办部门。初审通过后，考生需要在规定时间到指定的地点参加高会答辩。具体的面试、答辩时间地点各地通知方式不一，有的是用短信通知，有的会采取发邮件或打电话等其他方式。各位考生一定要对面试答辩工作予以重视，提前做好准备，确保自己能及时出现在答辩现场。另外，因为各地答辩的细节要求也不完全相同，具体的答辩细节请以当地的正式文件通知为准。

二、评审答辩流程介绍

（一）自我介绍

具体是指介绍个人基本信息、学历学位、工作履历、工作成果等情况，此部分时间一般控制在4～5分钟。

（二）专家提问、考生回答

评审专家针对答辩人的业绩成果、学术成果、理论知识等情况进行提问。问题一般是3道左右，具体会根据现场答辩情况略有增减，主要围绕论文、业绩进行出题，其他则为延展性的问题。答辩人需要结合自己的实际情况进行作答。

【提示】具体答题时间请以当地答辩时间要求为准，希望读者注意。

（三）成绩判定

答辩评审组一般由3位评审专家组建，其中有一位是主评人。3位专家会在答辩过程中发表自己的意见，最终统一小组意见并打分/给出综合判定。

三、各地区答辩要求示例

（一）陕西省

参评人员携带身份证原件，按系统自动排定的顺序依次答辩，高级会计师提问答辩时间为10分钟（含专业实践介绍时间和读公共题时间），具体答辩流程如下：

1. 专业实践介绍。参评人员对本人近5年重大会计理论与工作业绩情况简要介绍，时间不超过3分钟。

2. 评委提问。参评人员回答评委提问。每个参评人员回答不少于2个问题。

3. 评委打分。评委依照评分标准，从专业实践、专业知识、专业技能等方面对参评人员的答辩情况进行评价。

4. 等待评审公示结果文件。

（二）贵州省

1. 答辩重点内容：会计专业知识、工作业绩、学术水平和获奖成果及论文、论著等情况。

2. 答辩时间要求为8～15分钟。

（三）天津市

1. 本人介绍（5分钟以内）。包括个人基本情况介绍，取得中级资格后的主要业绩介绍。

2. 回答专家关于业绩著作、论文（包括业务工作报告）等方面的提问（5分钟以内）。

3. 述职答辩顺序。述职答辩的时间及顺序将通过抽签决定，抽签将采用线上方式进行。先通过抽签决定分组，再抽签决定面试顺序和时间。

4. 述职答辩时不得携带、翻阅任何资料。

5. 答辩时，要抓住重点，简明扼要。

第二节　面试注意事项

一、答辩准备

（一）自我介绍编写要求

1. 大部分省份的自我介绍时间大概控制在3～5分钟，时间不宜过长，需要根据各省的要求把控好自我介绍时间。很多读者可能觉得自我介绍非常简单，仅仅是介绍自己就可以；其实作为评审现场答辩的考试，在现场给评审专家的第一印象、直观感受是非常重要的，尤其自我介绍时表述清晰、表达流利、内容完整且干练是非常重要的。所以需要把自我介绍提前准备好并反复练习，不要现场想起什么再说什么，不能打无把握的仗，更不能在答辩环节出现不必要的纰漏。

2. 高级会计师答辩自我介绍的基本框架，主要由基本情况介绍（学历学位情况、现任职务、荣誉获奖等）、重点业绩介绍（选几个具有代表性的）、学术情况、未来展望等方面构成，这种框架是较为常见也是较为详细的，尤其是没有时间规定的答辩省份可以采用此格式。若部分省份有单独的自我介绍要求，就严格按照文件要求准备即可。

3. 要想在时间有限的情况下，全面、完整地完成自我介绍，尤为重要的一点是，尽量把自己最优势的情况提前说，比如研究生毕业的院校或就职的单位在当地比较有名，或是职位比较高、职责比较重要，或是获得过什么荣誉奖励等内容。若以上内容亮点不好挖掘，那么一定要尽可能从个人的专业素养和综合能力角度出发，重点突出自己过往的业绩成果、论文成果，给评审专家留下良好的第一印象。

（二）自我介绍参考模板

非常高兴能有这个机会坐在这里，完成我的高会答辩！

首先，做下自我介绍：我叫××，中共党员，××年毕业于××大学，本科学历，××年取得中级会计师职称，自××年参加工作以来，一直在××公司中从事财务工作，迄今已有×年的财务相关工作经验，历任会计主管、财务经理、财务总监等职务，并获得多项荣誉称号。

其次，简单介绍一下近几年来我的主要工作业绩成果：

1. 在制度建设上，我主持拟定完善了《固定资产管理制度》《成本核算管理制度》等近十项财务管理办法，都取得了良好的实施效果。

2. 在成本费用管控上，我能够严格执行成本费用支出，做好各项成本费用与预算比较反馈，开展月度利润分析等，使得202×年公司全年成本费用占营业收入比的指标控制在××%以内，并在收入下降××%的同时，成本费用占收入比同期下降了××个百分点。

3. 在资产管理上，我参与了对公司截至2021年12月31日账面所有固定资产的清理和盘点工作，共计清理×××项固定资产，现已核销固定资产×××项，净值×××万元，为公司后续科学配置资源提供有效依据。

4. 在预算管理上，我注重强化对预算执行过程的管控，组织做好实际执行与预算指标的分析对比，及时反馈问题，按时做好绩效考核等，显著提高了公司预算的执行效率和质量。

5. 在财务分析上，我通过将财务报表作为管理工具，配合相关部门从销售、毛利、其他业务收入等角度对财务报表数据进行分析，为公司运营提出了有效的财务管控建议。

最后，作为一名党员，我在工作的各个方面都积极发挥先锋模范带头作用。近年来，我在单位对于内部控制体系的构建、风险管理、成本管理所做的工作还有很多，鉴于时间关系，我就不一一列举了。

综上所述，我在多年的财务工作中，掌握了较为系统的财务、会计理论和专业知识，能够高效处理各项财会问题。未来，我仍会继续增长有关航空系统财务管理、成本控制等方面的财务知识，使自己能够在财会工作中不断突破自我，作出更大的贡献。

（三）其他准备工作

1. 答辩者需要再次熟悉个人申报时提供的业绩相关资料，不需要背诵，重点是要清楚掌握所申报业绩的内容框架。例如，业绩中是否有关键指标或具体数据、具体数据是什么等，以确保在实际答辩中，可以准确回答评审专家有关业绩信息的提问。

2. 答辩者须再次熟悉自己所写的论文内容，具体与上述业绩重温原因一致，但需要特别注意的是，论文的信息量更大，总体可延展性更高。因此，可以尝试站在评审出题者角度，自我设置问题，再结合论文论点和个人工作实际，进行规范作答，以实现对答辩论文提问的方向性预判。

3. 答辩者还应该从增加自身答辩亮点角度出发，如重新温习高会实务考试范围内的理论知识，掌握重要章节要点，以确保能够准确回答专业理论相关问题；重点了解所熟悉行业领域的最新消息以及财务案例，增长个人实操能力，确保答题有的放矢。

【技巧提示】准备阶段，自己可以对着镜子做自我介绍，再进行自我提问并回答，能在一定程度上增强临场自信。

二、答辩现场注意事项及技巧

（一）注意事项

1. 守时很重要，切记一定要提前到场，如果无故缺席将会被取消评审成绩。

2. 适度带好相关资料，可在答辩之前再熟悉一下自己的业绩、论文等内容。

3. 答辩候场时，要及时将手机调至静音或关机模式，不要与其他人交头接耳。

4. 进入答辩室后，不要东张西望，立定站好、规矩作答。

（二）交流技巧

1. 在答辩交流过程中，要认真聆听评审专家的提问，明白评审专家要问什么之后再稍作沉吟进行回答。切忌打断评审专家的问题，强行插话，要表现出对评审专家的尊重，不要急躁。

2. 及时做好对评审专家问题的内容补充。因评审专家对答辩者所熟悉的领域，所常用的简称、行业或是公司所特有的词语了解度有限，会在一定程度上影响答案判断，此时答辩者可以酌情对关键词进行简要解释，让评审专家能够更加深入理解答辩者所表达的中心思想。

3. 不要直接与评审专家进行现场争辩。因评审专家在提出问题时，会有自己的答案预设，若答辩者的结论与评审专家的方向性判断存在分歧或不同，应先顺着评审专家的判断进行延展和补充，再提出个人的不同想法和见解，并表述个人对于同一问题不同解决思路的看法，以理服人。

4. 要学会引导评审专家沿着自己擅长的话题进行交流。如个人在对不太擅长的 A 问题进行回答的同时，可以把内容向个人擅长的 B 问题进行引申，充分论述个人的见解及问题解决建议，以能够赢得评审专家的好感度。

（三）仪容仪表

以良好的精神和衣着面貌参加答辩是对评审的基本尊重。如果当地答辩通知对于仪容仪表没有特殊要求，建议女士化淡妆、男士着装适度。

（四）心态调整

1. 提前做好心理建设，不要过分紧张，答辩时不要磕巴。

2. 注意控制答题语速，问题回答尽量简洁凝练。答辩时需要尽量让自己放松，但也需要注意回答问题一定要立足于高级会计师评审相关内容，不要把答辩现场变成聊天、扯闲谈，注意使用专业性财会用语。

3. 答辩态度需要真诚，谨记要“知之为知之，不知为不知”。如果评审专家提问的问题，涉及自己不擅长的领域，应及时告知评审专家，不能不懂装懂，或是强词夺理。也可以尝试引导评审专家换一个角度/视角进行讨论，最后再诚恳和评审专家说自己会在以后的工作做好查缺补漏，争取把自己的专业知识和工作内容进行丰富、完善。

【温馨提示】以上内容主要阐述了答辩的流程、答辩的准备、答辩的注意事项与技巧等内容，相信读者会在阅读之后，对高会评审答辩有了更加深层次的了解。总而言之，在答辩前，做好充足准备；在答辩中，不紧张，条理清晰，紧扣出题作答，方能够助力评审通关。

若有其他疑问，请扫码进行免费咨询！